1. Justizmodernisierungsgesetz

Rechtsanwalt Bernd Hirtz

Rechtsanwalt Ulrich Sommer

Bibliographische Information Der Deutschen Bibliothek

Die Deutsche Bibliothek verzeichnet diese Publikation in der
Deutschen Nationalbibliographie; detaillierte bibliographische
Daten sind im Internet über http://dnb.ddb.de abrufbar

ISBN 3-448-05942-0   Bestell-Nr. 06415-0001

Lektorat: Dr. Uwe Melzer, Renate Danelius, Redaktion Berlin
© 2004 Rudolf Haufe Verlag GmbH & Co. KG, Freiburg • Berlin • München
Hindenburgstr. 64, 79102 Freiburg, Postfach 100121, 79120 Freiburg
http://www.haufe-recht.de, E-Mail: online@haufe-berlin.de

Zur Herstellung der Bücher wird nur alterungsbeständiges Papier verwendet.

Druck: Bosch-Druck, 84004 Landshut

Inhaltsverzeichnis

Vorwort 5

A   Das 1. Justizmodernisierungsgesetz im Überblick 7

    1   Gesetzgebungsgeschichte 7

    2   Der Strafprozess 7

    3   Der Zivilprozess 8

B   Erstes Gesetz zur Modernisierung der Justiz
**   (1. Justizmodernisierungsgesetz)** 10

    Begründung des Gesetzentwurfs der Bundesregierung (BTDrucks. 15/1508) 10

    Artikel 1   Änderung der Zivilprozessordnung (ZPO) 16

    Artikel 2   Änderung des Einführungsgesetzes zur Zivilprozessordnung (EGZPO) . 57

    Artikel 3   Änderung der Strafprozessordnung (StPO) 60

    Artikel 4   Änderung des Jugendgerichtsgesetzes (JGG) 109

    Artikel 5   Änderung des Gesetzes über Ordnungswidrigkeiten (OWiG) 109

    Artikel 6   Änderung der Verwaltungsgerichtsordnung (VwGO) 116

    Artikel 7   Änderung der Finanzgerichtsordnung (FGO) 121

    Artikel 8   Änderung des Sozialgerichtsgesetzes (SGG) 124

    Artikel 9   Änderung des Rechtspflegergesetzes (RPflG) 126

    Artikel 10   Änderung des Gesetzes über die Zwangsversteigerung und
                     Zwangsverwaltung (ZVG) 142

    Artikel 11   Änderung des Straßenverkehrsgesetzes (StVG) 144

    Artikel 12   Aufhebung der Begrenzungsverordnung (BegrV) 147

    Artikel 12a   Änderung des Gerichtsverfassungsgesetzes (GVG) 147

    Artikel 12b   Änderung des Gesetzes über die Angelegenheiten der freiwilligen
                     Gerichtsbarkeit (FGG) 149

    Artikel 12c   Änderung des Strafgesetzbuches (StGB) 149

    Artikel 12d   Änderung des Handelsgesetzbuches (HGB) 152

    Artikel 12e   Änderung des Aktiengesetzes (AktG) 153

    Artikel 12f   Änderung des Gerichtskostengesetzes (GKG) 154

    Artikel 12g   Änderung sonstigen Bundesrechts 155

    Artikel 13   Neubekanntmachung 157

    Artikel 14   Inkrafttreten 158

C   Synoptische Darstellung der Gesetzesänderungen 159

Stichwortverzeichnis 205

Vorwort

Am 1. Juli 2004 wurde das Erste Gesetz zur Modernisierung der Justiz vom Deutschen Bundestag verabschiedet, am 9. Juli 2004 hat es nach einem Kompromissverfahren zwischen Opposition und Regierung den Bundesrat passiert. Zusammengeführt wurden die Gesetzentwürfe der Bundesregierung (BTDrucks, 15/1508), der CDU/CSU-Fraktion (BTDrucks. 15/999) und der Länderkammer (BTDrucks. 15/1491). Zum 1. September 2004 wird das Erste Gesetz zur Modernisierung der Justiz voraussichtlich in Kraft treten.

Die vorliegende kurze Kommentierung der wichtigsten Änderungen der Zivilprozessordnung, der Strafprozessordnung und des Rechtspflegergesetzes wurde auf der Grundlage der BTDrucks. 15/3482 vom 30. Juni 2004 erarbeitet.

Die Autoren Rechtsanwalt Dr. Bernd Hirtz und Rechtsanwalt Dr. Ulrich Sommer haben eine erste, auch kritische Bewertung der Gesetzesänderungen vorgenommen. Um den Gesetzgebungsprozess zu verdeutlichen, sind die verschiedenen Begründungen zu den Gesetzentwürfen teilweise den Kommentierungen der Autoren vorangestellt. Zur Entstehungsgeschichte des 1. Justizmodernisierungsgesetzes kann im Kapitel „Das 1. Justizmodernisierungsgesetz im Überblick" nachgelesen werden.

Der Verlag bedankt sich bei den Autoren für die kurzfristige Erarbeitung des Manuskripts zum Buch und für die sehr erfreuliche Zusammenarbeit.

Berlin, August 2004

Der Verlag

A   Das 1. Justizmodernisierungsgesetz im Überblick

1   Gesetzgebungsgeschichte

Die Bezeichnung des Gesetzes als „1. Justizmodernisierungsgesetz" könnte den Eindruck erwecken, als gebe es einen zielgerichteten Masterplan zur Modernisierung der Justiz, dessen erste Planungsphase nun mit dem neuen Gesetz seinen Abschluss gefunden hat. Ein solcher Eindruck würde täuschen.

Das 1. Justizmodernisierungsgesetz befasst sich in erster Linie mit Veränderungen des Strafverfahrensrechts (einschließlich Ordnungswidrigkeiten) und des Zivilverfahrensrechts. Diese neuen Vorschriften werden in diesem Buch im Einzelnen vorgestellt und kommentiert. Soweit das Gesetz auch einzelne Änderungen der Verwaltungsgerichtsordnung, der Finanzgerichtsordnung oder des Sozialgerichtsgesetzes enthält, handelt es sich im Wesentlichen um Anpassungen an die geänderten Normen im Bereich von Strafprozess und Zivilprozess.

Unter den Flaggen „Justizmodernisierung" und/oder „Justizbeschleunigung" segeln seit Jahren Bemühungen der Bundesländer, Einsparungen im Justizhaushalt vorzunehmen. Solche –eher disparaten Ansätze – sind in einem erstaunlichen parlamentarischen Kompromissverfahren jetzt eher zufällig im 1. Justizmodernisierungsgesetz versammelt worden. Dabei haben die zivilprozessualen Änderungen eine andere Genese als die Neuregelungen im Strafverfahren.

Der Umstand, dass zahlenmäßig so viele Normen verändert wurden, täuscht allerdings. Inhaltlich sind viele Änderungen jedenfalls dann als moderat zu bezeichnen, wenn man eine wirkliche Justizmodernisierung als Maßstab nimmt. Bedauerlicherweise deuten die nunmehr erfolgten Änderungen allerdings Tendenzen an, deren weitere Verfolgung schwerwiegende Konsequenzen für die überkommene Struktur des Strafverfahrens und die bisherige Kultur des Zivilprozesses haben können. Nur teilweise richtig ist daher die Presseerklärung der Bundesjustizministerin zur Verabschiedung des 1. Justizmodernisierungsgesetzes: „Das Justizmodernisierungsgesetz entfernt aus dem Getriebe der Justiz viele kleine Sandkörner und gießt Öl hinein. Es beseitigt Hemmnisse, über die sich alle am Justizbetrieb Beteiligten ärgern. Die Länder erhalten Kompetenzen für eigenes Ermessen, um die personellen Ressourcen effizient einzusetzen." Richtig daran ist, dass einige handwerkliche Fehler früherer Reformgesetze und einige Ärgernisse des bestehenden Rechts beseitigt wurden. Viele Neuregelungen schütten indessen neuen Sand ins Getriebe. Und insgesamt ergibt sich eine bedenkliche Tendenz zur Einschränkung von Mündlichkeit und Unmittelbarkeit in beiden Verfahrensordnungen.

2   Der Strafprozess

Das 1. Justizmodernisierungsgesetz greift nur an einigen wenigen Punkten in den traditionellen Strafprozess ein. Die Qualität dieser Eingriffe ist jedoch bemerkenswert, da sie Kernpunkte des alltäglichen Prozessierens verändert. Die wichtigsten durch das neue Gesetz erfolgten Umsetzungen lassen sich schlagwortartig wie folgt umschreiben:

- Erleichterte Möglichkeiten der öffentlichen Zustellung von Schriftstücken;
- Umbenennung der Polizeibeamten von „Hilfsbeamten" zu „Ermittlungspersonen" und deren Kompetenzerweiterung zur Durchsicht von Papieren bei Hausdurchsuchungen;
- das Absehen von der Vereidigung des Zeugen als Regelfall;
- Erweiterung der Unterbrechungsmöglichkeiten von Hauptverhandlungen von zehn Tagen auf drei Wochen;
- Erweiterung der Zulässigkeit der Verlesung von Schriftstücken, insbesondere von Gutachten und Polizeiprotokollen;

- Verkürzung der Rechtsmittelfrist bei Urteilsverkündungen in Abwesenheit des Angeklagten und in Anwesenheit seines Verteidigers;
- Kompetenzerweiterung der Revisionsgerichte zu abschließender Entscheidung bei Abänderungen von Rechtsfolgen;
- Erweiterung von Befugnissen der Rechtspfleger.

Die vorliegende Gesetzesfassung ist das Ergebnis unterschiedlicher gesetzgeberischer Aktivitäten. Sie spiegelt in vielen Einzelpunkten politische Kompromisse wider. Bereits diese parlamentarische Behandlung verbietet die Annahme, die erfolgten Gesetzesänderungen seien eine stringente oder homogene Umstrukturierung des Strafprozesses. Der vom Justizministerium bereits im Jahre 2001 im sogenannten Eckpunktepapier angekündigten Reform der StPO ist der Gesetzgeber allenfalls in sehr kleinen Schritten näher gekommen. Das übergreifende Konzept der Gesetzesänderungen ist nur schwerlich auszumachen. Die vorliegende Fassung wirkt eher als Stückwerk.

Die im Titel zutage tretende Zielvorstellung der Modernisierung des Strafverfahrens war in dem Gesetzgebungsentwurf des Bundesrates zutreffender als Beschleunigung und Vereinfachung mit dem weitergehenden Ziel der Einsparung beschrieben worden. Diese Gedanken stellen trotz aller Unterschiedlichkeit der Gesetzesänderungen die Leitlinien der gesetzgeberischen Aktivität dar.

Die einzelnen getroffenen Maßnahmen beruhen selten auf neuen originellen Erwägungen. Zumeist greifen sie auf gescheiterte Gesetzgebungsinitiativen der 90er Jahre zurück. Weder der Gesetzesentwurf des Bundesrates noch der Vorschlag des Bundesjustizministeriums haben vollständig Eingang in die Gesetzesfassung gefunden. Insbesondere weiter gehende Vorstellungen des Ländervorschlages blieben letztlich ohne Berücksichtigung. Hierzu gehören beispielsweise Regelungen zu einer Pflicht von Zeugen, auf Ladung bei der Polizei zu erscheinen, Vorstellungen zur Bestellung von Pflichtverteidigern im Ermittlungsverfahren durch die Staatsanwaltschaft, die Erweiterung der Ablehnung von Beweisanträgen wegen gemutmaßter Verschleppungsabsicht, die Einführung eines Wahlrechtsmittels über das JGG hinaus für alle übrigen Strafverfahren, Ausweitung des Strafbefehlsverfahrens für Verfahren vor dem Landgericht und Oberlandesgericht und die Ausweitung der Sanktionsmöglichkeiten auf eine Freiheitsstrafe von bis zu zwei Jahren sowie die Anhebung der Rechtsbeschwerdesumme auf einen Betrag von 500,00 EUR Geldbuße.

Soweit mit den erfolgten gesetzlichen Änderungen eine schnellere Erledigung von Strafverfahren herbeigeführt werden soll, erscheinen die den Gerichten nunmehr eröffneten Möglichkeiten in vielen Bereichen durchaus tauglich. Eine Ausnahme bildet die eher kontraproduktive Ausweitung der Unterbrechungsfristen. Ob andere im Strafverfahren zu berücksichtigende Interessen durch die Neuregelungen ausreichend gewahrt sind, wird sich erst in der praktischen Anwendung der neuen Vorschriften beurteilen lassen. Zu häufig sind in der Vergangenheit Reformvorhaben an der Beharrlichkeit traditionell praktizierten Prozessierens gescheitert.

3   Der Zivilprozess

Unmittelbar nachdem das Gesetz zur Reform des Zivilprozesses (ZPO-Reformgesetz) zum 1.1.2002 in Kraft getreten war, begannen bereits weitere Versuche des Bundes und der Länder, Verfahrensgesetze zu „modernisieren" und Strafverfahren, Zivilverfahren, aber auch die Verfahren der anderen Gerichtsordnungen zu „beschleunigen". Die Bundesregierung legte den Entwurf eines Gesetzes zur Modernisierung der Justiz vor, Abgeordnete der Fraktion der CDU/CSU entwarfen ein erstes Justizbeschleunigungsgesetz und der Bundesrat legte einen Gesetzesentwurf zu einem Justizbeschleunigungsgesetz vor, während einige Abgeordnete beabsichtigten, Fehler beim neuen Revisionsrecht zu korrigieren und die Entscheidungsfähigkeit des Bundesgerichtshofs sicherzustellen.

Diese Hektik des Gesetzgebers zeigt bereits, dass es nicht etwa darum ging, die gerade erst reformierte ZPO „zu modernisieren". Das ZPO-Reformgesetz hatte nach der Begründung des Regierungsentwurfs doch gerade den Sinn gehabt, hektische „Beschleunigungsgesetze" zu vermeiden und beabsichtigte den „großen Wurf". Die Auswirkungen dieser ZPO-Reform werden durch eine vom Bundesjustizministerium betriebene Evaluation rechtstatsächlich untersucht. Wissenschaft und Praxis hatten gehofft, dass vor Vorlage dieser Ergebnisse der Evaluation, die Gegenstand des vom Bundesjustizministerium an Hommerich und Prütting vergebenen Forschungsvorhabens ist, an den Verfahrensordnungen nicht abermals herumreformiert wird. Eine verfahrensrechtliche Atempause wäre dringend nötig gewesen, zumal eine abschließende Bewertung der Evaluation nicht vor Dezember 2005 zu erwarten sein wird.

Allerdings hatten sich in einzelnen Anwendungsbereichen die durch die ZPO-Reform eingeführten Neuerungen als dringend korrekturbedürftig erwiesen. Abgesehen von solchen Einzelkorrekturen ist der neuerliche Eingriff in das Zivilverfahren aber problematisch. Denn Verfahrensordnungen haben nicht nur die Funktion, effektiven Rechtsschutz zu gewährleisten, sondern dienen auch der Freiheitssicherung. Regelmäßige Änderungen verfahrensrechtlicher Neuerungen führen zu Unübersichtlichkeit und machen die Einübung eines bewährten Verfahrensablaufs für alle Verfahrensbeteiligten schwierig. Allein deshalb müssen die neuen Regelungen auf erhebliche Skepsis stoßen.

Letztlich setzte sich fraktionsübergreifend die Auffassung durch, man müsse in der Justiz weiter sparen. Dies sollte offenbar als Justizmodernisierung getarnt werden. Der Rechtsausschuss hat in seinen Beschlussempfehlungen die verschiedenen vorliegenden Entwürfe zusammengeführt und neue Ideen, die zuvor nicht diskutiert worden waren, in das Gesetzgebungsverfahren eingebracht. Daher werden den Neuregelungen im folgenden Kommentierungsteil dieses Buches teilweise verschiedene „amtliche Begründungen" vorangestellt. Dort, wo Elemente des Regierungsentwurfs übernommen wurden, wird aus der Begründung zu diesem Regierungsentwurf zitiert. Wenn der Bundesrat Änderungen anregte, ist auf die entsprechende Beschlussempfehlung des Bundesrates verwiesen. Und in den Bereichen, in denen die Gesetz gewordene Gestalt der Normen auf den Empfehlungen des Rechtsausschusses beruhen, sind diese Empfehlungen wiedergegeben.

Der Rechtsausschuss hat in seinen Beschlussempfehlungen die verschiedenen vorhandenen Entwürfe zusammengeführt. Der Einigungszwang hat Schlimmstes verhindert. Im Bereich des Zivilprozesses ist die gerade erst eingeführte Dokumentationspflicht für richterliche Hinweise (§ 139 Abs. 4 und Abs. 5 ZPO) nicht aufgehoben worden. Das obligatorische Güteverfahren ist (noch) nicht abgeschafft worden. Die Ersetzung von Zeugenvernehmungen durch Verwertung richterlicher Vernehmungsniederschriften aus anderen Verfahren ohne Einverständnis der Parteien ist nicht Gesetz geworden. Der abwegige Vorschlag, dass rechtskräftige Urteile über Straftaten und Ordnungswidrigkeiten den vollen Beweis der darin für erwiesen erachteten Tatsachen auch im Zivilprozess begründen sollten, konnte sich nicht durchsetzen. Erfreulich ist, dass einige Regelungen die Kritik von Wissenschaft und Praxis aufnehmen und zur Vereinfachung des Verfahrensablaufs führen werden. Die zivilverfahrensrechtliche Praxis hat sich abermals auf eine Vielzahl neuer (überwiegend sofort wirkender) Rechtsänderungen einzustellen. Diese werden in diesem Buch im Einzelnen in den systematischen Zusammenhang gestellt und kommentiert.

B   Erstes Gesetz zur Modernisierung der Justiz (1. Justizmodernisierungsgesetz)

Begründung des Gesetzentwurfs der Bundesregierung (BTDrucks. 15/1508)

(Anm. d. Red.: Kursive Hervorhebungen wurden von der Redaktion vorgenommen. Sie kennzeichnen Passagen, die geplante Gesetzesänderungen begründen, die nicht in die vom Bundestag verabschiedete Fassung des Gesetzes aufgenommen wurden.)

A. Allgemeiner Teil

I. Ausgangslage

Die Bundesregierung verfolgt im Rahmen des „Masterplans Bürokratieabbau" das Ziel, unnötige Bürokratie abzubauen und staatliches Handeln bürger- und wirtschaftsfreundlicher zu gestalten. Im Bereich der Justiz kann der Bund zu einer Modernisierung nicht zuletzt durch eine Änderung der Prozessordnungen und sonstiger Verfahrensvorschriften beitragen. Gerichtliche Verfahren können auf diese Weise schneller und kostengünstiger durchgeführt werden, ohne dass rechtsstaatliche Garantien angetastet werden. Durch den Abbau von Formalien können Effizienzreserven in der Justiz erschlossen werden. So müssen derzeit in verschiedenen Gerichtsverfahren über denselben Lebenssachverhalt Beweise oft doppelt erhoben werden, weil eine unmittelbare Verwertung der in einem anderen Verfahren erhobenen Beweise nicht oder nur im Einverständnis beider Parteien zulässig ist. Ein solches Einverständnis ist aber häufig nicht zu erlangen. Eine doppelte Beweiserhebung über dieselbe Tatsache stößt insbesondere bei Zeugen auf Unverständnis, die eine mehrmalige Vernehmung in verschiedenen Prozessen über dieselbe Angelegenheit oftmals nicht zu Unrecht als eine zumindest überflüssige und bürokratische Prozedur empfinden. In zahlreichen weiteren Bereichen kann die Arbeit der Gerichte durch die Aufhebung überholter Formalien oder die Verlängerung zu knapper Fristen erleichtert und flexibilisiert werden. Dies kommt nicht nur der Rechtsanwendung im Justizalltag zugute, sondern dient auch ganz generell der besseren Akzeptanz von Recht.

Die Binnenstruktur der Justiz ist zudem traditionell von einer stark arbeitsteiligen und damit personalintensiven Ablauforganisation geprägt. Besonders auffallend ist dies im Verhältnis zwischen Richtern oder Staatsanwälten einerseits und Rechtspflegern andererseits. Seit dem ersten Rechtspflegergesetz aus dem Jahr 1957 hat das Berufsbild und die Stellung des Rechtspflegers einen nachhaltigen Wandel erfahren, insbesondere wurden im Laufe der Zeit eine Reihe von Aufgaben und Einzelverrichtungen vom Richter auf den Rechtspfleger übertragen. Hierbei stand weniger eine effiziente Ausgestaltung der Arbeitsabläufe im Vordergrund, vielmehr waren die Entscheidungen und die ihnen vorausgegangenen Diskussionen zumeist von standespolitischen Haltungen geprägt oder wurden durch Gesetzesvorhaben ausgelöst.

Durch das am 20. Juni 2002 in Kraft getretene Gesetz zur Übertragung von Rechtspflegeraufgaben auf den Urkundsbeamten der Geschäftsstelle (BGBl. I S. 1810), das den Ländern ermöglicht, Aufgaben des Rechtspflegers insbesondere im Bereich des Mahnverfahrens und der Geldstrafenvollstreckung auf den Urkundsbeamten zu verlagern, wurde ein erster Schritt zu einer strukturellen Binnenreform der Justiz unternommen. Das Ziel, sinnvolle Bearbeitungszusammenhänge herzustellen und fortzuentwickeln und einen ökonomischen Einsatz der personellen Ressourcen in der Justiz zu ermöglichen, kann aber nur erreicht werden, indem ergänzend in einer zweiten Stufe auch weitere Kompetenzübertragungen vom Richter oder Staatsanwalt auf den Rechtspfleger erfolgen. Damit können die im Rechtspflegerbereich durch die Aufgabenverlagerung auf den mittleren Dienst freiwerdenden personellen Kapazitäten möglichst zeitnah genutzt werden.

II. Inhalt des Entwurfs

1. Zivilprozessordnung

Die vorgeschlagenen Änderungen der Zivilprozessordnung verfolgen das Ziel, den Zivilprozess zu vereinfachen und effektiver zu gestalten, ohne rechtsstaatliche Standards, namentlich den Grundsatz der Gewährung rechtlichen Gehörs, zu beeinträchtigen. *Der Entwurf erleichtert zu diesem Zweck den Zugriff auf Beweisaufnahmen und Beweisergebnisse anderer Verfahren.* Dies führt im Zivilprozess, aber auch in den Fachgerichtsbarkeiten zu erheblichen Effizienzgewinnen, weil die unmittelbare Verwertbarkeit von Gutachten *und Zeugenvernehmungen aus anderen Verfahren oder von strafrichterlichen Beweisergebnissen über denselben Lebenssachverhalt unnötige doppelte Beweisaufnahmen vermeidet.* Im Einzelnen sind die folgenden Regelungen vorgesehen:

- *Eine neue Beweisregel erhöht die Beweiskraft eines rechtskräftigen Urteils in einem Straf- oder Bußgeldverfahren. Dieses Urteil soll künftig vollen Beweis für die darin für erwiesen erachteten Feststellungen entfalten. Wenn also das Strafgericht von der Täterschaft des Angeklagten überzeugt ist, so ist das Zivilgericht in einem nachfolgenden Schmerzensgeldprozess grundsätzlich daran gebunden. Damit werden erneute Zeugenvernehmungen oder Gutachten für den Nachweis einer Straftat im Zivilprozess entbehrlich. Der Verletzte kann sich insoweit auf das Strafurteil als öffentliche Urkunde berufen. Dem Verurteilten nützt künftig pauschales Bestreiten der Täterschaft im Zivilprozess nichts mehr. Ihm bleibt nur die Möglichkeit, durch begründeten Antrag Zweifel an der Richtigkeit der Feststellungen im Strafurteil zu wecken und auf diesem Wege eine erneute Beweisaufnahme über diese Tatsachen herbeizuführen.*

- *Der Zivilrichter wird befugt, anstelle einer erneuten Vernehmung eines Zeugen auf das Protokoll einer richterlichen Vernehmung in einem anderen Gerichtsverfahren als Beweismittel zurückzugreifen. Bisher ist das nur möglich, wenn beide Parteien dem zustimmen. Diese Rechtslage führt zu einer häufig unnötigen und unergiebigen doppelten Vernehmung eines Zeugen in verschiedenen Gerichtsverfahren.*

- Derzeit muss zum Beweis von Tatsachen, die bereits in Parallelverfahren durch ein Sachverständigengutachten geklärt worden sind, in der Regel erneut ein Gutachten eingeholt werden. Künftig kann der Richter das Gutachten aus dem Parallelverfahren seiner Überzeugungsbildung zugrunde legen, auch wenn eine Partei dem nicht zustimmt. Eine zweite Begutachtung wird vermieden.

Der Entwurf enthält darüber hinaus folgende weitere Regelungen, die den Zivilprozess durch weniger Formvorschriften vereinfachen und effektiver gestalten: Insbesondere wird dem Richter die Möglichkeit gegeben, vom Strengbeweisverfahren im Einvernehmen mit den Parteien abzusehen. Dadurch kann sich der Richter in geeigneten Fällen über die Beschränkung auf die gesetzlichen Beweismittel und über den Grundsatz der Unmittelbarkeit der Beweisaufnahme im Einvernehmen der Parteien hinwegsetzen. Wenn beispielsweise die mündliche Verhandlung über das Ergebnis der Beweisaufnahme ergibt, dass ein weiterer Zeuge vernommen werden muss, so kann dies sofort telefonisch geschehen und der Prozess ohne Verzögerung beendet werden. Auch die Befragung eines Zeugen oder Sachverständigen per E-Mail kann sehr schnell und effizient sein. Weitere Änderungen betreffen die Abschaffung der notwendigen mündlichen Verhandlung über Tatbestandsberichtigungsanträge und die Verlängerung der Fristen im Recht der Wiedereinsetzung, sofern eine Rechtsmittelbegründungsfrist schuldlos versäumt wurde.

2. Strafprozessordnung

Auch im Strafverfahren verfolgen die vorgeschlagenen Änderungen das Ziel, ohne Beeinträchtigung rechtsstaatlicher Standards das Verfahren zu vereinfachen und seine Effizienz zu erhöhen. Dazu gehört auch eine verbesserte Überschaubar- und Lesbarkeit der Normen. Dies kommt nicht nur der Rechtsanwendung im Justizalltag zugute, sondern dient auch ganz generell der besseren Akzeptanz von Recht. Der Entwurf setzt hierzu in folgenden Bereichen an:

Die derzeit nur noch im Strafverfahren geltende Regelvereidigung wird abgeschafft. Damit wird das Gesetz der Rechtswirklichkeit und den anderen Verfahrensordnungen angepasst. Gleichzeitig beseitigt die umfassende Neugestaltung der Vereidigungsregelungen die unübersichtliche Kennzeichnung von Paragrafen mit „a", „b" etc. Da zudem inhaltlich eine Angleichung mit den entsprechenden Regelungen des Gesetzes über Ordnungswidrigkeiten erfolgt, führt dies auch mit Blick auf die Einheit der Rechtsordnung insgesamt zu einer Verbesserung.

In der Hauptverhandlung vor dem Strafrichter wird durch Ergänzung von § 226 StPO die Möglichkeit eröffnet, von der bislang obligatorischen Hinzuziehung eines Urkundsbeamten der Geschäftsstelle abzusehen und damit Personal den tatsächlichen Erfordernissen im Einzelfall gemäß einzusetzen.

Die Unterbrechungsregelungen in § 229 StPO werden reformiert.

Durch die Verlängerung der in der Praxis häufig als zu kurz beklagten Unterbrechungsfrist in Absatz 1 von zehn Tagen auf drei Wochen entfällt der Zwang zu zeit- und kostenintensiven Schiebeterminen, mit denen im Ergebnis nur der Verfahrensabbruch bei Überschreitung der Unterbrechungsfrist verhindert werden soll. Mit der Fristverlängerung kann auch besser als bisher auf unvorhersehbare Wendungen im Prozessverlauf reagiert werden; das Verfahren kann unter Verwendung seiner bisherigen Ergebnisse fortgeführt und ein alle Prozessbeteiligten belastendes völlig neues Verfahren vermieden werden.

Das unübersichtliche System der nach Verfahrensdauer gestaffelten Unterbrechungsfristen in Absatz 2 wird bei in der Summe angemessener Fristerweiterung drastisch vereinfacht und damit leicht handhabbar.

In Absatz 3 erfolgt eine Ausdehnung der Hemmungsregelung bei Erkrankung, die bisher nur für den Angeklagten gilt, auf die Mitglieder des Spruchkörpers. Dadurch wird es nicht mehr erforderlich sein, den Prozess wegen Erkrankung eines Richters oder Schöffen von vorne zu beginnen.

Die Vorschriften über die Verlesung von Vernehmungsprotokollen und urkundlichen Erklärungen in § 251 Abs. 1, 2 StPO werden systematisch klarer und verständlicher gefasst. Die neu geschaffene Möglichkeit der Verlesung solcher Schriftstücke auch zum Beweis des Vorliegens oder der Höhe eines Vermögensschadens wird vor allem in Massensachen zur Verfahrensentlastung beitragen.

Die Möglichkeit, behördliche und ärztliche Erklärungen nach § 256 Abs. 1 StPO zu verlesen, wird erweitert. Einbezogen werden nunmehr auch die Erklärungen allgemein vereidigter Sachverständiger sowie Protokolle und urkundliche Erklärungen der Strafverfolgungsbehörden über Ermittlungshandlungen. Die dadurch verzichtbare persönliche Einvernahme des Sachverständigen oder Zeugen wird im Interesse aller Verfahrensbeteiligter zur Straffung der Hauptverhandlung und zu Kosteneinsparungen führen.

Eine moderate Ergänzung der Privatklagedelikte um den Straftatbestand der Verletzung der Vertraulichkeit des Wortes (§ 201 StGB) und um den Vollrauschtatbestand des § 323a StGB in den Fällen, in denen die Rauschtat ein Privatklagedelikt ist, erweitert die Möglichkeit, die Fortführung des Strafverfahrens dort dem Verletzten zu überlassen, wo das öffentliche Interesse dessen Durchführung nicht erfordert.

Im Verfahren vor den Amtsgerichten werden die Möglichkeiten erweitert, in das Strafbefehlsverfahren überzugehen und damit in den Fällen, in denen der Durchführung der Hauptverhandlung das Ausbleiben des Angeklagten oder ein anderer wichtiger Grund entgegensteht, rasch und auf einfachem Wege zu einer gerichtlichen Erkenntnis zu gelangen. Hierzu wird durch eine Ergänzung von § 408a StPO der Staatsanwaltschaft die mündliche Antragstellung auf Erlass eines Strafbefehls in der Hauptverhandlung ermöglicht. Außerdem soll durch eine Änderung von § 418 StPO künftig auch in beschleunigten Verfahren der Übergang ins Strafbefehlsverfahren entsprechend § 408a StPO möglich sein.

Schließlich sollen in der Justizpraxis aufgetretene, möglicherweise hemmend wirkende Unsicherheiten über den bei der Anwendung des beschleunigten Verfahrens zu beachtenden Zeitrahmen durch klare gesetzliche Vorgaben beseitigt werden. Hierzu wird § 418 Abs. 1 StPO dahin gehend ergänzt, dass zwischen Antragseingang bei Gericht und dem Beginn der Hauptverhandlung nicht mehr als sechs Wochen liegen sollen. Die mit dieser Regelung verbundene Rechtssicherheit wird zur weiteren Förderung des beschleunigten Verfahrens beitragen.

3. Übertragung von Aufgaben auf den Rechtspfleger

Zur Umsetzung der Ziele der strukturellen Binnenreform der Justiz sieht der Entwurf in Artikel 9 verschiedene Änderungen des Rechtspflegergesetzes vor, vor allem eine Ermächtigungsgrundlage für die Länder, bestimmte bisher noch dem Richter vorbehaltene Verrichtungen im Bereich der Aufgaben des Handelsregisters und der Nachlasssachen sowie die Geschäfte der Amtshilfe auf den Rechtspfleger zu übertragen. Das Bedürfnis für länderspezifische Regelungen im Bereich der funktionellen Zuständigkeit resultiert aus den Veränderungen, die die allgemeine Berufssituation der Rechtspfleger in den vergangenen Jahren erfahren hat. So bestehen für die Bereichsrechtspfleger in den neuen Bundesländern nur eingeschränkte Einsatzmöglichkeiten. Auch in den alten Bundesländern ist eine inhomogene Entwicklung des Ausbildungsstandes der Rechtspfleger festzustellen. In einigen Ländern werden die in Rede stehenden Aufgaben von den Rechtspflegern bereits seit Jahren unterschriftsreif für den Richter vorbereitet, andere Länder sehen dagegen einen erheblichen Aus- und Fortbildungsbedarf, bevor eine Aufgabendelegation möglich ist. Aufgrund dieser unterschiedlichen Ausgangslage ist eine bundeseinheitliche und zeitgleiche Aufgabenverlagerung nicht möglich. Der Entwurf eröffnet den Ländern daher die Möglichkeit, die entsprechenden Richtervorbehalte zeitlich gestaffelt ganz oder in Teilbereichen aufzuheben und so den länderspezifischen Besonderheiten angemessen Rechnung zu tragen. Eine derartige Öffnungsklausel ist aufgrund von Artikel 72 Abs. 3 GG möglich. Ein etwaiger Verlust an Einheitlichkeit ist insoweit hinnehmbar, da für Rechtssuchende und Verfahrensbeteiligte die funktionelle Zuständigkeit des Sachbearbeiters innerhalb des Gerichts von untergeordneter Bedeutung ist. Anträge und Sachstandsanfragen werden an das Gericht als solches adressiert; die funktionelle Zuordnung der Aufgabenbearbeitung erfolgt anschließend von Amts wegen. Verfahrensverzögerungen sind hierdurch nicht zu erwarten.

Die Aufgabenverteilung zwischen Nachlassrichter und Rechtspfleger stellt sich nach der derzeitigen Rechtslage wie folgt dar: Die Geschäfte des Nachlassgerichts gehören nach § 3 Nr. 2c RPflG grundsätzlich zum Aufgabenkreis des Rechtspflegers (Vorbehaltsübertragung), die dem Richter vorbehaltenen Einzelaufgaben des Nachlassgerichts sind in § 16 RPflG abschließend aufgezählt. Dabei handelt es sich insbesondere um Tätigkeiten, bei denen es auf die Beurteilung letztwilliger Verfügungen ankommt, wie die Erteilung von Erbscheinen aufgrund testamentarischer Erbfolge und deren Einziehung (§ 16 Abs. 1 Nr. 6 und 7 RPflG), die Ernennung und Entlassung von Testamentsvollstreckern (§ 16 Nr. 2 und 5), oder Geschäfte mit Auslandsbezug, wie die Anordnung einer Nachlasspflegschaft für Angehörige eines fremden Staates (§ 16 Nr. I), aber auch Aufgaben wie die Entscheidung über Anträge, eine vom Erblasser für die Verwaltung des Nachlasses getroffene Anordnung außer Kraft zu setzen (§ 16 Nr. 3) und die Entscheidung von Meinungsverschiedenheiten zwischen mehreren Nachlasspflegern (§ 16 Nr. 1) oder mehreren Testamentsvollstreckern (§ 16 Nr. 4). Der Entwurf soll den Ländern die Möglichkeit geben, diese Zuständigkeitszersplitterung zu beenden. Die Aufhebungsermächtigung umfasst alle genannten Vorbehalte mit Ausnahme der Entscheidung von Meinungsverschiedenheiten zwischen mehreren Nachlasspflegern (§ 16 Nr. 1) sowie mehreren Testamentsvollstreckern (§ 16 Nr. 4) und der Entscheidung über Anträge, eine vom Erblasser getroffene Anordnung für die Verwaltung des Nachlasses außer Kraft zu setzen (§ 16 Nr. 3). Diese Geschäfte sollen als typische Streitentscheidungen dem Richter vorbehalten bleiben. Aus dem gleichen Grund sieht der Entwurf eine Vorlagepflicht an den Richter vor, soweit bei den dem Rechtspfleger nunmehr übertragenen Geschäften in Nachlasssachen von den Beteiligten einander widersprechende Anträge gestellt werden. In den Entwurf aufgenommen wurde außerdem die Aufhebung des durch das Betreuungsgesetz aus dem Jahr 1990 gegenstandslos gewordenen Vorbehalts nach § 16 Abs. 1 Nr. 8 RPflG.

Auch Handels- und Registersachen gehören zu den Kernaufgaben des Rechtspflegers in der freiwilligen Gerichtsbarkeit. Nach § 3 Nr. 2d RPflG sind Handelssachen i.S.d. 7. Abschnitts des FGG sowie Partnerschaftssachen i.S.d. § 160b FGG, mit Ausnahme der im 2. Abschnitt des Rechtspflegergesetzes (hier: § 17 RPflG) genannten Geschäfte, dem Rechtspfleger übertragen. So wird von den Rechtspflegern die Abteilung A des Handelsregisters (betr. Einzelkaufleute, Offene Handelsgesellschaften, Kommanditgesellschaften, Europäische Wirtschaftliche Interessenvereinigungen und die in § 33 HGB bezeichneten juristischen Personen), ebenso das Genossenschafts- und das Partnerschaftsregister in vollem Umfang geführt. Die Richtervorbehalte in Handels- und Registersachen betreffen bestimmte Kontrollaufgaben und Eintragungen im Handelsregister der Abteilung B (§ 17 Nr. 1 RPflG), insbesondere die Ersteintragungen von Kapitalgesellschaften, Satzungsänderungen und Umwandlungen sowie Löschungen z.B. wegen Vermögenslosigkeit. Hinzu kommen die Geschäfte nach § 145 FGG (§ 17 Nr. 2a); dabei handelt es sich in erster Linie um Kontroll- und Aufsichtsaufgaben bei Kapitalgesellschaften. Die dem Richter nach § 17 Nr. 2b vorbehaltenen weiteren Handelssachen umfassen insbesondere die Ernennung von Liquidatoren, der Vorbehalt in § 17 Nr. 3 betrifft Seerechtssachen.

Wegen des Sachzusammenhangs einzelner Aufgaben eröffnen sich in diesem Bereich durch Neuverteilung und passgenauere Abstimmung der Zuständigkeiten zwischen Richter und Rechtspfleger Synergieeffekte in nicht unerheblichem Umfang.

Den Ländern wird daher ermöglicht, die Richtervorbehalte nach § 17 Nr. 1 und Nr. 2b RPflG aufzuheben.

Die weiter vorgesehene Öffnungsklausel zur Übertragung des Amtshilfeverkehrs auf den Rechtspfleger soll zusätzliche Möglichkeiten eröffnen, Personalressourcen effizienter und ihren speziellen Gegebenheiten entsprechend einzusetzen. Außerdem enthält der Entwurf die Aufhebung des Richtervorbehalts bei Änderungen von Entscheidungen des Urkundsbeamten der Geschäftsstelle (UdG). Dieser Vorbehalt ist in § 4 Abs. 2 Nr. 3 RPflG normiert, der weithin als überholt angesehen wird, so dass es hier keiner Regelung im Wege einer Öffnungsklausel bedarf.

Neben den „klassischen", in diesem Zusammenhang seit Jahren diskutierten Themen Nachlass- und Registersachen berücksichtigt der Entwurf schließlich mit der Strafvollstreckung ein Aufgabengebiet, das bisher nicht im Zentrum der Verlagerungsdiskussion stand. Da das Gesetz zur Übertragung von Rechtspflegeraufgaben auf den Urkundsbeamten der Geschäftsstelle vom 16. Juli 2002 (BGBl. I S. 1810) den Bundesländern die Möglichkeit gibt, im Bereich der Geldstrafenvollstreckung einen Teil der bisherigen Aufgaben des Rechtspflegers auf den Urkundsbeamten zu übertragen, können durch zeitnahe Aufgabenverlagerungen vom Staatsanwalt auf den Rechtspfleger freigewordene Ressourcen effizient genutzt und Kapazitäten im Bereich der Staatsanwälte stärker für die Strafermittlung eingesetzt werden.

Nach § 31 Abs. 2 RPflG sind die der Vollstreckungsbehörde in Straf- und Bußgeldsachen obliegenden Geschäfte grundsätzlich dem Rechtspfleger übertragen. Ausnahmen hiervon enthält die auf der Grundlage des § 31 Abs. 2 Satz 2 RPflG erlassene Verordnung des Bundesministeriums der Justiz über die Begrenzung der Geschäfte des Rechtspflegers bei der Vollstreckung in Straf- und Bußgeldsachen vom 26. Juni 1970 (BGBl. I S. 992), zuletzt geändert durch Verordnung vom 16. Februar 1982 (BGBl. I S. 188). Die hiernach bestehenden Übertragungsvorbehalte können in Anbetracht des zwischenzeitlich erreichten Ausbildungsstandes der Rechtspfleger nahezu vollständig entfallen.

Die Begrenzungsverordnung ordnet in § 2 außerdem für bestimmte Fälle eine Vorlagepflicht an den Staatsanwalt an. Der Entwurf enthält eine Überarbeitung der Vorlagepflichten auch für den Bereich der „Rechtspflegeverwaltung" und passt sie an die Regelungen des § 5 RPflG, der Parallelvorschrift für den Bereich der richterlichen Geschäfte, an. Zugleich soll das Rechtsbehelfsverfahren im Bereich der Strafvollstreckung, soweit der Rechtspfleger entschieden hat, gestrafft werden, indem nach dem Vorbild des § 11 RPflG nach dem Entwurf gegen Maßnahmen des Rechtspflegers in Strafvollstreckungssachen künftig der Rechtsbehelf gegeben sein soll, der nach den allgemeinen verfahrensrechtlichen Vorschriften zulässig ist (§ 31 Abs. 6). Der Staatsanwalt oder Richter entscheidet danach nur noch über Maßnahmen des Rechtspflegers, wenn nach allgemeinen Vorschriften ein Rechtsbehelf gegen diese Maßnahme nicht möglich ist. Hinsichtlich der Maßnahmen des Urkundsbeamten der Geschäftsstelle im Bereich der Geldstrafenvollstreckung soll das bisherige Rechtsbehelfsverfahren grundsätzlich beibehalten werden. Es ist lediglich vorgesehen, dass aufgrund der Sachnähe über Einwendungen gegen Maßnahmen des Urkundsbeamten künftig anstelle des Staatsanwalts der Rechtspfleger befindet (§ 36b Abs. 4 RPflG).

Die vorgesehenen Aufgabenverlagerungen dienen nicht nur der Straffung der Ablauforganisation und ihrer Effizienzsteigerung, sondern zugleich auch der Erhaltung und Steigerung der individuellen Arbeitszufriedenheit. Dies trifft für Richter und Staatsanwälte zu, die von häufig eiligen oder zeitaufwendigen Einzelentscheidungen in - im Übrigen vom Rechtspfleger bearbeiteten - Verfahren entlastet werden und sich künftig auf ihre Kernaufgaben konzentrieren können, aber auch für die Rechtspfleger, deren Stellung als eigenständiges Organ der Gerichtsverfassung durch die geplanten Änderungen gestärkt wird.

4. Änderung der Tilgungsvorschriften im Verkehrszentralregister

Die gerichtliche Praxis ist bei Verkehrszuwiderhandlungen nicht unerheblich mit Rechtsbehelfen befasst, die nur zu dem Zweck eingelegt werden, das Verfahren hinauszuzögern, auf diese Weise die Tilgung bereits in das Verkehrszentralregister (VZR) eingetragener Verstöße zu erreichen und Maßnahmen zu verhindern, die nach dem Punktesystem anzuordnen sind.

Durch den Entwurf soll dem entgegen getreten werden. Es soll zukünftig für den Eintritt der Ablaufhemmung für die Tilgung von Eintragungen in das VZR nicht mehr nur auf eingetragene Entscheidungen, sondern bereits auf den Zeitpunkt einer neuen Tat ankommen.

Die Tilgungsvorschriften im StVG beruhen auf dem Gedanken der Bewährung im Sinne der Verkehrssicherheit. Nach einer bestimmten Zeit, die zwei, fünf oder zehn Jahre beträgt und von der Schwere der Tat abhängt, wird davon ausgegangen, dass die Taten des Betroffenen zu seiner weiteren Beobachtung nicht mehr gespeichert werden müssen, sofern er in dieser Zeit keine weiteren Handlungen begangen hat, die zu einer Eintragung führen. Die Vorschriften über die Ablaufhemmung sollen die Beurteilung des Verkehrsverhaltens wiederholt auffällig gewordener Kraftfahrer über einen ausreichenden Zeitraum hinweg ermöglichen. Die bisherige Anknüpfung der Ablaufhemmung an die Rechtskraft (bei gerichtlichen und verwaltungsbehördlichen Bußgeldentscheidungen) bzw. an den Tag des ersten Urteils oder der Unterzeichnung des Strafbefehls durch den Richter (bei Straftaten) hat sich als nicht ausreichend erwiesen. Von einer Bewährung im Sinne der Verkehrssicherheit kann schon dann nicht mehr gesprochen werden, wenn der Betroffene eine neue Tat begeht.

Dem Betroffenen soll die Möglichkeit genommen werden die Rechtskraft bzw. das erste Urteil/den Strafbefehl so lange hinauszuzögern, bis bestehende Eintragungen im VZR gelöscht sind. Damit wird die Verkehrssicherheit hinsichtlich derjenigen Betroffenen erhöht, die bewusst Rechtsbehelfe ausnutzen, um einen hohen Punktestand und damit führerscheinrechtliche Maßnahmen zu vermeiden.

III. Gesetzgebungszuständigkeit des Bundes

Die Gesetzgebungszuständigkeit des Bundes folgt aus Artikel 74 Abs. 1 Nr. 1 und 22 in Verbindung mit Artikel 72 des Grundgesetzes. Im Bereich der konkurrierenden Gesetzgebung (Artikel 72 Abs. 2 des Grundgesetzes) hat der Bund das Gesetzgebungsrecht, da eine einheitliche Regelung des Verfahrens vor den Zivil- und Strafgerichten sowie vor den Fachgerichten zur Wahrung der Rechtseinheit erforderlich ist. Gäbe es in den Ländern grundlegend unterschiedliche zivilprozessuale Regelungen, könnten die Rechtsuchenden nicht darauf vertrauen, in gleicher Weise Rechtsschutz zu erlangen. Ein unterschiedliches Verfahrensrecht würde die Rechtswege zu den Bundesgerichten erschweren.

IV. Kosten und Preise; Geschlechtsspezifische Auswirkungen

1. Finanzielle Auswirkungen auf öffentliche Haushalte

Für den Bund entstehen durch den Entwurf keine Kosten. Bei den Ländern sind durch die Umsetzung der Regelungen über die Übertragung richterlicher Aufgaben auf die Rechtspfleger einmalig entstehende Kosten im organisatorischen Bereich, in einzelnen Ländern auch im Bereich der Aus- und Fortbildung zu erwarten, die sich im Einzelnen jedoch nicht beziffern lassen. Mittelfristig entlasten die Zuständigkeitsverlagerungen jedoch die Personalhaushalte der Länder. Durch die Übertragung von bisher dem Richter bzw. dem Staatsanwalt vorbehaltenen Aufgaben werden Kapazitäten im höheren Dienst freigesetzt, denen zwar ein höherer Personalbedarf im Bereich des gehobenen Dienstes gegenübersteht, der jedoch in jedem Fall zu Einsparungen in Höhe der besoldungsmäßigen Differenz zwischen höherem und gehobenem Dienst führt. Darüber hinaus sind durch die mit den Aufgabenverlagerungen verbundene organisatorische Straffung Personaleinsparungen zu erwarten, deren Größenordnung sich nicht voraussagen lässt, da sie, vom Umsetzungsgrad der Öffnungsklauseln und der Effizienz der Organisationsstrukturen in den einzelnen Bundesländern abhängig ist.

Im Übrigen sind durch die im Entwurf enthaltenen Vereinfachungen des gerichtlichen Verfahrens Einsparungen in den Länderhaushalten in derzeit noch nicht bezifferbarer Höhe zu erwarten.

2. Sonstige Kosten und Preise

Auswirkungen auf außerhalb der öffentlichen Haushalte entstehende Kosten oder das Preisniveau sind nicht zu erwarten. Vielmehr kann aufgrund der Beschleunigung und Vereinfachung der gerichtlichen Verfahren für die Rechtsuchenden mit nicht näher quantifizierbaren Entlastungen gerechnet werden.

3. Geschlechtsspezifische Auswirkungen

Das Gesetzesvorhaben wurde daraufhin geprüft, ob Auswirkungen von gleichstellungspolitischer Bedeutung zu erwarten sind. Die vorgesehenen Änderungen in den Verfahrensordnungen haben keine spezifischen Auswirkungen auf die Lebenssituation von Männern und Frauen. Der Übertragung weiterer richterlicher Aufgaben auf die Rechtspflegerinnen und Rechtspfleger kommt insgesamt erhebliche frauenpolitische Bedeutung zu, da der Anteil der weiblichen Beschäftigten im Bereich der Rechtspflegerschaft kontinuierlich zunimmt.

Artikel 1
Änderung der Zivilprozessordnung (ZPO)

§ 15 ZPO
Allgemeiner Gerichtsstand für exterritoriale Deutsche

(1) Deutsche, die das Recht der Exterritorialität genießen, sowie die im Ausland beschäftigten deutschen Angehörigen des öffentlichen Dienstes behalten den Gerichtsstand ihres letzten inländischen Wohnsitzes. Wenn sie einen solchen Wohnsitz nicht hatten, haben sie ihren allgemeinen Gerichtsstand beim Amtsgericht Schöneberg in Berlin.
(2) Auf Honorarkonsuln ist diese Vorschrift nicht anzuwenden.

Einzelbegründung des Gesetzgebers zu § 15 ZPO

§ 15 Abs. 1 Satz 2 ZPO in seiner bisher geltenden Fassung bestimmt als allgemeinen Gerichtsstand für exterritoriale Deutsche ohne letzten Wohnsitz in Deutschland den Sitz der Bundesregierung. Dies hat in der Praxis zu Auslegungsschwierigkeiten bei der Bestimmung des örtlich zuständigen Gerichts in Berlin geführt. Durch die Neufassung des § 15 Abs. 1 Satz 2 ZPO soll eine eindeutige Regelung hinsichtlich der örtlichen Zuständigkeit getroffen werden, die gleichzeitig eine Harmonisierung mit anderen Vorschriften innerhalb der Zivilprozessordnung bewirkt. In anderen Vorschriften innerhalb der Zivilprozessordnung – §§ 606, 640a, 689 – sowie auch im Gesetz über die Angelegenheiten der freiwilligen Gerichtsbarkeit – §§ 36, 43b, 44a, 45, 65, 73 – ist das Amtsgericht Schöneberg in Berlin als Auffanggericht bestimmt, wenn Deutsche ohne Wohnsitz in Deutschland an einem Verfahren beteiligt sind und es auf ihren Wohnsitz oder Aufenthaltsort für die Bestimmung der örtlichen Zuständigkeit des Gerichts ankommt. Die Neuregelung des § 15 Abs. 1 Satz 2 ZPO bezweckt eine Angleichung an diese bereits bestehende Auffangzuständigkeit. Künftig wird auch bei Klagen gegen exterritoriale Deutsche und die im Ausland beschäftigten deutschen Angehörigen des öffentlichen Diensts ohne letzten inländischen Wohnsitz das Amtsgericht Schöneberg in Berlin örtlich zuständig sein.

§ 15 ZPO erweitert den allgemeinen Gerichtsstand über die Grenzen der §§ 7 bis 11 BGB hinaus dadurch, dass ein Hilfsgerichtsstand für bestimmte Personen gebildet wird, die im Inland keinen Wohnsitz haben. Das gilt nach wie vor für exterritoriale Deutsche, die also im Ausland nach völkerrechtlichen Bestimmungen exterritorial sind. Hinsichtlich des Begriffs kann auf die §§ 18, 19 GVG und die entsprechenden Kommentierungen verwiesen werden. Darüber hinaus sind etwa Beamte, Angestellte und Arbeiter des Bundes, eines Landes, einer Körperschaft oder einer Anstalt des öffentlichen Rechts und auch die Berufskonsuln erfasst. Diese hatten in Ermangelung eines letzten Inlandswohnsitzes nach der bisherigen Fassung von § 15 Abs. 1 Satz 2 ZPO ihren allgemeinen Gerichtsstand am Sitz der Bundesregierung. Das hat in der Praxis zu Auslegungsschwierigkeiten bei der Auswahl des örtlich zuständigen Gerichts innerhalb Berlins geführt. Die Neufassung von § 15 Abs. 1 Satz 2 ZPO bestimmt nun für diese Fälle konkret das Amtsgericht Schöneberg zum allgemeinen Gerichtsstand.

Schon in anderen ZPO-Bestimmungen (§§ 606, 640a, 689) sowie in FGG-Bestimmungen (§§ 36, 43b, 44a, 45, 65, 73) ist das Amtsgericht Schöneberg in Berlin als Auffanggericht bestimmt, wenn Deutsche ohne Wohnsitz in Deutschland an einem Verfahren beteiligt sind und es auf ihren Wohnsitz oder Aufenthaltsort für die Bestimmung der örtlichen Zuständigkeit des Gerichts ankommt. § 15 Abs. 1 Satz 2 ZPO bedeutet insoweit eine Angleichung, so dass auch bei Klagen gegen exterritoriale Deutsche und die im Ausland beschäftigten deutschen Angehörigen des öffentlichen Dienstes ohne letzten inländischen Wohnsitz das Amtsgericht Schöneberg in Berlin örtlich zuständig ist. Klagen gegen solche Personen werden also vereinfacht.

§ 47 ZPO
Unaufschiebbare Amtshandlungen

(1) Ein abgelehnter Richter hat vor Erledigung des Ablehnungsgesuchs nur solche Handlungen vorzunehmen, die keinen Aufschub gestatten.

(2) Wird ein Richter während der Verhandlung abgelehnt und würde die Entscheidung über die Ablehnung eine Vertagung der Verhandlung erfordern, so kann der Termin unter Mitwirkung des abgelehnten Richters fortgesetzt werden. Wird die Ablehnung für begründet erklärt, so ist der nach Anbringung des Ablehnungsgesuchs liegende Teil der Verhandlung zu wiederholen.

Einzelbegründung des Gesetzgebers zu § 47 Abs. 2 ZPO

Die Vorschrift überträgt den Rechtsgedanken des § 29 Abs. 2 StPO in die Zivilprozessordnung. Sie erlaubt zur Vermeidung einer Vertagung des Termins die Fortsetzung einer Verhandlung unter Mitwirkung des abgelehnten Richters bis zur Entscheidung über das Ablehnungsgesuch. Ist dieses erfolgreich, muss dieser Teil der Verhandlung wiederholt werden. Die Vorschrift beugt damit missbräuchlichen Ablehnungsgesuchen vor, indem ein Verzögerungseffekt des Ablehnungsgesuchs vermieden wird. Zudem handelt es sich um einen Beitrag zur Harmonisierung der Prozessordnungen.

Gemäß § 47 ZPO hat ein abgelehnter Richter vor Erledigung des Ablehnungsgesuchs nur solche Handlungen vorzunehmen, die keinen Aufschub gestatten. Diese Regelung ist als Abs. 1 der Neuregelung unverändert geblieben. Angefügt wurde eine neuer Abs. 2. Danach kann, wenn ein Richter während der Verhandlung abgelehnt wird und die Entscheidung über die Ablehnung eine Vertagung der Verhandlung erfordern würde, der Termin unter Mitwirkung des abgelehnten Richters fortgesetzt werden. Wird allerdings die Ablehnung (später) für begründet erklärt, so ist der nach Anbringung des Ablehnungsgesuchs liegende Teil der Verhandlung zu wiederholen. Die Vorschrift soll missbräuchlichen Ablehnungsgesuchen vorbeugen, indem ein Verzögerungseffekt des Ablehnungsgesuchs vermieden wird.

Schon durch das Zivilprozessreformgesetz wurde durch Änderung des § 45 ZPO das Ablehnungsrecht der Partei im Verhältnis zur früheren Regelung dadurch vermindert, dass ein Richter am Amtsgericht über das Verhalten seines Kollegen am gleichen Gericht entscheidet. Es ist eine weitere Beeinträchtigung der Rechtskultur, wenn nunmehr abermals unter dem Vorwand der Vereinfachung und Beschleunigung das Ablehnungsrecht geschwächt wird. Schon in der Vergangenheit hatten immer weniger Ablehnungsgesuche Erfolg.[1] Missbräuchliche Ablehnungsgesuche sind indessen im Zivilprozess weitgehend unbekannt. Es gibt keine Erfahrung des Inhalts, dass durch missbräuchliche Ablehnungsgesuche Verzögerungen provoziert werden.

Die Praxisrelevanz der Neuregelung dürfte indessen gering sein. Denn der Richter soll lediglich befugt sein, den Termin fortzuführen. Zu Entscheidungen (Beschlüssen und Urteilen) ermächtigt § 47 Abs. 2 ZPO den Richter nicht. Es bleibt als Anwendungsbereich etwa eine begonnene Beweisaufnahme, innerhalb der ein Ablehnungsgesuch gestellt wird, weil der Richter z.B. Nähe zu einem Zeugen erkennen lässt. Bei einer solchen Situation ist aber untunlich, dass die Beweisaufnahme durch den Richter fortgesetzt werden kann. Der Richter sollte von der ihm eingeräumten Möglichkeit keinen Gebrauch machen. Selbst wenn nach festgestellter Begründetheit des Ablehnungsgesuchs dieser „Teil der Verhandlung" durch einen anderen Richter fortgesetzt wird, sind die Zeugen durch die frühere Vernehmung und eine durch die Befangenheit des Richters geprägte Protokollierung in ihrer Aussage festgelegt. Die bloße Befangenheit des Richters wird nicht zur Korrektur von Zeugenaussagen führen.

§ 91 ZPO
Grundsatz und Umfang der Kostenpflicht

(1) Die unterliegende Partei hat die Kosten des Rechtsstreits zu tragen, insbesondere die dem Gegner erwachsenen Kosten zu erstatten, soweit sie zur zweckentsprechenden Rechtsverfolgung oder Rechtsverteidigung notwendig waren. Die Kostenerstattung umfasst auch die Entschädigung des Gegners für die durch notwendige Reisen oder durch die notwendige Wahrnehmung von Terminen entstandene Zeitversäumnis; die für die Entschädigung von Zeugen geltenden Vorschriften sind entsprechend anzuwenden.

---

[1]   Vgl. die Bestandsaufnahme bei Schneider, Befangenheitsablehnung des Richters im Zivilprozess, 2. Aufl., 2001.

(2) Die gesetzlichen Gebühren und Auslagen des Rechtsanwalts der obsiegenden Partei sind in allen Prozessen zu erstatten, Reisekosten eines Rechtsanwalts, der nicht bei dem Prozessgericht zugelassen ist und am Ort des Prozessgerichts auch nicht wohnt, jedoch nur insoweit, als die Zuziehung zur zweckentsprechenden Rechtsverfolgung oder Rechtsverteidigung notwendig war. Die Kosten mehrerer Rechtsanwälte sind nur insoweit zu erstatten, als sie die Kosten eines Rechtsanwalts nicht übersteigen oder als in der Person des Rechtsanwalts ein Wechsel eintreten musste. In eigener Sache sind dem Rechtsanwalt die Gebühren und Auslagen zu erstatten, die er als Gebühren und Auslagen eines bevollmächtigten Rechtsanwalts erstattet verlangen könnte.

(3) Zu den Kosten des Rechtsstreits im Sinne der Absätze 1, 2 gehören auch die Gebühren, die durch ein Güteverfahren vor einer durch die Landesjustizverwaltung eingerichteten oder anerkannten Gütestelle entstanden sind; dies gilt nicht, wenn zwischen der Beendigung des Güteverfahrens und der Klageerhebung mehr als ein Jahr verstrichen ist.

(4) Zu den Kosten des Rechtsstreits im Sinne von Absatz 1 gehören auch Kosten, die die obsiegende Partei der unterlegenen Partei im Verlaufe des Rechtsstreits gezahlt hat.

Einzelbegründung des Gesetzgebers zu § 91 Abs. 4 ZPO

Auf Grund eines vorläufig vollstreckbaren Urteils wird regelmäßig nicht nur die Vollstreckung wegen der Hauptsache betrieben. Vielmehr erfolgt regelmäßig auch eine Festsetzung der Prozesskosten im Kostenfestsetzungsverfahren. Zahlt der Schuldner (zur Abwendung der Zwangsvollstreckung) die festgesetzten Kosten, so sind sie ihm (ganz oder teilweise) zu ersetzen, wenn das vorläufig vollstreckbare Urteil im weiteren Verlauf des Rechtsstreits aufgehoben oder geändert wird, § 717 Abs. 2. Diesen Schadensersatzanspruch muss der Schuldner nicht in einem besonderen Rechtsstreit geltend machen. Er kann diesen Anspruch nach § 717 Abs. 2 Satz 2 auch in den laufenden Rechtsstreit einführen, aus welchem ihm dieser Anspruch erst erwachsen wird.

Diese Möglichkeit wird aber in der Praxis nicht genutzt. Sie hat nämlich zwei Folgen, die diesen Weg wenig zweckmäßig erscheinen lassen: Zum einen führt die Geltendmachung des Schadensersatzanspruchs zu einer Erhöhung des Streitwerts und damit auch der Kosten des Rechtsstreits. Zum anderen birgt die Geltendmachung dieses Schadensersatzanspruchs die Gefahr prozesstaktischer Nachteile in sich. Die Einführung dieses Anspruchs kann den Prozessstoff weit über den eigentlichen Anlass, nämlich die zu Unrecht gezahlten Prozesskosten, hinaus ausweiten. Der Gegner könnte auch widerklagend die Feststellung beantragen, dass weitere Schäden nicht zu ersetzen sind. Dann müsste der Schuldner sämtliche möglichen Schadenspositionen prüfen, wenn er nicht das Risiko eingehen will, Rechte zu verlieren.

Diese Nachteile haben die Praxis zu der Frage geführt, weshalb der Gläubiger seinen Kostenerstattungsanspruch auf Grund des vorläufigen Titels im vereinfachten Kostenfestsetzungsverfahren geltend machen kann, das diese Nachteile nicht hat, der zahlungsbereite Schuldner nach Aufhebung oder Änderung der Kostengrundentscheidung indessen nicht. Einen sachlichen Grund für diese unterschiedliche Behandlung gibt es nicht. Beides sind prozessuale Ansprüche, die materiell-rechtliche Entsprechungen haben. Beide werfen für sich genommen keine Schwierigkeiten auf, die eine Prüfung durch den Richter erforderlich machen. Deshalb lässt es die herrschende Meinung in Rechtsprechung und Literatur seit längerem zu, die überzahlten Prozesskosten „rückfestzusetzen". Eine solche Rückfestsetzung im Kostenfestsetzungsverfahren ist danach zulässig, wenn der Rückerstattungsanspruch dem Grunde und der Höhe nach unstreitig oder eindeutig feststellbar ist und keine materiell-rechtlichen Einwendungen erhoben werden (KG, Jur-Büro 1991, 389 ff.; HansOLG Hamburg, JurBüro 1996, 593; OLG Frankfurt, NJW 1978, 2203; OLG Hamm, Jur-Büro 1988, 1033; FG Hamburg, EFG 1968, 221 f.; SchlHOLG, JurBüro 1971, 631; OLG Koblenz, JurBüro 1988, 1526; OLG Nürnberg, NJW 1973, 370; OVG Berlin, KostRsp., 4. Aufl., § 162 VwGO Nr. 29; OLG Düsseldorf, BauR 2001, 449 f.; OLG Oldenburg, Rpfleger 1978, 421; OLG Stuttgart, Die Justiz 1979, 136; LAG Düsseldorf, JurBüro 1992, 470; Saarländisches OLG, OLGR 1998, 274 f.; OVG Niedersachsen, Urteil vom 22. März 2001, 1 L 4487/99, DRsp Nr. 2002/3426, Rn. 20; Stein/Jonas/Bork, ZPO, 21. Aufl., § 104 Rn. 62; MünchKomm-ZPO/Belz, 2.

Aufl., § 105 Rn. 133 und 135; Baumbach/Lauterbach/Albers/Hartmann, ZPO, 60. Aufl., § 104 Rn. 14; Musielak/Wolst, ZPO, 3. Aufl., § 104 Rn. 42; Thomas/Putzo, ZPO, 24. Aufl., § 103 Rn. 5; Zöller/Herget, ZPO, 23. Aufl., § 104 Rn. 21 „Rückfestsetzung").

Die obersten Gerichtshöfe beurteilen die Zulässigkeit dieser Praxis aber uneinheitlich. Das BAG hat sich der herrschenden Meinung angeschlossen (Urteil vom 29. Februar 1996, 6 AZR 381/95, DRsp Nr. 1997/772, Rn. 46). Der BFH hat ihr indessen widersprochen (Beschluss vom 27. Juni 1972, BFHE 106, 181, 184). Der BGH hatte bisher noch keine Möglichkeit, diese Frage zu entscheiden. Ein Fall dieser Art ist anhängig (V ZB 53/02) und könnte zur Befassung des Gemeinsamen Senats der obersten Gerichtshöfe des Bundes führen.

Eine Rückfestsetzung überzahlter Kosten ist im Gesetz bisher nicht vorgesehen. Nach § 103 Abs. 1 kann der prozessuale Anspruch auf Erstattung der Prozesskosten nur auf Grund eines zur Zwangsvollstreckung geeigneten Titels geltend gemacht werden. Ein solcher Titel liegt für die Forderung der endgültig obsiegenden Partei auf Rückzahlung von Prozesskosten, die sie als zunächst unterlegene Partei aufgrund eines inzwischen wirkungslos gewordenen Kostenfestsetzungsbeschlusses dem Gegner erstattet hat, nicht vor. Die ursprünglich festgesetzten und nunmehr zurückzuzahlenden Prozesskosten des zunächst Obsiegenden werden nicht vom endgültigen Kostengrundtitel erfasst. Sie fallen nicht unter den Begriff der Prozesskosten im Sinne des § 91, weil sie der endgültig Obsiegende nicht zu **seiner** Rechtsverfolgung oder Rechtsverteidigung aufgewandt hat (OLG Köln, Rpfleger 1976, 221; OLG München, JurBüro 1993, 676; VG Gelsenkirchen, JurBüro 1983, 1563). Die auf den ursprünglichen Kostenfestsetzungsbeschluss gezahlten Beträge stellen auch keine Kosten der Zwangsvollstreckung im Sinne des § 788 Abs. 1 dar, die nach Aufhebung des Urteils, aus dem die Zwangsvollstreckung erfolgt ist, gemäß § 788 Abs. 3 vom Gegner zu erstatten und auf Antrag gemäß § 788 Abs. 2 durch Kostenfestsetzungsbeschluss titulierbar wären. Sie sind nur die Folge einer Zwangsvollstreckung. Der Rückzahlungsanspruch findet seine Grundlage vielmehr in § 717 Abs. 2 Satz 1, wonach bei Aufhebung oder Abänderung eines für vorläufig vollstreckbar erklärten Urteils der Kläger (bzw. der Vollstreckungsgläubiger) zum Ersatz des Schadens verpflichtet ist, der dem Beklagten (bzw. dem Vollstreckungsschuldner) durch die Vollstreckung des Urteils oder durch eine zur Abwendung der Vollsteckung erbrachte Leistung entstanden ist. Dieser Anspruch muss tituliert werden. Es ist daher angezeigt, die herrschende Praxis gesetzlich abzusichern.

§ 91 ZPO hat einen neuen Abs. 4 erhalten. Danach gehören zu den Kosten des Rechtsstreits, die die unterliegende Partei zu tragen hat, auch die Kosten, die die obsiegende Partei der unterlegenen Partei im Verlaufe des Rechtsstreits gezahlt hat.

Bislang war es in der Rechtsprechung umstritten, ob eine solche Rückfestsetzung überzahlter Prozesskosten möglich ist. Die Neuregelung entscheidet diese Streitfrage im Sinne der schon bisher herrschenden Meinung.[2] Durch § 91 Abs. 4 ZPO ist nunmehr klargestellt, dass eine Rückfestsetzung im Kostenfestsetzungsverfahren zulässig ist. Diese Vereinfachung der Rückfestsetzung ist zu begrüßen. Die praktischen Auswirkungen sind erheblich.

Es ist nicht selten, dass aufgrund eines vorläufig vollstreckbaren Urteils auch eine Festsetzung der Prozesskosten erfolgt. Schon bislang hat der Schuldner, der die festgesetzten Kosten (zur Abwendung der Zwangsvollstreckung) zahlt, einen Erstattungsanspruch, wenn das vorläufig vollstreckbare Urteil im weiteren Verlauf des Rechtsstreits aufgehoben oder geändert wird (vgl. § 717 Abs. 2 ZPO). Dieser Anspruch muss nicht in einem gesonderten Rechtsstreit geltend gemacht werden, sondern kann gemäß § 717 Abs. 2 Satz 2 ZPO auch in den laufenden Rechtsstreit eingeführt werden, wovon die Praxis aber in der Regel keinen Gebrauch macht.

---

[2] Vgl. Zöller/Herget, Kommentar zur ZPO, 24. Aufl., § 104 Rn. 21, „Rückfestsetzung".

Dieser grundsätzlich nach wie vor offen stehende Weg über den Schadensersatzanspruch gemäß § 717 Abs. 2 ZPO muss nunmehr für solche Kosten, die während des Rechtsstreits (zur Abwendung der Zwangsvollstreckung) gezahlt wurden, nicht mehr begangen werden. Umgekehrt spricht zukünftig manches dafür, dass angesichts dieser einfachen Festsetzungsmöglichkeit der klageweisen Verfolgung eines solchen Schadensersatzanspruchs ein fehlendes Rechtsschutzbedürfnis entgegengehalten werden kann.

§ 91a ZPO
Kosten bei Erledigung der Hauptsache

(1) Haben die Parteien in der mündlichen Verhandlung oder durch Einreichung eines Schriftsatzes oder zu Protokoll der Geschäftsstelle den Rechtsstreit in der Hauptsache für erledigt erklärt, so entscheidet das Gericht über die Kosten unter Berücksichtigung des bisherigen Sach- und Streitstandes nach billigem Ermessen durch Beschluss. Dasselbe gilt, wenn der Beklagte der Erledigungserklärung des Klägers nicht innerhalb einer Notfrist von zwei Wochen seit der Zustellung des Schriftsatzes widerspricht, wenn der Beklagte zuvor auf diese Frage hingewiesen worden ist.
(2) Gegen die Entscheidung findet die sofortige Beschwerde statt. Dies gilt nicht, wenn der Streitwert der Hauptsache den in § 511 genannten Betrag nicht übersteigt. Vor der Entscheidung über die Beschwerde ist der Gegner zu hören.

Einzelbegründung des Gesetzgebers zu § 91a ZPO

Häufig reagiert ein Beklagter gegenüber dem Gericht überhaupt nicht auf eine Klage, erfüllt aber nach Zustellung trotzdem (z.B. bei Räumungsklagen). Dann erklärt der Kläger den Rechtsstreit für erledigt. Reagiert der Beklagte hierauf wiederum nicht, muss nach bisheriger Rechtslage „streitig" zur Erledigung verhandelt werden und ein die Erledigung feststellendes Urteil, zumeist ein Versäumnisurteil, erlassen werden.

Die Änderung greift zur Vereinfachung dieses Verfahrens auf den Rechtsgedanken der Einwilligungsfiktion zurück, der durch die ZPO-Reform bereits in § 269 Abs. 2 Satz 4 für die Klagerücknahme eingeführt worden ist. Wenn der Beklagte auf eine zugestellte Erledigungserklärung nicht reagiert, wird sein Einverständnis fingiert. Dann kann das Gericht einen Beschluss gemäß § 91a nach billigem Ermessen aufgrund Aktenlage erlassen. Ein neuer Termin (und sei es zum Erlass eines Versäumnisurteils) ist nicht mehr notwendig.

§ 91a ZPO betrifft die übereinstimmende Erledigungserklärung. Durch den dem Abs. 1 angefügten neuen Satz 2 der Vorschrift wird eine Zustimmung des Beklagten zur Erledigungserklärung des Klägers fingiert, wenn der Beklagte nicht innerhalb einer Notfrist von zwei Wochen seit der Zustellung des Schriftsatzes widerspricht, das aber nur dann, wenn der Beklagte zuvor auf diese Folge hingewiesen worden ist. Bislang war bei einem Schweigen des Beklagten eine Verhandlung zur Erledigung erforderlich, auf die in der Regel ein die Erledigung feststellendes Urteil (meistens Versäumnisurteil) erging.

Die Begründung des Regierungsentwurfs verweist auf eine entsprechende Regelung, die in § 269 Abs. 2 Satz 4 ZPO durch die ZPO-Reform eingeführt wurde (Klagerücknahme). Das Gericht kann nunmehr (ohne neuen Termin) einen Beschluss gemäß § 91a ZPO nach billigem Ermessen aufgrund Aktenlage erlassen.

Es gibt zahlreiche Fälle, in denen ein Beklagter gegenüber dem Gericht überhaupt nicht auf eine Klage reagiert, sondern nach Zustellung trotzdem erfüllt. Das ist insbesondere bei Räumungsklagen nicht selten. Wenn der Kläger nunmehr den Rechtsstreit für erledigt erklärt, hat das Gericht diese Erledigungserklärung dem Beklagten unter Hinweis darauf zuzustellen, dass sein Einverständnis

fingiert wird und ein Kostenbeschluss nach § 91a ZPO wegen übereinstimmender Erledigung ergehen kann, wenn er nicht innerhalb einer Notfrist von zwei Wochen widerspricht.

Diese Einwilligungsfiktion ist indessen nicht unproblematisch, denn die Interessenlage (auf Beklagtenseite) ist eine andere als in den Fällen der Klagerücknahme. Bei zurückgenommener Klage hat
der Beklagte in der Regel eine Kostenbelastung nicht zu besorgen. Da dies bei einer Entscheidung
nach § 91a ZPO durchaus anders sein kann, besteht die Gefahr der Verletzung des rechtlichen Gehörs, zumal der Beklagte typischerweise in einer solchen Fallkonstellation auch in Verfahren mit
Anwaltszwang anwaltlich nicht beraten ist.

§ 159 ZPO
Protokollaufnahme

(1) Über die Verhandlung und jede Beweisaufnahme ist ein Protokoll aufzunehmen. Für die Protokollführung kann ein Urkundsbeamter der Geschäftsstelle zugezogen werden, wenn dies auf
Grund des zu erwartenden Umfangs des Protokolls, in Anbetracht der besonderen Schwierigkeit
der Sache oder aus einem sonstigen wichtigen Grund erforderlich ist.
(2) Absatz 1 gilt entsprechend für Verhandlungen, die außerhalb der Sitzung vor Richtern beim
Amtsgericht oder vor beauftragten oder ersuchten Richtern stattfinden.

Einzelbegründung des Gesetzgebers zu § 159 ZPO

Die geänderte Fassung entspricht der Stellungnahme des Bundesrates, der die Bundesregierung in
ihrer Gegenäußerung zugestimmt hat. Zur Begründung wird auf Ziffer 2 der Stellungnahme des
Bundesrates verwiesen.

Stellungnahme des Bundesrates

Nach der Begründung des Gesetzentwurfs soll durch § 159 ZPO-E klargestellt werden, dass die
Hinzuziehung eines Urkundsbeamten der Geschäftsstelle zur Aufnahme des Protokolls nur noch
fakultativ erfolgen soll. Es ist zweifelhaft, ob dieses – unterstützenswerte – Ziel mit der Formulierung des Gesetzentwurfs der Bundesregierung erreicht werden kann. In der Praxis wird – nicht zu
Unrecht – sogar ein gegenteiliger Effekt befürchtet („kann" = „darf"). Auf Grund dessen sollte
das Regel-Ausnahme-Verhältnis deutlicher akzentuiert werden.

Einzelbegründung zum Entwurf der Bundesregierung (BTDrucks. 15/1508)

Die Änderung stellt klar, dass die Hinzuziehung eines Urkundsbeamten der Geschäftsstelle zur
Aufnahme des Protokolls nur noch fakultativ erfolgt. Bisher war dessen Hinzuziehung nach dem
Wortlaut des Gesetzes obligatorisch, falls der Vorsitzende nicht davon abgesehen hat. Tatsächlich
nimmt der Zivilrichter aber mittlerweile in der weit überwiegenden Zahl der Verhandlungen das
Protokoll selbst auf Tonträger auf. Die Anwesenheit eines Urkundsbeamten der Geschäftsstelle
als Protokollführer ist die Ausnahme geworden. Das sollte im Gesetzeswortlaut zum Ausdruck
kommen. In welchen Fällen ein Protokollführer hinzugezogen werden kann, lässt das Gesetz bewusst offen, um entsprechenden Usancen, die von Gericht zu Gericht unterschiedlich sein mögen,
den notwendigen Spielraum zu lassen.

Bislang war die Hinzuziehung eines Urkundsbeamten der Geschäftsstelle zur Protokollführung nach
dem Wortlaut des Gesetzes obligatorisch. In den meisten Fällen nimmt der Zivilrichter aber mittlerweile das Protokoll selbst auf Tonträger auf, wie die Begründung des Regierungsentwurfs zu Recht
festhält. Während der Regierungsentwurf allerdings offen lassen wollte, in welchen Fällen ein Protokollführer hinzugezogen werden kann, um entsprechenden Usancen, die von Gericht zu Gericht
unterschiedlich sein mögen, den notwendigen Spielraum zu lassen, kann nach der in § 159 Abs. 1
Satz 2 ZPO jetzt Gesetz gewordenen Fassung für die Protokollführung ein Urkundsbeamter der Geschäftsstelle nur zugezogen werden, wenn dies aufgrund des zu erwartenden Umfangs des Proto-

kolls, in Anbetracht der besonderen Schwierigkeit der Sache oder aus einem sonstigen wichtigen Grund erforderlich ist.

Die Protokollführung durch Dritte wird heute von vielen als Anachronismus bezeichnet. Deshalb hat auf Empfehlung des Bundesrats die Gesetzesfassung ein deutlicher akzentuiertes Regel-Ausnahme-Verhältnis geschaffen.

Bei richtiger Rechtsanwendung hat die neue Regelung für die Prozesspraxis keine spürbaren Auswirkungen. Allerdings wird gelegentlich zu Unrecht argumentiert, der Richter habe keine Schriftsätze im Termin entgegenzunehmen, weil er nicht die Aufgaben des Urkundsbeamten der Geschäftsstelle übernimmt. Bislang konnte dieser (unrichtigen) Auffassung durch einen Hinweis auf § 159 ZPO entgegen getreten werden. Das ist jetzt nicht mehr möglich. Solche Zweifel können sich gerade in Amtsgerichtsprozessen zu Lasten der Parteien auswirken, wenn in der mündlichen Verhandlung nicht mehr Erklärungen abgegeben werden könnten, für die das Verfahrensrecht lediglich die Abgabe zu Protokoll der Geschäftsstelle vorsieht (vgl. §§ 44, 91a, 117, 129 Abs. 2, 248, 496 ZPO). [3]

§ 181 ZPO
Ersatzzustellung durch Niederlegung

> (1) Ist die Zustellung nach § 178 Abs. 1 Nr. 3 oder § 180 nicht ausführbar, kann das zuzustellende Schriftstück auf der Geschäftsstelle des Amtsgerichts, in dessen Bezirk der Ort der Zustellung liegt, niedergelegt werden. Wird die Post mit der Ausführung der Zustellung beauftragt, ist das zuzustellende Schriftstück am Ort der Zustellung oder am Ort des Amtsgerichts bei einer von der Post dafür bestimmten Stelle niederzulegen. Über die Niederlegung ist eine schriftliche Mitteilung auf dem vorgesehenen Vordruck unter der Anschrift der Person, der zugestellt werden soll, in der bei gewöhnlichen Briefen üblichen Weise abzugeben oder, wenn das nicht möglich ist, an der Tür der Wohnung, des Geschäftsraums oder der Gemeinschaftseinrichtung anzuheften. Das Schriftstück gilt mit der Abgabe der schriftlichen Mitteilung als zugestellt. Der Zusteller vermerkt auf dem Umschlag des zuzustellenden Schriftstücks das Datum der Zustellung.
> (2) Das niedergelegte Schriftstück ist drei Monate zur Abholung bereitzuhalten. Nicht abgeholte Schriftstücke sind danach an den Absender zurückzusenden.

Einzelbegründung des Gesetzgebers zu § 181 Abs. 1 ZPO

Die geänderte Fassung geht zurück auf einen Vorschlag der Bundesregierung in ihrer Gegenäußerung. Zur Begründung wird auf Ziffer 4 der Stellungnahme des Bundesrates sowie auf die darauf bezogene Gegenäußerung der Bundesregierung verwiesen.

Stellungnahme des Bundesrates

Wird die Post mit der Ausführung der Zustellung beauftragt, muss das zuzustellende Schriftstück nach der gegenwärtigen Fassung des § 181 Abs. 1 ZPO an einem dafür geeigneten Ort innerhalb der politischen Gemeinde niedergelegt werden, in der die Zustellung erfolgen sollte. Dieser Ort ist von dem Postdienstleistungsunternehmen zu bestimmen. Viele neu auf den Markt tretenden Postdienstleistungsunternehmen können nicht in jeder politischen Gemeinde eine Niederlegungsstelle vorhalten, auch die Deutsche Post AG kann diesen Forderungen nicht überall entsprechen.

Um auch dann die Beauftragung der Post mit der Ausführung der Zustellung zu ermöglichen, wenn der Zustellungsempfänger in einer kleinen politischen Gemeinde ansässig ist, muss eine zentrale Niederlegung für mehrere politische Gemeinden innerhalb eines Amtsgerichtsbezirks möglich sein.

---

[3]   Vgl. dazu auch Zöller/Gummer, Kommentar zur ZPO, § 153 GVG Rn. 11; Vorwerk/Vorwerk, a.a.O., Kap. 15, Rn. 10 und 11.

Der Entwurf des JuMoG bestimmt, dass in diesen Fällen das zuzustellende Schriftstück auf der Geschäftsstelle des Amtsgerichts niedergelegt werden kann. Dies wird dazu führen, dass Postdienstleistungsunternehmen die für sie kostenaufwändige Einrichtung einer eigenen Niederlegungsstelle vermeiden und stattdessen umfänglich die Geschäftsstelle des Amtsgerichts als Niederlegungsstelle benutzen. Damit werden in großem Umfang personelle Ressourcen der Justiz bei den Amtsgerichten unnötig zur Verwahrung und Aushändigung der niedergelegten Schriftstücke gebunden. Dies läuft dem Sinn der Beauftragung der Post mit der Zustellung, nämlich der Entlastung der Justiz, zuwider.

Stattdessen sollte es dem Postdienstleistungsunternehmen ermöglicht werden, selbst zentrale Stellen zur Niederlegung von Schriftstücken einzurichten. Zum Schutz der Zustellungsempfänger ist dabei vorgesehen, dass in jedem Amtsgerichtsbezirk mindestens eine Niederlegungsstelle eingerichtet wird. Für ihn kann es keinen Unterschied machen, ob er sich innerhalb des Amtsgerichtsbezirks zum Amtsgericht oder zu einem anderen zentralen Ort begeben muss. Es besteht kein Anlass, an die Zustellung durch die Post andere Anforderungen zu stellen als an die Zustellung durch Justizbedienstete.

Durch die Neufassung von § 181 Abs. 1 Satz 1 ZPO und die Einfügung eines neuen § 181 Abs. 1 Satz 2 ZPO soll klargestellt werden, dass die Zustellung durch Niederlegung auch dann auf der Geschäftsstelle des Amtsgerichts erfolgen kann, in dessen Bezirk der Ort der Zustellung liegt, wenn die Post mit der Ausführung der Zustellung beauftragt wurde.

Eine entsprechende Möglichkeit bestand nach § 182 ZPO a.F. vor Inkrafttreten des Zustellungsreformgesetzes vom 25.6.2001 (BGBl S. 1206). Durch die Novellierung kam es im Gesetzeswortlaut nur noch unvollkommen zum Ausdruck, dass auch bei Ausführung der Zustellung durch die Post die Zustellung durch Niederlegung auf der Geschäftsstelle des Amtsgerichts zulässig ist. Insoweit bestand Klarstellungsbedarf. Nunmehr ist (wieder) eindeutig geregelt, dass auch bei Ausführung der Zustellung durch die Post, die Zustellung durch Niederlegung auf der Geschäftsstelle des Amtsgerichts zulässig ist.

§ 234 ZPO
Wiedereinsetzungsfrist

(1) Die Wiedereinsetzung muss innerhalb einer zweiwöchigen Frist beantragt werden. Die Frist beträgt einen Monat, wenn die Partei verhindert ist, die Frist zur Begründung der Berufung, der Revision, der Nichtzulassungsbeschwerde, der Rechtsbeschwerde oder der Beschwerde nach §§ 621e, 629a Abs. 2 einzuhalten.
(2) Die Frist beginnt mit dem Tage, an dem das Hindernis behoben ist.
(3) Nach Ablauf eines Jahres, von dem Ende der versäumten Frist an gerechnet, kann die Wiedereinsetzung nicht mehr beantragt werden.

Einzelbegründung des Gesetzgebers zu § 234 Abs. 1

Die Änderung verlängert die Frist für den Antrag auf Wiedereinsetzung und für die Nachholung der versäumten Prozesshandlung (§ 236 Abs. 2 Satz 2) von zwei Wochen auf einen Monat nach Wegfall des Hindernisses, sofern die Partei verhindert war, eine Rechtsmittelbegründungsfrist einzuhalten. Diese Regelung gilt nicht nur für die Begründung der Revision und der Nichtzulassungsbeschwerde, sondern auch für die Begründung der Berufung, der Anschlussberufung und der Rechtsbeschwerde. Durch die Änderung soll insbesondere sichergestellt werden, dass einem Rechtsmittelführer, dem Prozesskostenhilfe nach Ablauf der Rechtsmittelbegründungsfrist gewährt worden ist, einen Monat Zeit für die Rechtsmittelbegründung verbleibt, so dass er nicht schlechter gestellt wird als die vermögende Partei.

Die Änderung setzt damit eine Rechtsprechung der obersten Bundesgerichte zum Lauf der Rechtsmittelbegründungsfristen nach Bewilligung von Prozesskostenhilfe um (vgl. BAG NJW 1984, 941; BVerwG, Beschluss vom 17. April 2002; Az.: 3 B 137/01). Beide Gerichte haben entschieden, dass im Falle der Versäumung der Begründungsfrist der unbemittelten Partei eine Frist von einem Monat zur Begründung der Nichtzulassungsbeschwerde zur Verfügung steht. Die Zwei-Wochen-Frist des Wiedereinsetzungsrechts findet auf diese Fälle keine Anwendung, da der unbemittelten Partei die gleiche Frist für die Begründung des Rechtsmittels zur Verfügung stehen muss wie der bemittelten.

§ 234 Abs. 1 ZPO hat einen neuen zweiten Satz erhalten. Die Norm verlängert die Frist für den Antrag für Wiedereinsetzung und für die Nachholung der versäumten Prozesshandlung von zwei Wochen auf einen Monat nach Wegfall des Hindernisses, wenn die Partei verhindert war, eine Rechtsmittelbegründungsfrist einzuhalten. Diese Regelung gilt nach dem Wortlaut des Gesetzes für die Begründung der Berufung, der Revision, der Nichtzulassungsbeschwerde, der Rechtsbeschwerde oder der Beschwerde nach §§ 621e, 629a Abs. 2 ZPO. Durch die Änderung soll insbesondere sichergestellt werden, dass ein Rechtsmittelführer, dem Prozesskostenhilfe nach Ablauf der Rechtsmittelbegründungsfrist gewährt worden ist, einen Monat Zeit für die Rechtsmittelbegründung verbleibt, sodass er nicht schlechter gestellt wird als die vermögende Partei.

Infolge der ZPO-Reform haben sich im Bereich der Wiedereinsetzung bei Rechtsmittelfristen bzw. Rechtsmittelbegründungsfristen viele neue Probleme ergeben. Ohne ZPO-Reform begann die Rechtsmittelbegründungsfrist mit der Einlegung des Rechtsmittels. Wenn für das Rechtsmittel Wiedereinsetzung gewährt wurde, wurde das Rechtsmittel eingelegt, sodass sich keine Besonderheiten bezüglich des Laufs der Rechtsmittelbegründungsfrist ergeben konnten. Lagen die Hindernisse im Bereich der Rechtsmittelbegründungsfrist selbst, konnte der Vorsitzende diese Frist auch ohne Zustimmung des Gegners verlängern. Die ZPO-Reform hingegen knüpft den Lauf der Rechtsmittelbegründungsfrist an die Zustellung der angefochtenen Entscheidung. Außerdem kann insbesondere die Berufungsbegründungsfrist ohne Zustimmung des Gegners nur einmal verlängert werden. Wer ohne sein Verschulden verhindert war, Rechtsmittelfristen zu wahren, geriet nach der bisherigen Fassung von § 234 Abs. 1 ZPO in eine Fristnot hinsichtlich der Rechtsmittelbegründungsfrist, die bereits (teilweise) abgelaufen war oder nicht angemessen verlängert werden konnte. Die Rechtsprechung hat damit zu helfen versucht, dass dann, wenn nach Ablauf der Begründungsfrist Prozesskostenhilfe für das Rechtsmittel gewährt und deshalb Wiedereinsetzung beantragt wird, zur Vermeidung einer Benachteiligung der mittellosen Partei eine Begründungsfrist von einem Monat ab Zustellung zur Verfügung gestellt wird.[4] An diese Rechtsprechung lehnt sich die Neuregelung an.

Damit sind aber die zahlreichen praktischen Probleme nur äußerst unvollkommen gelöst. Die Gleichbehandlung mit der vermögenden Partei wird schon deshalb nicht erreicht, weil die für die Begründungsfristen notwendigen Verlängerungsmöglichkeiten fehlen. Die Regelung hilft auch dann nicht weiter, wenn zum Zeitpunkt der Zustellung der Prozesskostenhilfeentscheidung die Begründungsfrist noch nicht abgelaufen ist.

Zweifelhaft ist, ob die Regelung sich auch auf die Anschlussberufung bezieht, die gemäß § 524 Abs. 2 ZPO mit der Anschlussberufungsschrift begründet werden muss. Die Begründung des Regierungsentwurfs bejaht dies ohne nähere Darlegung. Eine Begründungsfrist für die Anschlussberufung, die von der Anschlussberufungsfrist abweiche, gibt es auch nach der Neufassung von § 524 ZPO nicht. Der Anschlussberufungskläger muss also mit der Anschließungsschrift sein Rechtsmittel begründen. Er sollte sich nicht darauf verlassen, dass ihm im Falle der Bewilligung von Prozesskostenhilfe eine zusätzliche Rechtsmittelbegründungsfrist zur Verfügung steht.

---

[4] Vgl. die Nachweise bei Zöller/Greger, a.a.O., § 236 Rn. 8a.

§ 269 ZPO
Klagerücknahme

(1) Die Klage kann ohne Einwilligung des Beklagten nur bis zum Beginn der mündlichen Verhandlung des Beklagten zur Hauptsache zurückgenommen werden.

(2) Die Zurücknahme der Klage und, soweit sie zur Wirksamkeit der Zurücknahme erforderlich ist, auch die Einwilligung des Beklagten sind dem Gericht gegenüber zu erklären. Die Zurücknahme der Klage erfolgt, wenn sie nicht bei der mündlichen Verhandlung erklärt wird, durch Einreichung eines Schriftsatzes. Der Schriftsatz ist dem Beklagten zuzustellen, wenn seine Einwilligung zur Wirksamkeit der Zurücknahme der Klage erforderlich ist. Widerspricht der Beklagte der Zurücknahme der Klage nicht innerhalb einer Notfrist von zwei Wochen seit der Zustellung des Schriftsatzes, so gilt seine Einwilligung als erteilt, wenn der Beklagte zuvor auf diese Folge hingewiesen worden ist.

(3) Wird die Klage zurückgenommen, so ist der Rechtsstreit als nicht anhängig geworden anzusehen; ein bereits ergangenes, noch nicht rechtskräftiges Urteil wird wirkungslos, ohne dass es seiner ausdrücklichen Aufhebung bedarf. Der Kläger ist verpflichtet, die Kosten des Rechtsstreits zu tragen, soweit nicht bereits rechtskräftig über sie erkannt ist oder sie dem Beklagten aus einem anderen Grund aufzuerlegen sind. Ist der Anlass zur Einreichung der Klage vor Rechtshängigkeit weggefallen und wird die Klage daraufhin zurückgenommen, so bestimmt sich die Kostentragungspflicht unter Berücksichtigung des bisherigen Sach- und Streitstandes nach billigem Ermessen; dies gilt auch, wenn die Klage nicht zugestellt wurde.

(4) Das Gericht entscheidet auf Antrag über die nach Absatz 3 eintretenden Wirkungen durch Beschluss.

(5) Gegen den Beschluss findet die sofortige Beschwerde statt, wenn der Streitwert der Hauptsache den in § 511 genannten Betrag übersteigt. Die Beschwerde ist unzulässig, wenn gegen die Entscheidung über den Festsetzungsantrag (§ 104) ein Rechtsmittel nicht mehr zulässig ist.

(6) Wird die Klage von neuem angestellt, so kann der Beklagte die Einlassung verweigern, bis die Kosten erstattet sind.

Einzelbegründung des Gesetzgebers zu § 269 ZPO

Der Ausschuss befürwortet eine Klarstellung des sachlichen Anwendungsbereichs des § 269 Abs. 3 Satz 3 ZPO. Durch das Gesetz zur Reform des Zivilprozesses war dem Gericht die Befugnis gegeben worden, über die Kosten einer zurückgenommenen Klage, deren Anlass vor Rechtshängigkeit weggefallen ist, nach billigem Ermessen durch Beschluss zu entscheiden. In einem Teil des Schrifttums (Baumbach/Lauterbach/Albers/Hartmann, ZPO, 62. Aufl., § 269 Rn. 39; Zöller/Greger, ZPO, 24. Aufl., § 269 Rn. 8b; aA Münchener Kommentar-ZPO/Lüke, Aktualisierungsband ZPO-Reform, § 269 Rn. 4) und der Rechtsprechung der Instanzgerichte (KG MDR 2003, 712; OLG Nürnberg MDR 2003, 410; LG Nürnberg MDR 2003, 411; LG Münster NJW-RR 2002, 1221; aA OLG Schleswig SchlHA 2004, 31; OLG Dresden OLG-NL 2003, 164; OLG Köln NJW-RR 2003, 1571; LG Düsseldorf NJW-RR 2003, 213) wird die Auffassung vertreten, die Vorschrift sei dann nicht anzuwenden, wenn die Klage noch vor der Zustellung zurückgenommen werde; denn eine Klagerücknahme i.S.d. § 269 ZPO liege nur vor, wenn die Klage durch die Zustellung bereits rechtshängig geworden und ein Prozessrechtsverhältnis zwischen den Parteien begründet worden sei. Eine Kostenentscheidung nach § 269 Abs. 3 Satz 3 ZPO komme daher nur in Betracht, wenn die Klage *nach* Eintritt des „erledigenden" Ereignisses, aber noch vor Eingang der Rücknahmeerklärung bei Gericht oder (versehentlich) nach Eingang der Rücknahmeerklärung noch zugestellt worden sei. Wenn die Zustellung dagegen bei Eingang der Rücknahmeerklärung noch nicht erfolgt sei und auch später nicht mehr erfolge, so seien dem Kläger nach der Grundsatzvorschrift des § 269 Abs. 3 Satz 2 ZPO die Kosten des Rechtsstreits aufzuerlegen, und es bleibe ihm dann nur die Möglichkeit, in einem neuen Prozess seinen materiellrechtlichen Kostenerstattungsanspruch geltend zu machen. Diese Auslegung ist mit dem gesetzgeberischen Ziel, das der durch das Zivilprozessreformgesetz eingeführten Neuregelung des § 269

Abs. 3 Satz 3 ZPO zugrunde liegt, schwerlich zu vereinbaren. Die Vorschrift soll die zügige prozessökonomische Erledigung von Rechtsstreitigkeiten fördern, deren Anlass sich bereits vor Rechtshängigkeit erledigt hat. Weder dem Wortlaut noch dem Sinn und Zweck noch der Entstehungsgeschichte der Vorschrift ist zu entnehmen, dass sie voraussetzt, dass ein Prozessrechtsverhältnis durch Zustellung der bereits zurückgenommenen Klage noch begründet wird. Die Norm kann vielmehr die vom Gesetzgeber angestrebte Wirksamkeit nur dann vollständig entfalten, wenn sie nicht auf die Fälle späterer Rechtshängigkeit beschränkt wird. Durch die vorgesehene Ergänzung wird daher im Wortlaut des § 269 Abs. 3 Satz 3 ZPO zweifelsfrei klargestellt, dass eine Zustellung der Klage nicht vorausgesetzt wird.

Einzelbegründung zum Entwurf der Bundesregierung (BTDrucks. 15/1508)

Nach der Neuregelung des § 269 Abs. 3 Satz 3 durch Artikel 1 Abs. 1 Nr. 34b des Gesetzes zur Reform des Zivilprozesses vom 27. Juli 2001 (BGBl. I S. 1887) bestimmt sich die Kostentragungspflicht bei Wegfall des Anlasses zur Klageerhebung vor Rechtshängigkeit nunmehr unter Berücksichtigung des bisherigen Sach- und Streitstandes nach billigem Ermessen des Gerichts, wenn der Kläger die Klage unverzüglich nach Wegfall des Klageerhebungsanlasses zurücknimmt. Das Gesetz hat für den Fall der Klagerücknahme vor Rechtshängigkeit die flexible und prozessökonomische Kostenregelung aus § 91a übernommen, allerdings unter der Voraussetzung, dass die Klagerücknahme „unverzüglich" erfolgt.

Dieses einschränkende Erfordernis geht zurück auf den Entwurf eines Gesetzes zur Vereinfachung des zivilgerichtlichen Verfahrens und des Verfahrens der freiwilligen Gerichtsbarkeit aus der 13. Legislaturperiode (Bundestagsdrucksache 13/6398; dort Artikel 1 Nr. 13) und beruhte auf dem gesetzgeberischen Willen, den durch die Neuregelung privilegierten Kläger zu zügigem Handeln anzuhalten und die Sache nicht zu verzögern. Es führt indessen dazu, dass bei nicht unverzüglicher Klagerücknahme keine prozessökonomische Erledigung der Sache möglich ist, ohne dass hierfür überzeugende Gründe ersichtlich sind. Auch Kostenaspekte lassen ein unverzügliches Handeln nicht unbedingt notwendig erscheinen: Verzögert der Kläger die Klagerücknahme und verursacht er dadurch zusätzliche Kosten (etwa durch die Beauftragung eines Rechtsanwalts auf Beklagtenseite), so kann dies im Rahmen der Kostenentscheidung nach billigem Ermessen berücksichtigt werden. Daher ist das einschränkende Merkmal „unverzüglich" zu streichen.

In § 269 Abs. 3 Satz 3 ZPO ist zunächst das Wort „unverzüglich" gestrichen worden. Das basiert auf der zutreffenden Erwägung, die Kostentragungspflicht bei Wegfall des Anlasses zur Klageerhebung vor Rechtshängigkeit nunmehr auch dann unter Berücksichtigung des bisherigen Sach- und Streitstandes nach billigem Ermessen des Gerichts zu bestimmen, wenn der Kläger die Klage nicht unverzüglich nach Wegfall des Klageerhebungsanlasses zurücknimmt, weil ansonsten bei nicht unverzüglicher Klagerücknahme keine prozessökonomische Erledigung der Sache möglich war.

Durch den zusätzlichen Satzteil wird jetzt darüber hinaus der sachliche Anwendungsbereich des § 269 Abs. 3 Satz 3 ZPO klargestellt. Auch dann, wenn die Klage noch vor der Zustellung zurückgenommen wurde, kommt eine entsprechende Kostenentscheidung in Betracht.

Durch das ZPO-Reformgesetz erhielt das Gericht die Möglichkeit, über die Kosten einer zurückgenommenen Klage, deren Anlass vor Rechtshängigkeit weggefallen war, nach billigem Ermessen durch Beschluss zu entscheiden. Es entstand das Problem, ob eine Kostenentscheidung auch dann möglich ist, wenn die Klage noch vor der Zustellung zurückgenommen wurde. Zahlreiche Stimmen in Wissenschaft und Praxis meinen, dass eine Kostenentscheidung nur möglich ist, wenn bereits ein Prozessrechtsverhältnis entstanden, also die Klage zugestellt ist.[5] Nunmehr ist klar, dass eine Zustellung der Klage für die entsprechende Kostenentscheidung nicht erforderlich ist. Es ist nicht mehr erforderlich, bei Wegfall des Anlasses zur Klageerhebung vor Rechtshängigkeit über die Frage der

---

[5] Zöller/Greger, a.a.O., § 269 Rn. 8b; Übersicht über den Streitstand bei Deckenbrock/Dötsch, Der Prozessrechtsberater, 2003, S. 152.

Kostentragungspflicht einen gesonderten Prozess zu führen oder aber das Verfahren mit einem angepassten Klageantrag fortzusetzen. Auf die vom Kläger oft gar nicht zu beeinflussende Frage, ob die Klage schon zugestellt war oder nicht, kommt es nicht mehr an.

§ 278 ZPO
Gütliche Streitbeilegung, Güteverhandlung, Vergleich

(1) Das Gericht soll in jeder Lage des Verfahrens auf eine gütliche Beilegung des Rechtsstreits oder einzelner Streitpunkte bedacht sein.

(2) Der mündlichen Verhandlung geht zum Zwecke der gütlichen Beilegung des Rechtsstreits eine Güteverhandlung voraus, es sei denn, es hat bereits ein Einigungsversuch vor einer außergerichtlichen Gütestelle stattgefunden oder die Güteverhandlung erscheint erkennbar aussichtslos. Das Gericht hat in der Güteverhandlung den Sach- und Streitstand mit den Parteien unter freier Würdigung aller Umstände zu erörtern und, soweit erforderlich, Fragen zu stellen. Die erschienenen Parteien sollen hierzu persönlich gehört werden.

(3) Für die Güteverhandlung sowie für weitere Güteversuche soll das persönliche Erscheinen der Parteien angeordnet werden. § 141 Abs. 1 Satz 2, Abs. 2 und 3 gilt entsprechend.

(4) Erscheinen beide Parteien in der Güteverhandlung nicht, ist das Ruhen des Verfahrens anzuordnen.

(5) Das Gericht kann die Parteien für die Güteverhandlung vor einen beauftragten oder ersuchten Richter verweisen. In geeigneten Fällen kann das Gericht den Parteien eine außergerichtliche Streitschlichtung vorschlagen. Entscheiden sich die Parteien hierzu, gilt § 251 entsprechend.

(6) Ein gerichtlicher Vergleich kann auch dadurch geschlossen werden, dass die Parteien dem Gericht einen schriftlichen Vergleichsvorschlag unterbreiten oder einen schriftlichen Vergleichsvorschlag des Gerichts durch Schriftsatz gegenüber dem Gericht annehmen. Das Gericht stellt das Zustandekommen und den Inhalt eines nach Satz 1 geschlossenen Vergleichs durch Beschluss fest. § 164 gilt entsprechend.

Einzelbegründung des Gesetzgebers zu § 278 Abs. 6 ZPO

Durch das Gesetz zur Reform des Zivilprozesses vom 27. Juli 2001 (BGBl. I S. 1887) ist die Möglichkeit eines schriftlichen gerichtlichen Vergleichs eingeführt worden. Der Vergleich kommt dadurch zustande, dass die Parteien einen gerichtlichen Vergleichsvorschlag schriftlich gegenüber dem Gericht annehmen. Das Zustandekommen des Inhalts des Vergleichs stellt das Gericht durch Beschluss fest. Der Vergleich in seiner Verkörperung durch den Beschluss bildet den Vollstreckungstitel im Sinne des § 794 Abs. 1 Nr. 1 ZPO. Die erleichterte Protokollierungsmöglichkeit gerichtlicher Vergleiche erspart die Anberaumung einer mündlichen Verhandlung und den Parteien sowie ihren Prozessbevollmächtigten die Anreise zum Gericht.

Diese gesetzliche Regelung hat sich als zu eng erwiesen. Sie berücksichtigt nicht die in der Gerichtspraxis häufig auftretende Fallgestaltung, dass die Parteien durch ihre Prozessbevollmächtigten Vergleiche aushandeln und schriftlich fixieren. Nach dem Wortlaut des § 278 Abs. 6 ZPO kann das Gericht in diesem Fall nicht sofort durch Beschluss den Inhalt des Vergleichs feststellen. Es ist vielmehr verpflichtet, den ihm von den Parteien bzw. ihren Prozessbevollmächtigten unterbreiteten Vergleich zu übernehmen und ihnen diesen sodann als gerichtlichen Vergleichsvorschlag zur Annahme zu übersenden. Diese Verfahrensweise ist umständlich und verursacht unnötigen Aufwand für das Gericht und die Parteien.

Der Gesetzentwurf ergänzt deshalb § 278 Abs. 6 ZPO dahin, dass auch der von den Parteien unterbreitete Vergleichsvorschlag zum Gegenstand des gerichtlichen Vergleichs werden kann. Das Gericht stellt gemäß dem unverändert gebliebenen Satz 2 das Zustandekommen und den Inhalt eines von den Parteien unterbreiteten Vergleichs durch Beschluss fest. Im Zuge dessen obliegt dem Gericht die Prüfung, ob der unterbreitete Vergleich wirksam abgeschlossen worden ist, also insbesondere nicht gegen die guten Sitten oder ein gesetzliches Verbot verstößt. Da durch die Mitwirkung des Gerichts eine Gewähr dafür bestehen soll, dass der Vergleich nicht der öffentlichen Ordnung widerspricht, erstreckt sich die Prüfungskompetenz des Gerichts auch auf diesen Gesichtspunkt. Grundsätzlich bestehen im schriftlichen Vergleichsverfahren dieselben gerichtlichen Prüfungskompetenzen wie bei einem protokollierten Vergleich.

Die durch die ZPO-Reform eingeführte Möglichkeit eines schriftlichen gerichtlichen Vergleichs (§ 278 Abs. 6 ZPO) hat sich bewährt. Der Vergleich kommt dadurch zustande, dass die Parteien einen gerichtlichen Vergleichsvorschlag gegenüber dem Gericht annehmen und dass das Zustandekommen des Inhalts des Vergleichs durch das Gericht durch Beschluss festgestellt wird. Dadurch wird die (erneute) Terminierung der Sache entbehrlich. Infolge der Abschaffung der Lokalisation ist diese Form des Vergleichsabschlusses weit verbreitet. Es war allerdings umständlich, dass die von den Parteien und ihren Prozessbevollmächtigten bereits schriftlich fixierten Vergleichsregelungen zunächst noch zu einem Vergleichsvorschlag des Gerichts werden mussten, der alsdann schriftsätzlich anzunehmen ist. Durch die Neufassung wird § 278 Abs. 6 ZPO dahingehend ergänzt, dass auch der von den Parteien unterbreitete Vergleichsvorschlag zum Gegenstand des gerichtlichen Vergleichs werden kann.

Dem Vergleich in seiner Verkörperung durch den Beschluss, der insoweit den Vollstreckungstitel im Sinne von § 794 Abs. 1 Nr. 1 ZPO bildet, muss jetzt also nicht mehr zwingend ein schriftlicher Vergleichsvorschlag des Gerichts vorangehen. Es reicht aus, dass die Parteien dem Gericht übereinstimmend einen schriftlichen Vergleichsvorschlag unterbreiten. Vor der entsprechenden Beschlussfeststellung hat das Gericht zu prüfen, ob die Parteien tatsächlich einen gemeinsamen schriftlichen Vergleichsvorschlag vorlegen. Fraglich ist, in welchem Umfang dem Gericht die Prüfung obliegt, ob der gemeinsam vorgeschlagene Vergleich wirksam abgeschlossen worden ist. Die Beschlussempfehlung des Rechtsausschusses (BTDrucks. 15/3482, S. 46) nimmt an, dass das Gericht eine entsprechende Prüfung vornehmen muss, also insbesondere, ob der Vergleich nicht gegen die guten Sitten oder ein gesetzliches Verbot verstößt. Das ist in dieser Allgemeinheit mindestens zweifelhaft. Wollte man dem Gericht insoweit eine amtswegige Prüfung auferlegen, müsste es auch das Recht haben, Fragen nach der Art und Weise des Zustandekommens des Vergleichs zu stellen. Für eine solche Befugnis gibt es aber keine Grundlage. Allenfalls bei evidenten Verstößen gegen die guten Sitten oder die öffentliche Ordnung wird das Gericht eine Feststellung verweigern dürfen.

§ 284 ZPO
Beweisaufnahme

Die Beweisaufnahme und die Anordnung eines besonderen Beweisaufnahmeverfahrens durch Beweisbeschluss wird durch die Vorschriften des fünften bis elften Titels bestimmt. Mit Einverständnis der Parteien kann das Gericht die Beweise in der ihm geeignet erscheinenden Art aufnehmen. Das Einverständnis kann auf einzelne Beweiserhebungen beschränkt werden. Es kann nur bei einer wesentlichen Änderung der Prozesslage vor Beginn der Beweiserhebung, auf die es sich bezieht, widerrufen werden.

Einzelbegründung des Gesetzgebers zu § 284 ZPO

Die geänderte Fassung geht zurück auf die Stellungnahme des Bundesrates, der die Bundesregierung in modifizierter Form zugestimmt hat. Zur Begründung wird zunächst auf Ziffer 5 der Stellungnahme des Bundesrates und die darauf bezogene Gegenäußerung der Bundesregierung verwiesen. Nach Auffassung des Ausschusses ist allerdings der letztmögliche Zeitpunkt für einen Widerruf des Einverständnisses einer Partei mit der Erhebung des Freibeweises von der Beendigung der Beweiserhebung auf deren Beginn vor zu verlagern, weil andernfalls die Gefahr besteht, dass eine Partei, die mit dem Verlauf der freibeweislichen Beweiserhebung nicht zufrieden ist, versuchen wird, deren Fortsetzung durch einen Widerruf ihres Einverständnisses zu vereiteln. Auch wenn die Beweiserhebung zu einer wesentlichen Änderung der Prozesslage geführt hat, darf dies im Interesse der Verfahrensökonomie nicht dazu führen, dass die Beweisaufnahme im Strengbeweis zu wiederholen ist. Die Parteien können sich auf dieses beschränkte Widerrufsrecht bei Erteilung des Einverständnisses einstellen.

Stellungnahme des Bundesrates

Die Möglichkeit des Gerichts, im Einvernehmen mit den Parteien vom Strengbeweisverfahren abzusehen, kann in geeigneten Fällen das Verfahren vereinfachen und beschleunigen. Im Hinblick auf die Dispositionsmaxime bestehen gegen eine solche Regelung keine grundsätzlichen Bedenken.

Die Entbindung des Gerichts vom Strengbeweis muss andererseits für die Parteien berechenbar bleiben. Die gesetzliche Vorgabe bestimmter Beweismittel und Beweisverfahrensregeln dient der Rechtsstaatlichkeit und Transparenz des Beweisfindungsprozesses sowie der Plausibilität des Beweisergebnisses. Diese Vorschriften sollen in erster Linie die Prozessbeteiligten schützen und Rechtsfrieden bewirken.

Auch die Ziele einer Verfahrensvereinfachung und -beschleunigung rechtfertigen es daher nicht, den Prozessbeteiligten einen pauschalen und weit gehend bindenden Verzicht auf elementare Verfahrensregeln abzufordern, erst recht wenn der damit dem Gericht eröffnete Freiraum nicht durch konkrete Rechtsmaßstäbe strukturiert wird. Eine solche Regelung ginge erheblich zu weit, zumal dann, wenn es – wie häufig – im Einzelfall an einem Verhandlungsgleichgewicht zwischen den Prozessbeteiligten fehlt.

Gerade im Interesse der Wirksamkeit der vorgeschlagenen Regelung sollte deshalb die Einverständniserklärung der Beteiligten auf den Einzelfall bezogen und hierauf beschränkt werden. Eine solche Erklärung wird das Gericht von den Parteien im Regelfall problemlos erhalten; sie stellt für die Parteien (und ihre Anwälte) ein wesentlich überschaubareres Risiko dar als eine pauschale Freibeweisermächtigung. Auf diese Weise kann ein Legitimitäts- und Vorhersehbarkeitszusammenhang zwischen dieser Erklärung und dem dadurch eröffneten Freiraum für das Gericht in jedem Fall gewährleistet werden.

Einzelbegründung zum Entwurf der Bundesregierung (BTDrucks. 15/1508)

Durch die Ergänzung soll dem Gericht die Möglichkeit eröffnet werden, im Einvernehmen beider Parteien bei der Aufnahme der Beweise von den Strengbeweisregeln abzusehen, um Verfahrensabläufe zu vereinfachen und den Prozess zu beschleunigen. Zum einen entfällt dadurch die Beschränkung auf die gesetzlichen Beweismittel in Titel 6 bis 10 des Abschnitts 1 im Buch 2. Zum anderen kann insbesondere der Grundsatz der Unmittelbarkeit der Beweisaufnahme im Einvernehmen der Parteien in geeigneten Fällen außer Kraft gesetzt werden. Wenn beispielsweise in der Erörterung über das Ergebnis der Beweisaufnahme weiterer Beweiserhebungsbedarf entsteht, kann die sofortige telefonische Befragung eines Zeugen oder Sachverständigen möglicherweise einen erneuten Verhandlungstermin entbehrlich machen. Auch die E-Mail-Befragung eines Zeugen oder Sachverständigen kann sehr schnell und effizient sein. Das Einverständnis muss sich nicht auf die gesamte Beweisaufnahme beziehen; es kann auf einzelne Beweiserhebungen beschränkt werden Das Beweismaß bleibt durch den Wechsel vom Streng- auf den Freibeweis unberührt.

Durch die Ergänzung werden die prozessualen Gestaltungsrechte der Parteien gestärkt. Gleichartige Flexibilisierungen des Prozessrechts sind im Bereich der Zurückverweisung (§ 538 Abs. 2) und im Bereich des Einzelrichters (§ 348 Abs. 3 Satz 1 Nr. 3) bereits durch Gesetz zur Reform des Zivilprozesses vom 27. Juli 2001 (BGBl. I S. 1887) eingeführt worden. Der Zivilprozess wird dadurch noch stärker der Parteiherrschaft unterworfen, was die Verfahrensakzeptanz fördert.

Zwar sieht § 295 Abs. 1 bereits jetzt die Heilung von Verfahrensmängeln bei Verzicht auf Verfahrensrügen vor. Dies gilt beispielsweise auch für den Verstoß gegen den Grundsatz der Unmittelbarkeit bei der Beweisaufnahme: Durch die Ergänzung werden jedoch Verfahrenserleichterungen durch Freibeweis im Einvernehmen beider Parteien vom Odium der Verfahrensverletzung befreit, auf eine solide rechtliche Grundlage gestellt und den Verfahrensbeteiligten als gleichwertige Option zum Strengbeweis angeboten.

Durch die dem § 284 ZPO hinzugefügten Sätze 2, 3 und 4 wird dem Gericht die Möglichkeit eröffnet, mit Einverständnis beider Parteien von den Strengbeweisregeln abzusehen. Dieses Einverständnis kann auf einzelne Beweiserhebungen beschränkt werden. Es soll allerdings nur bei einer wesentlichen Änderung der Prozesslage vor Beginn der Beweiserhebung, auf die es sich bezieht, widerrufen werden können.

Anlass für die Neuregelung waren Erwägungen, Verfahrensabläufe zu vereinfachen und den Prozess zu beschleunigen. Die Begründung des Regierungsentwurfs hat ein Beispiel genannt: Wenn in der Erörterung über das Ergebnis der Beweisaufnahme weiterer Beweiserhebungsbedarf bestehe, könne die sofortige telefonische Befragung eines Zeugen oder Sachverständigen möglicherweise einen erneuten Verhandlungstermin entbehrlich machen. Auch die E-mail-Befragung eines Zeugen oder Sachverständigen könne schnell und effizient sein.

Die bisherige Rechtslage beschränkt die Beweisaufnahme grundsätzlich auf die Beweisart des Strengbeweises. Danach stehen grundsätzlich nur die gesetzlich normierten Beweismittel zur Verfügung, also Augenschein (§ 371 ZPO), Zeugen (§ 373 ZPO), Sachverständigengutachten (§ 403 ZPO), Urkunden (§ 420 ZPO) und Parteivernehmung (§ 445 ZPO).[6] Für die Feststellung nur verfahrensrechtlich relevanter Tatsachen lässt die Rechtsprechung den im Gesetz nicht geregelten Freibeweis zu, der also auf die gesetzlichen Beweismittel nicht beschränkt ist.[7] Die Beschränkung der Beweisaufnahme auf den Strengbeweis macht die Beweisführung im Zivilprozess kalkulierbar. Insbesondere die Grundsätze der Mündlichkeit und der Unmittelbarkeit der Beweisaufnahme sind ein hohes Gut; die Rechtsprechung des Bundesgerichtshofs und des Bundesverfassungsgerichts zur Heilung von Verfahrensmängeln (§ 295 Abs. 1 ZPO) hat immer wieder darauf hingewiesen, dass der damit verbundene Anspruch auf rechtliches Gehör nicht verzichtbar ist.[8] Die Neuregelung in § 284 ZPO bricht mit diesem System, indem sie das Einverständnis der Parteien für eine Beweisaufnahme durch Freibeweis genügen lässt.

Die also äußerst problematische Vorschrift wird in ihrer praktischen Relevanz sorgfältig zu beobachten sein. Von besonderer Bedeutung ist, dass das Einverständnis nur eingeschränkt widerrufen werden kann. Der Regierungsentwurf hatte noch vorgesehen, dass das Einverständnis der Parteien bei jeder wesentlichen Änderung der Prozesslage widerruflich ist. Der Rechtsausschuss hat die jetzt Gesetz gewordene Änderung veranlasst, nach der der letztmögliche Zeitpunkt für einen Widerruf des Einverständnisses einer Partei mit der Erhebung des Freibeweises auf den Beginn der Beweiserhebung zu verlagern ist, weil anderenfalls die Gefahr bestünde, dass eine Partei, die mit dem Verlauf der freibeweislichen Beweiserhebung nicht zufrieden ist, versuchen wird, deren Fortsetzung durch einen Widerruf ihres Einverständnisses zu vereiteln. Gerade im Hinblick auf die Prinzipien der Mündlichkeit und Unmittelbarkeit dürfte diese Regelung den Anspruch auf rechtliches Gehör verletzen und verfassungswidrig sein.

Gerade das Beispiel in der Begründung des Regierungsentwurfs zeigt, welche Irrwege eine Beweisaufnahme gehen kann, die sich auf einen Telefonanruf beschränkt. Ist dem Angerufenen der Anruf lästig, kann ein bloßer Hinweis darauf, man habe die Unterlagen nicht zur Hand oder man habe Einzelheiten vergessen, ohne weiteres dazu führen, dass nicht weiter nachgeforscht wird. Die ansonsten dringend erforderlichen eindringlichen Belehrungen des Zeugen und die Möglichkeit des Zeugen,

---

[6] Zöller/Greger, ZPO, 24. Aufl., vor § 284 Rn. 6.
[7] Zu den Einzelheiten vgl. Zöller/Greger, a.a.O., Rn. 7.
[8] Vgl. die Nachweise bei Zöller/Greger, a.a.O., § 295 Rn. 4 ff.

sich entsprechend vorzubereiten, entfallen. Geboten wird ein möglicherweise flinker Ausschnitt aus einem Wahrnehmungsbereich des Zeugen oder des Sachverständigen, der von diesem Zeugen oder Sachverständigen im Überraschungsmoment des Telefonanrufs zwanglos präsentiert werden kann. Mit der Ausschöpfung von Beweismitteln hat das nichts mehr zu tun. Zeigt sich solches während des Telefonanrufs, soll nach der jetzt Gesetz gewordenen Auffassung des Rechtsausschusses ein Widerruf des Einverständnisses nicht mehr möglich sein. Das ist umso bedenklicher, als die Parteiöffentlichkeit beim Freibeweis vielfach nicht herzustellen ist. Niemand außer dem Richter hört am Telefon, was gesagt und wie es gesagt worden ist. Nachfragen anderer Verfahrensbeteiligter unterbleiben. Die Dokumentation von Freibeweisen muss lückenhaft bleiben. Die bisherigen Förmlichkeiten bei der Beweiserhebung im Strengbeweis sichern zudem, dass dem Zeugen seine Wahrheitspflicht durch die Umstände, unter denen er seine Aussage zu tätigen hat, deutlich wird. Die Förmlichkeiten geben eine gewisse Gewähr für die materielle Richtigkeit der Aussage. Das ist nicht mehr der Fall, wenn der Zeuge etwa per Handy im Schwimmbad auf beweiserhebliche Umstände angesprochen wird. Auch die Strafsanktionen gehen ins Leere, weil nicht einmal mehr die Prozessbeteiligten erklären können, dass es der einer Falschaussage Beschuldigte war, der die Aussage getätigt hat. Außerdem werden die materiell-rechtlichen Beweislastregeln mit ihrem Gerechtigkeitsgehalt tangiert, weil diese erst greifen, wenn mit den bisherigen Mitteln des Strengbeweises der Beweis nicht zu führen ist. Die Möglichkeit des Freibeweises kann im Ergebnis zu einer Beweiserleichterung für die beweisbelastete Partei führen.

Aus alledem ergibt sich die dringende Empfehlung an die Parteien, ein Einverständnis zum Freibeweis nicht zu erteilen. Es mag allenfalls dann, beschränkt auf ein bestimmtes Beweisthema, erklärt werden können, wenn es an die Bedingung geknüpft wird, dass es jederzeit widerrufen werden kann.

§ 307 ZPO
Anerkenntnis

> Erkennt eine Partei den gegen sie geltend gemachten Anspruch ganz oder zum Teil an, so ist sie dem Anerkenntnis gemäß zu verurteilen. Einer mündlichen Verhandlung bedarf es insoweit nicht.

Einzelbegründung des Gesetzgebers zu § 307 ZPO

Die Neufassung geht zurück auf die Stellungnahme des Bundesrates, der die Bundesregierung in ihrer Gegenäußerung zugestimmt hat. Zur Begründung wird auf Ziffer 7 der Stellungnahme des Bundesrates verwiesen. Der generelle Verzicht auf die mündliche Verhandlung für ein Anerkenntnisurteil umfasst auch die Fälle des bisherigen § 307 Abs. 2 ZPO (Anerkenntnis im schriftlichen Vorverfahren), so dass diese Bestimmung wegfallen kann.

Stellungnahme des Bundesrates

Die derzeit geltende Fassung des § 307 ZPO differenziert in der Frage einer mündlichen Verhandlung nach dem Zeitpunkt der Abgabe der Anerkenntniserklärung. Ein Verzicht auf die mündliche Verhandlung ist – abgesehen von § 128 Abs. 2 ZPO – nur für den Sonderfall des § 307 Abs. 2 ZPO vorgesehen (Anerkenntniserklärung des Beklagten im schriftlichen Vorverfahren).

Zur Verfahrensbeschleunigung und -erleichterung erscheint es sinnvoll, den Erlass eines Anerkenntnisurteils generell unabhängig von der Durchführung einer mündlichen Verhandlung zu ermöglichen. Legt die anerkennungswillige Partei im Einzelfall Wert auf eine mündliche Verhandlung (etwa weil sie sich noch richterliche Hinweise erwartet), so bleibt es ihr unbenommen, diese Erklärung erst im Rahmen der mündlichen Verhandlung abzugeben. Ein Interesse der Parteien an der Durchführung einer mündlichen Verhandlung nach Anerkenntniserklärung wird in aller Regel fehlen. Liegt es im Einzelfall anders, so sieht auch die vorgeschlagene Neufassung diese Möglichkeit vor.

Die bislang geltende Fassung des § 307 ZPO ging vom Grundsatz aus, dass das Anerkenntnis in der mündlichen Verhandlung abzugeben ist. Ein Verzicht auf die mündliche Verhandlung war – abgesehen von § 128 Abs. 2 ZPO – nur durch Anerkenntniserklärung im schriftlichen Vorverfahren (§ 307 Abs. 2 ZPO a.F.) vorgesehen. Nach der Neuregelung ist der Erlass eines Anerkenntnisurteils nicht mehr abhängig von der Durchführung einer mündlichen Verhandlung.

In der Tat erscheint es zur Verfahrensbeschleunigung und Verfahrenserleichterung sinnvoll, den Erlass eines Anerkenntnisurteils unabhängig von der Durchführung einer mündlichen Verhandlung zu ermöglichen, wie es das Gesetz jetzt vorsieht. Ein schriftsätzlich erklärtes Anerkenntnis ist nunmehr möglich und wirksam.

Dadurch, dass jetzt die schriftsätzliche Anerkenntniserklärung zum Erlass eines Anerkenntnisurteils führen kann, muss deren Abgabe sorgfältig erwogen werden. Insbesondere dann, wenn es noch keine (schriftlichen) Hinweise des Gerichts gegeben hat, kann es sich empfehlen, es doch auf eine mündliche Verhandlung ankommen zu lassen. Andererseits löst diese Verhandlung weitere Kosten aus, so dass bei aussichtsloser Klageverteidigung die Neuregelung eine schnelle und kostengünstige Möglichkeit zur Beendigung eines überflüssig gewordenen Verfahrens gewährt.

§ 310 ZPO
Termin der Urteilsverkündung

(1) Das Urteil wird in dem Termin, in dem die mündliche Verhandlung geschlossen wird, oder in einem sofort anzuberaumenden Termin verkündet. Dieser wird nur dann über drei Wochen hinaus angesetzt, wenn wichtige Gründe, insbesondere der Umfang oder die Schwierigkeit der Sache, dies erfordern.
(2) Wird das Urteil nicht in dem Termin, in dem die mündliche Verhandlung geschlossen wird, verkündet, so muss es bei der Verkündung in vollständiger Form abgefasst sein.
(3) Bei einem Anerkenntnisurteil und einem Versäumnisurteil, die nach § 307 Abs. 2, § 331 Abs. 3 ohne mündliche Verhandlung ergehen, wird die Verkündung durch die Zustellung des Urteils ersetzt. Dasselbe gilt bei einem Urteil, das den Einspruch gegen ein Versäumnisurteil verwirft (§ 341 Abs. 2).

Einzelbegründung des Gesetzgebers zu § 310 ZPO

Die Entscheidung über die Verwerfung des Einspruchs gegen ein Versäumnisurteil ergeht aufgrund der Neufassung des § 341 Abs. 2 durch Artikel 1 Abs. 1 Nr. 52 des Gesetzes zur Reform des Zivilprozesses vom 27. Juli 2001 (BGBl. I S. 1887) stets durch Urteil, das zwar keiner mündlichen Verhandlung, nach bisheriger Rechtslage gemäß § 310 Abs. 1 aber der Verkündung bedarf. Es muss daher jeweils ein Verkündungstermin anberaumt werden, was in der Praxis als umständlich empfunden wird. Aus diesem Grunde wird die Ausnahmeregelung des § 310 Abs. 3 auf Urteile erstreckt, durch die der Einspruch gegen ein Versäumnisurteil verworfen wird. In diesen Fällen wird die Verkündung durch die Zustellung des Urteils ersetzt.

Durch die Ergänzung von § 310 Abs. 3 ZPO um einen zweiten Satz wird jetzt auch bei Entscheidung über die Verwerfung des Einspruchs gegen ein Versäumnisurteil die Verkündung des entsprechenden Urteils durch die Zustellung des Urteils ersetzt, so dass die Anberaumung eines Verkündungstermins erspart werden kann.

Das ZPO-Reformgesetz hatte § 341 Abs. 2 ZPO neu gefasst. Die Entscheidung über die Verwerfung des Einspruchs gegen ein Versäumnisurteil muss durch Urteil ergehen, das zwar keiner mündlichen Verhandlung, nach bisheriger Rechtslage gemäß § 310 Abs. 1 ZPO aber der Verkündung bedarf. Durch die Neuregelung wird die als entbehrlich empfundene Anberaumung des Verkündungstermins überflüssig. In den fraglichen Fällen wird das Gericht nunmehr ohne mündliche Verhandlung und ohne Anberaumung eines Verkündungstermins durch Urteil entscheiden, dessen Verkündung durch die Zustellung ersetzt wird.

§ 320 ZPO
Berichtigung des Tatbestandes

(1) Enthält der Tatbestand des Urteils Unrichtigkeiten, die nicht unter die Vorschriften des vorstehenden Paragraphen fallen, Auslassungen, Dunkelheiten oder Widersprüche, so kann die Berichtigung binnen einer zweiwöchigen Frist durch Einreichung eines Schriftsatzes beantragt werden.
(2) Die Frist beginnt mit der Zustellung des in vollständiger Form abgefassten Urteils. Der Antrag kann schon vor dem Beginn der Frist gestellt werden. Die Berichtigung des Tatbestandes ist ausgeschlossen, wenn sie nicht binnen drei Monaten seit der Verkündung des Urteils beantragt wird.
(3) Über den Antrag ist mündlich zu verhandeln, wenn eine Partei dies beantragt.
(4) Das Gericht entscheidet ohne Beweisaufnahme. Bei der Entscheidung wirken nur diejenigen Richter mit, die bei dem Urteil mitgewirkt haben. Ist ein Richter verhindert, so gibt bei Stimmengleichheit die Stimme des Vorsitzenden und bei dessen Verhinderung die Stimme des ältesten Richters den Ausschlag. Eine Anfechtung des Beschlusses findet nicht statt. Der Beschluss, der eine Berichtigung ausspricht, wird auf dem Urteil und den Ausfertigungen vermerkt.
(5) Die Berichtigung des Tatbestandes hat eine Änderung des übrigen Teils des Urteils nicht zur Folge.

Einzelbegründung des Gesetzgebers zu § 320 Abs. 3 ZPO

Das bisherige Recht sieht für Tatbestandsberichtigungsanträge eine obligatorische mündliche Verhandlung vor, obwohl das Gericht durch Beschluss entscheidet. Zwar ist ein schriftliches Verfahren mit Zustimmung der Parteien gemäß § 128 Abs. 2 nach herrschender Meinung möglich. Das Berichtigungsverfahren kann jedoch effizienter gestaltet werden, wenn das Gericht, ohne die Zustimmung der Parteien einholen zu müssen, schriftlich entscheiden kann. Es erscheint daher sinnvoll und ausreichend, es der Initiative der Parteien zu überlassen, eine mündliche Verhandlung über einen Berichtigungsantrag herbeizuführen.

Die mündliche Verhandlung als Regelfall, wie sie § 320 derzeit vorsieht, ist nicht geboten. Beschlüsse ergehen typischerweise ohne mündliche Verhandlung. Eine Beweisaufnahme ist ohnehin nicht möglich, § 320 Abs. 4 Satz 1. Beschleunigungsaspekte, insbesondere die Sicherung der rechtzeitigen Aktenübersendung an die Rechtsmittelinstanz, sprechen vielmehr für eine deutliche Einschränkung der mündlichen Verhandlung.

Die Änderung wirkt sich über § 46 Abs. 2 ArbGG auch im arbeitsgerichtlichen Verfahren aus. Die öffentlich-rechtlichen Fachgerichtsbarkeiten sehen in § 119 VwGO, § 108 FGO und § 139 SGG bereits ein **schriftliches Verfahren für** die Berichtigung des Tatbestandes vor. Insofern ist die Änderung auch ein Beitrag zur Harmonisierung der Prozessordnungen.

Durch die Neufassung von § 320 Abs. 3 ZPO wird erreicht, dass über den Antrag auf Berichtigung des Tatbestandes nur noch dann mündlich zu verhandeln ist, wenn eine Partei dies beantragt. Bislang war für Tatbestandsberichtigungsanträge eine mündliche Verhandlung obligatorisch, obwohl das Gericht durch Beschluss entscheidet. In der Praxis wurde vielfach von beiden Parteien beantragt, im schriftlichen Verfahren (gemäß § 128 Abs. 2 ZPO) zu entscheiden. Da ein solcher Antrag häufig vergessen wurde oder erst vom Gericht angeregt werden musste, kam es zu zeitlichen Verzögerungen, die insbesondere im Instanzenzug zu einer Verzögerung des Rechtsstreits insgesamt führten. Nunmehr muss die Partei, die es wünscht, dass mündlich verhandelt wird, neben der Berichtigung des Tatbestandes auch ausdrücklich eine mündliche Verhandlung über den Berichtigungsantrag beantragen.

§ 321a ZPO
Abhilfe bei Verletzung des Anspruchs auf rechtliches Gehör

(1) Auf die Rüge der durch das Urteil beschwerten Partei ist der Prozess vor dem Gericht des ersten Rechtszuges fortzuführen, wenn

1. eine Berufung nach § 511 Abs. 2 nicht zulässig ist und

2. das Gericht des ersten Rechtszuges den Anspruch auf rechtliches Gehör in entscheidungserheblicher Weise verletzt hat.

(2) Die Rüge ist durch Einreichung eines Schriftsatzes (Rügeschrift) zu erheben, der enthalten muss:

1. die Bezeichnung des Prozesses, dessen Fortführung begehrt wird;

2. die Darlegung der Verletzung des Anspruchs auf rechtliches Gehör und der Entscheidungserheblichkeit der Verletzung.

Die Rügeschrift ist innerhalb einer Notfrist von zwei Wochen bei dem Gericht des ersten Rechtszuges einzureichen. Die Frist beginnt mit der Zustellung des in vollständiger Form abgefassten Urteils, im Falle des § 313 a Abs. 1 Satz 2 jedoch erst dann, wenn auch das Protokoll zugestellt ist.

(3) Dem Gegner ist, soweit erforderlich, Gelegenheit zur Stellungnahme zu geben.

(4) Das Gericht hat von Amts wegen zu prüfen, ob die Rüge an sich statthaft und ob sie in der gesetzlichen Form und Frist erhoben ist. Mangelt es an einem dieser Erfordernisse, so ist die Rüge als unzulässig zu verwerfen. Ist die Rüge unbegründet, weist das Gericht sie zurück. Die Entscheidungen ergehen durch kurz zu begründenden Beschluss, der nicht anfechtbar ist.

(5) Ist die Rüge begründet, so hilft ihr das Gericht ab, indem es den Prozess fortführt, soweit dies auf Grund der Rüge geboten ist. Der Prozess wird in die Lage zurückversetzt, in der er sich vor dem Schluss der mündlichen Verhandlung befand. § 343 gilt entsprechend.

(6) § 707 Abs. 1 Satz 1, Abs. 2 ist entsprechend anzuwenden.

Einzelbegründung des Gesetzgebers zu § 321a ZPO

Mit der Änderung wird der Regierungsentwurf klarer gefasst. Wird beispielsweise bei der Fortführung des Prozesses nach erfolgreicher Rüge gemäß § 321a ein übergangener Beweisantrag ausgeführt und gibt das Ergebnis dieser (neuen) Beweisaufnahme Anlass für einen weiteren, bisher nicht gestellten Beweisantrag der einen oder der anderen Partei, ist damit an sich die Reichweite der erfolgreichen Rüge überschritten. Dennoch kann es nicht fraglich sein, dass das Gericht auch dem neuen Antrag – seine Erheblichkeit und sonstigen Voraussetzungen unterstellt – nachzugehen haben wird. Zweifel hinsichtlich der Reichweite der Fortführung des Prozesses, die sich bei einer derartigen Verfahrenslage möglicherweise dennoch ergeben, werden durch die vom Ausschuss befürwortete Formulierung behoben.

Einzelbegründung zum Entwurf der Bundesregierung (BTDrucks. 15/1508)

Nach einer begründeten Gehörsrüge soll der Prozess nur in dem Umfang fortgesetzt werden, soweit die Rüge reicht. Im Fortsetzungsverfahren soll es somit nur noch um den Streitgegenstand gehen, der von der Verletzung des Anspruchs auf rechtliches Gehör betroffen ist. Der Prozess ist also nur im Hinblick auf die Partei, die Gehörsrüge eingelegt hat, und nur im Hinblick auf den von dieser Rüge betroffenen Streitgegenstand zurückzuversetzen. Dagegen soll dem Gegner der Rügepartei nicht noch einmal Gelegenheit gegeben werden, sein erstinstanzliches Vorbringen zu Streitpunkten, mit denen er unterlegen ist, zu ergänzen. Er soll sein Begehr mit der Berufung weiter verfolgen und keine ungerechtfertigte „zweite Chance" durch die erfolgreiche Gehörsrüge der Gegenseite erhalten.

Diese Beschränkung des Verfahrensgegenstandes nach erfolgreicher Gehörsrüge, die sich an die Wirkung des zulässigen Einspruchs gegen ein Versäumnisurteil (§ 342) anlehnt, ist im Gesetzeswortlaut bisher nur unvollkommen zum Ausdruck gekommen. In der Praxis sind jedenfalls Zweifel am Umfang der Neuverhandlung aufgekommen, die durch eine genauere, an § 342 orientierte Fassung des § 321a Abs. 5 behoben werden sollen.

Die neue Formulierung von § 321a Abs. 5 Satz 1 ZPO führt dazu, dass nach einer begründeten Gehörsrüge der Prozess nur in dem Umfang fortgeführt wird, soweit dies aufgrund der Rüge geboten ist. Der Regierungsentwurf hat eine entsprechende Einschränkung mit der Erwägung begründet, dem Gegner der Rügepartei solle nicht noch einmal Gelegenheit gegeben werden, sein erstinstanzliches Vorbringen zu Streitpunkten, mit denen er unterlegen ist, zu ergänzen. Der Rechtsausschuss meint demgegenüber, es könne nicht fraglich sein, dass das Gericht auch dem neuen Antrag einer Partei – seine Erheblichkeit und sonstigen Voraussetzungen unterstellt – nachzugehen haben wird, wenn das Ergebnis der Beweisaufnahme Anlass für einen weiteren, bisher noch nicht gestellten Beweisantrag der einen oder anderen Partei gibt.

Nach erfolgreicher Gehörsrüge soll es im Fortsetzungsverfahren nach Auffassung des Regierungsentwurfs nur noch um den Streitgegenstand gehen, der von der Verletzung des Anspruchs auf rechtliches Gehör betroffen ist. Im Gesetz fand diese Rechtsauffassung bislang keine Stütze. Vielmehr wird der Prozess in die Lage zurückversetzt, in der er sich vor dem Schluss der mündlichen Verhandlung befand. Der Prozess wurde also so wie nach einem Versäumnisurteil und zulässigem Einspruch fortgeführt.[9] Dass die Gewährung rechtlichen Gehörs für die eine Partei auch dazu führen kann, dass die andere Partei ihr eigenes Vorbringen vertieft, müsste eigentlich selbstverständlich sein.[10] Insoweit dürfte aber auch die jetzt Gesetz gewordene Einschränkung „soweit dies aufgrund der Rüge geboten ist" nicht zu einer Reduzierung des Prozessstoffs des fortgesetzten Verfahrens führen, weil es eben durchaus geboten sein kann, auch dem Prozessvortrag der Gegenpartei nachzugehen.

Es ist auch nach Lektüre der Begründung des Regierungsentwurfs und der Rechtsausschussempfehlung unklar, welches Motiv zur gewollten Einschränkung der Wirkungen der Gehörsrüge geführt hat. Die jetzt Gesetz gewordene Fassung wird im Ergebnis keine Einschränkung im Verhältnis zum bisherigen Rechtszustand zur Folge haben. Ist schon der Sinn der Neuregelung schwer auszumachen, verwundert darüber hinaus erst recht der Zeitpunkt der Änderung. Denn der Gesetzgeber plant eine – vom Bundesverfassungsgericht[11] aufgegebene – Erweiterung des Anwendungsbereichs der Abhilfe bei Verletzung des Anspruchs auf rechtliches Gehör auf die Entscheidungen aller Instanzen. Der Regierungsentwurf eines Gesetzes über die Rechtsbehelfe bei Verletzung des Anspruchs auf rechtliches Gehör (Anhörungsrügengesetz) liegt vor und soll nach derzeitiger Planung zum 1.1.2005 in Kraft treten. Die Rechtspraxis hat sich also auf eine abermalige Änderung des Rechts der Anhörungsrüge einzustellen. Vor diesem Hintergrund verwundert die nicht nachvollziehbare Einschränkung durch das 1. JuMoG.

§ 331 ZPO
Versäumnisurteil gegen den Beklagten

(1) Beantragt der Kläger gegen den im Termin zur mündlichen Verhandlung nicht erschienenen Beklagten das Versäumnisurteil, so ist das tatsächliche mündliche Vorbringen des Klägers als zugestanden anzunehmen. Dies gilt nicht für Vorbringen zur Zuständigkeit des Gerichts nach § 29 Abs. 2, § 38.
(2) Soweit es den Klageantrag rechtfertigt, ist nach dem Antrag zu erkennen; soweit dies nicht der Fall ist, ist die Klage abzuweisen.

---

[9] Vgl. Thomas/Putzo, ZPO, 25. Aufl., § 322 Rn. 14.
[10] Vgl. hierzu Zöller/Vollkommer, ZPO, 24. Aufl., § 321a Rn. 18.
[11] Plenarentscheidung vom 30.4.2003, NJW 2003, 1924; zum Entwurf des Anhörungsrügengesetzes vgl. Nassall, ZRP 2004, 164 ff.

(3) Hat der Beklagte entgegen § 276 Abs. 1 Satz 1, Abs. 2 nicht rechtzeitig angezeigt, dass er sich gegen die Klage verteidigen wolle, so trifft auf Antrag des Klägers das Gericht die Entscheidung ohne mündliche Verhandlung; dies gilt nicht, wenn die Erklärung des Beklagten noch eingeht, bevor das von den Richtern unterschriebene Urteil der Geschäftsstelle übergeben ist. Der Antrag kann schon in der Klageschrift gestellt werden. Eine Entscheidung ohne mündliche Verhandlung ist auch insoweit zulässig, als das Vorbringen des Klägers den Klageantrag in einer Nebenforderung nicht rechtfertigt, sofern der Kläger vor der Entscheidung auf diese Möglichkeit hingewiesen worden ist.

Einzelbegründung des Gesetzgebers zu § 331 Abs. 3 ZPO

Die Neufassung geht zurück auf einen Vorschlag des Bundesrates gemäß Ziffer 8 der Stellungnahme. Durch die Ergänzung sollen Versäumnisurteile im weiteren Umfang als bisher ohne mündliche Verhandlung erlassen werden können. Allerdings kommt ein Ausschluss der mündlichen Verhandlung über eine zum Teil unschlüssige Klage ohne Zustimmung des Klägers nur dann in Betracht, wenn lediglich eine Nebenforderung nicht schlüssig dargelegt worden ist. Insoweit kann der Anspruch auf rechtliches Gehör eingeschränkt werden, wie sich aus der Ausnahme für die Hinweispflicht gemäß § 139 Abs. 2 ZPO ergibt. Dasselbe gilt für das durch Artikel 6 Abs. 1 der Europäischen Menschenrechtskonvention (EMRK) garantierte Recht des Klägers, dass sein Klagbegehren in öffentlicher mündlicher Verhandlung gehört wird. Einschränkungen des Anspruchs auf eine mündliche Verhandlung sind auch hier nur vertretbar, wenn die Unschlüssigkeit der Klage lediglich eine Nebenforderung betrifft.

Stellungnahme des Bundesrates

Mit der vorgeschlagenen Ergänzung soll die Behandlung nur teilweise schlüssiger Klagen bei schriftlichem Vorverfahren erleichtert werden.

In der gerichtlichen Praxis kommt es häufig vor, dass eine Klage nur teilweise schlüssig ist (weil etwa der Anspruch vom Kläger nicht vollständig gerechtfertigt wurde oder Darlegungen zu Nebenforderungen fehlen), der Beklagte jedoch schon im schriftlichen Vorverfahren nicht reagiert. In derartigen Fällen wird das Gericht den Kläger auf die Bedenken hinsichtlich der nicht schlüssig dargelegten Punkte hinweisen. Erfolgt darauf – wie meist – trotzdem keine Teilklagerücknahme, so muss nach geltendem Recht zwingend Termin zur mündlichen Verhandlung anberaumt werden, auch wenn der Beklagte sich zu keinem Zeitpunkt im Verfahren geäußert hat. Erst in diesem Termin kann dann ggf ein Teilversäumnis- und Endurteil ergehen.

Mit dieser Rechtslage wird der Anwendungsbereich des § 331 Abs. 3 ZPO unnötig verkürzt und den Gerichten wie den prozesswilligen Beteiligten ein überflüssiger Verhandlungstermin aufgebürdet. Die vorgeschlagene Ergänzung des § 331 Abs. 3 ZPO soll hier Abhilfe schaffen. Voraussetzung der Entscheidung im schriftlichen Verfahren ist jedoch, dass der Kläger zuvor auf diese Verfahrensmöglichkeit hingewiesen wird.

Dadurch, dass § 331 Abs. 3 ZPO einen neuen Satz 3 erhalten hat, ist nunmehr im schriftlichen Vorverfahren eine Entscheidung ohne mündliche Verhandlung durch Versäumnisurteil gegen den Beklagten auch insoweit zulässig, als das Vorbringen des Klägers den Klageantrag in einer Nebenforderung nicht rechtfertigt, sofern der Kläger vor der Entscheidung auf diese Möglichkeit hingewiesen worden ist. Damit soll eine Verfahrensverkürzung in den Fällen erreicht werden, in denen die Klage mit Ausnahme der Nebenforderung schlüssig ist, die Nebenforderung aber trotz entsprechendem Hinweis des Gerichts auf die Bedenken nicht substantiiert wird. Nach bisherigem Rechtszustand hätte deshalb mündlich verhandelt werden müssen, um die Klage insoweit abweisen zu können.

Entgegen der Empfehlung des Bundesrates beschränkt die Neuregelung des Gesetzes die Entscheidungsmöglichkeit ohne mündliche Verhandlung auf die Fälle, in denen Nebenforderungen unschlüssig sind. Es wurden zu Recht Bedenken dahingehend angemeldet, dass der Anspruch auf rechtliches Gehör hinsichtlich der Hauptforderung nicht eingeschränkt werden kann. Ob dies aber hinsichtlich der Nebenforderung möglich ist, wie sich aus der Ausnahme für die Hinweispflicht gemäß § 139 Abs. 2 ZPO ergeben soll, ist im Hinblick auf Art. 6 Abs. 1 EMRK und das darin garantierte Recht des Klägers, dass ein Klagebegehren in öffentlicher, mündlicher Verhandlung gehört wird, allerdings ebenfalls zweifelhaft.

In den genannten Fällen wird die Neuregelung zu einer Vereinfachung und Beschleunigung des Verfahrens führen. Das liegt grundsätzlich im Interesse des Klägers, der trotz teilweiser Unschlüssigkeit seiner Nebenforderung an einer schnellen Entscheidung gegen den säumigen Beklagten interessiert ist.

§ 411a ZPO
Verwertung von gerichtlichen Sachverständigengutachten

> Die schriftliche Begutachtung kann durch die Verwertung eines gerichtlich eingeholten Sachverständigengutachtens aus einem anderen Verfahren ersetzt werden.

Einzelbegründung des Gesetzgebers zu § 411a ZPO

Die Verwertung eines Sachverständigengutachtens aus einem anderen gerichtlichen Verfahren ist in einem Rechtsstreit nach bisheriger Rechtslage nur eingeschränkt möglich. Sie ist zwar grundsätzlich zulässig, erfolgt jedoch nicht als Sachverständigenbeweis, sondern ausschließlich als Urkundenbeweis (BGH vom 22. April 1997, NJW 1997, 3381 <3382>; BGH vom 26. Mai 1982, NJW 1983, 121 <122>; Stein/Jonas-Leipold, ZPO, Rn. 54 vor § 402; MüKo-Damrau, ZPO, Rn. 8 zu § 402; Zöller-Greger, ZPO, Rn. 6 d zu § 402). Die Beweiskraft und Verwertbarkeit dieses Urkundsbeweises werden in der Praxis unterschiedlich beurteilt.

Zum Teil wird die Auffassung vertreten, dass das Gericht sich bei der Verwertung des Gutachtens lediglich die Notwendigkeit, gegebenenfalls ein Obergutachten gemäß § 412 einzuholen, bedenken muss (BGH vom 13. Dezember 1962, VersR 1963, 195; Zöller-Greger, ZPO, Rn. 6d zu § 402). Die Gegenansicht vertritt die Auffassung, der Antrag einer Partei, einen Sachverständigen im gegenwärtigen Rechtsstreit zu benennen, könne nicht schon mit dem Hinweis auf das bereits vorliegende Gutachten abgelehnt werden (BGH vom 26. Mai 1982, NJW 1983, 121 <122>; Stein/Jonas-Leipold, ZPO, Rn. 55 vor § 402). Vermittelnd wird die Ansicht vertreten, dass die Einholung eines Sachverständigengutachtens dann erforderlich sei, wenn die urkundenbeweislich herangezogenen Ausführungen nicht ausreichten, um die von einer Partei angesprochenen, aufklärungsbedürftigen Fragen. zu beantworten (BGH vom 22. April 1997, NJW 1997, 3381 <3382>).

Die Beweiskraft eines Sachverständigengutachtens aus einem anderen gerichtlichen Verfahren ist jedenfalls beschränkt, da es sich auch bei gerichtlich eingeholten Sachverständigengutachten in der Regel nicht um Dokumente handelt, die als öffentliche Urkunden den vollen Beweis der darin bezeugten Tatsachen gemäß § 418 begründen. Das Sachverständigengutachten erbringt aus diesem Grunde nur den Beweis dafür, dass die in ihm enthaltenen Erklärungen von dem Sachverständigen abgegeben worden sind. In der Praxis ist daher nach bisheriger Rechtslage häufig die Einholung eines weiteren gerichtlichen Sachverständigengutachtens erforderlich, wenn eine Partei der Verwertung eines vorangegangenen gerichtlichen Sachverständigengutachtens nicht zustimmt. Dies führt bei Prozessen, in denen der zu klärende Lebenssachverhalt im Wesentlichen der gleiche ist – etwa bei Mietprozessen gegen eine größere Gesellschaft als Vermieterin oder bei Unfällen mit mehreren Geschädigten – zu einem unnötigen Mehraufwand sowohl für das Gericht als auch für die Parteien.

Durch die Neuregelung kann dieser Mehraufwand vermieden werden, indem eine Verwertung des verfahrensfremden Gutachtens als Sachverständigenbeweis zugelassen wird. Ob das erkennende Gericht der Verwertung eines verfahrensfremden Gutachtens oder aber der Einholung eines neuen

Sachverständigenbeweises den Vorzug gibt, obliegt seinem pflichtgemäßen Ermessen und hängt von einer Vielzahl von Faktoren ab, die sich genereller Normierung im Gesetz entziehen. Wird die Verwertung eines verfahrensfremden Gutachtens von einer Partei beantragt, hat das erkennende Gericht sowohl im Falle der Verwertung als auch im Falle der Neubegutachtung die ermessensleitenden Umstände im Urteil darzulegen. Die Verwertung ist auch von Amts wegen möglich, entweder auf einen Beweisantrag einer Partei, ein Sachverständigengutachten einzuholen, oder auf eine entsprechende gerichtliche Initiative gemäß § 144 Abs. 1.

Die Mitwirkungs- und Beteiligungsrechte der Parteien aus den Vorschriften über den Beweis durch Sachverständige nach §§ 402 ff. bleiben durch die erweiterte Verwertungsmöglichkeit unberührt. Insbesondere bleibt es den Parteien unbenommen, einen Sachverständigen aufgrund der Besorgnis der Befangenheit binnen der gesetzlichen Frist gemäß § 406 abzulehnen sowie bei dem erkennenden Gericht um mündliche Erläuterung des Sachverständigengutachtens nachzusuchen, die das Gericht gemäß § 411 Abs. 3 anordnen kann.

Nach der neu eingeführten Vorschrift des § 411a ZPO kann die schriftliche Begutachtung durch einen Sachverständigen durch die Verwertung eines gerichtlich eingeholten Sachverständigengutachtens aus einem anderen Verfahren ersetzt werden. Dem liegt die Erwägung zu Grunde, die mehrfache Einholung identischer Sachverständigengutachten zu vermeiden.

Bislang war die Verwertung eines Sachverständigengutachtens aus einem anderen gerichtlichen Verfahren bereits zulässig, erfolgte jedoch nicht als Sachverständigenbeweis, sondern als Urkundenbeweis.[12] Über die beweisrechtliche Verwertbarkeit eines solchen Gutachtens ist viel gestritten worden.[13] Die Prozesspraxis hatte sich darauf eingestellt. Wenn ein Einverständnis der Parteien zur Verwertung des anderweitigen Gutachtens nicht erreicht werden konnte, konnte etwa derselbe Sachverständige mit der Erstattung eines mündlichen Gutachtens unter Verwertung des bereits vorliegenden schriftlichen Gutachtens beauftragt werden. Nunmehr soll auch das bereits vorliegende Gutachten als Sachverständigengutachten im Sinne der §§ 402 ff. ZPO verwertet werden können.

Die Auswirkungen auf die Prozesspraxis werden voraussichtlich gering sein. Nur bei Identität der Beweisthemen kommt überhaupt eine Übernahme des anderen Sachverständigengutachtens in Betracht. § 411a ZPO enthält eine „Kann-Regelung“, so dass es dem pflichtgemäßen Ermessen des Gerichts obliegt, ob nicht doch ein neues Sachverständigengutachten eingeholt werden muss. Auch werden die Mitwirkungs- und Beteiligungsrechte der Parteien aus den Vorschriften über den Beweis durch Sachverständige gemäß §§ 402 ff. ZPO ebenso wenig berührt wie das Recht auf mündliche Erläuterung des Sachverständigengutachtens gemäß § 411 Abs. 3 ZPO.

§ 413 ZPO
Sachverständigenvergütung

> Der Sachverständige erhält eine Vergütung nach dem Justizvergütungs- und -entschädigungsgesetz.

Einzelbegründung des Gesetzgebers zu § 413 ZPO

Durch Artikel 4 Abs. 20 Nr. 4 des Gesetzes zur Modernisierung des Kostenrechts vom 5. Mai 2004 (BGBl. I S. 718) ist § 413 ZPO neu gefasst worden. Hierbei ist versehentlich die amtliche Überschrift entfallen. Dieses Versehen wird mit der Änderung korrigiert.

---

[12] Zöller/Greger, ZPO, a.a.O., § 402 Rn. 6d.

[13] ebenda

§ 511 ZPO
Statthaftigkeit der Berufung

(1) Die Berufung findet gegen die im ersten Rechtszug erlassenen Endurteile statt.

(2) Die Berufung ist nur zulässig, wenn

1.   der Wert des Beschwerdegegenstandes sechshundert Euro übersteigt oder

2.   das Gericht des ersten Rechtszuges die Berufung im Urteil zugelassen hat.

(3) Der Berufungskläger hat den Wert nach Absatz 2 Nr. 1 glaubhaft zu machen; zur Versicherung an Eides statt darf er nicht zugelassen werden.

(4) Das Gericht des ersten Rechtszuges lässt die Berufung zu, wenn

1. die Rechtssache grundsätzliche Bedeutung hat oder die Fortbildung des Rechts oder die Sicherung einer einheitlichen Rechtsprechung eine Entscheidung des Berufungsgerichts erfordert und

2. die Partei durch das Urteil mit nicht mehr als sechshundert Euro beschwert ist.

Das Berufungsgericht ist an die Zulassung gebunden.

Einzelbegründung des Gesetzgebers zu § 511 Abs. 4

Eine Zulassungsberufung kommt nur in Betracht, wenn die beschwerte Partei nicht Wertberufung einlegen kann. Diese Ausschließlichkeit ist ratio legis, kommt aber im Gesetzeswortlaut bisher nicht hinreichend zum Ausdruck. In § 511 Abs. 4 fehlt eine entsprechende Regelung für den erstinstanzlichen Richter, der über die Zulassung der Berufung zu entscheiden hat. Die Wertgrenze in § 511 Abs. 2 Nr. 2 betrifft den Wert des Beschwerdegegenstandes, der im Zeitpunkt der Entscheidung über die Zulassungsberufung noch gar nicht feststeht. Sie ist somit für die Frage, ob eine Zulassung der Berufung überhaupt in Betracht kommt, unergiebig. Dies hat zu Auslegungsproblemen geführt (vgl. Jauernig, NJW 2003, 465 ff.). Der derzeitige Gesetzeswortlaut kann dahingehend missverstanden werden, dass der erstinstanzliche Richter in jedem Fall – unabhängig vom Wert der Beschwer – eine Zulassung der Berufung prüfen muss. Damit ist unnötige Arbeitsbelastung verbunden, die durch die vorliegende Klarstellung vermieden wird.

Die Neufassung von § 511 Abs. 4 ZPO stellt klar, dass eine Berufung durch das Erstgericht nur zugelassen werden kann, wenn die beschwerte Partei nicht Wertberufung einlegen kann.

Eine Zulassungsberufung sollte schon nach dem bisherigen System des Gesetzes nur in Betracht kommen, wenn die beschwerte Partei nicht Wertberufung einlegen kann, sie also durch das Urteil mit nicht mehr als 600,00 EUR beschwert ist. Das ist im Gesetzeswortlaut bislang nicht hinreichend zum Ausdruck gekommen. Weil dies zu Auslegungsproblemen geführt hat,[14] wurde eine entsprechende Klarstellung für erforderlich gehalten.

Es steht jetzt für den erstinstanzlichen Richter unmissverständlich fest, dass er eine Zulassung der Berufung nur prüfen muss, wenn die belastete Partei durch das Urteil mit nicht mehr als 600,00 EUR beschwert ist. Fehlt es an einer solchen Beschwer, sollte der Prozessvertreter eine Zulassung der Berufung in geeigneten Fällen anregen.

---

[14]   Jauernig, NJW 2003, 465 ff.

§ 524 ZPO
Anschlussberufung

(1) Der Berufungsbeklagte kann sich der Berufung anschließen. Die Anschließung erfolgt durch Einreichung der Berufungsanschlussschrift bei dem Berufungsgericht.

(2) Die Anschließung ist auch statthaft, wenn der Berufungsbeklagte auf die Berufung verzichtet hat oder die Berufungsfrist verstrichen ist. Sie ist zulässig bis zum Ablauf der dem Berufungsbeklagten gesetzten Frist zur Berufungserwiderung. Diese Frist gilt nicht, wenn die Anschließung eine Verurteilung zu künftig fällig werdenden wiederkehrenden Leistungen (§ 323) zum Gegenstand hat.

(3) Die Anschlussberufung muss in der Anschlussschrift begründet werden. Die Vorschriften des § 519 Abs. 2, 4 und des § 520 Abs. 3 sowie des § 521 gelten entsprechend.

(4) Die Anschließung verliert ihre Wirkung, wenn die Berufung zurückgenommen, verworfen oder durch Beschluss zurückgewiesen wird.

Einzelbegründung des Gesetzgebers zu § 524 ZPO

zu Buchst. a

Nach jetziger Rechtslage ist im Interesse der Verfahrensbeschleunigung die Anschlussberufung innerhalb eines Monats nach Zustellung der Berufungsbegründung einzulegen (§ 524 Abs. 2 Satz 2 ZPO). Die Einhaltung dieser – nicht verlängerbaren – Frist stellt den Berufungsbeklagten in verschiedenen Verfahrenskonstellationen vor erhebliche Probleme. Aus der gerichtlichen Praxis ist hierzu bemerkt worden, dass dem Zweck der Verfahrensbeschleunigung unproblematisch auch dadurch entsprochen werden könnte, dass die Anschlussberufung spätestens mit der Berufungserwiderung einzulegen und gleichzeitig zu begründen sei (OLG Celle NJW 2002, 2651 <2652>).

Der Ausschuss greift diesen Gedanken auf. Dem Aspekt der Verfahrensbeschleunigung ist hinreichend Genüge getan, wenn der Berufungsbeklagte die Anschlussberufung innerhalb der ihm gesetzten Frist zur Berufungserwiderung einlegen muss. Es ist kein Bedürfnis erkennbar, warum dem Gericht die Anschlussberufung nebst Begründung bereits vor der Berufungserwiderung vorliegen muss. Wird die Frist zur Berufungserwiderung gemäß § 224 Abs. 2 ZPO verlängert, gilt dies somit automatisch auch für die Frist zur Einlegung der Anschlussberufung. Solange dem Berufungsbeklagten eine Frist zur Erwiderung auf die Berufungsbegründung nicht gesetzt wird, ist die Anschließung noch möglich. Er kann zur Vermeidung der Unwirksamkeit der Anschließung gemäß § 524 Abs. 4 ZPO zunächst den weiteren Verlauf des Berufungsverfahrens, insbesondere den etwaigen Erlass eines Zurückweisungsbeschlusses gemäß § 522 Abs. 2 ZPO abwarten.

zu Buchst. b

Eine Befristung der Anschließung führt, auch wenn sie durch **Buchstabe a** gelockert wird, dazu, dass das Berufungsgericht eine Veränderung der tatsächlichen Verhältnisse zu Gunsten des Berufungsbeklagten nach Ablauf der Anschließungsfrist in seiner Entscheidung nicht mehr berücksichtigen kann, da eine Abänderung des erstinstanzlichen Urteils nur zugunsten des Berufungsklägers zulässig ist. Praktisch ist diese Konstellation insbesondere im Bereich der unterhaltsrechtlichen Streitigkeiten. Kommt es hier nach Ablauf der Anschließungsfrist zu einer Veränderung der Einkommensverhältnisse des unterhaltspflichtigen Berufungsbeklagten, kann dies nach geltendem Recht in das Berufungsverfahren nicht mehr eingebracht werden. Der Berufungsbeklagte muss in einem neuen Rechtsstreit auf Abänderung des erstinstanzlichen Titels klagen.

Diese Rechtslage ist im Schrifttum auf Kritik gestoßen (vgl. Born, FamRZ 2003, 1245 <1246 f.>; Gerken, NJW 2002, 1095 <1096 f.>). Es wird vorgeschlagen, jedenfalls für Unterhaltsfälle, in denen aufgrund geänderter persönlicher oder wirtschaftlicher Verhältnisse eine Anpassung des Streitgegenstandes in der Berufungsinstanz nicht selten vorkomme, eine gesetzliche Ausnahme von der Monatsfrist einzuführen.

Der Ausschuss greift diesen Gedanken auf und erweitert ihn dahingehend, dass eine gesetzliche Ausnahme von der Monatsfrist für solche Anschlussberufungen eingeführt wird, die eine Verurteilung zu künftig werdenden wiederkehrenden Leistungen gemäß § 323 Abs. 1 ZPO zum Gegenstand haben. Hier entspricht es der Prozessökonomie, wesentliche Änderungen der für die Höhe der Leistung maßgebenden Umstände nicht erst im Abänderungsverfahren gemäß § 323 ZPO zu berücksichtigen, sondern den Rechtsstreit zwischen den Parteien im Berufungsverfahren umfassend zu entscheiden. Daher ist es hier gerechtfertigt, eine Belastung des Berufungsverfahrens mit einem neuen Streitgegenstand zuzulassen, zumal die strikte Beschränkung der Zulassung neuer Tatsachen im Berufungsverfahren gemäß § 531 Abs. 2 ZPO gewährleistet, dass nur solche Änderungen berücksichtigt werden, die erst nach Schluss der erstinstanzlichen mündlichen Verhandlung eingetreten sind und daher nach bisheriger Rechtslage zulässigerweise im Abänderungsverfahren nach § 323 ZPO hätten geltend gemacht werden können.

Die Anschlussberufung, die eine Verurteilung zu künftig fällig werdenden Leistungen zum Gegenstand hat, ist bis zum Schluss der letzten mündlichen Verhandlung zulässig. Dies ergibt sich bereits aus der notwendigen Harmonisierung mit § 323 Abs. 2 ZPO. Einer gesetzlichen Bestimmung bedarf es insoweit nicht.

Einer besonderen Übergangsvorschrift bedarf es nicht, da die Änderungen im Recht der Anschlussberufung auch auf die im Zeitpunkt des Inkrafttretens dieses Gesetzes schon anhängigen Berufungsverfahren anwendbar sein sollen.

Durch die Neufassung von § 524 Abs. 2 ZPO sollen zwei verschiedene Anwendungsprobleme der durch die ZPO-Reform eingeführten befristeten Anschlussberufung gelöst werden:

a) Während nach bisheriger Rechtslage die Anschlussberufung innerhalb eines Monats nach Zustellung der Berufungsbegründung einzulegen und zu begründen ist, ist nunmehr die Anschlussberufung spätestens mit der Berufungserwiderung einzulegen und gleichzeitig zu begründen. Die Einhaltung der nicht verlängerbaren Frist zur Anschlussberufung hatte nämlich den Berufungsbeklagten, wie die Beschlussempfehlung des Rechtsausschusses zutreffend bemerkt, in verschiedenen Verfahrenskonstellationen vor erhebliche Probleme gestellt.

Die Neuregelung beseitigt insoweit ein erhebliches Ärgernis der ZPO-Reform. Der Berufungsbeklagte musste sich bislang häufig zu einem Zeitpunkt anschließen, in welchem noch kein Termin bestimmt war. Die Anschließungsfrist endete in den meisten Fällen vor Ablauf der Berufungserwiderungsfrist. Da der Bevollmächtigte des Berufungsbeklagten in der Regel in einer Besprechung die Reaktion auf die Berufungsbegründung einschließlich der Anschlussmöglichkeit klären wird, wurde diese Regelung als praxisfremd und im Hinblick auf den Grundsatz der Waffengleichheit als problematisch empfunden.[15] Ein Teil dieser Probleme wird durch die Neuregelung gelöst, auch wenn die Anschlussberufungsfrist nicht verlängerbar ist.

Für den Berufungsbeklagten besteht jetzt in den meisten Fällen mehr Zeit zur Entscheidung und Vorbereitung, ob Anschlussberufung eingelegt und begründet werden soll. Nur in den Fällen kurzer Berufungserwiderungsfristen kann die Anschlussberufungsmöglichkeit sogar erschwert werden. Auch wenn eine Anschlussberufungsbegründungsfrist als solche nach wie vor nicht verlängerbar ist, ist doch die Anschlussberufungsfrist im Ergebnis dadurch verlängerbar, dass einem Antrag auf Verlängerung der Berufungserwiderungsfrist stattgegeben wird.

b) Die Regelung über die Anschlussberufungsfrist gilt nach der weiteren Neufassung in § 524 Abs. 2 Satz 3 ZPO nicht, wenn die Anschließung eine Verurteilung zu künftig fällig werdenden wiederkehrenden Leistungen (§ 323 ZPO) zum Gegenstand hat. Insbesondere im Bereich der unterhaltsrechtlichen Streitigkeiten hat es sich nämlich als unpraktikabel erwiesen, dass das Berufungsgericht eine Veränderung der tatsächlichen Verhältnisse zu Gunsten des Berufungsbeklag-

---

[15] Piekenbrock, MDR 2002, 675; Gerken, NJW 2002, 1095; Hirtz, Bericht zum 65. Deutschen Juristentag 2004, Abt. Verfahrensrecht, Ziff. III 2.

ten nach Ablauf der Anschließungsfrist in seiner Entscheidung nicht mehr berücksichtigen kann, da eine Abänderung des erstinstanzlichen Urteils nur zu Gunsten des Berufungsklägers zulässig ist.

Kommt es nach Ablauf der Anschließungsfrist zu erheblichen Veränderungen, die, wie z.B. in Unterhaltsfällen, grundsätzlich für eine Verurteilung zu künftig fällig werdenden wiederkehrenden Leistungen im Sinne von § 323 ZPO von Bedeutung sein können, kann jetzt ohne Fristbegrenzung Anschlussberufung eingelegt werden, weil die Anschlussberufungsfrist für alle Verurteilungen zu künftig fällig werdenden Leistungen nicht mehr gilt. Nunmehr ist die Anschlussberufung in einem Verfahren, das eine Verurteilung zu künftig fällig werdenden Leistungen zum Gegenstand hat, bis zum Schluss der letzten mündlichen Verhandlung zulässig.

Bemerkenswert ist, dass insoweit eine besondere Übergangsvorschrift nicht erlassen wurde, da die Änderungen im Recht der Anschlussberufung auch auf die im Zeitpunkt des Inkrafttretens dieses Gesetzes schon anhängigen Berufungsverfahren anwendbar sein sollen.

§ 527 ZPO
Vorbereitender Einzelrichter

(1) Wird der Rechtsstreit nicht nach § 526 dem Einzelrichter übertragen, kann das Berufungsgericht die Sache einem seiner Mitglieder als Einzelrichter zur Vorbereitung der Entscheidung zuweisen. In der Kammer für Handelssachen ist Einzelrichter der Vorsitzende; außerhalb der mündlichen Verhandlung bedarf es einer Zuweisung nicht.

(2) Der Einzelrichter hat die Sache so weit zu fördern, dass sie in einer mündlichen Verhandlung vor dem Berufungsgericht erledigt werden kann. Er kann zu diesem Zweck einzelne Beweise erheben, soweit dies zur Vereinfachung der Verhandlung vor dem Berufungsgericht wünschenswert und von vornherein anzunehmen ist, dass das Berufungsgericht das Beweisergebnis auch ohne unmittelbaren Eindruck von dem Verlauf der Beweisaufnahme sachgemäß zu würdigen vermag.

(3) Der Einzelrichter entscheidet

1. über die Verweisung nach § 100 in Verbindung mit den §§ 97 bis 99 des Gerichtsverfassungsgesetzes;
2. bei Zurücknahme der Klage oder der Berufung, Verzicht auf den geltend gemachten Anspruch oder Anerkenntnis des Anspruchs;
3. bei Säumnis einer Partei oder beider Parteien;
4. über die Verpflichtung, die Prozesskosten zu tragen, sofern nicht das Berufungsgericht gleichzeitig mit der Hauptsache hierüber entscheidet;
5. über den Wert des Streitgegenstandes;
6. über Kosten, Gebühren und Auslagen.

(4) Im Einverständnis der Parteien kann der Einzelrichter auch im Übrigen entscheiden.

Einzelbegründung des Gesetzgebers zu § 527 Abs. 3

Aufgrund des Gesetzes zur Reform des Zivilprozesses vom 27. Juli 2001 (BGBl. I S. 1887) wurde in § 527 Abs. 3 die frühere Entscheidungsbefugnis des Vorsitzenden der Kammer für Handelssachen als vorbereitenden Einzelrichters für Verweisungen nach § 100 i.V.m. §§ 97 bis 99 des GVG (§ 524 Abs. 3 Nr. 1 ZPO a.F.) nicht übernommen. Die jetzige Regelung führt dazu, dass der Vorsitzende der Kammer für Handelssachen als vorbereitender Einzelrichter nicht mehr befugt ist, allein über die Verweisung an die Zivilkammer zu entscheiden, sondern es hierfür stets der Mitwirkung der Handelsrichter bedarf. Diese Regelung beruht auf einem gesetzgeberischen Versehen, das vorliegend korrigiert wird.

Der vorbereitende Einzelrichter entscheidet nach der Neufassung von § 527 Abs. 3 Nr. 1 ZPO nunmehr (wieder) über die Verweisung nach § 100 GVG in Verbindung mit den §§ 97 bis 99 GVG.

Nach § 524 Abs. 3 Nr. 1 ZPO in der Fassung vor der ZPO-Reform hatte der Vorsitzende der Kammer für Handelssachen als vorbereitender Einzelrichter die Entscheidungsbefugnis für die Verweisung an die Zivilkammer. Dies war in § 527 Abs. 3 ZPO aufgrund eines gesetzgeberischen Versehens, das nunmehr korrigiert ist, nicht übernommen worden.

Der Vorsitzende Richter der Kammer für Handelssachen kann als vorbereitender Einzelrichter jetzt wieder allein ohne Mitwirkung der Handelsrichter über die Verweisung an die Zivilkammer entscheiden.

§ 541 ZPO
Prozessakten

> (1) Die Geschäftsstelle des Berufungsgerichts hat, nachdem die Berufungsschrift eingereicht ist, unverzüglich von der Geschäftsstelle des Gerichts des ersten Rechtszuges die Prozessakten einzufordern. Die Akten sind unverzüglich an das Berufungsgericht zu übersenden.
> (2) Nach Erledigung der Berufung sind die Akten der Geschäftsstelle des Gerichts des ersten Rechtszuges nebst einer beglaubigten Abschrift der in der Berufungsinstanz ergangenen Entscheidung zurückzusenden.

Einzelbegründung des Gesetzgebers zu § 541 ZPO
Durch die Neufassung wird gesetzlich ausdrücklich angeordnet, dass die erstinstanzlichen Gerichte die Prozessakten unverzüglich nach Anforderung durch das Berufungsgericht zu übersenden haben.

Durch § 541 Abs. 1 Satz 2 ZPO wird ausdrücklich angeordnet, dass die erstinstanzlichen Gerichte die Prozessakten unverzüglich nach Anforderung durch das Berufungsgericht zu übersenden haben. Während § 541 Abs. 1 ZPO schon vor der Neuregelung bestimmte, dass die Geschäftsstelle des Berufungsgerichts nach Eingang der Berufungsschrift unverzüglich von der Geschäftsstelle des Gerichts des ersten Rechtszuges die Prozessakten einzufordern hat, fehlte eine ausdrückliche Anordnung einer entsprechenden Verpflichtung zur Aktenübersendung, die sich an die Geschäftsstelle des erstinstanzlichen Gerichtes wandte.

Im Prozessalltag gibt es gewichtige Gründe dafür, dass die erstinstanzlichen Gerichte die Prozessakten nicht sogleich nach Anforderung durch das Berufungsgericht übersenden. Insbesondere die Bearbeitung von Tatbestandsberichtigungsanträgen, Kostenfestsetzungsbeschlüssen, Prozesskostenhilfeliquidationen usw. sind sachliche Gründe dafür, dass die Akten noch bei der unteren Instanz verbleiben. Die dadurch entstehenden praktischen Probleme hätten nur durch eine Wiedereinführung der früheren Verlängerungsmöglichkeiten für Rechtsmittelfristen gelöst werden können. Über einen Appellcharakter an die Geschäftsstelle des erstinstanzlichen Gerichts geht die Neuregelung also im Ergebnis nicht hinaus.

§ 551 ZPO
Revisionsbegründung

(1) Der Revisionskläger muss die Revision begründen.

(2) Die Revisionsbegründung ist, sofern sie nicht bereits in der Revisionsschrift enthalten ist, in einem Schriftsatz bei dem Revisionsgericht einzureichen. Die Frist für die Revisionsbegründung beträgt zwei Monate. Sie beginnt mit der Zustellung des in vollständiger Form abgefassten Urteils, spätestens aber mit Ablauf von fünf Monaten nach der Verkündung. § 544 Abs. 6 Satz 3 bleibt unberührt. Die Frist kann auf Antrag von dem Vorsitzenden verlängert werden, wenn der Gegner einwilligt. Ohne Einwilligung kann die Frist um bis zu zwei Monate verlängert werden, wenn nach freier Überzeugung des Vorsitzenden der Rechtsstreit durch die Verlängerung nicht verzögert wird oder wenn der Revisionskläger erhebliche Gründe darlegt; kann dem Revisionskläger innerhalb dieser Frist Einsicht in die Prozessakten nicht für einen angemessenen Zeitraum gewährt werden, kann der Vorsitzende auf Antrag die Frist um bis zu zwei Monate nach Übersendung der Prozessakten verlängern.

(3) Die Revisionsbegründung muss enthalten:

1. die Erklärung, inwieweit das Urteil angefochten und dessen Aufhebung beantragt werde (Revisionsanträge);
2. die Angabe der Revisionsgründe, und zwar:
    a) die bestimmte Bezeichnung der Umstände, aus denen sich die Rechtsverletzung ergibt;
    b) soweit die Revision darauf gestützt wird, dass das Gesetz in Bezug auf das Verfahren verletzt sei, die Bezeichnung der Tatsachen, die den Mangel ergeben.

Ist die Revision aufgrund einer Nichtzulassungsbeschwerde zugelassen worden, kann zur Begründung der Revision auf die Begründung der Nichtzulassungsbeschwerde Bezug genommen werden.

(4) § 549 Abs. 2 und § 550 Abs. 2 sind auf die Revisionsbegründung entsprechend anzuwenden.

Einzelbegründung des Gesetzgebers zu § 551 ZPO

Die Befugnisse des Vorsitzenden, die Begründungsfristen im Revisionsverfahren im Falle verspäteter Aktenübersendung vom Berufungsgericht an den Bundesgerichtshof angemessen zu verlängern, sind gegenüber dem Regierungsentwurf präzisiert worden.

Durch den geänderten Wortlaut der Vorschrift ist nunmehr klargestellt, dass der Vorsitzende dem Revisions- oder Nichtzulassungsbeschwerdeführer eine Fristverlängerung von bis zu zwei Monaten nach Übersendung der Prozessakten auch dann gewähren kann, wenn der Rechtsmittelführer die Prozessakten zwar noch innerhalb der bereits verlängerten Begründungsfrist erhält, diese Frist aber kurze Zeit nach Übersendung der Prozessakten endet. Damit ist gewährleistet, dass dem Revisions- oder Nichtzulassungsbeschwerdeführer auch bei Aktenübersendung erst kurz vor Ablauf der verlängerten Begründungsfrist auch dann ein angemessener Zeitraum zum Aktenstudium zur Verfügung steht, wenn der Rechtsmittelgegner in eine Fristverlängerung nicht einwilligt.

Der neue Halbsatz, der § 551 Abs. 2 Satz 6 ZPO angefügt wurde, erweitert die Möglichkeit, die Frist zur Revisionsbegründung zu verlängern. Diese Regelung gilt über § 544 Abs. 2 Satz 2 ZPO auch für die Frist zur Begründung der Nichtzulassungsbeschwerde. Vorausgesetzt wird, dass dem Revisionskläger (Nichtzulassungsbeschwerdeführer) innerhalb der verlängerten Revisionsbegründungsfrist (Beschwerdefrist) die Prozessakten nicht für einen angemessenen Zeitraum zur Verfügung gestellt werden konnten. Der Vorsitzende kann jetzt auf Antrag die Frist um bis zu zwei Monate nach Übersendung der Prozessakten verlängern.

Durch das ZPO-Reformgesetz waren zum Zwecke einer Beschleunigung der Verfahren die Möglichkeiten der Verlängerung für Rechtsmittelbegründungsfristen eingeschränkt worden. Die Berufungsbegründungsfrist kann ohne Zustimmung des Berufungsbeklagten nur um einen Monat verlängert werden (§ 520 Abs. 2 Satz 3 ZPO). Die Revisionsbegründungsfrist (Frist zur Begründung der Nichtzulassungsbeschwerde) konnte ohne Einwilligung nur um bis zu zwei Monate verlängert werden. Das hat zu praktischen Schwierigkeiten geführt, weil die Akten von den Vorgerichten nicht immer innerhalb der verlängerten Rechtsmittelbegründungsfrist beim Rechtsmittelgericht eintreffen. Die Neuregelung schafft jetzt nur für das Revisionsrecht eine spezielle Verlängerungsoption für die Begründungsfrist für den Fall verspäteter Akteneinsichtsmöglichkeit. Die unflexible Regelung bei der Berufungsbegründung ist verblieben, obwohl Beschleunigungsgesichtspunkte einer erweiterten Regelung nicht entgegen gestanden hätten. Wenn nämlich die Akten noch nicht beim Rechtsmittelgericht angelangt sind, droht keine Verzögerung des Verfahrens, da ohne Vorlage der Akten der Rechtsstreit nicht gefördert werden kann. Im Bereich der Nichtzulassungsbeschwerde und der Revision hilft die Neuregelung, die regelmäßig auftretenden Fristprobleme bei verspäteter Aktenversendung aufzufangen.

§ 552a ZPO
Zurückweisungsbeschluss

> Das Revisionsgericht weist die von dem Berufungsgericht zugelassene Revision durch einstimmigen Beschluss zurück, wenn es davon überzeugt ist, dass die Voraussetzungen für die Zulassung der Revision nicht vorliegen und die Revision keine Aussicht auf Erfolg hat. § 522 Abs. 2 Satz 2 und 3 gilt entsprechend.

Einzelbegründung des Gesetzgebers zu § 552a ZPO

Nach § 543 ZPO kann die Revision durch das Berufungsgericht oder durch das Revisionsgericht zugelassen werden. An die Zulassung der Revision durch das Berufungsgericht ist das Revisionsgericht gebunden. Dieses entspricht dem Muster der Zulassungsrevision in den anderen Gerichtsbarkeiten. Infolge der Erweiterung der Zulassungskompetenz haben die Zulassungen durch die Berufungsgerichte nach Inkrafttreten der ZPO-Reform erheblich zugenommen. Der Bundesgerichtshof hat berichtet, dass die Revision auch in Fällen zugelassen wird, in denen die Voraussetzungen für die Zulassung nicht gegeben sind, weil die Sache entweder keine grundsätzliche Bedeutung hat oder die für grundsätzlich erachtete Rechtsfrage nicht entscheidungserheblich ist. Solche Zulassungen führen dazu, dass der Bundesgerichtshof über Sachen verhandeln muss, die nach der Zielsetzung der Zulassungsrevision gerade nicht zugelassen und einer Prüfung durch das Revisionsgericht nicht zugeführt werden sollen.

Im übrigen ist damit zu rechnen, dass der Bundesgerichtshof zunehmend mit den aufgrund des Schuldrechtsmodernisierungsgesetzes sowie des Mietrechtsreformgesetzes neu gefassten und geänderten Vorschriften befasst sein wird, weil hier zahlreiche Fragen höchstrichterlich zu klären sein werden. Entsprechende Zulassungen durch die Berufungsgerichte werden – für sich genommen – die Zulassungsvoraussetzungen erfüllen und bei isolierter Betrachtung in der Sache nicht zu beanstanden seien. Die Berufungsgerichte können indes keinen genauen Überblick darüber haben, welche Fragen dem Bundesgerichtshof bereits zur Klärung vorliegen. Es wird daher zu mehrfachen Revisionszulassungen zu ein und derselben Rechtsfrage kommen, die alle mündlich zu verhandeln sind. Nach grundsätzlicher Klärung einer Rechtsfrage bedarf es jedoch eines aufwändigen Revisionsverfahrens einschließlich einer mündlichen Verhandlung jedenfalls dann nicht mehr, wenn der Bundesgerichtshof die Zulassungsrechtsfrage im Sinne des Berufungsgerichts beantwortet hat und die Revision keine Aussicht auf Erfolg hat. Die mündliche Verhandlung solcher Fälle bindet Termine und Kräfte, die zur Klärung anderer Rechtsfragen dringend benötigt werden.

Zur Erledigung der aufgezeigten Fallgruppen bedarf es daher eines Instrumentariums, aussichtslose Revisionen, deren Durchführung keinen Ertrag für die Fortentwicklung des Rechts mehr verspricht, ohne den Aufwand einer mündlichen Verhandlung zurückzuweisen. Dadurch kann revisionsrichterliche Arbeitskraft effizienter eingesetzt werden; zugleich wird dem berechtigten Interesse der Parteien, insbesondere des Revisionsgegners, an einer   zügigen Durchführung des Revisionsverfahrens entsprochen. Zur Umsetzung dieses Anliegens bietet sich eine Parallele zu dem Zurückweisungsbeschluss in der Berufungsinstanz nach § 522 Abs. 2 ZPO an, der durch das Gesetz zur Reform des Zivilprozesses vom 27. Juli 2001 (BGBl. I S. 1887) eingeführt wurde.

Im einzelnen ist der Zurückweisungsbeschluss in der Revisionsinstanz gemäß Satz 1 an folgende Voraussetzungen geknüpft:

Die Voraussetzungen für die Zulassung der Revision gemäß § 543 Abs. 2 ZPO dürfen im Zeitpunkt der Beschlussfassung des Revisionsgerichts nicht vorliegen. Ob das Berufungsgericht die Revision auf der Grundlage der damaligen Rechtslage zu Recht zugelassen hatte, spielt keine Rolle. Es reicht für die Anwendung des § 552a ZPO aus, dass der Zulassungsgrund nachträglich – etwa infolge höchstrichterlicher Klärung der Rechtsfrage in einem Parallelverfahren – weggefallen ist.

Die Revision muss zudem nach der Überzeugung des Revisionsgerichts insgesamt keine Aussicht auf Erfolg haben. Keine Aussicht auf Erfolg hat die Revision, wenn das Revisionsgericht bereits aufgrund des Akteninhalts zu der Überzeugung gelangt, dass die Revision unbegründet ist, weil die geltend gemachten Revisionsrügen nicht durchgreifen. Mit dem Erfordernis der mangelnden Erfolgsaussicht wird dem Gedanken der Einzelfallgerechtigkeit Rechnung getragen. Die Revision darf nicht im Beschlusswege zurückgewiesen werden, wenn nach der prognostischen Bewertung des Falles die Revision nicht von vornherein ohne Aussicht auf Erfolg ist, auch wenn die Zulassungsvoraussetzungen nach der Überzeugung des Revisionsgerichts nicht vorlagen.

Das Vorliegen dieser Voraussetzungen für den Zurückweisungsbeschluss muss das Revisionsgericht einstimmig feststellen. Alle fünf zur Entscheidung des Rechtsstreits berufenen Revisionsrichter müssen von der Aussichtslosigkeit der Revision und von dem Mangel des Zulassungsgrundes überzeugt sein und somit jedenfalls im Ergebnis dem Berufungsgericht folgen.

Die Beschlusszurückweisung ist nach Satz 2 i.V.m. § 522 Abs. 2 Satz 2 ZPO nur zulässig, wenn das Revisionsgericht oder der Vorsitzende die Parteien zuvor auf die in Aussicht genommene Zurückweisung der Revision und die Gründe hierfür hingewiesen und dem Revisionsführer binnen einer zu bestimmenden Frist Gelegenheit zur Stellungnahme gegeben hat. Damit wird der verfassungsmäßige Anspruch des Revisionsführers auf Gewährung rechtlichen Gehörs gewährleistet. Die Parteien werden vor einer überraschenden Verfahrensweise geschützt. Der Revisionsführer erhält die Möglichkeit, dem Revisionsgericht Gesichtspunkte zu unterbreiten, die seiner Auffassung nach eine Beschlusszurückweisung hindern. Kann er solche Gesichtspunkte nicht vorbringen, so hat er die Möglichkeit, die Kosten des Revisionsverfahrens durch eine Revisionsrücknahme möglichst gering zu halten.

Nach Satz 2 i.V.m. § 522 Abs. 2 Satz 3 ZPO ist der Zurückweisungsbeschluss zu begründen, soweit die Gründe für die Zurückweisung nicht bereits in dem vorherigen Hinweis enthalten sind. Damit ist sichergestellt, dass der unterliegende Revisionsführer über die wesentlichen Gründe für die Erfolglosigkeit seines Rechtsmittels unterrichtet wird.

Einer besonderen Übergangsvorschrift bedarf es nicht, da der Erlass eines Zurückweisungsbeschlusses auch in den im Zeitpunkt des Inkrafttretens dieses Gesetzes bereits beim Bundesgerichtshof anhängigen Revisionsverfahren möglich sein soll, um eine zügige Erledigung dieser Verfahren zu fördern.

Durch den neu eingeführten § 552a ZPO erhält das Revisionsgericht die Möglichkeit, eine vom Berufungsgericht zugelassene Revision durch einstimmigen Beschluss zurückzuweisen, wenn es davon überzeugt ist, dass die Voraussetzungen für die Zulassung der Revision nicht vorliegen und die Revision keine Aussicht auf Erfolg hat. Dadurch, dass auf § 522 Abs. 2 Satz 2 und 3 ZPO verwiesen wird, ist weitere Voraussetzung, dass das Revisionsgericht oder der Vorsitzende die Parteien zuvor auf die in Aussicht genommene Zurückweisung der Revision und die Gründe hierfür hingewiesen und den Revisionsführer binnen einer zu bestimmenden Frist Gelegenheit zur Stellungnahme gegeben hat. Der Zurückweisungsbeschluss ist zu begründen, soweit die Gründe für die Zurückweisung nicht bereits in dem vorherigen Hinweis enthalten sind. Auch insoweit gibt es keine besondere Übergangsvorschrift, da nach der Begründung des Rechtsausschusses, der die entsprechende Regelung angeregt hat, der Erlass eines Zurückweisungsbeschlusses auch in den im Zeitpunkt des Inkrafttretens dieses Gesetzes bereits beim Bundesgerichtshof anhängigen Revisionsverfahren möglich sein soll, um eine zügige Erledigung dieser Verfahren zu fördern.

Es war eines der Zentralanliegen der ZPO-Reform, Sachen mit typischerweise kleinem Streitwert und daraus folgend niedriger Beschwer im Sinne der Rechtsvereinheitlichung den Weg zum Bundesgerichtshof nicht zu versperren. Insbesondere in Mietsachen, aber auch in Kostensachen, haben die Landgerichte als Berufungsgerichte von dieser Zulassungsmöglichkeit durchaus Gebrauch gemacht. Das hat innerhalb des Bundesgerichtshofs zu einem gewissen Unmut geführt, der dahingehend artikuliert worden ist, dass die Revision vielfach auch in Fällen zugelassen werde, in denen die Voraussetzung für die Zulassung nicht gegeben ist. Der Bundesgerichtshof verlangte also nach einer Entlastungsmöglichkeit, die er jetzt erhalten hat.

Es ist außerordentlich bemerkenswert, dass im Bereich dieser neuen Beschlusszurückweisungsmöglichkeit nunmehr ausdrücklich das Kriterium der Erfolgsaussicht des Rechtsmittels in das Gesetz aufgenommen wurde. Dieses Kriterium fand sich im bisherigen Gesetzestext zur Frage der Begründetheit einer Nichtzulassungsbeschwerde nicht. Daraus ist der Schluss gezogen worden, der Gesetzgeber habe es der Rechtsprechung überlassen, zu entscheiden, ob die Erfolgsaussicht des Rechtsmittels als Kriterium für die Revisionszulassung herangezogen werden muss,[16] während einige Senate die Einzelfallrichtigkeit nicht mehr für entscheidend hielten, haben andere die Richtigkeitsgewähr eher betont. Die Formulierung in der Neuregelung des § 552a ZPO legt nun nahe, dass das Kriterium der Richtigkeitsgewähr doch besonderen Stellenwert auch im Revisionsrecht hat. Allerdings ist nicht zu verkennen, dass im Bereich der von den Berufungsgerichten zugelassenen Revisionen der Bundesgerichtshof schon nach dem bisherigen Rechtszustand den Einzelfall richtig zu entscheiden hatte. Aus verfassungsrechtlichen Gründen (Gleichbehandlungsgebot) wäre es allerdings unerträglich, wenn in den Fällen der von den Berufungsgerichten zugelassenen Revisionen die Erfolgsaussicht das entscheidende Kriterium ist, während dieses Kriterium im Falle der Nichtzulassungsbeschwerde keine Bedeutung hätte.

---

[16] Vgl. etwa Zöller/Gummer, Kommentar zur ZPO, 24. Aufl., § 543 Rn. 10 ff.

§ 553 ZPO
Terminsbestimmung; Einlassungsfrist

(1) Wird die Revision nicht durch Beschluss als unzulässig verworfen oder gemäß § 552a zurückgewiesen, so ist Termin zur mündlichen Verhandlung zu bestimmen und den Parteien bekannt zu machen.

(2) Auf die Frist, die zwischen dem Zeitpunkt der Bekanntmachung des Termins und der mündlichen Verhandlung liegen muss, ist § 274 Abs. 3 entsprechend anzuwenden.

Einzelbegründung des Gesetzgebers zu § 553 ZPO

Es handelt sich um eine Folgeregelung zur Einführung des Zurückweisungsbeschlusses in der Revisionsinstanz. Wird die Revision durch Beschluss zurückgewiesen, bedarf es keiner Bestimmung eines Termin zur mündlichen Verhandlung. Dies ist im Gesetz klarzustellen.

Es handelt sich in § 553 Abs. 1 ZPO um eine Folgeregelung zur Einführung des Zurückweisungsbeschlusses. Wird die Revision durch Beschluss zurückgewiesen, bedarf es keiner Bestimmung eines Termins zur mündlichen Verhandlung.

§ 554 ZPO
Anschlussrevision

(1) Der Revisionsbeklagte kann sich der Revision anschließen. Die Anschließung erfolgt durch Einreichung der Revisionsanschlussschrift bei dem Revisionsgericht.

(2) Die Anschließung ist auch statthaft, wenn der Revisionsbeklagte auf die Revision verzichtet hat, die Revisionsfrist verstrichen oder die Revision nicht zugelassen worden ist. Die Anschließung ist bis zum Ablauf eines Monats nach der Zustellung der Revisionsbegründung zu erklären.

(3) Die Anschlussrevision muss in der Anschlussschrift begründet werden. § 549 Abs. 1 Satz 2 und Abs. 2 und die §§ 550 und 551 Abs. 3 gelten entsprechend.

(4) Die Anschließung verliert ihre Wirkung, wenn die Revision zurückgenommen, verworfen oder durch Beschluss zurückgewiesen wird.

Einzelbegründung des Gesetzgebers zu § 554 ZPO

Es handelt sich um eine Folgeregelung zur Einführung des Zurückweisungsbeschlusses in der Revisionsinstanz. Die Anschlussrevision verliert – wie die Anschlussberufung – ihre Wirkung im Falle einer Zurückweisung des Hauptrechtsmittels durch Beschluss. Die beschränkte Wirkung folgt aus der Abhängigkeit der unselbständigen Anschlussrevision vom Schicksal des Hauptrechtsmittels. Die Vorschrift dient der Verfahrensökonomie, indem sie verhindert, dass ein Revisionsverfahren nach Zurückweisung der Hauptrevision durch Beschluss nach § 552a nur zur Entscheidung über die Anschlussrevision fortgesetzt werden muss.

Auch in § 554 Abs. 4 ZPO handelt es sich um eine Folgeregelung zur Einführung des Zurückweisungsbeschlusses. Die Anschlussrevision verliert ihre Wirkung nunmehr auch, wenn ein Zurückweisungsbeschluss ergeht. Im Berufungsverfahren gilt eine entsprechende Regelung gemäß § 524 Abs. 4 ZPO.

§ 565 ZPO
Anzuwendende Vorschriften des Berufungsverfahrens

Die für die Berufung geltenden Vorschriften über die Anfechtbarkeit der Versäumnisurteile, über die Verzichtsleistung auf das Rechtsmittel und seine Zurücknahme, über die Rügen der Unzulässigkeit der Klage und über die Einforderung, Übersendung und Zurücksendung der Prozessakten sind auf die Revision entsprechend anzuwenden.

Einzelbegründung des Gesetzgebers zu § 565 ZPO

Die Pflicht zur unverzüglichen Aktenübersendung auf Anforderung gilt auch im Verhältnis zwischen Berufungs- und Revisionsgericht. Dies wird durch eine entsprechende Anwendung des durch Nummer 18 eingefügten Vorschrift über die Aktenübersendung an das Berufungsgericht (§ 541 Abs. 1 Satz 2) im Revisionsrecht erreicht. Die gesetzliche Klarstellung dieser Verpflichtung soll dazu beitragen, das Problem der langen Aktenlaufzeiten von den Berufungsgerichten zum Bundesgerichtshof (siehe Nummer 18, 19) zu lindern.

Durch eine entsprechende Anwendung der neu eingefügten Vorschrift über die Aktenversendung an das Berufungsgericht (§ 541 Abs. 1 Satz 2 ZPO) wird die Pflicht zur unverzüglichen Aktenübersendung auf Anforderung auch im Verhältnis zwischen Berufungs- und Revisionsgericht normiert. Auf die Erläuterungen zu § 541 Abs. 1 Satz 2 ZPO wird verwiesen.

§ 574 ZPO
Rechtsbeschwerde; Anschlussrechtsbeschwerde

(1) Gegen einen Beschluss ist die Rechtsbeschwerde statthaft, wenn
1. dies im Gesetz ausdrücklich bestimmt ist oder
2. das Beschwerdegericht, das Berufungsgericht oder das Oberlandesgericht im ersten Rechtszug sie in dem Beschluss zugelassen hat. § 542 Abs. 2 gilt entsprechend.
(2) In den Fällen des Absatzes 1 Nr. 1 ist die Rechtsbeschwerde nur zulässig, wenn
1. die Rechtssache grundsätzliche Bedeutung hat oder
2. die Fortbildung des Rechts oder die Sicherung einer einheitlichen Rechtsprechung eine Entscheidung des Rechtsbeschwerdegerichts erfordert.
(3) In den Fällen des Absatzes 1 Nr. 2 ist die Rechtsbeschwerde zuzulassen, wenn die Voraussetzungen des Absatzes 2 vorliegen. Das Rechtsbeschwerdegericht ist an die Zulassung gebunden.
(4) Der Rechtsbeschwerdegegner kann sich bis zum Ablauf einer Notfrist von einem Monat nach der Zustellung der Begründungsschrift der Rechtsbeschwerde durch Einreichen der Rechtsbeschwerdeanschlussschrift beim Rechtsbeschwerdegericht anschließen, auch wenn er auf die Rechtsbeschwerde verzichtet hat, die Rechtsbeschwerdefrist verstrichen oder die Rechtsbeschwerde nicht zugelassen worden ist. Die Anschlussbeschwerde ist in der Anschlussschrift zu begründen. Die Anschließung verliert ihre Wirkung, wenn die Rechtsbeschwerde zurückgenommen oder als unzulässig verworfen wird.

Einzelbegründung des Gesetzgebers zu § 574 ZPO

Eine Revision ist in den in § 542 Abs. 2 genannten Sachen (Arrest, einstweilige Verfügung pp.) nicht statthaft. Das Rechtsbeschwerderecht (§§ 574 ff) enthält – ungeachtet seines revisionsähnlichen Ansatzes – eine entsprechende Beschränkung nicht, sodass der Beschwerderechtszug nach dem Wortlaut des Gesetzes im Verfahren des einstweiligen Rechtsschutzes weitergehend ist als der Rechtszug im Urteilsverfahren. Wegen der Beschränkung in § 542 Abs. 2 Satz 1 ist jedoch auch die Rechtsbeschwerde im Verfahren auf Erlass eines Arrestes oder einer einstweiligen Verfügung nicht statthaft (BGH, Beschluss vom 27. Februar 2003 - I ZB 22/02). Dies wird durch die Änderung im Gesetz klargestellt.

Durch den neuen zweiten Satz in § 574 Abs. 1 ZPO wird klargestellt, dass die Rechtsbeschwerde in Verfahren auf Erlass eines Arrestes oder einer einstweiligen Verfügung nicht statthaft ist.

Gemäß § 542 Abs. 2 ZPO ist die Revision im Falle des Arrestes und der einstweiligen Verfügung nicht statthaft. Das Rechtsbeschwerderecht enthielt – trotz seines revisionsähnlichen Ansatzes – eine entsprechende Beschränkung nicht, sodass der Schluss hätte gezogen werden können, dass nach dem Wortlaut des Gesetzes der Beschwerderechtszug im Falle des einstweiligen Rechtsschutzes weiter geht als im Hauptsacheverfahren. Der Bundesgerichtshof[17] hat indessen bereits entschieden, dass in diesen Fällen die Rechtsbeschwerde nicht statthaft ist. Da die Neuregelung diese Rechtsprechung aufgreift und eine im Gesetz eigentlich bereits angelegte Entscheidung klarstellt, wird sich an der bisherigen Praxis nichts ändern.

§ 577 ZPO
Prüfung und Entscheidung der Rechtsbeschwerde

(1) Das Rechtsbeschwerdegericht hat von Amts wegen zu prüfen, ob die Rechtsbeschwerde an sich statthaft und ob sie in der gesetzlichen Form und Frist eingelegt und begründet ist. Mangelt es an einem dieser Erfordernisse, so ist die Rechtsbeschwerde als unzulässig zu verwerfen.

(2) Der Prüfung des Rechtsbeschwerdegerichts unterliegen nur die von den Parteien gestellten Anträge. Das Rechtsbeschwerdegericht ist an die geltend gemachten Rechtsbeschwerdegründe nicht gebunden. Auf Verfahrensmängel, die nicht von Amts wegen zu berücksichtigen sind, darf die angefochtene Entscheidung nur geprüft werden, wenn die Mängel nach § 575 Abs. 3 und § 574 Abs. 4 Satz 2 gerügt worden sind. § 559 gilt entsprechend.

(3) Ergibt die Begründung der angefochtenen Entscheidung zwar eine Rechtsverletzung, stellt die Entscheidung selbst aber aus anderen Gründen sich als richtig dar, so ist die Rechtsbeschwerde zurückzuweisen.

(4) Wird die Rechtsbeschwerde für begründet erachtet, ist die angefochtene Entscheidung aufzuheben und die Sache zur erneuten Entscheidung zurückzuverweisen. § 562 Abs. 2 gilt entsprechend. Die Zurückverweisung kann an einen anderen Spruchkörper des Gerichts erfolgen, das die angefochtene Entscheidung erlassen hat. Das Gericht, an das die Sache zurückverwiesen ist, hat die rechtliche Beurteilung, die der Aufhebung zugrunde liegt, auch seiner Entscheidung zugrunde zu legen.

(5) Das Rechtsbeschwerdegericht hat in der Sache selbst zu entscheiden, wenn die Aufhebung der Entscheidung nur wegen Rechtsverletzung bei Anwendung des Rechts auf das festgestellte Sachverhältnis erfolgt und nach letzterem die Sache zur Endentscheidung reif ist. § 563 Abs. 4 gilt entsprechend.

(6) Die Entscheidung über die Rechtsbeschwerde ergeht durch Beschluss. § 564 gilt entsprechend. Im Übrigen kann von einer Begründung abgesehen werden, wenn sie nicht geeignet wäre, zur Klärung von Rechtsfragen grundsätzlicher Bedeutung, zur Fortbildung des Rechts oder zur Sicherung einer einheitlichen Rechtsprechung beizutragen.

---

[17] NJW 2003, 1531.

Einzelbegründung des Gesetzgebers zu § 577 ZPO

Die Begründungsanforderungen an die Entscheidung über die Rechtsbeschwerde werden durch die Ergänzung in § 577 Abs. 6 ZPO abgesenkt. Der Bundesgerichtshof kann künftig von einer Begründung der Entscheidung über die Rechtsbeschwerde absehen, wenn sie nicht geeignet wäre, zur Klärung von Rechtsfragen grundsätzlicher Bedeutung, zur Fortbildung des Rechts oder zur Sicherung einer einheitlichen Rechtsprechung beizutragen. Eine Begründung erscheint demnach nur erforderlich, wenn aus ihr ein Ertrag für die Rechtssicherheit erwächst. Eine vergleichbare Vorschrift existiert bereits für die Begründung der Entscheidung über die Nichtzulassungsbeschwerde (§ 544 Abs. 4 Satz 2 ZPO).

Durch den in § 577 Abs. 6 ZPO neu angefügten dritten Satz erhält das Rechtsbeschwerdegericht die Möglichkeit, von einer Begründung seiner Entscheidung abzusehen, wenn sie nicht geeignet wäre, zur Klärung von Rechtsfragen grundsätzlicher Bedeutung, zur Fortbildung des Rechts oder zur Sicherung einer einheitlichen Rechtsprechung beizutragen.

Die Begründungsanforderungen an die Entscheidungen über die Rechtsbeschwerde werden also abgesenkt.[18] Eine Begründung wird nur noch für erforderlich gehalten, wenn aus ihr ein Ertrag für die Rechtssicherheit erwächst.

Da eine vergleichbare Vorschrift bereits für die Begründung der Entscheidung über die Nichtzulassungsbeschwerde existiert (§ 544 Abs. 4 Satz 2 ZPO) und die Neuregelung sich dem anlehnt, wird auch im Bereich der Rechtsbeschwerde zukünftig mit Entscheidungen zu rechnen sein, die kein Wort der Begründung mehr enthalten. Verständlich ist das nicht. Mit einer Verfahrensvereinfachung oder Verfahrensbeschleunigung hat das nichts zu tun. Da die Sache ohnehin durchdacht werden muss, ist es mindestens ein Zeichen von Rechtskultur, die tragenden Erwägungen in einem Satz oder in wenigen Sätzen demjenigen mitzuteilen, der die Kosten des Rechtsmittels schließlich trägt.

§ 623 ZPO
Verbund von Scheidungs- und Folgesachen

(1) Soweit in Familiensachen des § 621 Abs. 1 Nr. 5 bis 9 und Abs. 2 Satz 1 Nr. 4 eine Entscheidung für den Fall der Scheidung zu treffen ist und von einem Ehegatten rechtzeitig begehrt wird, ist hierüber gleichzeitig und zusammen mit der Scheidungssache zu verhandeln und, sofern dem Scheidungsantrag stattgegeben wird, zu entscheiden (Folgesachen). Wird bei einer Familiensache des § 621 Abs. 1 Nr. 5 und 8 und Abs. 2 Satz 1 Nr. 4 ein Dritter Verfahrensbeteiligter, so wird diese Familiensache abgetrennt. Für die Durchführung des Versorgungsausgleichs in den Fällen des § 1587 b des Bürgerlichen Gesetzbuchs bedarf es keines Antrags.

(2) Folgesachen sind auch rechtzeitig von einem Ehegatten anhängig gemachte Familiensachen nach

1. § 621 Abs. 2 Satz 1 Nr. 1 im Fall eines Antrags nach § 1671 Abs. 1 des Bürgerlichen Gesetzbuchs,

2. § 621 Abs. 2 Satz 1 Nr. 2, soweit deren Gegenstand der Umgang eines Ehegatten mit einem gemeinschaftlichen Kind oder einem Kind des anderen Ehegatten ist, und

3. § 621 Abs. 2 Satz 1 Nr. 3.

Auf Antrag eines Ehegatten trennt das Gericht eine Folgesache nach den Nummern 1 bis 3 von der Scheidungssache ab. Ein Antrag auf Abtrennung einer Folgesache nach Nummer 1 kann mit einem Antrag auf Abtrennung einer Folgesache nach § 621 Abs. 1 Nr. 5 und Abs. 2 Satz 1 Nr. 4 verbunden werden. Im Fall der Abtrennung wird die Folgesache als selbständige Familiensache fortgeführt; § 626 Abs. 2 Satz 2 gilt entsprechend.

---

[18] So ausdrücklich die Beschlussempfehlung des Rechtsausschusses, Deutscher Bundestag, BTDrucks. 15/3482, S. 54.

(3) Folgesachen sind auch rechtzeitig eingeleitete Verfahren betreffend die Übertragung der elterlichen Sorge oder eines Teils der elterlichen Sorge wegen Gefährdung des Kindeswohls auf einen Elternteil, einen Vormund oder einen Pfleger. Das Gericht kann anordnen, dass ein Verfahren nach Satz 1 von der Scheidungssache abgetrennt wird. Absatz 2 Satz 3 gilt entsprechend.

(4) Das Verfahren muss bis zum Schluss der mündlichen Verhandlung erster Instanz in der Scheidungssache anhängig gemacht oder eingeleitet sein. Satz 1 gilt entsprechend, wenn die Scheidungssache nach § 629b an das Gericht des ersten Rechtszuges zurückverwiesen ist.

(5) Die vorstehenden Vorschriften gelten auch für Verfahren der in den Absätzen 1 bis 3 genannten Art, die nach § 621 Abs. 3 an das Gericht der Ehesache übergeleitet worden sind. In den Fällen des Absatzes 1 gilt dies nur, soweit eine Entscheidung für den Fall der Scheidung zu treffen ist.

Einzelbegründung des Gesetzgebers zu § 623 ZPO

Die Änderungen dienen der Bereinigung eines Redaktionsversehens im Gesetz zur Reform des Zivilprozesses vom 27. Juli 2001 (BGBl. I S. 1887).

In § 623 Abs. 2 Satz 4 HS 2 ZPO ist die Angabe „§ 626 Abs. 2 Satz 3" durch die Angabe „§ 626 Abs. 2 Satz 2" ersetzt worden. Diese Änderung dient ausschließlich der Bereinigung eines Redaktionsversehens im ZPO-Reformgesetz.

§ 629 ZPO
Einheitliche Endentscheidung; Vorbehalt bei abgewiesenem Scheidungsantrag

(1) Ist dem Scheidungsantrag stattzugeben und gleichzeitig über Folgesachen zu entscheiden, so ergeht die Entscheidung einheitlich durch Urteil.

(2) Absatz 1 gilt auch, soweit es sich um ein Versäumnisurteil handelt. Wird hiergegen Einspruch und auch gegen das Urteil im Übrigen ein Rechtsmittel eingelegt, so ist zunächst über den Einspruch und das Versäumnisurteil zu verhandeln und zu entscheiden.

(3) Wird ein Scheidungsantrag abgewiesen, so werden die Folgesachen gegenstandslos, soweit sie nicht die Übertragung der elterlichen Sorge oder eines Teils der elterlichen Sorge wegen Gefährdung des Kindeswohls auf einen Elternteil, einen Pfleger oder einen Vormund betreffen; in diesem Fall wird die Folgesache als selbständige Familiensache fortgeführt. Im Übrigen ist einer Partei auf ihren Antrag in dem Urteil vorzubehalten, eine Folgesache als selbständige Familiensache fortzusetzen. § 626 Abs. 2 Satz 2 gilt entsprechend.

Einzelbegründung des Gesetzgebers zu § 629 ZPO

Die Änderungen dienen der Bereinigung eines Redaktionsversehens im Gesetz zur Reform des Zivilprozesses vom 27. Juli 2001 (BGBl. I S. 1887).

In § 629 Abs. 3 Satz 3 ZPO ist die Angabe „§ 626 Abs. 2 Satz 3" durch die Angabe „§ 626 Abs. 2 Satz 2" ersetzt worden. Auch diese Änderung dient ausschließlich der Bereinigung eines Redaktionsversehens im ZPO-Reformgesetz.

§ 649 ZPO
Festsetzungsbeschluss

(1) Werden keine oder lediglich nach § 648 Abs. 1 Satz 3 zurückzuweisende oder nach § 648 Abs. 2 unzulässige Einwendungen erhoben, wird der Unterhalt nach Ablauf der in § 647 Abs. 1 Satz 2 Nr. 3 bezeichneten Frist durch Beschluss festgesetzt. In dem Beschluss ist auszusprechen, dass der Antragsgegner den festgesetzten Unterhalt an den Unterhaltsberechtigten zu zahlen hat. In dem Beschluss sind auch die bis dahin entstandenen erstattungsfähigen Kosten des Verfahrens festzusetzen, soweit sie ohne weiteres ermittelt werden können; es genügt, wenn der Antragsteller die zu ihrer Berechnung notwendigen Angaben dem Gericht mitteilt.

(2) In dem Beschluss ist darauf hinzuweisen, welche Einwendungen mit der sofortigen Beschwerde geltend gemacht werden können und unter welchen Voraussetzungen eine Abänderung im Wege der Klage nach § 654 verlangt werden kann.

Einzelbegründung des Gesetzgebers zu § 649 ZPO

Die Änderung passt die Überschrift dem sonstigen Sprachgebrauch in den Vorschriften über das familiengerichtliche Verfahren an und dient der Klarstellung.

§ 708 ZPO
Vorläufige Vollstreckbarkeit ohne Sicherheitsleistung

Für vorläufig vollstreckbar ohne Sicherheitsleistung sind zu erklären:
1. Urteile, die auf Grund eines Anerkenntnisses oder eines Verzichts ergehen;
2. Versäumnisurteile und Urteile nach Lage der Akten gegen die säumige Partei gemäß § 331a;
3. Urteile, durch die gemäß § 341 der Einspruch als unzulässig verworfen wird;
4. Urteile, die im Urkunden-, Wechsel- oder Scheckprozess erlassen werden;
5. Urteile, die ein Vorbehaltsurteil, das im Urkunden-, Wechsel- oder Scheckprozess erlassen wurde, für vorbehaltlos erklären;
6. Urteile, durch die Arreste oder einstweilige Verfügungen abgelehnt oder aufgehoben werden;
7. Urteile in Streitigkeiten zwischen dem Vermieter und dem Mieter oder Untermieter von Wohnräumen oder anderen Räumen oder zwischen dem Mieter und dem Untermieter solcher Räume wegen Überlassung, Benutzung oder Räumung, wegen Fortsetzung des Mietverhältnisses über Wohnraum auf Grund der §§ 574 bis 574 b des Bürgerlichen Gesetzbuchs sowie wegen Zurückhaltung der von dem Mieter oder dem Untermieter in die Mieträume eingebrachten Sachen;
8. Urteile, die die Verpflichtung aussprechen, Unterhalt, Renten wegen Entziehung einer Unterhaltsforderung oder Renten wegen einer Verletzung des Körpers oder der Gesundheit zu entrichten, soweit sich die Verpflichtung auf die Zeit nach der Klageerhebung und auf das ihr vorausgehende letzte Vierteljahr bezieht;
9. Urteile nach §§ 861, 862 des Bürgerlichen Gesetzbuchs auf Wiedereinräumung des Besitzes oder auf Beseitigung oder Unterlassung einer Besitzstörung;
10. Berufungsurteile in vermögensrechtlichen Streitigkeiten;
11. andere Urteile in vermögensrechtlichen Streitigkeiten, wenn der Gegenstand der Verurteilung in der Hauptsache eintausendzweihundertfünfzig Euro nicht übersteigt oder wenn nur die Entscheidung über die Kosten vollstreckbar ist und eine Vollstreckung im Wert von nicht mehr als eintausendfünfhundert Euro ermöglicht.

Einzelbegründung des Gesetzgebers zu § 708 ZPO

Nach bisherigem Recht sind Urteile der Oberlandesgerichte in vermögensrechtlichen Streitigkeiten ohne Sicherheitsleistung für vollstreckbar zu erklären. Die Beschränkung auf (Berufungs-)Urteile der Oberlandesgerichte erklärte sich vor der ZPO-Reform daraus, dass Berufungsurteile der Landgerichte nicht der Revision unterlagen und damit qua Rechtskraft vollstreckbar waren. Seit dem Inkrafttreten des Gesetzes zur Reform des Zivilprozesses vom 27. Juli 2001 (BGBl. I S. 1887) ist auch gegen landgerichtliche Berufungsurteile die Revision statthaft. Diese Urteile bedürfen daher einer Vollstreckbarerklärung, die - da § 708 Nr. 10 seinem Wortlaut nach nicht eingreift - bisher gemäß § 709 Satz 1 unter den Vorbehalt der Sicherheitsleistung zu stellen ist. Diese unterschiedliche Regelung zwischen land- und oberlandesgerichtlichen Berufungsurteilen erscheint nicht gerechtfertigt und führt in der Praxis zu vermeidbarem Mehraufwand. Daher wird mit der Änderung die Beschränkung des § 708 Nr. 10 auf Urteile der Oberlandesgerichte beseitigt. Alle Berufungsurteile in vermögensrechtlichen Streitigkeiten sind ohne Sicherheitsleistung für vollstreckbar zu erklären.

Infolge der Neufassung von § 708 Nr. 10 ZPO werden alle Berufungsurteile in vermögensrechtlichen Streitigkeiten ohne Sicherheitsleistung für vorläufig vollstreckbar zu erklären sein. Bislang waren nur Urteile der Oberlandesgerichte in vermögensrechtlichen Streitigkeiten ohne Sicherheitsleistung für vollstreckbar zu erklären, weil Berufungsurteile der Landgerichte nicht der Revision unterlagen. Nach der ZPO-Reform bedurften diese Urteile einer Vollstreckbarkeitserklärung, die gemäß § 709 Satz 1 ZPO (Vorbehalt der Sicherheitsleistung) erfolgte. Für diese unterschiedliche Regelung gab es keine innere Rechtfertigung.

Nunmehr sind alle Berufungsurteile in vermögensrechtlichen Streitigkeiten ohne Sicherheitsleistungen für vollstreckbar zu erklären, ganz gleich, ob das Berufungsurteil vom Landgericht oder vom Oberlandesgericht erlassen wird.

§ 717 ZPO
Wirkungen eines aufhebenden oder abändernden Urteils

(1) Die vorläufige Vollstreckbarkeit tritt mit der Verkündung eines Urteils, das die Entscheidung in der Hauptsache oder die Vollstreckbarkeitserklärung aufhebt oder abändert, insoweit außer Kraft, als die Aufhebung oder Abänderung ergeht.

(2) Wird ein für vorläufig vollstreckbar erklärtes Urteil aufgehoben oder abgeändert, so ist der Kläger zum Ersatz des Schadens verpflichtet, der dem Beklagten durch die Vollstreckung des Urteils oder durch eine zur Abwendung der Vollstreckung gemachte Leistung entstanden ist. Der Beklagte kann den Anspruch auf Schadensersatz in dem anhängigen Rechtsstreit geltend machen; wird der Anspruch geltend gemacht, so ist er als zur Zeit der Zahlung oder Leistung rechtshängig geworden anzusehen.

(3) Die Vorschriften des Absatzes 2 sind auf die im § 708 Nr. 10 bezeichneten Berufungsurteile, mit Ausnahme der Versäumnisurteile, nicht anzuwenden. Soweit ein solches Urteil aufgehoben oder abgeändert wird, ist der Kläger auf Antrag des Beklagten zur Erstattung des von diesem auf Grund des Urteils Gezahlten oder Geleisteten zu verurteilen. Die Erstattungspflicht des Klägers bestimmt sich nach den Vorschriften über die Herausgabe einer ungerechtfertigten Bereicherung. Wird der Antrag gestellt, so ist der Anspruch auf Erstattung als zur Zeit der Zahlung oder Leistung rechtshängig geworden anzusehen; die mit der Rechtshängigkeit nach den Vorschriften des bürgerlichen Rechts verbundenen Wirkungen treten mit der Zahlung oder Leistung auch dann ein, wenn der Antrag nicht gestellt wird.

Einzelbegründung des Gesetzgebers zu § 717 ZPO

Es handelt sich um eine Folgeänderung zu Artikel 1 Nr. 25 (§ 708 ZPO).

In § 717 Abs. 3 Satz 1 ZPO sind die Wörter „Urteile der Oberlandesgerichte" durch das Wort „Berufungsurteile" ersetzt worden. Dabei handelt es sich um eine Folgeänderung zur vorstehend dargestellten Änderung des § 708 Nr. 10 ZPO.

§ 915 ZPO
Schuldnerverzeichnis

(1) Das Vollstreckungsgericht führt ein Verzeichnis der Personen, die in einem bei ihm anhängigen Verfahren die eidesstattliche Versicherung nach § 807 abgegeben haben oder gegen die nach § 901 die Haft angeordnet ist. In dieses Schuldnerverzeichnis sind auch die Personen aufzunehmen, die eine eidesstattliche Versicherung nach § 284 der Abgabenordnung oder vor einer Verwaltungsvollstreckungsbehörde abgegeben haben. Die Vollstreckung einer Haft ist in dem Verzeichnis zu vermerken, wenn sie sechs Monate gedauert hat. Geburtsdaten der Personen sind, soweit bekannt, einzutragen.

(2) Wer die eidesstattliche Versicherung vor dem Gerichtsvollzieher eines anderen Amtsgerichts abgegeben hat, wird auch in das Verzeichnis dieses Gerichts eingetragen, wenn er im Zeitpunkt der Versicherung in dessen Bezirk seinen Wohnsitz hatte.

(3) Personenbezogene Informationen aus dem Schuldnerverzeichnis dürfen nur für Zwecke der Zwangsvollstreckung verwendet werden, sowie um gesetzliche Pflichten zur Prüfung der wirtschaftlichen Zuverlässigkeit zu erfüllen, um Voraussetzungen für die Gewährung von öffentlichen Leistungen zu prüfen oder um wirtschaftliche Nachteile abzuwenden, die daraus entstehen können, dass Schuldner ihren Zahlungsverpflichtungen nicht nachkommen, oder soweit dies zur Verfolgung von Straftaten erforderlich ist. Die Informationen dürfen nur für den Zweck verwendet werden, für den sie übermittelt worden sind. Nicht-öffentliche Stellen sind darauf bei der Übermittlung hinzuweisen.

Einzelbegründung des Gesetzgebers zu § 915 ZPO

Die Ergänzung des Absatzes 1 Satz 2 trägt der Tatsache Rechnung, dass die Verwaltungsvollstreckungsbehörden zunehmend selbst in der Lage sind, die eidesstattliche Versicherung abzunehmen. Es entspricht dem Gebot der Effizienz und Wirtschaftlichkeit, hier eine Eintragung in das Schuldnerverzeichnis nicht von der Heranziehung eines Gerichtsvollziehers abhängig zu machen.

Nunmehr sind in das Schuldnerverzeichnis auch die Personen aufzunehmen, die eine eidesstattliche Versicherung vor einer Verwaltungsvollstreckungsbehörde abgegeben haben. Verwaltungsvollstreckungsbehörden sind teilweise selbst in der Lage, die eidesstattliche Versicherung abzunehmen. Auch ohne Mitwirkung eines Gerichtsvollziehers kann also dann, wenn die eidesstattliche Versicherung vor einer Verwaltungsvollstreckungsbehörde abgegeben wurde, eine Eintragung ins Schuldnerverzeichnis erfolgen.

Artikel 2
Änderung des Einführungsgesetzes zur Zivilprozessordnung (EGZPO)

§ 26 EGZPO

Für das Gesetz zur Reform des Zivilprozesses vom 27. Juli 2001 gelten folgende Übergangsvorschriften:

1. § 78 der Zivilprozessordnung ist in Berufungen und Beschwerden gegen Entscheidungen der Amtsgerichte, die vor dem 1. Januar 2008 eingelegt werden und nicht familiengerichtliche Entscheidungen zum Gegenstand haben, mit der Maßgabe anzuwenden, dass ein bei einem Landgericht zugelassener Rechtsanwalt bei dem Oberlandesgericht als zugelassen gilt.

2. Für am 1. Januar 2002 anhängige Verfahren finden die §§ 23, 105 Abs. 3 des Gerichtsverfassungsgesetzes und § 92 Abs. 2, §§ 128, 269 Abs. 3, §§ 278, 313a, 495a der Zivilprozessordnung sowie die Vorschriften über das Verfahren im ersten Rechtszug vor dem Einzelrichter in der am 31. Dezember 2001 geltenden Fassung weiter Anwendung. Für das Ordnungsgeld gilt § 178 des Gerichtsverfassungsgesetzes in der am 31. Dezember 2001 geltenden Fassung, wenn der Beschluss, der es festsetzt, vor dem 1. Januar 2002 verkündet oder, soweit eine Verkündung nicht stattgefunden hat, der Geschäftsstelle übergeben worden ist.

3. Das Bundesministerium der Justiz gibt die nach § 115 Abs. 3 Nr. 2 Satz 1 vom Einkommen abzusetzenden Beträge für die Zeit vom 1. Januar 2002 bis zum 30. Juni 2002 neu bekannt. Die Prozesskostenhilfebekanntmachung 2001 ist insoweit nicht mehr anzuwenden.

4. Ist die Prozesskostenhilfe vor dem 1. Januar 2002 bewilligt worden, gilt § 115 Abs. 1 Satz 4 der Zivilprozessordnung für den Rechtszug in der im Zeitpunkt der Bewilligung geltenden Fassung weiter.

5. Für die Berufung gelten die am 31. Dezember 2001 geltenden Vorschriften weiter, wenn die mündliche Verhandlung, auf die das anzufechtende Urteil ergeht, vor dem 1. Januar 2002 geschlossen worden ist. In schriftlichen Verfahren tritt an die Stelle des Schlusses der mündlichen Verhandlung der Zeitpunkt, bis zu dem Schriftsätze eingereicht werden können.

6. § 541 der Zivilprozessordnung in der am 31. Dezember 2001 geltenden Fassung ist nur noch anzuwenden, soweit nach Nummer 5 Satz 1 über die Berufung nach den bisherigen Vorschriften zu entscheiden ist, am 1. Januar 2002 Rechtsfragen zur Vorabentscheidung dem übergeordneten Oberlandesgericht oder dem Bundesgerichtshof vorliegen oder nach diesem Zeitpunkt noch vorzulegen sind.

7. Für die Revision gelten die am 31. Dezember 2001 geltenden Vorschriften weiter, wenn die mündliche Verhandlung auf die das anzufechtende Urteil ergeht, vor dem 1. Januar 2002 geschlossen worden ist. In schriftlichen Verfahren tritt an die Stelle des Schlusses der mündlichen Verhandlung der Zeitpunkt, bis zu dem Schriftsätze eingereicht werden können.

8. § 544 der Zivilprozessordnung in der Fassung des Gesetzes zur Reform des Zivilprozesses vom 27. Juli 2001 (BGBl. I S. 1887) ist bis einschließlich 31. Dezember 2006 mit der Maßgabe anzuwenden, dass die Beschwerde gegen die Nichtzulassung der Revision durch das Berufungsgericht nur zulässig ist, wenn der Wert der mit der Revision geltend zu machenden Beschwer zwanzigtausend Euro übersteigt. Dies gilt nicht, wenn das Berufungsgericht die Berufung verworfen hat.

9. In Familiensachen finden die Bestimmungen über die Nichtzulassungsbeschwerde (§ 543 Abs. 1 Nr. 2, §§ 544, 621e Abs. 2 Satz 1 Nr. 2 der Zivilprozessordnung in der Fassung des Gesetzes zur Reform des Zivilprozesses vom 27. Juli 2001, BGBl. I S. 1887) keine Anwendung, soweit die anzufechtende Entscheidung vor dem 1. Januar 2007 verkündet oder einem Beteiligten zugestellt oder sonst bekannt gemacht worden ist. Dies gilt nicht, wenn das Berufungsgericht die Berufung verworfen hat.

10. Für Beschwerden und für die Erinnerung finden die am 31. Dezember 2001 geltenden Vorschriften weiter Anwendung, wenn die anzufechtende Entscheidung vor dem 1. Januar 2002 verkündet oder, soweit eine Verkündung nicht stattgefunden hat, der Geschäftsstelle übergeben worden ist.

11. Soweit nach den Nummern 2 bis 5, 7 und 9 in der vor dem 1. Januar 2002 geltenden Fassung Vorschriften weiter anzuwenden sind, die auf Geldbeträge in Deutscher Mark Bezug nehmen, sind diese Vorschriften vom 1. Januar 2002 an mit der Maßgabe anzuwenden, dass die Beträge nach dem Umrechnungskurs 1 Euro = 1,95583 Deutsche Mark und den Rundungsregeln der Verordnung (EG) Nr. 1103/97 des Rates vom 17. Juni 1997 über bestimmte Vorschriften im Zusammenhang mit der Einführung des Euro (ABl. EG Nr. L 162 S. 1) in die Euro-Einheit umgerechnet werden.

Einzelbegründung des Gesetzgebers zu § 26 Nr. 8, 9 EGZPO

Eine unzulässige Berufung kann sowohl durch Beschluss als auch durch Urteil verworfen werden. Gegen eine Beschlussverwerfung ist gemäß § 522 Abs. 1 Satz 4 ZPO stets die Rechtsbeschwerde zum BGH eröffnet, während ein die Berufung verwerfendes Urteil nur dann der Revision unterliegt, wenn diese im Berufungsurteil oder aufgrund einer erfolgreichen Nichtzulassungsbeschwerde zugelassen worden ist. Damit ergeben sich nach bisherigem Recht wegen der zur Nichtzulassungsbeschwerde in § 26 Nr. 8, 9 getroffenen Übergangsregelung unterschiedliche Rechtsmittelmöglichkeiten: Gegen eine Beschlussverwerfung ist stets die Rechtsbeschwerde statthaft, während gegen die gleiche Entscheidung, wenn sie in einem Urteil getroffen wird, das die Revision nicht zulässt, eine Nichtzulassungsbeschwerde bis Ende 2006 nur bei Revisionsbeschwerdewerten über 20 000 Euro und in Familiensachen gar nicht statthaft ist.

Im Hinblick auf die verfassungsrechtliche Relevanz des gleichmäßigen und willkürfreien Zugangs zur Rechtsmittelinstanz ist ein Eingreifen des Gesetzgebers veranlasst, um eine einheitliche Anfechtbarkeit der verwerfenden Entscheidungen des Berufungsgerichts zu gewährleisten. Dies wird im vorliegenden Entwurf dadurch erreicht, dass die verwerfenden Berufungsurteile ausdrücklich aus dem Anwendungsbereich der Übergangsregelungen des § 26 Nr. 8, 9 ausgenommen werden. Dies gewährleistet einen weiten Rechtsschutz gegen Verwerfungsentscheidungen des Berufungsgerichts unabhängig davon, ob sie als Urteil oder als Beschluss ergehen.

Zu den Übergangsvorschriften zur ZPO-Reform, die in § 26 Nr. 8 ZPO für die Nichtzulassungsbeschwerde und in § 26 Nr. 9 ZPO für die Nichtzulassungsbeschwerde in Familiensachen enthalten sind, wird durch die Anfügung eines Satzes geklärt, dass die Regelungen nicht gelten, wenn das Berufungsgericht durch Beschluss die Berufung gemäß § 522 Abs. 1 ZPO verworfen hat.

Es handelt sich um die Korrektur einer Ungereimtheit der Übergangsvorschrift zur ZPO-Reform. Es war nicht hinreichend beachtet worden, dass eine unzulässige Berufung sowohl durch Beschluss als auch durch Urteil verworfen werden kann. Während gegen eine Beschlussverwerfung gemäß § 522 Abs. 1 Satz 4 ZPO stets die Rechtsbeschwerde zum Bundesgerichtshof eröffnet ist, unterlag ein die Berufung verwerfendes Urteil nur dann der Revision, wenn diese im Berufungsurteil oder aufgrund der erfolgreichen Nichtzulassungsbeschwerde zugelassen worden ist. War also (im Rahmen der Übergangsregelung) gegen eine Beschlussverwerfung stets die Rechtsbeschwerde statthaft, konnte gegen die gleiche Entscheidung, wenn sie in einem Urteil getroffen wurde, das die Revision nicht zulässt, eine Nichtzulassungsbeschwerde bis Ende 2006 nur bei Revisionsbeschwerdewerten über 2 000,00 EUR und in Familiensachen gar nicht statthaft eingelegt werden. Das widersprach, wie die Begründung des Regierungsentwurfs zu Recht bemerkt, dem verfassungsrechtlich relevanten Prinzip des gleichmäßigen und willkürfreien Zugangs zur Rechtsmittelinstanz.

Nunmehr sind verwerfende Berufungsurteile ausdrücklich aus dem Anwendungsbereich der Übergangsregelungen des § 26 Nr. 8 und 9 ZPO ausgenommen worden. Gegen alle Verwerfungsentscheidungen des Berufungsgerichts ist nunmehr Rechtsschutz gewährleistet, ganz gleich, ob sie als Urteil oder als Beschluss ergehen. Insoweit kann also Revision oder Nichtzulassungsbeschwerde eingelegt werden.

§ 29 EGZPO

Für das Erste Gesetz zur Modernisierung der Justiz vom ... (BGBl. I S. ...) gelten folgende Übergangsvorschriften:

1. Auf Verfahren, die am ... anhängig sind, findet § 91a der Zivilprozessordnung in der vor dem ... (Datum des Inkrafttretens des Gesetzes) geltenden Fassung Anwendung.

2. § 91 in der seit dem ... (Datum des Inkrafttretens dieses Gesetzes) geltenden Fassung ist auch auf Verfahren anzuwenden, die zu diesem Zeitpunkt anhängig oder rechtskräftig abgeschlossen worden sind; einer Kostenrückfestsetzung steht nicht entgegen, dass sie vor dem ... (Datum des Inkrafttretens dieses Gesetzes) abgelehnt worden ist. Haben die Parteien etwas anderes vereinbart, bleibt es dabei.

3. Auf Verfahren, die am ... (Datum des Inkrafttretens des Gesetzes) anhängig sind, findet § 411a der Zivilprozessordnung keine Anwendung.

Einzelbegründung des Gesetzgebers zu § 29 EGZPO

Die Überleitungsvorschrift wurde dem nunmehr vorgesehenen gleitenden Inkrafttreten des Gesetzes angepasst.

Die Überleitungsvorschrift für die Änderung des § 91 Abs. 4 ZPO zur Eröffnung der Kostenrückfestsetzung ist modifiziert worden; die Änderung soll auch rückwirkend auf bereits rechtskräftig abgeschlossene Zivilprozesse anwendbar sein. Vertrauensschutzaspekte stehen dem nicht entgegen. Mit der Änderung soll der bisher herrschenden Praxis bei der Kostenrückfestsetzung eine sichere Rechtsgrundlage gegeben werden. Dies soll allerdings nicht durch eine Änderung des Kostenfestsetzungsverfahrens geschehen, die ohne besondere Anordnung des Gesetzgebers für alle laufenden Verfahren gelten würde. Denn das Kostenfestsetzungsverfahren basiert auf einer Kostengrundentscheidung. Es muss deshalb sichergestellt werden, dass die vorhandene Kostengrundentscheidung im Urteil, Vollstreckungsbescheid oder Vergleich die rückfestzusetzenden Kosten als solche erfasst. Dies lässt sich aber nur erreichen, wenn die Regelung nicht nur auf alle anhängigen, sondern auch auf Rechtsstreitigkeiten angewandt wird, die bereits rechtskräftig abgeschlossen sind. Mit Nummer 2 Satz 1 Halbsatz1 wird die Regelung deshalb auch auf solche Verfahren für anwendbar erklärt.

Dieser Eingriff in die rechtskräftige Kostengrundentscheidung ist aber lediglich formaler Art. Inhaltlich ändert sich die Belastung der Parteien mit Kosten nicht. Durch die Änderung wird lediglich bewirkt, dass diese Kosten nicht im streitigen Verfahren eingeklagt, sondern in dem einfacheren und kostengünstigeren Kostenfestsetzungsverfahren tituliert werden können. Das ist auch gerechtfertigt. Die anzusetzenden Kosten sind nach Grund und Höhe genauso einfach und problemlos festzustellen wie die anderen Kosten, die im Kostenfestsetzungsverfahren geltend gemacht werden können. Die Kostentragungspflicht folgt der Kostengrundentscheidung, die insoweit unverändert bleibt. Die Höhe der Kosten ergibt sich in aller Regel aus einem früheren Kostenfestsetzungsbeschluss, den der Schuldner selbst bewirkt hat, ansonsten aus den Kostengesetzen.

Die Anwendung des Kostenfestsetzungsverfahrens auch in rechtskräftig abgeschlossen Rechtsstreiten entspricht einem Gebot der Fairness. In der weitaus überwiegenden Zahl der Fälle kommt es zu einer Kostenrückfestsetzung, weil die zunächst obsiegende und später unterliegende Partei vor Eintritt der Rechtskraft selbst den Erlass eines Kostenfestsetzungsbeschlusses beantragt und durch diesen die später obsiegende Partei zu einer Zahlung veranlasst hat, die sich später als ganz oder teilweise unrichtig erwiesen hat. Es kann eine solche Partei nicht überraschen und benachteiligen, wenn ihr Prozessgegner dasselbe Instrument zur Rückabwicklung dieser unrechtmäßigen Zahlungen nutzen darf und nicht auf den umständlicheren Weg der Klage verwiesen sein soll.

Ist eine beantragte Kostenrückfestsetzung in der Vergangenheit abgelehnt worden, so kann, wenn die Kosten noch nicht anderweit tituliert sind und der Kostenerstattungsanspruch noch nicht verjährt ist, erneut ein Kostenfestsetzungsantrag gestellt werden. Das regelt Nummer 2 Satz 1 Halbsatz 2.

Haben die Parteien aber etwas anderes vereinbart, soll es hierbei bleiben. Veranlassung, in solche Vereinbarungen einzugreifen, besteht nicht.

Der neue § 29 EGZPO trifft die Übergangsvorschriften zum 1. JuMoG. Die Regelung geht mangels besonderer Bestimmung davon aus, dass die durch das Gesetz herbeigeführte Rechtslage auch in laufenden Verfahren anwendbar ist. § 29 Nr. 1 und 3 EGZPO nehmen bestimmte Vorschriften von dieser Wirkung aus. Umgekehrt wird in § 29 Nr. 2 EGZPO eine weiter gehende Rückwirkung für die Änderung des § 91 Abs. 4 ZPO (Kostenrückfestsetzung) normiert.

Die Zustimmungsfiktion bei der Erledigungserklärung und die Verwertungsmöglichkeit verfahrensfremder Gutachten (§ 411a ZPO) sind in anhängigen Verfahren noch nicht anzuwenden. Indessen ist die neu geschaffene Möglichkeit der Kostenrückfestsetzung gemäß § 91 Abs. 4 ZPO auch rückwirkend auf bereits rechtskräftig abgeschlossene Zivilprozesse anwendbar.

Nur für solche Verfahren, die zum Zeitpunkt des Inkrafttretens des 1. JuMoG noch nicht anhängig sind, gelten die neuen Regelungen über die Zustimmungsfiktion bei der Erledigungserklärung und der Verwertung verfahrensfremder Gutachten. Insoweit dürfte es also ausgeschlossen sein, dass die Prozessbeteiligten von einer nicht vorhersehbaren Rechtsfolge überrascht werden, auf die sie sich nicht mehr einstellen konnten.

Die Möglichkeit der Kostenrückfestsetzung wird aber auch für bereits rechtskräftig abgeschlossene Zivilprozesse (!) gewährt. Da der bisher schon herrschenden Praxis bei der Kostenrückfestsetzung eine sichere Rechtsgrundlage gegeben werden sollte, durften insoweit Vertrauensschutzaspekte nicht entgegenstehen. Sollte dies im Einzelfall einmal anders entschieden worden sein, bestimmt der Wortlaut, dass dies nicht entgegensteht. Dieser bemerkenswerte Eingriff in eine rechtskräftige Kostengrundentscheidung ist durch die Begründung des Rechtsausschusses damit gerechtfertigt worden, dass in materiell-rechtlicher Hinsicht die Belastung der Parteien mit Kosten nicht berührt wird.

Artikel 3
Änderung der Strafprozessordnung (StPO)

§ 40 StPO

(1) Kann eine Zustellung an einen Beschuldigten, dem eine Ladung zur Hauptverhandlung noch nicht zugestellt war, nicht in der vorgeschriebenen Weise im Inland bewirkt werden, und erscheint die Befolgung der für Zustellungen im Ausland bestehenden Vorschriften unausführbar oder voraussichtlich erfolglos, so ist die öffentliche Zustellung zulässig. Die Zustellung gilt als erfolgt, wenn seit dem Aushang der Benachrichtigung zwei Wochen vergangen sind.

(2) War die Ladung zur Hauptverhandlung dem Angeklagten schon vorher zugestellt, dann ist die öffentliche Zustellung an ihn zulässig, wenn sie nicht in der vorgeschriebenen Weise im Inland bewirkt werden kann.

(3) Die öffentliche Zustellung ist im Verfahren über eine vom Angeklagten eingelegte Berufung bereits zulässig, wenn eine Zustellung nicht unter einer Anschrift möglich ist, unter der letztmals zugestellt wurde oder die der Angeklagte zuletzt angegeben hat.

Einzelbegründung des Gesetzgebers zu § 40 Abs. 1 und 2 StPO

Auch im Strafverfahren soll künftig über die Verweisung in § 37 Abs. 1 StPO die Regelung der §§ 186, 187 ZPO über die Ausführung der öffentlichen Zustellung von Schriftstücken gelten. In § 40 StPO beibehalten werden die abgestuften Regelungen zur Zulässigkeit der öffentlichen Zustellung und zur Dauer des Aushangs, die von den §§ 185, 188 ZPO abweichen.

§ 40 StPO regelt die öffentliche Zustellung gerichtlicher Entscheidungen, Anordnungen, Verfügungen und Ladungen an einen Beschuldigten und über die Verweisung in § 435 Abs. 1 StPO an einen Einziehungsbeteiligten sowie die in § 442 Abs. 1 StPO genannten Nebenbeteiligten. Für andere Beteiligte gelten über die Verweisung in § 37 Abs. 1 StPO bereits heute die §§ 185 bis 188 ZPO. Durch die Streichung der Sonderregelungen zur Ausführung der Zustellung in § 40 Abs. 1 und 2 StPO gilt künftig die Verweisung auf die §§ 186, 187 ZPO auch für die öffentliche Zustellung an Beschuldigte und Einziehungsbeteiligte.

Bisher besteht der wesentliche Unterschied zwischen § 40 StPO und den §§ 186, 187 ZPO darin, dass nach § 40 StPO das zuzustellende Schriftstück für zwei Wochen an die Gerichtstafel angeheftet werden muss, wobei von Urteilen und Beschlüssen nur der entscheidende Teil und nicht die Gründe angeheftet werden müssen. Dagegen ist nach der seit 1.7.2002 gültigen Fassung des § 186 Abs. 2 ZPO nur eine Benachrichtigung über die Zustellung an der Gerichtstafel auszuhängen, die insbesondere den Namen des Zustellungsadressaten, die Bezeichnung des Prozessgegenstandes und die Stelle, wo das Schriftstück eingesehen werden kann, enthält. Das Einsichtsrecht in das Schriftstück selbst hat nur der Berechtigte oder sein Bevollmächtigter, es kann regelmäßig auf der Geschäftstelle des Gerichts ausgeübt werden. Für einen Berechtigten ist damit Kenntnisnahme möglich, ein Unberechtigter erfährt nicht mehr über die Zustellung, als unumgänglich ist. Diese Form der öffentlichen Zustellung dient dem Schutz der Persönlichkeitssphäre des Zustellungsadressaten (BT-Drs. 14/4554, S.24). Eine „Prangerwirkung" durch den Aushang des Inhalts gerichtlicher Entscheidungen soll künftig auch im Strafverfahren entfallen.

Die Änderung dient zudem einer deutlichen Vereinfachung der Arbeit der Gerichte. Bisher umfassen die auszuhängenden Schriftstücke mehrere Seiten, die mit dem Zustellungsbeschluss verbunden und dementsprechend mehrfach gesiegelt werden. Künftig wird die auszuhängende Benachrichtigung regelmäßig nur eine bis zwei Seiten umfassen. Dadurch wird ein überflüssiger Arbeitsaufwand vermieden und die Gerichte benötigen weniger Schaukästen für den Aushang. Gleichzeitig wird die Übersichtlichkeit der ausgehängten Benachrichtigungen verbessert.

Nach § 37 Abs. 1 StPO i.V.m. § 187 ZPO besteht weiterhin die Möglichkeit, die Benachrichtigung von der Zustellung im Bundesanzeiger oder in anderen Blättern zu veröffentlichen.

Unverändert beibehalten wird die bewährte abgestufte Regelung zur Zulässigkeit der Anordnung der öffentlichen Zustellung und zur Dauer des Aushangs in § 40 Abs. 1 bis 3 StPO, die den einzelnen Verfahrensabschnitten und der gebotenen Beschleunigung des Strafverfahrens angepasst ist und daher als speziellere Regelung die §§ 185, 188 ZPO verdrängt.

Die Neuregelungen werden über § 46 Abs. 1 OWiG auch für das gerichtliche Bußgeldverfahren gelten.

Ein Vorschlag zur Änderung des Gesetzes war weder im Entwurf des Ministeriums der Justiz noch im Entwurf des Bundesrates enthalten. Bei den Beratungen des Rechtsausschusses im Bundestag wurde Bezug genommen auf eine bereits in der letzten Legislaturperiode vorliegende Entwurfsfassung.

Der Regelungsmechanismus zwischen § 40 StPO einerseits und § 186 ZPO andererseits ist durch die Regelung allerdings nicht übersichtlicher geworden. Prinzipiell verweist § 37 StPO in Fragen der Zustellung auf die Regelungen der ZPO. Strafprozessuale Ausnahmen werden in der StPO nur noch im Hinblick auf eine Zustellung an mehrere Empfangsberechtigte, Zustellungen an die Staatsanwaltschaft sowie die öffentliche Zustellung vorgesehen. Hinsichtlich der **öffentlichen Zustellung** nimmt § **40 StPO** nunmehr lediglich noch eine Teilregelung vor. Nach wie vor gilt diese Vorschrift lediglich für den Beschuldigten und nicht für andere Prozessbeteiligte. Die strafprozessuale Regelung betrifft einerseits die besonderen Bedingungen der **Zulässigkeit** der öffentlichen Zustellung und andererseits den **Zustellungserfolg**. Aus dem Fehlen weiter gehender Regelungen in der StPO soll nunmehr gefolgert werden, dass die Art und Weise der öffentlichen Zustellung den Voraussetzungen des § 186 ZPO zu entnehmen sind.

Über die im Begründungstext hinaus angegebenen Voraussetzungen dürfte damit auch deutlich sein, dass vor einer öffentlichen Zustellung eine entsprechende Entscheidung des Prozessgerichts zu ergehen hat. Eine Anordnung des Vorsitzenden in einem Kollegialgericht reicht hierzu nicht aus.

§ 57 StPO

Vor der Vernehmung werden die Zeugen zur Wahrheit ermahnt, auf die Möglichkeit der Vereidigung hingewiesen und über die strafrechtlichen Folgen einer unrichtigen oder unvollständigen Aussage belehrt. Im Falle der Vereidigung sind sie über die Bedeutung des Eides sowie über die Möglichkeit der Wahl zwischen dem Eid mit religiöser oder ohne religiöse Beteuerung zu belehren.

Einzelbegründung des Gesetzgebers zu § 57 StPO

Der Inhalt der Vorschrift wird an die Abschaffung der Regelvereidigung durch § 59 Abs. 1 neu angepasst.

§ 59 StPO

(1) Zeugen werden nur vereidigt, wenn es das Gericht wegen der ausschlaggebenden Bedeutung der Aussage oder zur Herbeiführung einer wahren Aussage nach seinem Ermessen für notwendig hält. Der Grund dafür, dass der Zeuge vereidigt wird, braucht im Protokoll nicht angegeben zu werden, es sei denn, der Zeuge wird außerhalb der Hauptverhandlung vernommen.
(2) Die Vereidigung der Zeugen erfolgt einzeln und nach ihrer Vernehmung. Soweit nichts anderes bestimmt ist, findet sie in der Hauptverhandlung statt.

Einzelbegründung des Gesetzgebers zu § 59 STPO

In die Vereidigungsregelung soll die Klarstellung eingefügt werden, dass die Entscheidung über die Vereidigung eine Ermessensentscheidung des Gerichts ist – wenn die sonstigen Voraussetzungen, unter denen ein Zeuge vereidigt werden darf, vorliegen –. Dies entspricht der bisherigen Rechtsprechung und der Kommentierung zu dem gleich lautenden § 62 StPO und zu § 48 OWiG und soll den Gerichten die fehlerfreie Anwendung der Vereidigungsregelung erleichtern.

Begründung des Entwurfs der Bundesregierung (BTDrucks. 15/1508, S. 23)

Die Änderung schafft die derzeit nur noch im Strafverfahren geltende Regelvereidigung ab.

Sie passt das Gesetz der Rechtswirklichkeit und den anderen Verfahrensordnungen an. Zeugen sind danach nur dann zu vereidigen, wenn es das Gericht wegen der Bedeutung der Aussage oder zur Herbeiführung einer wahrheitsgemäßen Bekundung für erforderlich erachtet. Die Vorschrift übernimmt weitgehend den Wortlaut des § 48 Abs. 1 OWiG und bringt damit stärker als die vom Bundesrat im Entwurf eines Zweiten Gesetzes zur Entlastung der Rechtspflege (Bundestags-drucksache 13/4541) vorgeschlagene Fassung zum Ausdruck, dass die uneidliche Vernehmung die Regel ist und die Vereidigung Ausnahme zu bleiben hat. Der Rückgriff auf geltendes Verfahrensrecht eröffnet ferner die Möglichkeit, die in Bußgeldsachen ergangene Rechtsprechung fruchtbar zu machen. Die vorgeschlagene Fassung begrenzt damit die mit Gesetzesänderungen stets verbundene Rechtsunsicherheit auf das unabdingbare Maß.

Der Tatrichter muss eine Entscheidung über die Vereidigung treffen und diese als wesentliche Förmlichkeit des Verfahrens im Protokoll festhalten; insoweit gilt nichts anderes als bisher (vgl. für das Bußgeldverfahren: OLG Düsseldorf, NStE Nr. 1 zu § 48 OWiG). Eine Begründung dieser Entscheidung wird hingegen nicht mehr gefordert. Soweit die Vereidigung angeordnet wird, ergibt sich dies aus dem neuen Absatz 1 Satz 2. Für den gesetzlichen Regelfall der Nichtvereidigung versteht sich das von selbst; eine ausdrückliche Regelung, wie sie § 48 Abs. 1 Satz 2 OWiG noch vorsieht, erscheint insoweit entbehrlich. Ausnahmsweise soll eine Begründung allerdings dann erforderlich sein, wenn die Eidesleistung bei einer Vernehmung außerhalb der Hauptverhandlung verlangt wird. In diesem Fall können die Gründe, die den vernehmenden Richter ausnahmsweise zur Vereidigung des Zeugen bewogen haben, bei einer späteren Würdigung der Aussage von Bedeutung sein. Eine Dokumentation der leitenden Erwägungen erscheint danach sinnvoll.

Der neue Absatz 2 enthält den Regelungsgehalt des bisherigen § 59.

Der **Eid** gilt traditionell als das entscheidende Mittel, wahrheitsgemäße Aussagen von Zeugen und Sachverständigen zu erlangen. Die Bekräftigung der Aussage durch den Eid, der erhöhte Grad der Versicherung der Wahrheit bis hin zur Möglichkeit der Bezugnahme auf religiöse Beteuerungsformeln auf der einen Seite sowie die besonderen moralischen und erst recht strafrechtlichen Folgen einer falschen unter Eid abgegebenen Aussage lassen dieser einen besonderen Beweiswert zukommen. Auch die Freiheit der richterlichen Beweiswürdigung ändert nichts daran, dass sich das Gericht dieses Ausgangspunktes bei der Bewertung bewusst sein muss.

Gesetzgebungshistorie: Die Strafprozessordnung hatte stets die Vereidigung als Regelfall der Zeugenaussage vorgesehen. Hinsichtlich der Sachverständigen konnten Verfahrensbeteiligte dies zumindest auf Antrag erzwingen. Abweichungen von diesem gesetzgeberischen Konzept hatte zunächst das Gesetz zur Einschränkung der Eide im Strafverfahren vom 24.11.1933 vorgesehen, das aber 1950 wieder gestrichen wurde. Die Regelvereidigung blieb gesetzlicher Standard im Strafverfahren. Bundesratsentwürfe in den 90er Jahren sahen erstmalig Abweichungen vor (BTDrucks. 14/3205; BRDrucks. 633/95). Die nunmehr vorgenommene Gesetzesänderung zur Abschaffung der Regelvereidigung beruht auf einer übereinstimmenden Ansicht aller aktuell vorliegenden Gesetzesentwürfe.

Der Zweck der Änderung wird nur eingeschränkt deutlich. Trotz übereinstimmender politischer Bestrebungen ist die Einbettung der Reform unter den Stichworten der Modernisierung oder Beschleunigung von Strafverfahren nur schwer fassbar. Der Bundesratsentwurf hatte noch „eine Straffung und Vereinfachung der Strafverfahren" erwartet. Die Regelvereidigung nach dem bisherigen gesetzlichen Modell bedeutete weder zeitliche noch finanzielle Einbußen des laufenden Strafverfahrens. Dass und gegebenenfalls wie Effizienzreserven der Justiz durch die Änderung zusätzlich erschlossen werden könnten, lassen die Begründungen des Gesetzes ebenso wie diejenigen der Entwürfe offen.

Zwar sind in der Literatur zaghafte Diskussionsversuche darüber erkennbar, ob die Form des Eides noch ein zeitgemäßer Weg zur Herbeiführung eines erhöhten Beweiswertes ist. Diese Diskussion und Überlegungen zu Alternativen werden allerdings vom Gesetzgeber nicht aufgenommen. Grundsätzlich wird der Eid unverändert beibehalten, lediglich die Häufigkeit seiner Verwendung soll eingeschränkt werden. Als Kern der Begründung zur Änderung wird auf die Anwendung der bisherigen gesetzlichen Regelung in der Gerichtspraxis verwiesen, wonach das Regel-Ausnahme-Verhältnis von Vereidigung und Nichtvereidigung umgekehrt worden war. Da die unbeeidete Zeugenaussage zum Regelfall des Gerichtsalltags geworden war, sollte die Gesetzesänderung lediglich eine **Anpassung an die bisherige gerichtliche Praxis** sein. Ob die Kapitulation der Legislative vor der Auslegungsmacht der Judikative und damit verbunden ein Verzicht auf die Vorgabe maßgeblicher Wertentscheidungen ein ratsames gesetzgeberisches Vorgehen ist, mag zu Recht bezweifelt werden.

Auch ohne ausdrückliche Begründung scheint der Gesetzgeber zwei weiteren Gedanken bei der Änderung gefolgt zu sein. Zum einen drängt sich der Eindruck auf, dass sich der Gesetzgeber mit einer diffusen Vorstellung von Modernität von einer als überholt empfundenen Praxis trennen wollte. Erklärtermaßen sollte der Eid als Mittel der Wahrheitsfindung auf ein unabdingbares Maß zurückgeführt werden. Man hielt es offensichtlich mit Schopenhauer, der den Eid als metaphysische Eselsbrücke der Juristen disqualifizierte, die diese so selten als irgend möglich betreten sollten. Zum anderen verrät die praktische Ausgestaltung, dass Formalien im Zusammenhang mit der Zeugenvernehmung abgeschafft, die Möglichkeit von Rechtsfehlern und Erfolg versprechenden Revisionsrügen damit reduziert werden sollten. Die Idee der Beschleunigung durch Vereinfachung wurde hier umgesetzt.

In der parlamentarischen Diskussion versprach der Gesetzentwurf des Bundesrates, dass das prozessuale Ziel, ein gerechtes Urteil auf der Grundlage der objektiven Wahrheit zu erhalten, durch die Gesetzesänderung nicht beschädigt werde. Den Gerichten bleibe weiterhin die Möglichkeit erhalten, in geeigneten Fällen eine Vereidigung in Aussicht zu stellen und gegebenenfalls anzuordnen. Dadurch bleibe der Anspruch des Angeklagten auf ein justizförmiges Strafverfahren, in dem ihm der Eid unter Umständen auch seine Freiheit sichert, erhalten. Die Nichtvereidigung als Regelfall gefährde die Rechtsordnung schon deswegen nicht, weil die Möglichkeit einer Eidesleistung erhalten bleibe. Das Strafverfahren werde somit „nicht des Ernstes und des sittlichen Grundcharakters entkleidet".

Demgegenüber haben insbesondere die anwaltlichen Berufsverbände in ihren **Stellungnahmen Kritik an der Gesetzesänderung** geäußert. Befürchtet wurde, dass sich entgegen der Absicht des Gesetzgebers eine Auseinandersetzung um die Frage der Vereidigung zwischen den Verfahrensbeteiligten aufwändiger gestalten könnte als nach der bisherigen gesetzlichen Regelung. Nach § 61 Nr. 5 StPO a.F. war ohne weitere inhaltliche Diskussion und ohne Verzögerung von der Vereidigung eines Zeugen abzusehen, wenn alle Verfahrensbeteiligten hierauf verzichtet hatten. Die Anwendung dieser Vorschrift beherrschte die Realität in den Gerichtssälen. Die Vorschrift war ein beispielhafter Beleg für die gesetzlich vorgesehene Möglichkeit, prozessual relevante Fragen zügig einvernehmlich zu regeln. Kritisiert wird an der neuen Regelung, dass sie statt der Verständigung über die Vereidigungsfrage das Schwergewicht offensichtlich auf die Einseitigkeit der richterlichen Entscheidung legt und damit das Inquisitionsmoment im Strafverfahren wieder betont.

Die Praxis wird zeigen müssen, ob – wie befürchtet – durch die Neuregelung in einer wichtigen prozessualen Frage das Strafverfahren aus der Balance geraten ist. Jedenfalls wird sich die neue Regelung auch auf andere Bereiche des Strafprozesses auswirken. So ist zwar die Vorschrift zu den Vereidigungsverboten in § 60 StPO unberührt geblieben, mit dem Wegfall der Regelvereidigung wird ihre Bedeutung allerdings erheblich reduziert. Die Offenbarung einer vorläufigen Einschätzung der Beweislage durch das Gericht, indem es über § 60 Nr. 2 StPO zur offenkundigen Bewertung eines Zeugen als Mittäter genötigt war, und damit verbunden ein informelles „Schuldinterlokut", dürfte vollständig entfallen. Erheblich reduziert wird auch die Möglichkeit des verurteilten Angeklagten, über § 359 Nr. 2 StPO die Wiederaufnahme eines abgeschlossenen Verfahrens bei einer lediglich fahrlässig abgegebenen Falschaussage eines Zeugen zu erreichen; dies würde eine Vereidigung des Zeugen voraussetzen. Bleiben Zeugen zukünftig regelmäßig unvereidigt, stellt die durch Fahrlässigkeit verursachte Falschaussage keinen Wiederaufnahmegrund dar.

Ist der Zeuge in der Regel nach seiner Aussage vor Gericht nicht zu vereidigen, geraten die neuen Ausnahmetatbestände, wonach ein Zeuge doch vereidigt werden kann, in den Fokus des Auslegungsinteresses. Die Neuregelung knüpft die Möglichkeit einer **Vereidigung des Zeugen** an zwei **Voraussetzungen**: Ein Zeuge kann nur vereidigt werden, wenn seine Aussage entweder von **ausschlaggebender Bedeutung** ist oder wenn das Gericht die Vereidigung zur **Herbeiführung einer wahren Aussage** für notwendig erachtet. Das Gesetz knüpft damit an Formulierungen an, die sich identisch bereits in § 48 OWiG und § 62 StPO a.F. befinden. Letztere Vorschrift hatte das nunmehr Gesetz gewordene Regel-Ausnahme-Verhältnis bereits seit Jahrzehnten für die Vereidigung von Zeugen im Privatklageverfahren vorgesehen; die Notwendigkeit einer Sonderregelung für das Privatklageverfahren ist mit der allgemeinen Formulierung des § 59 Abs. 1 StPO entfallen.

Die Gesetzesbegründung verweist zur Wahrung der Rechtssicherheit in der neuen gesetzlichen Situation auf die bisherige Auslegung der höchstrichterlichen Rechtsprechung zu den angeführten Vorschriften. Nicht zuletzt mangels ausreichenden Entscheidungsmaterials ist die Rechtsprechung aber weit davon entfernt, eine Klärung des Begriffs herbeigeführt zu haben. Im Gegenteil: Der Bundesgerichtshof[19] hat schon relativ früh darauf hingewiesen, dass man nach seiner Ansicht keine allgemeine begriffliche **Definition der „ausschlaggebenden Bedeutung"** vornehmen könne, dies vielmehr nach den Umständen des Einzelfalles abzuwägen sei. Leitlinien lassen sich der bisherigen Rechtsprechung allenfalls insoweit entnehmen, als eine inhaltliche Komponente der Aussage des Zeugen häufig bereits zur Verneinung ihrer ausschlaggebenden Bedeutung führen kann und muss. Die Aussage des Zeugen, der sich an nichts erinnert, kann regelmäßig nicht ausschlaggebend sein. Kann der Zeuge nur Aussagen zu Wahrnehmungen machen, die allenfalls Einfluss auf ein am Rande liegendes Indiz haben können, muss die Bedeutung in derselben Form reduziert sein. Nur eine solch objektiv zu bestimmende Entfernung vom eigentlichen Beweisgegenstand kann hier allerdings die fehlende Notwendigkeit einer Vereidigung belegen.

Die Glaubhaftigkeit einer Aussage aus Sicht des entscheidenden Richters darf kein entscheidendes Kriterium sein. Über die Frage der Glaubwürdigkeit hat das Gericht letztendlich erst bei der Urteilsfindung zu urteilen, die Entscheidung über die Vereidigung ist dagegen in der Regel unmittelbar nach der Aussage noch in der Hauptverhandlung zu treffen. Selbst wenn die hierbei vorzunehmende vorläufige Bewertung zu einer Unglaubwürdigkeit der Aussage führt, kann die Position dieser Aussage im gesamten Beweisgefüge dieser durchaus den Charakter der ausschlaggebenden Bedeutung verleihen. Dass nicht die Sicht des urteilenden Richters, sondern die der laufenden und damit offenen Beweiswürdigung bei der Entscheidung maßgeblich ist, zeigt im Übrigen auch die Neuregelung des § 62 StPO. Der Richter im Ermittlungsverfahren hat notwendigerweise nur einen kleinen Ausschnitt des gesamten Beweisstoffes zu bewerten; dennoch hat er wie der Richter in der Hauptverhandlung eine Vereidigungsentscheidung an dem Kriterium auszurichten, ob die Zeugenaussage schon im Ermittlungsverfahren von ausschlaggebender Bedeutung ist.

Ausschlaggebend muss nicht stets nur eine einzige Aussage sein. Besonders deutlich wird dies in einer Beweiskonstellation, bei der sich in einer entscheidenden Frage zwei sich widersprechende Aussagen von Zeugen gegenüberstehen. Hier soll schon nach der bislang herrschenden Meinung eine Vereidigung beider Zeugen nicht ausgeschlossen sein. Ist das Gericht im Urteil von der Schuld des Täters überzeugt, so kann auch eine massiv entlastende Aussage durchaus ausschlaggebende Bedeutung haben. Die These, wonach eine Aussage, der der Richter nicht glaubt und auch bei Eidesleistung nicht glauben würde, in keinem Fall ausschlaggebende Bedeutung haben könne,[20] ist

---

[19] BGHSt 16, 103.
[20] Siehe hierzu: Senge, Karlsruher Kommentar, StPO, 5. Aufl., § 62 Rn. 2.

nicht haltbar. Schon im Hinblick auf den Zeitpunkt der zu treffenden Entscheidung kann sich die Einschätzung der herausgehobenen Stellung einer Aussage nicht am Endergebnis des Urteils, sondern allein an der Gesamtsituation der – laufenden – Beweisaufnahme orientieren.

Die Rechtsprechung hat auf der anderen Seite trotz einer gewissen „Entfernung" der Aussage vom Zentrum des Beweisgeschehens im Prozess eine Aussage für ausschlaggebend erachtet, wenn eine besondere Beweiskonstellation im Verfahren dieser Aussage einen besonderen Stellenwert zuweist. Der Bundesgerichtshof hat hier den Begriff des „Zünglein an der Waage" geprägt. Diesen Charakter kann eine Aussage dann haben, wenn sie das einzige Beweismittel ist. Eine solche Einschätzung ist allerdings auch dann gerechtfertigt, wenn sich zwei Gruppen von Zeugen mit divergierenden Aussagen gegenüberstehen, beide Gruppen offensichtlich interessenbeeinflusst sind und eine weitere Aussage gerade deswegen ausschlaggebend sein muss, weil der Zeuge frei von derartigen Interessen ist.

Die schlichte **Übernahme weiterer Entscheidungen zu §§ 48 OWiG, 62 StPO a.F.** ist schon deswegen **nicht geboten**, weil viele dieser Entscheidungen unter der ausdrücklich formulierten Prämisse ergangen sind, dass der Eid nicht dadurch entwertet werden solle, dass in Verfahren von allgemein geringerer Bedeutung viele Eide geschworen werden. Gilt die Regelung nunmehr für sämtliche Strafverfahren, entfällt eine Auslegungspraxis, die sich an der minderen Bedeutung des zugrunde liegenden Verfahrens orientiert.

Die Rechtsprechung wird einen neuen Weg finden müssen, um der auch von der Gesetzesänderung nicht in Frage gestellten besonderen Bedeutung der Eidesleistung einen angemessenen Platz in der Beweisaufnahme von Strafverfahren zuzuweisen, die für Angeklagte eine existentielle Bedeutung haben können.

Auf das normale Strafverfahren übertragbare Kriterien zur Beantwortung der Frage, wann der Richter den Eid zur **Herbeiführung einer wahren Aussage** für notwendig erachten darf, liegen nach der bisherigen Rechtsprechung zu den Bagatellverfahren ebenfalls kaum vor. Voraussetzung für einen Eid ist sicherlich, dass die Annahme begründbar sein muss, dass zum einen vom Zeugen Tatsachen verschwiegen werden, zum anderen der Druck des Eides und die damit verbundene Gefahr einer höheren Bestrafung wegen Meineides den Zeugen zu einer Offenbarung dieser Tatsachen veranlassen könnte. Unklar ist allerdings, welche Qualität der Verdacht des Verschweigens von Tatsachen haben muss und welche Bedeutung den bislang als verschwiegen gemutmaßten und nunmehr erwarteten Bekundungen des Zeugen zukommt. Der Gesetzestext verbietet nicht die Disziplinierung des offensichtlich lügenden Zeugen, auch wenn die erwarteten wahrheitsgemäßen Aussagen Randfragen der Beweisaufnahme betreffen. Mit der gesetzgeberischen Grundidee, Eidesleistungen vor Gericht stark einzuschränken und der schon in der früheren Gesetzesfassung enthaltenen Regelung, dass selbst unter der Geltung der Regelvereidigung diese zu unterbleiben hat, wenn der Aussage keine wesentliche Bedeutung zukommt (§ 61 Nr. 3 StPO a.F.), sollte eine solche schlicht disziplinierende Vereidigung nicht möglich sein.

Entscheidungskompetenzen und Verfahrensabläufe bei der Vereidigung haben sich geändert. Entgegen der früheren gesetzlichen Regelung stellt die Vereidigung keine Maßnahme dar, die der Sachleitungsbefugnis des Vorsitzenden obliegt. Nicht der Vorsitzende, sondern „das Gericht" muss eine Vereidigung für notwendig erachten. Konsequenterweise setzt jede Vereidigung vor einem Kollegialgericht einen **gerichtlichen Beschluss** voraus.

Gegenüber dem ursprünglichen Gesetzentwurf des Bundesministeriums der Justiz hat der Rechtsausschuss des Bundestages den ausdrücklichen Hinweis in den Gesetzestext aufgenommen, wonach das Gericht die Vereidigung **nach seinem Ermessen** zu treffen hat. Dies – so der Ausschuss – „soll den Gerichten die fehlerfreie Anwendung der Vereidigungsregelung erleichtern". Die gesetzgeberische Intention wird nicht kaschiert, dem Gericht in der Frage der Eidesleistung ein breites Aktionsfeld einzuräumen, bei dem sowohl der Bereich einer rechtlich fehlerhaften Entscheidung als auch einer möglichen Überprüfbarkeit einer solchen Entscheidung bewusst eingeschränkt werden sollte. Ermessensentscheidungen im Strafprozess ergehen jedoch nicht im rechtsfreien Raum. Auch Ermessensentscheidungen müssen stets deutlich machen, dass die Ausübung des durch Gesetz eingeräumten Beurteilungsspielraums die maßgebliche rechtliche Grundlage für die Vorgehensweise des Gerichts bildet. Fehlerhafte Anwendungen oder Überschreitungen des Ermessensspielraums können von anderen Verfahrensbeteiligten auch in der Revision gerügt werden.

Diese Überprüfbarkeit der tatrichterlichen Entscheidung ist durch die neue gesetzliche Regelung abermals reduziert worden. Hinsichtlich des Grundes der vom Gericht entschiedenen Vereidigung besteht **keine Protokollierungspflicht.**

Die zu protokollierenden Formalitäten bei einer Zeugenvereidigung beschränken sich somit darauf, dass die Tatsache einer Beschlussfassung aufzunehmen ist. Die Minimierung revisionsrechtlicher Angriffsflächen ist das erklärte parlamentarische Ziel. Der hierauf abzielende Gesetzentwurf des Bundesrates führt aus, es solle durch den unterbliebenen Protokollvermerk „verhindert werden, dass sich der Begründungszwang in der Praxis zu einem Vereidigungszwang mit der Folge der Verfahrensverzögerung auswirkt".

Diese Regelung wird allerdings – wie bisher – nur bei einer einvernehmlichen Verhandlung zu einem zügigen Prozessieren auch nach Abschluss der Zeugenaussage führen. Divergieren die Ansichten der Verfahrensbeteiligten über die Frage der Vereidigung, bleibt es diesen unbenommen, **Anträge mit dem Ziel zu stellen**, eine Vereidigung des Zeugen zu erreichen oder zu verhindern. Die Stellung von Anträgen ist durch die neue gesetzliche Regelung nicht beschränkt worden. Für Anträge und deren Bescheidung gilt die unveränderte Gesetzeslage.

Unterfällt die von niemandem beanstandete Gerichtsentscheidung zur Vereidigung der Protokollierungsregelung des § 59 Abs. 1 Satz 2 StPO, gilt dies nicht für den Beschluss des Gerichts, mit dem auf einen gegenteiligen Antrag eines Verfahrensbeteiligten zu reagieren ist. Hier haben unverändert die §§ 33, 34 StPO ihre Bedeutung, wonach das Gericht den Beteiligten grundsätzlich nicht nur rechtliches Gehör zu gewähren hat, sondern darüber hinaus eine gerichtliche Entscheidung, durch die ein Antrag abgelehnt wird, stets mit Gründen zu versehen ist. Dass nach altem Recht beispielsweise die Entscheidung zum Absehen von der Vereidigung eines Zeugen der Begründungsnotwendigkeit des § 34 StPO unterfiel, war unstrittig. Eine unter Umständen zeitraubende Auseinandersetzung im Gerichtssaal, weil beispielsweise entgegen der Absicht des Gerichts die Verteidigung einen Entlastungszeugen durch einen entsprechenden Antrag vereidigt sehen will, ist daher nach der neuen Regelung in einer Intensität vorstellbar, wie sie nach der alten Gesetzesfassung nicht existierte.

§ 61 StPO

> Die in § 52 Abs. 1 bezeichneten Angehörigen des Beschuldigten haben das Recht, die Beeidigung des Zeugnisses zu verweigern; darüber sind sie zu belehren.

Einzelbegründung des Gesetzgebers zu §§ 61 bis 66 StPO

Es handelt sich im Wesentlichen um Folgeänderungen. Die geltenden §§ 61, 62, 64 und 66a werden durch den neuen § 59 überflüssig. An ihre Stelle rücken die bisherigen §§ 63, 65, 66b bis 66e, die neue Bezeichnungen erhalten, teilweise aber auch inhaltlich an den Wegfall der Regelvereidigung angepasst werden. Dazu im Einzelnen:

Der neue § 61 entspricht wörtlich dem geltenden § 63.

§§ 64, 65, 66 entsprechen den geltenden §§ 66c bis 66e.

§ 62 StPO

Im vorbereitenden Verfahren ist die Vereidigung zulässig, wenn
1.   Gefahr im Verzug ist oder
2.   der Zeuge voraussichtlich am Erscheinen in der Hauptverhandlung verhindert sein
wird und die Voraussetzungen des § 59 Abs. 1 vorliegen.

Einzelbegründung des Gesetzgebers zu § 62 StPO

§ 62 schränkt die Vereidigung im vorbereitenden Verfahren gegenüber dem geltenden Recht geringfügig ein. Künftig soll sie nur noch dann erfolgen können, wenn einer der in § 62 Nr. 1 oder Nr. 2 bezeichneten Gründe vorliegt und wenn der Vernehmende zusätzlich die Abnahme des Eides wegen der ausschlaggebenden Bedeutung der Aussage oder zur Herbeiführung einer wahren Aussage für notwendig erachtet. Der Umstand allein, dass die Vereidigung zur Herbeiführung einer wahren Aussage erforderlich erscheint (so der bisherige § 65 Nr. 2), wird die Entscheidung, einen Zeugen im Vorverfahren zu vereidigen, in Zukunft nicht mehr rechtfertigen können. Vielmehr muss zusätzlich einer der in § 62 Nr. 1 oder Nr. 2 genannten Gründe hinzutreten. Durch die Einschränkung der Möglichkeiten zur Vereidigung im vorbereitenden Verfahren folgt die Neufassung der allgemeinen Tendenz des Entwurfs, den Eid als Mittel der Wahrheitsfindung auf das unabdingbare Maß zurückzunehmen.

Der neue § 62 StPO knüpft an den Regelungsbereich des § 65 a.F. an. Die Regelung thematisiert die Frage, inwieweit Zeugen zu vereidigen sind, die nicht im Hauptverfahren, sondern ausnahmsweise während des Ermittlungsverfahrens oder während des Zwischenverfahrens richterlich vernommen werden. Der Regelungsgehalt ist weitgehend identisch geblieben. Die in der jetzigen Gesetzesfassung angeführten Nr. 1 und 2 befanden sich wortgleich bereits in der alten Fassung. Gestrichen wurde der gesetzliche Hinweis auf die Zulässigkeit der Vereidigung, wenn „der Eid als Mittel zur Herbeiführung einer wahren Aussage über einen für das weitere Verfahren erheblichen Punkt erforderlich erscheint". Stattdessen wurde ergänzend auf die neuen Zulässigkeitskriterien des § 59 StPO verwiesen, wonach ein Zeuge vereidigt werden kann, wenn der vernehmende Richter dies „wegen der ausschlaggebenden Bedeutung der Aussage oder zur Herbeiführung einer wahren Aussage für notwendig hält". Die entscheidende inhaltliche Veränderung besteht darin, dass die **in § 59 StPO angeführten Kriterien zusätzlich zu** einem der beiden **Vereidigungsgründe des § 62 StPO** vorliegen müssen.

Bedeutsam erscheint diese Regelung nach der Abschaffung der Regelvereidigung deswegen, weil sie bei der Frage der Vereidigung des Zeugen dem Ermittlungsrichter unter anderem die Entscheidung abverlangt, **ob die Zeugenaussage eine ausschlaggebende Bedeutung hat.** Die Basis für diese Entscheidung ist notwendigerweise eingeschränkt. Zum einen kann der Ermittlungsrichter regelmäßig nur seine persönliche Erfahrung im Hinblick auf eine isolierte Zeugenaussage in die Entscheidung einbringen, sämtliche anderen Aspekte wird er allein der Aktenlage entnehmen müssen. Diese Aktenlage gibt im Ermittlungsverfahren lediglich einen notwendigerweise unvollständigen, möglicherweise gar zufälligen Ausschnitt der Sammlung von Beweisen durch die Ermittlungsbehörden wieder.

Angesichts der Limitierung des Beweisstoffes im Ermittlungsverfahren hätte ein gesetzgeberisches Konzept nahe gelegt, das den Ermittlungsrichter von derartiger Bewertung befreit. Hat er dennoch die Pflicht zu einer entsprechenden Entscheidung, hat dies Auswirkungen auf die Auslegung des Begriffs der ausschlaggebenden Bedeutung. Der Regelung des § 62 StPO ist zu entnehmen, dass Ausgangspunkt der zu beurteilenden besonderen Entscheidungserheblichkeit eine Aussage im gesamten Beweisgefüge nicht eine Sichtweise sein kann, die ein Richter idealer Weise am Ende einer Beweisaufnahme der strafprozessualen Hauptverhandlung einnehmen kann. Zulässigerweise müssen

Prognosegesichtspunkte und die hiermit verbundene Unschärfe der Beurteilungsmöglichkeit Eingang in die Abwägung finden. Die Vereidigung eines Zeugen durch den Ermittlungsrichter ist somit immer dann zulässig, wenn dieser aufgrund der ihm aktuell bekannt gewordenen Beweissituation davon ausgehen muss, dass der Aussage des von ihm vernommenen Zeugen in einer späteren Hauptverhandlung eine zentrale Rolle zukommen wird.

Die Überprüfung der Entscheidung des Ermittlungsrichters nach einer Verwertung der Zeugenaussage in der Hauptverhandlung wird in der **Revision** darauf beschränkt bleiben, die Einhaltung der Grenzen des dem Richter zustehenden Ermessens zu überprüfen. Weitergehende Überprüfungsmöglichkeiten sind allerdings denkbar, wenn bereits im Ermittlungsverfahren bei der Zeugenvernehmung Staatsanwalt oder Verteidigung anwesend waren, einen Vereidigungsantrag gestellt haben, der – mit Begründung – vom Amtsrichter abgelehnt wurde. Näher dargelegte Argumentationen, weshalb aus Sicht des Ermittlungsrichters die Aussage nicht von ausschlaggebender Bedeutung war, sind einer revisionsrechtlichen Überprüfung zugänglich. Auch hier ist jedoch der Beurteilungszeitpunkt der Entscheidung aus Sicht des Ermittlungsrichters maßgebend.

§ 63 StPO

> Wird ein Zeuge durch einen beauftragten oder ersuchten Richter vernommen, muss die Vereidigung, soweit sie zulässig ist, erfolgen, wenn es in dem Auftrag oder in dem Ersuchen des Gerichts verlangt wird.

Einzelbegründung des Gesetzgebers zu § 63 StPO

Grundlegend vereinfacht werden die Bestimmungen über die Vereidigung bei kommissarischen Vernehmungen durch den neuen § 63. Ob die Eidesleistung verlangt wird, soll künftig grundsätzlich im Ermessen des vernehmenden Richters stehen. Nur dann, wenn dies in dem Auftrag oder in dem Ersuchen des Gerichts verlangt wird, soll er im Rahmen des rechtlich Möglichen zur Vereidigung verpflichtet sein. Der ohnedies nur Selbstverständliches zum Ausdruck bringende § 66b Abs. 1 des geltenden Rechts konnte entfallen. Desgleichen erübrigte sich das bisher in § 66b Abs. 2 Satz 2 geregelte Anfrageverfahren: Weil künftig eine uneidliche Vernehmung stets möglich sein wird, ist diese Möglichkeit von vornherein absehbar. Die in § 66b Abs. 3 derzeit noch vorgesehene Bindung des vernehmenden Richters an das Verlangen einer uneidlichen Vernehmung erscheint zu weitgehend und soll deshalb entfallen. Vielfach wird erst bei der Vernehmung „vor Ort", das Bedürfnis für eine Vereidigung hervortreten. Eine Bindung des vernehmenden Richters an die (negative) Entscheidung des sachferneren Gerichts erscheint in solchen Fällen nicht angemessen. Der Vorschlag des Bundesrates, diese Regelung beizubehalten (vgl. Bundestagsdrucksache 13/4541 S. 4), wird deshalb nicht aufgegriffen. Sollten im Einzelfall Umstände vorliegen, die eine Vereidigung als unzulässig oder als untunlich erscheinen lassen und die für den Vernehmenden nicht ohne weiteres erkennbar sind, dürfte ein entsprechender Hinweis des Gerichts ausreichen.

§ 63 StPO regelt die Vereidigung bei der **kommissarischen Vernehmung**. Sie betrifft damit regelmäßig die Konstellation, in der das erkennende Strafgericht im Hauptverfahren selbst keine Vernehmung durchführt, sondern entweder durch einen auswärtigen Richter oder durch ein Mitglied der entscheidenden Kammer außerhalb der Hauptverhandlung durchführen lässt. Die Voraussetzungen für eine derartige kommissarische Vernehmung sind durch die gesetzliche Neuregelung nicht betroffen. In Abstimmung mit der Neuregelung des § 63 StPO wurde der Hinweis auf die Regelvereidigung in **§ 223 Abs. 3 StPO a.F.** ersatzlos gestrichen.

§ 63 StPO regelt eine **Konfliktsituation** zwischen dem erkennenden Gericht einerseits und dem die kommissarische Vernehmung durchführenden Richter andererseits. Der die kommissarische Vernehmung durchführende Richter hat den Vorteil des unmittelbaren persönlichen Eindrucks von dem vernommenen Zeugen, das erkennende Gericht hat neben der Verantwortung für die allgemeine Aufklärung und Verhandlung regelmäßig auch den weitergehenden Informationsstand zu dem Gesamtverfahren.

Der **Entwurf des Bundesrates** hatte den Konflikt mit einer primären Entscheidungskompetenz des Gerichts der Hauptsache gelöst. In der Begründung zum Entwurf einer Veränderung des § 66b StPO a.F. wird der Entscheidung des erkennenden Gerichts über die Vereidigung von Zeugen „der Vorrang gegenüber einer entsprechenden Beurteilung des beauftragten oder ersuchten Richters eingeräumt". Entgegen diesem Vorschlag hat sich der Gesetzgeber dem Entwurf des Justizmodernisierungsgesetzes der **Bundesregierung** angeschlossen. Eine Bindung des vernehmenden Richters an eine Entscheidung des erkennenden Gerichts hielt man nicht für angemessen und berief sich dabei auf die Sachferne des erkennenden Gerichts. Tatsächlich dürfte eine Sachkompetenz zur Beurteilung der Vereidigung eher beim vernehmenden Richter liegen, wenn zu entscheiden ist, ob eine Vereidigung zur Herbeiführung einer wahren Aussage notwendig ist. Hinsichtlich der Einschätzung einer Aussage als ausschlaggebend dürfte die Begründung der höheren Sachkompetenz allerdings fraglich sein.

Entgegen der erklärten Absicht, grundsätzlich die Entscheidung über die Vereidigung dem vernehmenden kommissarischen Richter zu überlassen, ist ausdrücklich die Möglichkeit einer Vorgabe des erkennenden Gerichts zu dieser Frage im Gesetz vorgesehen worden. Keine Bindungswirkung kommt dem Wunsch des erkennenden Gerichts zu, den Zeugen unvereidigt zu lassen. Hier liegt der Kern der beabsichtigten Entscheidungsfreiheit des vernehmenden Richters. Anders ist die Situation, wenn der kommissarische Richter sich mit der **Vorgabe des erkennenden Gerichts** konfrontiert sieht, den Zeugen zu vereidigen.

Der nach einer solchen Vorgabe verbleibende Entscheidungsspielraum des kommissarischen Richters ist allerdings auch nach der neuen Gesetzesfassung diskutabel. Sollte beispielsweise das erkennende Gericht in seinem Vernehmungsauftrag die Vorgabe gemacht haben, den Zeugen zu vereidigen, weil angesichts der Aktenlage große Zweifel an der Wahrheitsliebe des Zeugen angebracht sind und daher der Eidesdruck zur Herbeiführung einer wahren Aussage für notwendig erachtet wird, kann sich angesichts der angeführten Sachnähe für den ersuchten Richter ein völlig anderes Bild zeichnen. Sein persönlicher Eindruck lässt möglicherweise die Notwendigkeit einer Vereidigung entfallen. Wäre er an die Vorgabe gebunden, müsste er dennoch vereidigen. Andererseits wird dem ersuchten Richter auch bei einer Vorgabe des erkennenden Gerichts die Vereidigung nur auferlegt, „soweit sie zulässig ist". Dass bei dieser Zulässigkeitsprüfung beispielsweise Vereidigungsverbote gemäß § 60 StPO zu prüfen sind, ist selbstverständlich. Ob die Vorgabe den beauftragten Richter auch zur eigenständigen Überprüfung der Voraussetzung des § 59 Abs. 1 Satz 1 StPO zwingt, macht das Gesetz nur sehr unvollkommen deutlich. Es spricht allerdings vieles dafür, dass der Gesetzgeber von der Regelung der Vorgabe durch das erkennende Gericht vollständig Abstand genommen hätte, wenn er letztlich auch in dieser Situation allein die Ermessensentscheidung des vernehmenden Richters für ausschlaggebend gehalten hätte. Trotz möglicherweise entgegenstehender Überzeugung des vernehmenden Richters dürfte dieser daher gehalten sein, der Vorgabe des erkennenden Gerichts zur Vereidigung des Zeugen zu folgen.

Der prozessuale Umgang mit den Zeugenprotokollen, die unter den Bedingungen des § 63 StPO zustande gekommen sind, dürfte noch in einigen Punkten zu klären sein. Wenn dem Antrag eines anderen Prozessbeteiligten auf Vereidigung durch die Gesetzesänderung eine erhöhte Bedeutung zukommt, ist ein Konfliktstoff in der Hauptverhandlung denkbar. Soll beispielsweise ein Zeugenprotokoll eines ersuchten Richters in der Hauptverhandlung verlesen werden und war dem Ersuchen keine Vorgabe zur Vereidigung durch das erkennende Gericht beigefügt, ist ein solches

nachträgliches Begehren in der Hauptverhandlung durch Staatsanwaltschaft oder Verteidigung denkbar. Das Prozedere für diese Situation ist gesetzlich offensichtlich nicht vorgesehen. Schließt sich das erkennende Gericht dem Vereidigungsantrag an, wird der Zeuge nochmals zur Vernehmung bemüht werden müssen. Einer solchen Vorgabe hätte auch der ersuchte Richter zu folgen. Lehnt das Gericht mit einer Begründung auch die nachträgliche Vereidigung des Zeugen ab, weil es nach wie vor die Voraussetzungen des § 59 Abs. 1 Satz 1 StPO nicht für gegeben hält, bleibt es bei dem Regelfall der Nicht-Vereidigung. Diese Entscheidung wäre ebenso in der Revision überprüfbar, als wenn der Zeuge unmittelbar von dem erkennenden Gericht vernommen worden wäre.

§ 64 StPO

(1) Der Eid mit religiöser Beteuerung wird in der Weise geleistet, dass der Richter an den Zeugen die Worte richtet:
„Sie schwören bei Gott dem Allmächtigen und Allwissenden, dass Sie nach bestem Wissen die reine Wahrheit gesagt und nichts verschwiegen haben" und der Zeuge hierauf die Worte spricht: „Ich schwöre es, so wahr mir Gott helfe."
(2) Der Eid ohne religiöse Beteuerung wird in der Weise geleistet, dass der Richter an den Zeugen die Worte richtet: „Sie schwören, dass Sie nach bestem Wissen die reine Wahrheit gesagt und nichts verschwiegen haben" und der Zeuge hierauf die Worte spricht: „Ich schwöre es."
(3) Gibt ein Zeuge an, dass er als Mitglied einer Religions- oder Bekenntnisgemeinschaft eine Beteuerungsformel dieser Gemeinschaft verwenden wolle, so kann er diese dem Eid anfügen.
(4) Der Schwörende soll bei der Eidesleistung die rechte Hand erheben.

Einzelbegründung des Gesetzgebers zu § 64 StPO

§§ 64, 65, 66 entsprechen den geltenden §§ 66c bis 66e.

Es wird im Übrigen auf die Begründung zu § 61 StPO verwiesen.

§ 65 StPO

(1) Gibt ein Zeuge an, dass er aus Glaubens- oder Gewissensgründen keinen Eid leisten wolle, so hat er die Wahrheit der Aussage zu bekräftigen. Die Bekräftigung steht dem Eid gleich; hierauf ist der Zeuge hinzuweisen.
(2) Die Wahrheit der Aussage wird in der Weise bekräftigt, dass der Richter an den Zeugen die Worte richtet: „Sie bekräftigen im Bewusstsein Ihrer Verantwortung vor Gericht, dass Sie nach bestem Wissen die reine Wahrheit gesagt und nichts verschwiegen haben" und der Zeuge hierauf spricht: „Ja".
(3) § 64 Abs. 3 gilt entsprechend.

Einzelbegründung des Gesetzgebers zu § 65 StPO

§§ 64, 65, 66 entsprechen den geltenden §§ 66c bis 66e.

Es wird im Übrigen auf die Begründung zu § 61 StPO verwiesen.

§ 66 StPO

(1) Eine hör- oder sprachbehinderte Person leistet den Eid nach ihrer Wahl mittels Nachsprechens der Eidesformel, mittels Abschreibens und Unterschreibens der Eidesformel oder mit Hilfe einer die Verständigung ermöglichenden Person, die vom Gericht hinzuzuziehen ist. Das Gericht hat die geeigneten technischen Hilfsmittel bereit zu stellen. Die hör- oder sprachbehinderte Person ist auf ihr Wahlrecht hinzuweisen.

(2) Das Gericht kann eine schriftliche Eidesleistung verlangen oder die Hinzuziehung einer die Verständigung ermöglichenden Person anordnen, wenn die hör- oder sprachbehinderte Person von ihrem Wahlrecht nach Absatz 1 keinen Gebrauch gemacht hat oder eine Eidesleistung in der nach Absatz 1 gewählten Form nicht oder nur mit unverhältnismäßigem Aufwand möglich ist.

(3) Die §§ 64 und 65 gelten entsprechend.

Einzelbegründung des Gesetzgebers zu § 66 StPO

§§ 64, 65, 66 entsprechen den geltenden §§ 66c bis 66e.

Es wird im Übrigen auf die Begründung zu § 61 StPO verwiesen.

§ 68a StPO
Entehrende Tatsachen und Vorstrafen

(1) Fragen nach Tatsachen, die dem Zeugen oder einer Person, die im Sinne des § 52 Abs. 1 sein Angehöriger ist, zur Unehre gereichen können oder deren persönlichen Lebensbereich betreffen, sollen nur gestellt werden, wenn es unerläßlich ist.

(2) Der Zeuge soll nach Vorstrafen nur gefragt werden, wenn ihre Feststellung notwendig ist, um über das Vorliegen der Voraussetzungen des § 60 Nr. 2 zu entscheiden oder um seine Glaubwürdigkeit zu beurteilen.

Einzelbegründung des Gesetzgebers zu § 68a Abs. 2 StPO

Es handelt sich um eine redaktionelle Änderung, die wegen der Aufhebung des § 61 erforderlich wird.

§ 79 StPO
Sachverständigeneid

(1) Der Sachverständige kann nach dem Ermessen des Gerichts vereidigt werden. Auf Antrag der Staatsanwaltschaft, des Angeklagten oder des Verteidigers ist er zu vereidigen.

(2) Der Eid ist nach Erstattung des Gutachtens zu leisten; er geht dahin, daß der Sachverständige das Gutachten unparteiisch und nach bestem Wissen und Gewissen erstattet habe.

(3) Ist der Sachverständige für die Erstattung von Gutachten der betreffenden Art im allgemeinen vereidigt, so genügt die Berufung auf den geleisteten Eid.

Einzelbegründung des Gesetzgebers zu § 79 Abs. 1 Satz 2 StPO

Die Pflicht, Sachverständige auf den Antrag bestimmter Verfahrensbeteiligter hin zu vereidigen, soll aufgehoben werden, um Spannungen zu den neuen Vorschriften über die Vereidigung von Zeugen zu vermeiden.

Die Vereidigungsvorschrift für Sachverständige wurde im Hinblick auf die neue Regelung bei den Zeugen harmonisiert. Die bereits bestehende Ermessensvorschrift wirkt nunmehr schon sprachlich als **Parallele zu § 59 StPO**. Die Streichung der Erzwingungsmöglichkeit zur Vereidigung durch andere Verfahrensbeteiligte nach § 79 StPO a.F. sollte deren wenig einflussreiche Rolle bei der Zeugenvereidigung angepasst werden.

Zwar ist die Änderung von der gesetzgeberischen Absicht getragen, Spannungen zu den neuen Vorschriften über die Vereidigung von Zeugen zu vermeiden, das Entstehen neuer Spannungsfelder erscheint allerdings nicht ausgeschlossen. Die einzige Leitlinie für eine gerichtliche Entscheidung, entgegen dem Regelfall einen Sachverständigen zu vereidigen, ist das **Ermessen des Gerichts**. Im Gegensatz zur Vorschrift des § 59 Abs. 1 Satz 1 StPO enthält § 79 StPO allerdings keinerlei Hinweise darauf, nach welchen **Kriterien** das Gericht seine Ermessensausübung auszurichten hat. Eine Parallele zu den Kriterien der ausschlaggebenden Bedeutung oder der Erzwingung einer wahren Aussage erscheinen angesichts der besonderen Bedeutung des Sachverständigen in der Hauptverhandlung unangemessen. Um dem Verdacht der Willkür zu entgehen, müssen zumindest Anhaltspunkte deutlich werden, mit denen die Grenzen des eigenen Ermessensspielraums durch das Gericht aufgezeigt werden.

Zu prüfen dürfte auch sein, ob nicht eine Vereidigungsentscheidung einer **Begründung** bedarf, da im Gegensatz zu § 59 Abs. 1 Satz 2 StPO ein ausdrücklicher gesetzlicher Hinweis auf die mangelnde Notwendigkeit einer zu protokollierenden Begründung in § 79 StPO fehlt. Jedenfalls wird ein auf einen entsprechenden Antrag ergehender ablehnender Beschluss des Gerichts dem allgemeinen Begründungszwang unterliegen.

§ 98 StPO
Anordnung der Beschlagnahme

(1) Beschlagnahmen dürfen nur durch den Richter, bei Gefahr im Verzug auch durch die Staatsanwaltschaft und ihre Ermittlungspersonen (§ 152 des Gerichtsverfassungsgesetzes) angeordnet werden. Die Beschlagnahme nach § 97 Abs. 5 Satz 2 in den Räumen einer Redaktion, eines Verlages, einer Druckerei oder einer Rundfunkanstalt darf nur durch den Richter angeordnet werden.
(2) Der Beamte, der einen Gegenstand ohne richterliche Anordnung beschlagnahmt hat, soll binnen drei Tagen die richterliche Bestätigung beantragen, wenn bei der Beschlagnahme weder der davon Betroffene noch ein erwachsener Angehöriger anwesend war oder wenn der Betroffene und im Falle seiner Abwesenheit ein erwachsener Angehöriger des Betroffenen gegen die Beschlagnahme ausdrücklichen Widerspruch erhoben hat. Der Betroffene kann jederzeit die richterliche Entscheidung beantragen. Solange die öffentliche Klage noch nicht erhoben ist, entscheidet das Amtsgericht, in dessen Bezirk die Beschlagnahme stattgefunden hat. Hat bereits eine Beschlagnahme, Postbeschlagnahme oder Durchsuchung in einem anderen Bezirk stattgefunden, so entscheidet das Amtsgericht, in dessen Bezirk die Staatsanwaltschaft ihren Sitz hat, die das Ermittlungsverfahren führt. Der Betroffene kann den Antrag auch in diesem Fall bei dem Amtsgericht einreichen, in dessen Bezirk die Beschlagnahme stattgefunden hat. Ist dieses Amtsgericht nach Satz 4 unzuständig, so leitet der Richter den Antrag dem zuständigen Amtsgericht zu. Der Betroffene ist über seine Rechte zu belehren.
(3) Ist nach erhobener öffentlicher Klage die Beschlagnahme durch die Staatsanwaltschaft oder eine ihrer Ermittlungspersonen erfolgt, so ist binnen drei Tagen dem Richter von der Beschlagnahme Anzeige zu machen; die beschlagnahmten Gegenstände sind ihm zur Verfügung zu stellen.

(4) Wird eine Beschlagnahme in einem Dienstgebäude oder einer nicht allgemein zugänglichen Einrichtung oder Anlage der Bundeswehr erforderlich, so wird die vorgesetzte Dienststelle der Bundeswehr um ihre Durchführung ersucht. Die ersuchende Stelle ist zur Mitwirkung berechtigt. Des Ersuchens bedarf es nicht, wenn die Beschlagnahme in Räumen vorzunehmen ist, die ausschließlich von anderen Personen als Soldaten bewohnt werden

Einzelbegründung des Gesetzgebers zu § 98 StPO

Wegen der Ersetzung des Begriffs „Hilfsbeamten" durch den Begriff „Ermittlungspersonen" wird auf die Begründung zu § 152 Abs. 1 GVG (Artikel 12a Nr. 2) verwiesen.

§ 110 StPO
Durchsicht von Papieren

(1) Die Durchsicht der Papiere des von der Durchsuchung Betroffenen steht der Staatsanwaltschaft zu und auf deren Anordnung ihren Ermittlungspersonen (§ 152 des Gerichtsverfassungsgesetzes).
(2) Im Übrigen sind Beamte zur Durchsicht der aufgefundenen Papiere nur dann befugt, wenn der Inhaber die Durchsicht genehmigt. Andernfalls haben sie die Papiere, deren Durchsicht sie für geboten erachten, in einem Umschlag, der in Gegenwart des Inhabers mit dem Amtssiegel zu verschließen ist, an die Staatsanwaltschaft abzuliefern.
(3) (aufgehoben)

Einzelbegründung des Gesetzgebers zu § 110 StPO
Zu Buchst a (Abs. 1)
Wegen der Ersetzung des Begriffs „Hilfsbeamten" durch den Begriff „Ermittlungspersonen" wird auf die Begründung zu § 152 Abs. 1 GVG (Artikel 12a Nr. 2) verwiesen.

Zu Buchst. c (Abs. 3)
Die Aufhebung der Vorschrift hat den Wegfall der Möglichkeit der Beidrückung eines eigenen Siegels durch den Inhaber der Papiere oder dessen Vertreter zur Folge. Da der Beidrückung eines eigenen Siegels auf der Verpackung der bei einer Durchsuchung gefundenen Papiere in der Praxis keine Bedeutung zukommt, ist die ausdrückliche Regelung dieser Möglichkeit entbehrlich.

Begründung zum Entwurf der Bundesregierung (BTDrucks. 15/1508, S. 24)
Die Durchsicht der bei einer Durchsuchung gefundenen Papiere des Betroffenen dient der Entscheidung, ob ihre Beschlagnahme im Sinne von § 94 Abs. 2 anzuordnen oder herbeizuführen ist (§ 98 Abs. 1). Der geltende § 110 Abs. 1, wonach nur die Staatsanwaltschaft zur Durchsicht befugt ist, wird insbesondere angesichts der Entwicklung der modernen Bürotechnik praktischen Bedürfnissen nicht mehr gerecht, zumal der Begriff „Papiere" aller Arten von Unterlagen, auch elektronische, umfasst (vgl. Meyer-Goßner, StPO-Komm., 46. Aufl., § 110 Rn. 1). Dies gilt namentlich – aber nicht nur – für die Sichtung umfangreicher Datenbestände in Computern. Staatsanwälte sind auf Grund ihrer Ausbildung nicht ohne weiteres befähigt. Datenträger mit umfangreichen, zum Teil „versteckten" Datenbeständen, auf denen sich neben unverfänglichen Dateien auch solche mit strafbaren, etwa kinderpornografischen oder rechtsextremen Inhalts befinden können, effektiv auf solche Inhalte hin zu überprüfen und zu sichern. Demgegenüber verfügt die Polizei in der Regel über besonders ausgebildete, spezialisierte und erfahrene Bedienstete, die diese Aufgabe wahrnehmen können. Die Durchsicht, die ein Teil der Durchsuchung und wie diese anfechtbar ist, kann wesentlich beschleunigt werden, wenn auch Polizeibeamte dazu ermächtigt werden.

Es erscheint daher geboten, den praktischen Bedürfnissen dadurch zu entsprechen, dass es der Staatsanwaltschaft durch die Ergänzung in § 110 Abs. 1 ermöglicht wird, ihre Hilfsbeamten (§ 152 GVG) mit der eigenverantwortlichen Durchsicht zu betrauen. Das Erfordernis einer Anordnung der Staatsanwaltschaft trägt dem Grundsatz ihrer Sachleitungsbefugnis (§ 161 Abs. 1 Satz 2) Rechnung, setzt andererseits aber nicht die physische Anwesenheit eines Staatsanwalts bei der Durchsicht voraus; vielmehr kann die Anordnung etwa auch fernmündlich oder vorab erfolgen.

Mit der Ergänzung in Absatz 1 wird das allgemeine Strafverfahrensrecht behutsam dem Rechtszustand angeglichen, der in Verfahren wegen Steuerstraftaten im Hinblick auf die in § 404 Satz 2 AO getroffene Regelung bezüglich der Zollfahndungsämter und der Dienststellen der Steuerfahndung bereits besteht. Zugleich kann die Ergänzung zu einer Entlastung der Staatsanwaltschaften und damit zu einer Beschleunigung des Ermittlungsverfahrens führen.

Die Modifizierung in § 110 Abs. 2 ist eine redaktionelle Folgeänderung, mit der insbesondere klargestellt wird, dass Hilfsbeamte der Staatsanwaltschaft bei Vorliegen der Voraussetzungen des Absatzes 2 (Einwilligung des Inhabers der Papiere) auch dann zur Durchsicht befugt bleiben, wenn die nunmehr in Absatz 1 neu vorgesehene Anordnung der Staatsanwaltschaft nicht vorliegt.

Die Änderung des § 110 Abs. 1 StPO beruht auf einem gleichermaßen vom Bundesministerium der Justiz und vom Bundesrat vorgeschlagenen Entwurf. Den Wegfall des § 110 Abs. 3 StPO hatte lediglich der Gesetzesentwurf der Länder vorgesehen.

Der **Regelungsgehalt** des § 110 StPO hat eine lange gesetzgeberische Tradition. Im Mittelpunkt dieser Vorschrift stand und steht der **Geheimnisschutz** des Inhabers von Schriftstücken. Das damit verbundene Persönlichkeitsrecht ist regelmäßig dann in besonderer Weise gefährdet, wenn im Rahmen strafprozessualer Ermittlungshandlungen die Durchsuchung von Räumlichkeiten gestattet ist und damit verbunden die erhöhte Chance besteht, dass die beteiligten Ermittlungspersonen der Geheimsphäre des Betroffenen zuzurechnende Informationen aus Schriftstücken erlangen. Richterliche Durchsuchungsbeschlüsse gestatten niemals die umfassende Verletzung der häuslichen Privatsphäre, sie sind vielmehr immer auf einen sich aus dem laufenden Verfahren ergebenden konkreten Ermittlungserfolg gerichtet. Zumeist werden als Beweismittel benötigte Gegenstände gesucht. Diese Suche muss zwangsläufig zu Kollisionen mit geheimhaltungsbedürftigen Interessen des Betroffenen führen, die das laufende Ermittlungsverfahren gerade nicht betreffen.

Gesetzgebungshistorie: Das gesetzgeberische Konzept hatte früher vorgesehen, dass derartige Kollisionen nur durch die Kompetenz des zuständigen Ermittlungsrichters gelöst werden könnten. Erstmalig hatte eine Gesetzesänderung im Jahre 1975 der Staatsanwaltschaft die Möglichkeit eröffnet, während einer Durchsuchung die Durchsicht von Papieren vorzunehmen, damit aufgrund der Ergebnisse dieser Durchsicht entschieden werden kann, ob auch solche Schriftstücke beschlagnahmt werden können. Damit wurde nach dem Untersuchungsrichter auch die Staatsanwaltschaft Mitwisser von für das Strafverfahren irrelevanten Umständen; der Gesetzgeber meinte allerdings, dies einer ausreichend vertrauenswürdigen Institution überlassen zu können.

Die Rolle von Polizeibeamten bei der Durchsuchung war damit im Hinblick auf Schriftstücke eine dienende. Da erst der Inhalt von Schriftstücken Aufschluss darüber geben kann, inwieweit diese einen Verfahrensbezug und möglicherweise eine Beweisqualität aufweisen, die zur Inhaltserfassung notwendige Durchsicht allerdings nur von Staatsanwälten vorgenommen werden konnte, waren Schriftstücke für Polizeibeamte während einer Durchsuchung tabu. Sie mussten sich darauf beschränken, diese der Staatsanwaltschaft zur Durchsicht vorzulegen.

Anlass für die Neuregelung des Gesetzes ist eine Entwicklung der Praxis, die diese Regelung als in hohem Maße schwerfällig erscheinen ließ. Die Bedeutung von Durchsuchungsmaßnahmen ist in den letzten Jahren erheblich gestiegen. Ermittlungstaktisch werden häufig in einem Verfahren zeitgleich zahlreiche Orte durchsucht. Die unmittelbare körperliche Anwesenheit eines Staatsanwalts bei der

Durchsuchung vor Ort ist nicht mehr die Regel. Können Polizeibeamte, die ohne Begleitung eines Staatsanwalts eine Durchsuchung durchführen, Papiere nicht mehr unmittelbar zur Durchsicht einem Staatsanwalt vorlegen, verbleibt für sie nur ein komplizierter Weg: Erachten sie aufgefundene Schriftstücke für unter Umständen beweisrelevant, haben sie gemäß § 110 Abs. 2 StPO die Papiere zu versiegeln und anschließend der Staatsanwaltschaft vorzulegen. Erst der Staatsanwalt nimmt dann zu einem späteren Zeitpunkt – zumeist in seinen Diensträumen – die Durchsicht dieser Papiere vor. Kommt er bei der Durchsicht zu dem Ergebnis, dass die Papiere nicht zu beschlagnahmen sind, sind sie an den Betroffenen zurückzugeben.

Die Relevanz dieser Auswirkungen von Durchsuchungsaktionen hat sich insbesondere mit der Zunahme der **elektronischen Datenverarbeitung** drastisch erhöht. „Papiere" im Sinne des § 110 StPO stellen nicht nur private und geschäftliche Schriftstücke, wie Briefe, Tagebücher, Buchhaltungsunterlagen, Zeichnungen und Skizzen dar, sondern auch Unterlagen, bei denen zur Fixierung auf elektronische Medien zurückgegriffen worden ist. Computer, Laptops, Disketten und andere elektronische Datenträger sind Träger von Informationen, die entweder dem geheimhaltungsberechtigten Privatbereich des Betroffenen zuzuordnen sind oder unter Umständen auch als Beweismittel in einem Strafverfahren in Betracht kommen. Der Inhalt dieser Daten durfte von den Polizeibeamten ebenfalls nicht registriert werden, so dass das Verschaffen ganzer Computeranlagen aus den durchsuchten Räumen in die Amtsstuben der Staatsanwaltschaft zum aktuellen Standard von Durchsuchungsaktionen gehört.

Der Aufwand dieses Prozedere ist ebenso wie der für die Transporte offensichtlich. Dass dem Betroffenen auf diesem Wege Schriftstücke über längere Zeit unnötig vorenthalten werden, ist ebenfalls eine zwingende Konsequenz dieser Regelung. Das Beschleunigungspotential dieser Verfahrensstruktur will der Gesetzgeber nutzen.

Darüber hinaus wird in der Gesetzesbegründung ausdrücklich auf die bereits bestehende **Parallele** bei der **Steuerfahndung** und der **Zollfahndung** verwiesen. § 404 Satz 2 Abgabenordnung erlaubt diesen Beamten bereits seit längerer Zeit, die Durchsicht der Schriftstücke und Daten unmittelbar vor Ort während der Durchsuchung vorzunehmen. Kernpunkt der Gesetzesreform ist es, diese Kompetenz nunmehr auch auf die Ermittlungspersonen der Staatsanwaltschaft in sämtlichen strafrechtlichen Ermittlungsverfahren zu übertragen (zur Änderung des Begriffs der Hilfsbeamten in Ermittlungspersonen siehe § 152 GVG).

Der Schutzzweck des § 110 StPO ist durch die Kompetenzerweiterung der Ermittlungspersonen nicht tangiert. Auch nach der **neuen Gesetzeslage** haben die Beamten dem daher in besonderem Maße auch bei der Art und Weise der Durchsicht der Papiere Rechnung zu tragen. Die Regelung in § 110 StPO bezweckt nach herrschender Ansicht nicht nur den Persönlichkeitsschutz des Betroffenen, sondern verfolgt darüber hinaus das Ziel, Beschlagnahmeverboten Geltung zu verschaffen. Die gesetzliche Zielvorstellung soll im Rahmen des § 110 StPO dadurch erreicht werden, dass Ermittler nicht nur veranlasst werden sollen, aus unverwertbaren Schriftstücken erlangte Kenntnisse zum Nachteil des Beschuldigten nicht zu verwerten. Vielmehr soll hier bereits eine tatsächliche Barriere im Vorfeld erstellt werden. Die Ermittlungsbehörden sollen möglichst schon von der Kenntniserlangung derartiger Daten ferngehalten werden.

Soweit im Gesetzgebungsverfahren durch den Entwurf des Bundesrates darauf hingewiesen wurde, dass eine Beschleunigung deshalb zu erwarten sei, weil es sich bei den Polizeibeamten im Gegensatz zu Staatsanwälten oftmals um besonders ausgebildete, spezialisierte und erfahrene Bedienstete handele, denen auch der Zugang zu elektronischen Medien eher geläufig sei, erscheint eine gesetzgeberische Initiative nicht zwingend. Denn schon nach dem bisherigen gesetzlichen Zustand blieb es der die Ermittlung leitenden Staatsanwaltschaft unbenommen, sich in der Frage der Sichtung von Daten anderer Experten zu bedienen. Die neue gesetzliche Regelung soll demgegenüber nicht die Hinzuziehung polizeilicher Experten ermöglichen, sondern deren eigenverantwortliche Tätigkeit bei der Sichtung während einer Durchsuchung vor Ort.

Auch wenn die Kompetenzen zur Durchsicht für die Ermittlungsbeamten sich nicht automatisch aus dem Gesetz ergeben, sondern eine **Anordnung des Staatsanwalts** voraussetzen, ist in der Zukunft eine erhebliche Umstrukturierung der Durchführung von Durchsuchungshandlungen zu erwarten. Liegt keine Anordnung des Staatsanwalts vor, bleibt es bei dem Verbot der Sichtung und der Pflicht, gegebenenfalls Schriftstücke zu versiegeln und vorzulegen. In **Abs. 2** des § 110 ist hier **keine inhaltliche Änderung** vorgenommen worden. Irritierende Änderungen der Terminologie liegen allenfalls insofern vor, als § 110 Abs.1 StPO als Adressaten die „Ermittlungspersonen" (früher: Hilfsbeamte der Staatsanwaltschaft) benennt, in § 110 Abs.2 StPO wird in Anknüpfung an die alte Fassung von „Beamten" gesprochen. Da § 110 Abs.2 StPO sich aber an alle an der Durchsuchung beteiligten Hilfskräfte der Polizei wendet, also auch an diejenigen, denen nach den jeweiligen Landesgesetzen nicht die Eigenschaft der „Ermittlungsperson" zukommt, stellt dies den weitergehenden Begriff dar. Für die eigentlichen Ermittlungspersonen dürfte aber die Ermächtigung nach § 110 Abs.1 StPO eingreifen. Auch bei der Staatsanwaltschaft steht der Gesichtspunkt der Arbeitserleichterung und Beschleunigung im Mittelpunkt, weshalb massenhafte Anordnungen die Regel sein werden. Die Bedeutung dieser Vorschrift ist daher nicht zu unterschätzen.

Aus diesem Grunde haben insbesondere die anwaltlichen Berufsverbände **Bedenken gegen diese Regelung** angemeldet. Das neue Gesetz beinhalte eine weitere Einbuße der Führungskompetenz der Staatsanwaltschaft im Ermittlungsverfahren. Man befürchtete die Zunahme von Fehlentscheidungen bei der Durchsicht von Papieren, da diese nunmehr juristischen Laien überlassen wird, und damit gleichzeitig eine Steigerung der Rechtsmittel, die mögliche Beschleunigungseffekte wieder zunichte machen könnten. Die Stellungnahme des Richterbundes beschränkt sich auf den Satz: „Diese Regelung macht den Schutzzweck des § 110 StPO obsolet."

Ob sich diese Befürchtung bestätigt, wird die Auswirkung dieser Norm auf die Praxis zeigen. Ist lediglich die Kompetenz zur Durchsicht auf die Ermittlungsbeamten der Staatsanwaltschaft verlagert worden, bleibt aber andererseits die Norm durch den Gesetzgeber weitgehend unangetastet, wird die Praxis in der Zukunft ihr besonderes Augenmerk auf die Auslegung dieser Vorschrift zu richten haben, wenn auch Nichtjuristen auf Anordnung unmittelbare Sichtungsbefugnisse haben. Der Schutz der Persönlichkeitssphäre des von einer Durchsuchung Betroffenen liegt dem Gesetzgeber nach wie vor am Herzen. Ansonsten wäre tatsächlich die vollständige Abschaffung dieser Vorschrift die sinnvolle Konsequenz gewesen. Die inhaltliche Verpflichtung, bei der Durchsicht von Papieren auf den besonderen Schutzzweck Rücksicht zu nehmen, geht auf Anordnung des Staatsanwalts nunmehr auf die Ermittlungsperson über. Die Einschränkung des Persönlichkeitsrechts des von der Durchsuchung Betroffenen besteht damit in der Ausweitung des Personenkreises, der von privaten Daten Kenntnis erlangen kann, die mit dem Strafverfahren in keinerlei Zusammenhang stehen. Wenn eine weitergehende inhaltliche Beeinträchtigung des Persönlichkeitsrechts hierdurch nicht veranlasst ist, hat sich daher die Durchsicht der Papiere durch Ermittlungspersonen an denjenigen Maßstäben zu orientieren, die bislang für den Staatsanwalt und Richter bei der Durchsichtsmaßnahme galten. Auch der durchsuchende Polizeibeamte ist dem Gebot möglichst weitgehender Schonung unterworfen. Daraus folgen auch für ihn **konkrete Verhaltensmaßregeln** bei der Ausführung eines richterlichen Durchsuchungsbeschlusses.

Unter der Geltung des neuen Gesetzes wird daher der vom Bundesverfassungsgericht immer wieder geforderte konkret gefasste **Durchsuchungsbeschluss als Leitlinie** für die durchsuchenden Ermittlungspersonen herhalten müssen. Ist Zweck der Durchsuchung das Auffinden eines im Beschluss konkret genannten Schriftstückes, so verbietet sich die Durchsicht aller anderen Schriftstücke, die erkennbar nicht mit dem gesuchten Schriftstück identisch sind.

Da bei einer Durchsuchung in der Wohnung von Personen, die selbst **nicht Verdächtige** sind, nur das Auffinden derart konkretisierter Beweismittel der Zweck der Durchsuchung sein kann (**§ 103 StPO**), entfaltet § 110 StPO in diesem Bereich keine Wirkung.

Die Ermittlungsperson hat Schriftstücke entweder nicht zu sichten oder sofort herauszugeben, wenn sie erkennbar einem **Beschlagnahmeverbot** unterliegen. Hierzu gehören Verteidigungsunterlagen, ärztliche Untersuchungsbefunde und andere in § 97 StPO genannte Schriftstücke. Zurückhaltung ist auch dann geboten, wenn ein verfassungsrechtliches Verwertungsverbot (z.B. private Tagebücher) in Betracht kommt. Da der Verhältnismäßigkeitsgrundsatz vor einer Verletzung von Persönlichkeits-rechten eine intensive Abwägung insbesondere mit der Qualität des Deliktsvorwurfs und einer mög-lichen Positionierung eines Beweismittels in einem Gesamtbeweisgefüge verlangt, wird die Ermitt-lungsperson im Zweifelsfall von jeder Sichtung absehen müssen, da ihr im Gegensatz zum Staats-anwalt in der Regel keine umfassenden Informationen vorliegen, die das gesamte Ermittlungsverfah-ren betreffen. Zur Wahrung der Rechte des Betroffenen wird es in derartigen Einzelfällen der Staats-anwaltschaft oder gar – wie dies schon bei bisheriger Rechtslage gefordert worden war – dem Rich-ter überlassen bleiben, die Entscheidung zur Durchsicht zu treffen.

Zu den Auswirkungen des **Verhältnismäßigkeitsgrundsatzes** gehört auch, dass durchsuchende Ermittlungsbeamte sämtliche verfügbare Erkenntnisquellen vor Ort nutzen müssen, bevor sie sich zur Durchsicht und damit auch zur teilweisen inhaltlichen Kenntnisnahme von Schriftstücken ent-scheiden. Hierzu gehört auch, dass sie den Betroffenen selbst oder dem anwesenden Verteidiger die Möglichkeit geben müssen, durch mündliche Erläuterungen glaubhaft darzutun, dass bestimmte Papiere nicht zu den gesuchten gehören oder dass diese einem Verwertungsverbot unterliegen.

Verstoßen Ermittlungsbeamte gegen diese Richtlinien, so wird die Praxis für die Zukunft die Frage der denkbaren Rechtsfolgen zu erörtern haben. Nach aktueller Rechtsprechung führen Verfahrens-fehler während einer Durchsuchungsaktion nur in den seltensten Fällen zu einem **Verwertungsver-bot.** Die diesen Entscheidungen zugrunde liegenden Abwägungen werden neu justiert werden müs-sen, da mit der Ausweitung der Befugnisse auch auf Polizeibeamte sich die Frage der Kontrollier-barkeit von Normen neu stellt. Ein Verwertungsverbot ist vom Bundesgerichtshof bei bewusster und planmäßiger Ausweitung eines vorliegenden Durchsuchungsbeschlusses bejaht worden. Hier könnte ein Ansatz liegen, schon die auf einer unzulässigen Durchsicht beruhende Beschlagnahme in ihren Verwertungen einzuschränken. Die rechtswidrige gezielte Suche nach „Zufallsfunden" auch im Be-reich der Schriftstücke durch Polizeibeamte kann aktuell offensichtlich auf andere Weise nicht ver-hindert werden.

Der bisherige **Abs. 3 des § 110 StPO** ist vollständig **gestrichen** worden. Der Gesetzentwurf der Bundesregierung hatte dies zunächst nicht vorgesehen. Der Bundesratsentwurf hielt lediglich die Streichung des ersten Halbsatzes für notwendig, da das Beidrücken eines eigenen Siegels keine ak-tuelle praktische Bedeutung mehr habe. Der Rechtsausschuss des Bundestages hat sich dieser An-sicht angeschlossen und hielt daher eine ausdrückliche Regelung für entbehrlich. Nicht begründet wurde allerdings der gesetzgeberische Akt, den gesamten Abs. 3 des § 110 StPO und damit auch den zweiten Halbsatz zu streichen. Dieser zweite Halbsatz formulierte das bislang wichtige Recht des Betroffenen, nach einer Versiegelung von Schriftstücken durch Ermittlungsbeamte und der Über-sendung an die Staatsanwaltschaft der Entsiegelung beizuwohnen. Die Bedeutung dieser Vorschrift ist nach der Änderung des Absatz 1 erheblich minimiert. Aber nach wie vor sind Konstellationen der Versiegelung denkbar, sei es dass ein Staatsanwalt seine Ermittlungspersonen nicht zur Durchsicht ausdrücklich angeordnet hat, sei es dass die Durchsuchung von anderen Personen als den Ermitt-lungspersonen durchgeführt wird (§ 110 Abs. 2 StPO). Ob und warum in diesen Fällen der Gesetz-geber tatsächlich das Anwesenheitsrecht des Betroffenen bei der Entsiegelung beschneiden wollte, ist nicht erkennbar. Da der Betroffene bereits gemäß § 106 Abs. 1 StPO ein Anwesenheitsrecht bei der Durchsuchung hat und die Entsiegelung mangels Beendigung der Durchsuchung noch deren Teil ist, sollte das **Recht des Betroffenen zur Anwesenheit** auch nach der neuen Fassung **unberührt** sein. Allein aus diesem rechtlichen Anspruch dürfte sich auch die Verpflichtung der Staatsanwalt-schaft ableiten, zur Wahrnehmung dieses Rechts den Betroffenen von den tatsächlichen Umständen der Entsiegelung rechtzeitig zu unterrichten.

§ 138 StPO
Als Verteidiger geeignete Personen

(1) Zu Verteidigern können die bei einem deutschen Gericht zugelassenen Rechtsanwälte sowie die Rechtslehrer an deutschen Hochschulen im Sinne des Hochschulrahmengesetzes mit Befähigung zum Richteramt gewählt werden.
(2) Andere Personen können nur mit Genehmigung des Gerichts und, wenn der Fall einer notwendigen Verteidigung vorliegt und der Gewählte nicht zu den Personen gehört, die zu Verteidigern bestellt werden dürfen, nur in Gemeinschaft mit einer solchen als Wahlverteidiger zugelassen werden.

Einzelbegründung des Gesetzgebers zu § 138 Abs. 1 StPO

Die Änderung ermöglicht die Wahl von Rechtslehrern an Fachhochschulen, die die Befähigung zum Richteramt besitzen, zum Verteidiger. Sie gleicht § 138 Abs. 1 StPO insoweit an § 67 Abs. 1 VwGO an.

Außer der Anpassung an die Verwaltungsgerichtsordnung führt der Gesetzgeber keine weitergehende Begründung an, warum er den Kreis der möglichen Wahlverteidiger nunmehr auch auf die Rechtslehrer an Fachhochschulen ausdehnt. Die minimalen Anforderungen an einen Qualitätsstandard ohne weitergehende Überprüfung durch das Gericht sollte in § 138 Abs. 1 StPO beschrieben werden. Offensichtlich war der Gesetzgeber der Ansicht, dass die Qualität der lehrenden Professoren an den Fachhochschulen im rechtswissenschaftlichen Bereich ausreichend ist, um eine fundierte Verteidigung zu garantieren. Außer dieser Stellung sollen weder besondere Kenntnisse des Straf- und Strafprozessrechts noch besondere Erfahrungen bei Verteidigungen vorliegen. Nachdem selbst die Rechtsprechung teilweise schon nach der alten Gesetzeslage Fachhochschullehrer als Wahlverteidiger nach § 138 Abs. 1 StPO zugelassen hatte, stellt die Anpassung an die Praxis die maßgebliche Triebfeder der Änderung dar.

Nachdem die großen Gesetzentwürfe des Bundesjustizministeriums und des Bundesrates keine Änderungen des § 138 StPO vorgesehen hatten, beruht die jetzt vorliegende Gesetzesformulierung auf dem kurz vor der Verabschiedung erstmalig diskutierten Entwurf im Rechtsausschuss des Bundestages. Eine politische Entscheidung zur Rolle der Fachhochschullehrer war hier offensichtlich eher Anlass zur Gesetzesänderung als der Bedarf einer Neuformulierung für die die Qualität sichernden Eigenschaften eines Verteidigers. Der Tendenz der Anwaltverbände, Verteidigungen vermehrt durch erfahrene Spezialisten durchführen zu lassen, läuft diese Gesetzesänderung eher zuwider.

§ 168a StPO
Inhalt des Protokolls; Genehmigung

(1) Das Protokoll muß Ort und Tag der Verhandlung sowie die Namen der mitwirkenden und beteiligten Personen angeben und ersehen lassen, ob die wesentlichen Förmlichkeiten des Verfahrens beachtet sind. § 68 Abs. 2, 3 bleibt unberührt.
(2) Der Inhalt des Protokolls kann in einer gebräuchlichen Kurzschrift, mit einer Kurzschriftmaschine, mit einem Tonaufnahmegerät oder durch verständliche Abkürzungen vorläufig aufgezeichnet werden. Das Protokoll ist in diesem Fall unverzüglich nach Beendigung der Verhandlung herzustellen. Die vorläufigen Aufzeichnungen sind zu den Akten zu nehmen oder, wenn sie sich nicht dazu eignen, bei der Geschäftsstelle mit den Akten aufzubewahren. Tonaufzeichnungen können gelöscht werden, wenn das Verfahren rechtskräftig abgeschlossen oder sonst beendet ist.

(3) Das Protokoll ist den bei der Verhandlung beteiligten Personen, soweit es sie betrifft, zur Genehmigung vorzulesen oder zur Durchsicht vorzulegen. Die Genehmigung ist zu vermerken. Das Protokoll ist von den Beteiligten zu unterschreiben oder es ist darin anzugeben, weshalb die Unterschrift unterblieben ist. Ist der Inhalt des Protokolls nur vorläufig aufgezeichnet worden, so genügt es, wenn die Aufzeichnungen vorgelesen oder abgespielt werden. In dem Protokoll ist zu vermerken, daß dies geschehen und die Genehmigung erteilt ist oder welche Einwendungen erhoben worden sind. Das Vorlesen oder die Vorlage zur Durchsicht oder das Abspielen kann unterbleiben, wenn die beteiligten Personen, soweit es sie betrifft, nach der Aufzeichnung darauf verzichten; in dem Protokoll ist zu vermerken, daß der Verzicht ausgesprochen worden ist.

(4) Das Protokoll ist von dem Richter sowie dem Protokollführer zu unterschreiben. Ist der Inhalt des Protokolls ohne Zuziehung eines Protokollführers ganz oder teilweise mit einem Tonaufnahmegerät vorläufig aufgezeichnet worden, so unterschreiben der Richter und derjenige, der das Protokoll hergestellt hat. Letzterer versieht seine Unterschrift mit dem Zusatz, daß er die Richtigkeit der Übertragung bestätigt. Der Nachweis der Unrichtigkeit der Übertragung ist zulässig.

Einzelbegründung des Gesetzgebers zu § 168a Abs. 1 StPO

Das Wort „Beobachtung" wird dem allgemeinen, modernen Sprachgebrauch angepasst.

§ 223 StPO
Kommissarische Vernehmung

(1) Wenn dem Erscheinen eines Zeugen oder Sachverständigen in der Hauptverhandlung für eine längere oder ungewisse Zeit Krankheit oder Gebrechlichkeit oder andere nicht zu beseitigende Hindernisse entgegenstehen, so kann das Gericht seine Vernehmung durch einen beauftragten oder ersuchten Richter anordnen.

(2) Dasselbe gilt, wenn einem Zeugen oder Sachverständigen das Erscheinen wegen großer Entfernung nicht zugemutet werden kann.

(3) (aufgehoben)

Einzelbegründung des Gesetzgebers zu § 223 Abs. 3 StPO

Die Streichung von Absatz 3 folgt aus der Abschaffung der Regelvereidigung. Nach der derzeitigen Rechtslage kommt es bei der Vernehmung durch den kommissarischen Richter gemäß § 66b Abs. 2 Satz 1 häufig zu Vereidigungen, weil das erkennende Gericht dies nach § 223 Abs. 3 und zur Vermeidung von nachvereidigungsbedingten Verfahrensunterbrechungen (§ 59 Satz 1) verlangt. Mit Abschaffung der Regelvereidigung kann auch die Pflicht zur Vereidigung gemäß § 223 Abs. 3 entfallen.

Die Streichung des bisherigen § 223 Abs. 3 StPO war zwingend, da dort noch die Regelvereidigung von Zeugen auch bei der kommissarischen Vernehmung vorgesehen war. Die völlig neue Orientierung des Gesetzes (siehe oben § 59 StPO) musste sich auch auf die Vereidigung von **Zeugen** auswirken, die nicht unmittelbar vom erkennenden Gericht, sondern **kommissarisch vernommen** werden.

Die Pflicht zur Vereidigung seitens des beauftragten oder ersuchten Richters entfällt. Dieser kann (siehe oben § 63 StPO) nach der Neuregelung regelmäßig von der Vereidigung absehen und nur in den von § 59 StPO vorgesehenen Fällen vereidigen. Der vernehmende **Richter ist in seiner Vereidigungsentscheidung** somit grundsätzlich **ungebunden**. Eine Ausnahme besteht dann, wenn das erkennende Gericht ihm vorgibt, die Zeugen ausnahmsweise doch zu vereidigen. Zweifelhaft ist, ob der Optimismus des Gesetzgebers berechtigt ist, dass es nicht mehr zu „vereidigungsbedingten Verfahrensunterbrechungen" kommt. Nach wie vor ist in der Hauptverhandlung die Notwendigkeit einer nachträglichen Entscheidung über die Vereidigung denkbar, wenn Zeugen bei der kommissarischen Vernehmung nicht vereidigt wurden und dies nunmehr in der Hauptverhandlung von anderen Verfahrensbeteiligten verlangt wird. Folgt das erkennende Gericht diesem Antrag, ist die abermalige Bemühung des Zeugen zur Vereidigung zeitraubend wie und je.

§ 226 StPO
Ununterbrochene Gegenwart

> (1) Die Hauptverhandlung erfolgt in ununterbrochener Gegenwart der zur Urteilsfindung berufenen Personen sowie der Staatsanwaltschaft und eines Urkundsbeamten der Geschäftsstelle
> (2) Der Strafrichter kann in der Hauptverhandlung von der Hinzuziehung eines Urkundsbeamten der Geschäftsstelle absehen. Die Entscheidung ist unanfechtbar.

Einzelbegründung des Gesetzgebers zu § 226 StPO

Durch den neu angefügten Absatz 2 in § 226 wird für die Hauptverhandlung vor dem Strafrichter eine Ausnahme von der nach dem bisherigen Wortlaut der Vorschrift (künftig Absatz 1) zwingenden und ununterbrochenen Gegenwart eines Urkundsbeamten der Geschäftsstelle geschaffen. Hierdurch wird die Möglichkeit eröffnet, den Inhalt des Protokolls (§§ 272, 273) zunächst vorläufig ohne Hinzuziehung eines Protokollführers schriftlich (auch durch Kurzschrift) oder unter Zuhilfenahme technischer Einrichtungen durch den Vorsitzenden selbst aufzuzeichnen und nachträglich die schriftliche Abfassung des Sitzungsprotokolls zu veranlassen. Einer Regelung hinsichtlich der Zulässigkeit besonderer Aufzeichnungstechniken, der Aufbewahrung, Vernichtung oder Zufügung der vorläufigen Aufzeichnungen zu den Akten oder des Zeitpunktes der Herstellung des Protokolls entsprechend der Bestimmung in § 168a Abs. 2 bedarf es für das Protokoll der Hauptverhandlung in Strafsachen nicht. Die insoweit nicht geänderten Bestimmungen der §§ 271 bis 274 enthalten keine Regelung dahin gehend, dass das Protokoll während der Hauptverhandlung angefertigt werden muss. Als zeitliche Vorgabe enthält allein § 273 Abs. 4 die Maßgabe, dass das Protokoll fertiggestellt, d.h. in Langschrift abgefasst und von dem Vorsitzenden sowie nach bisherigem Recht in jedem Fall auch von dem Urkundsbeamten unterschrieben sein muss, bevor das Urteil zugestellt wird. Durch die vorgeschlagene Änderung des § 226 werden diese Grundsätze nicht berührt. Die Mitwirkung des Urkundsbeamten der Geschäftsstelle wird auch künftig bei umfangreicheren oder sachlich schwierigen Verfahren vor dem Amtsgericht unerlässlich sein. Hierbei ist insbesondere die Beweiskraft des Protokolls für die Beobachtung der Förmlichkeiten in der Sprungrevision zu sehen. Dem trägt der Entwurf jedoch Rechnung, indem die Mitwirkung des Urkundsbeamten der Geschäftsstelle nicht generell oder einer abstrakt festgelegten Beschränkung folgend zwingend ausgeschlossen, sondern vielmehr in das Ermessen des Vorsitzenden gestellt wird. Sollte sich die Notwendigkeit der Mitwirkung eines Protokollführers erst nach Beginn der Hauptverhandlung erweisen, so ist der Vorsitzende nicht gehindert, auch nachträglich die Hinzuziehung des Urkundsbeamten zu veranlassen. Die Entscheidung des Strafrichters ist nach Absatz 2 Satz 2 in der Rechtsmittelinstanz nicht überprüfbar.

Die neue Gesetzesfassung entspricht einer seit vielen Jahren vorliegenden Gesetzgebungsinitiative. Bei den aktuellen Vorschlägen des Bundesrates und des Bundesministeriums der Justiz wurde diese Vorschrift in gleicher Form vorgeschlagen. In den nahezu gleich lautenden Begründungen beider Entwürfe wird vornehmlich auf ähnliche Bestimmungen in der Zivilprozessordnung Bezug genommen. Im Übrigen befinden sich in allen Begründungen keine Hinweise auf die Notwendigkeit der Regelung, vielmehr konzentrieren sich die Ausführungen auf Argumentationen, die die Vertretbarkeit der Folgen der neuen Regelung rechtfertigen sollen. Wenn allgemein von einer „Verfahrenser-leichterung" die Rede ist, ist offensichtlich eine Chiffre für das alleinige Ziel gefunden worden, ge-richtliches **Personal** bei kleineren Strafverfahren **einzusparen**.

Nach der Neufassung des Gesetzes kann in Strafrichtersachen – wie schon früher im Verfahren nach dem OWiG – auf den Urkundsbeamten verzichtet werden. Ist der Urkundsbeamte nicht anwesend, entfällt auch seine Notwendigkeit, das fertig gestellte Protokoll zu unterzeichnen; insoweit erfolgte ebenfalls eine Änderung des § 271 StPO.

Ob diese Vorschrift in der Praxis überhaupt eine ernsthafte Bedeutung haben wird, darf bezweifelt werden. Die alleinige Anwesenheit des Richters ohne jede Assistenz des Urkundsbeamten wird die Verhandlungsatmosphäre in einer Form verändern, wie sie von kaum einem der Beteiligten er-wünscht sein dürfte. Auch wenn die endgültige Langfassung des Protokolls erst nach der Hauptver-handlung erstellt werden kann, müssen vom Strafrichter selbst ausreichende Fixierungen während der Hauptverhandlung vorgenommen werden, um überhaupt die Möglichkeit einer wahrheitsgemä-ßen Protokollierung zu schaffen. Der Strafrichter hat die wesentlichen Förmlichkeiten des Verfah-rens festgehalten, obwohl er selbst möglicherweise diese Förmlichkeiten in der Hauptverhandlung einhalten muss. Er muss belehren und die Belehrung protokollieren, er muss Zeugen vernehmen und die Vernehmung protokollieren, er muss über Vereidigung und Entlassung entscheiden und proto-kollieren und darüber hinaus sich mit technischen Durchführungen wie beispielsweise der Ausstel-lung der Formulare über die Zeugenentschädigungen befassen. Die Liste der zusätzlichen Obliegen-heiten für den Strafrichter ist lang. Zwangsläufig muss die Konzentration auf die wesentliche rich-terliche Tätigkeit insbesondere bei der Beweisaufnahme leiden. Ob der Strafrichter es mit seinem Selbstverständnis vereinbaren wird, beispielsweise gegen ihn gerichtete Ablehnungsgesuche zu protokollieren, darf ebenfalls als fragwürdig erachtet werden. Das **Verfahren** könnte sich daher als **unpraktisch** herausstellen.

Letztlich wird der Richter auch unter Berücksichtigung des gesamtjustiziellen Verfahrensablaufes selten Einsparungen oder Erleichterungen realisieren können, wenn er mit zusätzlichem nachträgli-chen Aufwand allein verantwortlich das Protokoll zu verfassen, abzuschreiben und gegebenenfalls. zu korrigieren hat. Der mit Hilfe eines Urkundsbeamten betriebene Verwaltungsaufwand dürfte in der Gesamtheit betrachtet daher effektiver sein.

Die als Begründungshinweis herangezogene Parallele zur Zivilprozessordnung kann nur beschränkt Gültigkeit beanspruchen. Der Strafprozess lebt in sehr viel intensiverer Form von der Unmittelbar-keit der Beweisaufnahme. Die Konzentration auf den Gesamteindruck, den beispielsweise ein Zeuge vermittelt, hat einen sehr viel höheren Stellenwert. Wenn trotz dieser Konzentration der Strafrichter, der auf einen Urkundsbeamten verzichtet hat, „die wesentlichen Ergebnisse der Vernehmung in das Protokoll" (§ 273 Abs. 2 StPO) aufnehmen will, kann er sich regelmäßig nicht auf seine Erinnerung verlassen, die er nach Abschluss der Hauptverhandlung abruft. Er wird Vernehmungen unterbre-chen, um sich Notizen zu machen oder – wie es in den Entwürfen ausdrücklich angeregt wird – technische Hilfsmittel, wie beispielsweise Diktiergeräte, heranziehen.

Bekanntlich hat keiner der Verfahrensbeteiligten während laufender Hauptverhandlung ein Ein-sichtsrecht in das Protokoll. Dieses wird erst mit endgültiger Fertigstellung Bestandteil der Akten und kann dann über das Akteneinsichtsrecht wahrgenommen werden. Ansprüche auf die Erstellung von Teilprotokollen hat die Rechtsprechung stets abgelehnt. Insbesondere durch das laute Diktieren würde die Aufgabe des Protokolls in einer Hauptverhandlung des Strafprozesses eine völlig neue Bedeutung gewinnen. Auch wenn das von allen Verfahrensbeteiligten wahrgenomme Diktat des Strafrichters nicht der Inhalt des endgültigen Protokolls, sondern lediglich einen Vorentwurf dar-stellt, wird im Gegensatz zu den von anderen nicht wahrgenommenen Notizen des Urkundsbeamten der wahrscheinliche Inhalt des Protokolls schon in der Hauptverhandlung transparent. Dies mag zu frühen Klarstellungen führen, kann allerdings auch zu bislang nicht bekanntem Konfliktstoff in der Hauptverhandlung führen.

Die Entscheidung des Strafrichters, von der Hinzuziehung eines Urkundsbeamten abzusehen, ist nach der neuen Regelung **unanfechtbar**. Der Gesetzestext macht aber gleichzeitig deutlich, dass eine entsprechende Entscheidung zu treffen ist. Ansonsten bleibt es bei der Notwendigkeit der ununterbrochenen Gegenwart auch des Urkundsbeamten gemäß § 226 Abs. 1 StPO.

Als wesentliche Förmlichkeit ist auch die **Entscheidung des Strafrichters über die Hinzuziehung eines Urkundsbeamten protokollierungspflichtig**. Dies gilt umso mehr, als die Gesetzesbegründung davon ausgeht, dass im laufenden Verfahren die Hinzuziehung eines Urkundsbeamten aus Sicht des Strafrichters doch notwendig werden kann. Um eine revisionsrechtliche Überprüfung der Einhaltung von § 226 Abs. 1 und Abs. 2 StPO zu ermöglichen, ist in solchen Fällen regelmäßig die tatsächliche An- bzw. Abwesenheit des Urkundsbeamten zu protokollieren sowie darüber hinaus jede Entscheidung des Strafrichters, mit der er einen Urkundsbeamten hinzuzieht oder von der Hinzuziehung absieht.

§ 229 StPO
Dauer der Unterbrechung

(1) Eine Hauptverhandlung darf bis zu drei Wochen unterbrochen werden.

(2) Eine Hauptverhandlung darf auch bis zu einem Monat unterbrochen werden, wenn sie davor jeweils an mindestens zehn Tagen stattgefunden hat.

(3) Kann ein Angeklagter oder eine zur Urteilsfindung berufene Person zu einer Hauptverhandlung, die bereits an mindestens zehn Tagen stattgefunden hat, wegen Krankheit nicht erscheinen, so ist der Lauf der in den Absätzen 1 und 2 genannten Fristen während der Dauer der Verhinderung, längstens jedoch für sechs Wochen, gehemmt; diese Fristen enden frühestens zehn Tage nach Ablauf der Hemmung. Beginn und Ende der Hemmung stellt das Gericht durch unanfechtbaren Beschluß fest.

(4) Wird die Hauptverhandlung nicht spätestens am Tage nach Ablauf der in den vorstehenden Absätzen bezeichneten Frist fortgesetzt, so ist mit ihr von neuem zu beginnen. Ist der Tag nach Ablauf der Frist ein Sonntag, ein allgemeiner Feiertag oder ein Sonnabend, so kann die Hauptverhandlung am nächsten Werktag fortgesetzt werden.

Einzelbegründung des Gesetzgebers zu § 229 Abs. 3 StPO

Beseitigung eines redaktionellen Versehens, weil Absatz 3 zwei Sätze hat, von denen nur Satz 1 geändert werden soll.

Begründung des Entwurfs der Bundesregierung zu § 229 Abs. 1 bis 3 StPO (BTDrucks. 15/1508, S. 25)

Die Änderungen der Unterbrechungsregelungen sollen es dem Gericht ermöglichen, die Verhandlungstage flexibler als bisher festzulegen. Dadurch kann es auch besser auf die Belange der übrigen Beteiligten eingehen und unnötige „Schiebetermine" und damit verbundene Kosten vermeiden.

Zu Buchstabe a (Abs. 1)

In Absatz 1 soll die regelmäßig zulässige Unterbrechung zwischen jedem Hauptverhandlungstag auf bis zu drei Wochen verlängert werden. Dies erlaubt es dem Gericht, auch dann die Verhandlung jeweils an seinen regelmäßigen Sitzungstagen fortzusetzen, an denen ihm von vornherein ein Sitzungssaal zur Verfügung steht, wenn es die Unterbrechungsfrist weitgehend ausnutzen will. Da Absatz 4 weiterhin gilt, muss die Verhandlung spätestens am Tag nach Ablauf der drei Wochen bzw. an dem darauf folgenden Werktag fortgesetzt werden. Wird beispielsweise zuletzt an einem Freitag verhandelt, kann die Verhandlung nach drei Wochen am darauf folgenden Montag fortgesetzt werden. Im Hinblick auf das Beschleunigungsgebot wird eine derart lange Unterbrechung jedoch nur in Ausnahmefällen in Betracht kommen.

Eine noch längere regelmäßige Unterbrechungsfrist scheidet im Hinblick auf das in Artikel 5 Abs. 3 Satz 2 Artikel 6 Abs. 1 Satz 1 MRK garantierte Recht auf Beschleunigung des Verfahrens aus, zumal das deutsche Strafprozessrecht eine selbstständige Beschwerde gegen eine Verfahrensverzögerung durch das Gericht derzeit unter anderem deshalb nicht vorsieht, weil die Fristen des § 229 eine zügige Durchführung des Verfahrens gewährleisten.

Zu Buchstabe b (Abs. 2)

Die Neufassung von Absatz 2 ermöglicht es dem Gericht. in umfangreicheren Verfahren jeweils nach zehn Verhandlungstagen die Verhandlung um bis zu einem Monat zu unterbrechen. Damit sind während des gesamten Verfahrens in einer für alle Beteiligten transparenten und einfach zu berechnenden Weise nach jedem Block von zehn Verhandlungstagen - über die regelmäßige Unterbrechungsfrist in Absatz 1 hinaus - längere Unterbrechungen bis zu einem Monat möglich.

Gegenüber der geltenden Fassung des Absatzes 2 oder einer bloßen Ersetzung der Frist von zwölf Monaten in Absatz 2 Satz 3 durch eine Frist von sechs Monaten (siehe Bundestagsdrucksache 13/4541 S. 5 und Bundestagsdrucksache 14/1714 S. 4) hat diese Neufassung des Absatzes 2 den Vorteil, dass sie weniger kompliziert ist und damit zur Vermeidung revisionsrechtlich bedeutsamer Fehler bei der Fristberechnung beiträgt. Die Neufassung wirkt sich nur in zeitlich besonders aufwändigen Großverfahren aus, weil – im Vergleich zum geltenden Absatz 2 – zusätzliche Unterbrechungen erst nach insgesamt 30 Verhandlungstagen möglich sind. In diesen eher seltenen Verfahren kann dann insbesondere besser auf die anderweitige berufliche Belastung der Schöffen und der beteiligten Rechtsanwälte und auf das Erholungsbedürfnis aller Beteiligten eingegangen werden. Auch im Hinblick auf das Beschleunigungsgebot sind diese zusätzlichen Unterbrechungsmöglichkeiten sachgerecht, weil dadurch der Gefahr einer wesentlich zeitaufwändigeren Wiederholung der Hauptverhandlung, die durch die Erschöpfung der Beteiligten eintreten kann, besser entgegengewirkt werden kann. Zudem wird die Möglichkeit des Verteidigers, neben seinen sonstigen beruflichen Verpflichtungen die Interessen des Angeklagten auch in einem Großverfahren optimal wahrzunehmen, ebenfalls verbessert.

Zu Buchstabe c (Abs. 3)

In Absatz 3 erfolgt darüber hinaus eine Ausdehnung der Hemmungsregelung, die bisher nur für eine Erkrankung des Angeklagten gilt, auch auf die Mitglieder des Spruchkörpers. Damit kann vermieden werden, dass Verfahren nach mehreren Verhandlungstagen wegen der Erkrankung von Richtern und Schöffen ausgesetzt werden müssen. Insbesondere in Schöffengerichtsverfahren bzw. zwar mehrtägigen, jedoch nicht langwierigen Verfahren vor den Landgerichten, bei denen in der Regel keine Ergänzungsrichter oder -schöffen bestellt werden, führt der Ausfall einzelner Mitglieder des Gerichts zu dem Erfordernis einer Neuverhandlung des gesamten Prozesses. In Großverfahren wird die Erweiterung den Entlastungseffekt noch erhöhen, weil bei einer Neuverhandlung die Ressourcen der Justiz erheblich belastet werden. Die Regelung stellt sicher, dass die von § 192 GVG vorgesehene Möglichkeit der Bestellung von Ergänzungsrichtern und -schöffen auf die vom Gesetz vorgesehenen Ausnahmefälle beschränkt bleibt.

Die Höchstdauer der Unterbrechung soll sich, ebenso wie bisher im Hinblick auf die Erkrankung des Angeklagten gemäß § 229 Abs. 3, auf sechs Wochen insgesamt belaufen, unabhängig davon, wie viele zur Urteilsfindung berufene Personen erkranken.

Die **Verlängerung der Unterbrechungsfristen** einer Hauptverhandlung von 10 Tagen auf drei Wochen ist gleichermaßen vom Bundesrat wie von der Bundesregierung vorgeschlagen worden. Die Begründungen waren identisch, auch die parlamentarischen Gremien haben keine Veränderungen vorgenommen.

Anlass der Veränderung ist die Einschätzung des Gesetzgebers, dass das überkommene terminliche Korsett zur Durchführung einer Hauptverhandlung als zu eng empfunden wurde. Flexibilität sollte ermöglicht werden. Insbesondere sollten „Schiebetermine" verhindert werden, bei denen an einem relativ kurzen Hauptverhandlungtag keine ernsthaften Prozess fördernden Maßnahmen ergriffen werden und der Tag lediglich dem Zweck dient, der Formalität der Unterbrechungsfristen zu genügen, um auf diesem Wege das Zuwarten auf das Erscheinen eines Zeugen oder eines anderen Prozessgeschehens zu überbrücken. Ein planender Vorsitzender hat nunmehr sehr viel üppigere Gestaltungsmöglichkeiten. Dass auch Kosten minimiert werden, wenn Schiebetermine entfallen und Verhandlungen konzentriert werden, dürfte ebenso zu erwarten sein.

Mit der relativ großzügigen Ausdehnung der Unterbrechungsfristen dürfte allerdings ein zusätzliches Problem entstehen, das im Rahmen des § 229 StPO bislang nicht aufgetaucht ist. Das gesamte Strafverfahren steht unter dem **Gebot der Beschleunigung**. In der – insbesondere durch den Europäischen Gerichtshof für Menschenrechte initiierten – Rechtsprechung sind immer detailliertere Anforderungen an die einzelnen Verfahrensabschnitte gestellt worden, in welcher Form im jeweiligen konkreten Fall dem Beschleunigungsgebot Genüge geleistet werden müsse. Der Zeitablauf während einer laufenden Hauptverhandlung war bei diesen Berechnungen in der Regel ausgenommen, da die kurzen Unterbrechungsfristen eine ausreichende Beschleunigung garantierten. Die Konzentration **war formalisiert**. Die ursprüngliche Formulierung des § 229 StPO sah eine Pause von maximal drei Tagen während der Durchführung einer Hauptverhandlung vor. Dies gibt ein beredtes Zeugnis davon, wie sich die Schöpfer der Strafprozessordnung die Realisierung der Beschleunigungs- und Konzentrationsmaxime vorstellten. Eine längere Unterbrechung der Hauptverhandlung – so liest man in den Motiven zur Reichsstrafprozessordnung – schwäche den notwendigen lebendigen Eindruck von der Hauptverhandlung und beeinträchtige die Zuverlässigkeit der Erinnerung; darüber hinaus könne dies den Richter allzu leicht veranlassen, bei der Urteilsfällung das Ergebnis aus den Akten zu schöpfen, „also ein Verfahren einzuschlagen, das mit dem Grundsatz der mündlichen Verhandlung im Widerspruch steht".

Die Einhaltung des Beschleunigungsgebots muss nunmehr auch bei der Terminierung der laufenden Hauptverhandlung **individuell geprüft** werden. Durch die nunmehr vorliegende Ausdehnung der Fristen kann deren Einhaltung nicht mehr als Indiz für die Wahrung des Beschleunigungsgebots angesehen werden. Bei Ausschöpfung der dreiwöchigen Unterbrechungsfrist sowie der Möglichkeit der Monatsunterbrechung, ist ein Strafprozess vorstellbar, der in einem Jahr lediglich an 17 Hauptverhandlungstagen stattfindet. Wenn von den zur Verfügung stehenden Werktagen im Jahr nicht einmal 8 % ausgenutzt werden, um eine laufende strafrechtliche Hauptverhandlung zu fördern, kann die gesetzliche Regelung für sich nicht mehr in Anspruch nehmen, allein durch eine Fristenregelung die Einhaltung des Beschleunigungsgrundsatzes zu garantieren. Die Entscheidung zur Terminierung durch den Vorsitzenden wird daher in Zukunft stets durch eine zusätzliche Komponente angereichert sein müssen. Er wird im Hinblick auf die Bedeutung des Falles, die Beanspruchung der Verfahrensteilnehmer, der Länge der einzelnen Verhandlungstage und zahlreiche andere Kriterien abwägen müssen, in welcher Form eine Terminierung noch dem Beschleunigungsgrundsatz Rechnung trägt. Seine Vorgehensweise ist revisibel. Das Revisionsgericht wird auf Rüge die Pflicht haben, auch die terminliche Gestaltung der Hauptverhandlung im Hinblick auf ihre Vereinbarkeit mit dem Beschleunigungsgrundsatz zu überprüfen.

Die **Berechnung der Fristen** ist durch die Neuregelung nicht tangiert worden. Die Drei-Wochen-Frist endet an demselben Werktag, an dem die Unterbrechung angeordnet worden ist; das bedeutet, dass die Fortsetzung am darauf folgenden Werktag erfolgt. Wird die Hauptverhandlung somit an einem Mittwoch unterbrochen, muss sie spätestens drei Wochen später an einem Donnerstag fortgesetzt werden. Wird sie an einem Freitag unterbrochen, muss sie nach Ablauf von drei Wochen am darauf folgenden Montag fortgesetzt werden. Handelt es sich bei dem Fortsetzungstermin um einen Feiertag, so erfolgt die Fortsetzung erst am darauf folgenden Werktag, also am Dienstag oder – bei einem weiteren Feiertag (siehe z.B. die Weihnachtsfeiertage im Jahre 2006) – an einem Mittwoch.

Der **neue Absatz 2** des § 229 StPO hat inhaltlich zu einer Erweiterung der Möglichkeit **zusätzlicher Unterbrechungen von einem Monat** geführt. Berechnungstechnisch hat er die Fristenbestimmung erleichtert. Immer dann, wenn ein „Block" (der mittlerweile viele Monate dauern kann) von 10 durchgeführten Hauptverhandlungstagen vorliegt, kann die Verhandlung für einen Monat unterbrochen werden. Wird zügig verhandelt, kann es zu acht Unterbrechungen von jeweils einem Monat während eines Jahres kommen. Schöpft das Gericht demgegenüber innerhalb des 10-Tages-Blocks die dreiwöchigen Unterbrechungsfristen aus, ist maximal eine Monatsunterbrechung pro Jahr rechnerisch denkbar. Die Gestaltungsmöglichkeiten in diesem Rahmen sind vielfältig. Die Monatsfrist berechnet sich nach der üblichen Fristenregelung (§ 43 StPO). Findet die unterbrochene Hauptverhandlung zuletzt an einem 10. in einem Monat statt, so läuft die Unterbrechungsfrist ebenfalls am 10. des darauf folgenden Monats aus, so dass am 11. die Verhandlung fortgesetzt werden muss. Ist dies ein Wochenende oder Feiertag, verlängert sich die Frist zum nächsten Werktag. Während für kürzere Unterbrechungen gemäß § 229 Abs. I StPO regelmäßig allein der Vorsitzende verantwortlich ist, müssen Monatsunterbrechungen durch einen Gerichtsbeschluss erfolgen (§ 228 Abs. 1 StPO).

Die gesetzestechnische geringfügig erscheinende **Änderung des § 229 Abs. 3 StPO** wird nicht unerhebliche Auswirkungen auf die Praxis von Großverfahren haben und zur Nutzung des Einsparungspotentials der Justiz führen können. Nach der bisherigen Regelung fühlten sich Gerichte in größeren Verfahren unter einem Damoklesschwert. Für den Fall einer nicht nur geringfügigen **Erkrankung eines Richters oder Schöffen** drohte das „Platzen" des Prozesses. War innerhalb der starren Unterbrechungsfristen eine Fortsetzung der Hauptverhandlung vor Gesundung des Richters nicht mehr möglich, musste das Verfahren ausgesetzt und neu begonnen werden. Hatten bereits zahlreiche Hauptverhandlungstage zu diesem Zeitpunkt stattgefunden, waren diese praktisch für die Urteilsfindung hinfällig geworden. Um dieser Möglichkeit zu begegnen, wurden bei absehbar langen Verfahren von Beginn an Ergänzungsrichter und -schöffen bestellt, die der gesamten Hauptverhandlung beiwohnten und daher gegebenenfalls einen erkrankten Richter ersetzen konnten. Zu Recht wurde dies nicht als optimierte Ausnutzung personeller Ressourcen der Justiz angesehen.

Die neue Gesetzesregelung mindert die Problematik bereits durch die Erweiterung der Unterbrechungsfristen in § 229 Abs. 1 und Abs. 2 StPO. In § 229 Abs. 3 StPO wird für den Fall der Erkrankung eine weitere Ausdehnung der Unterbrechungsmöglichkeit eingeführt. Der bisherige Regelungszweck des noch jungen Abs. 3 zielte darauf ab, die Einflussmöglichkeiten des Angeklagten auf die terminliche Gestaltung des Verfahrens durch eine Krankheit zu minimieren. Sie mutiert nunmehr zu einer ganz allgemeinen Krankheitsregel, deren Auslegung in Anknüpfung an die **bislang vorliegende Rechtsprechung** schwierig werden könnte. Bislang ging man davon aus, dass das Gericht verpflichtet war, die Erkrankung des Angeklagten sorgfältig und differenziert festzustellen. Einerseits ist Verhandlungsunfähigkeit nicht die Voraussetzung einer Unterbrechung nach Abs. 3, andererseits genügt es, wenn die Hauptverhandlung mit Sicherheit am Gerichtsort nicht fortgeführt werden kann. Letzteres ist nicht gegeben, wenn der Gesundheitszustand des Erkrankten zumindest eine zeitlich begrenzte Teilnahme ermöglicht. Im Rahmen des Freibeweises hat sich das Gericht aller Erkenntnisquellen zu bedienen, insbesondere der Auskünfte bei dem behandelnden Arzt. Bei Zweifeln ist eine amtsärztliche Untersuchung anzuordnen.

Nicht der Vorsitzende, sondern das Gericht stellt in **Beschlussform** fest, zu welchem Zeitpunkt die Erkrankung gemäß § 229 Abs. 3 StPO die Unterbrechungsfristen gehemmt hat. In welcher **Besetzung** das Gericht zu entscheiden hat, falls eines ihrer Mitglieder erkrankt ist, regelt das Gesetz nicht. Denkbar ist eine Entscheidung des reduzierten Spruchkörpers ebenso wie eine Entscheidung des Gerichts unter Heranziehung eines Vertreters des erkrankten Richters. Bislang war eine **Begründung** dieses ansonsten nicht anfechtbaren Beschlusses nicht vorgesehen. Besteht allerdings ein Interesse anderer Verfahrensbeteiligter an der besonderen Beschleunigung des Verfahrens verbunden mit den Zweifeln an einer ernsthaften Erkrankung eines Richters, kann dieser sicherlich einen Antrag stellen, den Eintritt der Hemmung gemäß § 229 Abs. 3 StPO zu verneinen. Ein diesen Antrag zurückweisender Beschluss müsste dann allerdings begründet werden und wäre auch grundsätzlich revisibel.

Die **Höchstdauer** der Hemmung war bislang schon auf **6 Wochen** begrenzt. Diese Höchstgrenze hatte Wirkung im Hinblick auf einen Hemmungszeitraum. War nach einer Hemmung mit dem gesundeten Angeklagten weiter verhandelt worden, konnte die Regelung des des § 229 Abs. 3 StPO erneut eingreifen. Die Zahl der potentiellen Krankheitsfälle hat sich durch die Gesetzesänderung erhöht. Denkbar ist daher, dass während des Krankheitszeitraumes eines Richters noch ein weiterer Richter erkrankt. Die Begründung stellt allerdings klar, dass die einheitliche Hemmungsfrist von 6 Wochen sich auf sämtliche Krankheitsfälle im Spruchkörper bezieht. Ist somit nach 6-wöchiger Krankheit eines Richters ein Fortsetzungstermin anberaumt, kann dieser allerdings wegen einer kurz zuvor eingetretenen Erkrankung eines weiteren Richters nicht stattfinden, muss das Verfahren ausgesetzt werden.

§ 234a StPO
Umfang der Vertretung

Findet die Hauptverhandlung ohne Anwesenheit des Angeklagten statt, so genügt es, wenn die nach § 265 Abs. 1 und 2 erforderlichen Hinweise dem Verteidiger gegeben werden; das Einverständnis des Angeklagten nach § 245 Abs.1 Satz 2 und nach § 251 Abs. 1 Nr. 1, Abs. 2 Nr. 3 ist nicht erforderlich, wenn ein Verteidiger an der Hauptverhandlung teilnimmt.

Einzelbegründung des Gesetzgebers zu § 234a StPO
Redaktionelle Anpassung aufgrund der Streichung des § 61 Nr. 5 und der Neufassung des § 251.

Mit der Neufassung des § 234a StPO sollte sachlich keine neue Regelung verbunden werden.

Die Vorschrift thematisiert Situationen in der Hauptverhandlung, in denen sich der **Angeklagte** in Ausnahme von der Anwesenheitspflicht in zulässiger Weise **durch seinen Verteidiger vertreten lassen kann**. Bestimmte abschließend in dieser Vorschrift beschriebene Erklärungen, die im Normalfall der Angeklagte selbst abzugeben hat, können hiernach von seinem Verteidiger abgegeben werden. Die Rechtsfolgen nach Hinweisen des Gerichts zu einer veränderten Sach- und Rechtslage, wie sie sich erst während der Hauptverhandlung ergeben hat, treten in dieser Situation auch dann ein, wenn ihr Adressat lediglich der anwesende Verteidiger ist.

Bislang war in der Fassung des § 234a StPO vorgesehen, dass ein Verzicht des Angeklagten auf eine Vereidigung eines Zeugen gemäß § 61 Nr. 5 StPO a.F. auch vom Verteidiger abgegeben werden kann. Nachdem die Regelvereidigung entfallen ist und die Verzichtsregelung abgeschafft wurde, bedurfte es keiner weiteren Regelung in § 234a StPO mehr.

Keine inhaltlichen Änderungen stellen auch die durch den Verteidiger vorzunehmenden Erklärungen zur Verlesung von Urkunden gemäß § 251 StPO dar. Hier hat die neue Fassung lediglich auf die redaktionelle Umgestaltung des § 251 StPO Rücksicht genommen.

§ 247a StPO
Zeugenvernehmung an einem anderen Ort

Besteht die dringende Gefahr eines schwerwiegenden Nachteils für das Wohl des Zeugen, wenn er in Gegenwart der in der Hauptverhandlung Anwesenden vernommen wird, so kann das Gericht anordnen, daß der Zeuge sich während der Vernehmung an einem anderen Ort aufhält; eine solche Anordnung ist auch unter den Voraussetzungen des § 251 Abs. 2 zulässig, soweit dies zur Erforschung der Wahrheit erforderlich ist. Die Entscheidung ist unanfechtbar. Die Aussage wird zeitgleich in Bild und Ton in das Sitzungszimmer übertragen. Sie soll aufgezeichnet werden, wenn zu besorgen ist, daß der Zeuge in einer weiteren Hauptverhandlung nicht vernommen werden kann und die Aufzeichnung zur Erforschung der Wahrheit erforderlich ist. § 58 a Abs. 2 findet entsprechende Anwendung.

Einzelbegründung des Gesetzgebers zu § 247a StPO
Redaktionelle Anpassung aufgrund der Neufassung des § 251.

Auch die Änderung dieser Vorschrift ist – wie bei § 234a StPO – nach der Absicht des Gesetzgebers nicht mit einer inhaltlichen Änderung verbunden. Vielmehr sollte lediglich der redaktionellen Änderung des § 251 StPO Rechnung getragen werden

§ 251 StPO
Verlesung von Protokollen

(1) Die Vernehmung eines Zeugen, Sachverständigen oder Mitbeschuldigten kann durch die Verlesung einer Niederschrift über eine Vernehmung oder einer Urkunde, die eine vom ihm stammende schriftliche Erklärung enthält, ersetzt werden,

1. wenn der Angeklagte einen Verteidiger hat und der Staatsanwalt, der Verteidiger und der Angeklagte damit einverstanden sind;
2. wenn der Zeuge, Sachverständige oder Mitbeschuldigte verstorben ist oder aus einem anderen Grunde in absehbarer Zeit gerichtlich nicht vernommen werden kann;
3. soweit die Niederschrift oder Urkunde das Vorliegen oder die Höhe eines Vermögensschadens betrifft.

(2) Die Vernehmung eines Zeugen, Sachverständigen oder Mitbeschuldigten darf durch die Verlesung der Niederschrift über seine frühere richterliche Vernehmung auch ersetzt werden, wenn

1. dem Erscheinen des Zeugen, Sachverständigen oder Mitbeschuldigten in der Hauptverhandlung für eine längere oder ungewisse Zeit Krankheit, Gebrechlichkeit oder andere nicht zu beseitigende Hindernisse entgegenstehen;
2. dem Zeugen oder Sachverständigen das Erscheinen in der Hauptverhandlung wegen großer Entfernung unter Berücksichtigung der Bedeutung seiner Aussage nicht zugemutet werden kann;
3. der Staatsanwalt, der Verteidiger und der Angeklagte mit der Verlesung einverstanden sind.

(3) Soll die Verlesung anderen Zwecken als unmittelbar der Urteilsfindung, insbesondere zur Vorbereitung der Entscheidung darüber dienen, ob die Ladung und Vernehmung einer Person erfolgen sollen, so dürfen Vernehmungsniederschriften, Urkunden und andere als Beweismittel dienende Schriftstücke auch sonst verlesen werden.

(4) In den Fällen der Absätze 1 und 2 beschließt das Gericht, ob die Verlesung angeordnet wird. Der Grund der Verlesung wird bekanntgegeben. Wird die Niederschrift über eine richterliche Vernehmung verlesen, so wird festgestellt, ob der Vernommene vereidigt worden ist. Die Vereidigung wird nachgeholt, wenn sie dem Gericht notwendig erscheint und noch ausführbar ist.

Einzelbegründung des Gesetzgebers zu § 251 StPO

§ 251 Abs. 1 Nr. 3 wird neu eingefügt. Gleichzeitig wird die Norm neu gefasst und klar gegliedert, um die ihre Verständlichkeit zu verbessern. Deshalb wird die Reihenfolge der Absätze 1 und 2 ausgetauscht, der künftige Absatz 1 wird zur allgemeinen Regelung für alle Vernehmungen, während der künftige Absatz 2 zusätzliche Verlesungsmöglichkeiten für richterliche Protokolle enthält.

§ 251 Abs. 1 behandelt bisher die Verlesung richterlicher Protokolle, während in Absatz 2 die Verlesung nichtrichterlicher Protokolle geregelt ist, wobei nach h.M. richterliche Vernehmungsniederschriften, die wegen Formfehlern nicht nach Absatz 1 verlesbar sind, nach Absatz 2 verlesen werden dürfen, wenn dessen Voraussetzungen gegeben sind und keine Beweisverbote vorliegen (Löwe-Rosenberg-Gollwitzer, StPO, 25. Aufl., § 251 Rn. 65 m.w.N.).

Bereits jetzt sind die Voraussetzungen, die die Verlesungen richterlicher und nichtrichterlicher Protokolle ermöglichen, teilweise identisch. Durch die Einfügung des § 251 Abs. 1 Nr. 3 werden künftig verstärkt richterliche Vernehmungen und nichtrichterliche Vernehmungen unter den selben Voraussetzungen verlesen werden können. Die bisherige Systematik des § 251 Abs. 1 und 2 würde es erforderlich machen, diese Voraussetzungen jeweils in beiden Absätzen aufzuführen, wodurch die Übersichtlichkeit der Regelung leiden würde.

Daher wird die Systematik geändert: § 251 Abs. 1 soll künftig alle Vernehmungen, also richterliche und nichtrichterliche, umfassen. In § 251 Abs. 2 sollen darüber hinaus die Fälle aufgeführt werden, in denen - zusätzlich zu den in Absatz 1 genannten Fällen - die Verlesung von richterlichen Vernehmungsniederschriften in erweitertem Umfang möglich ist. Dadurch wird die bisher in § 251 Abs. 1 Nr. 1 enthaltene Regelung entbehrlich, weil die dort genannten Fälle tatsächlicher Unmöglichkeit dazu führen, dass die Beweisperson in absehbarer Zeit gerichtlich nicht vernommen werden kann und deshalb bereits von § 251 Abs. 1 Satz 2 Nr. 2 (neu) erfasst werden (vgl. Löwe-Rosenberg-Gollwitzer, StPO, 25. Aufl., § 251 Rn. 60 und FN 223).

Ober die Verlesungsmöglichkeiten des künftigen Absatzes 1 hinaus ermöglicht bisher § 251 Abs. 1 Nr. 2 die Verlesung auch dann, wenn das Hindernis für eine längere, aber bestimmte Zeit besteht. Bisher regeln § 251 Abs. 1 Nr. 3 und 4 die Verlesungsmöglichkeiten bei Unzumutbarkeit des Erscheinens für die Beweisperson und die Möglichkeit, mit Einverständnis eines nicht verteidigten Angeklagten ein richterliches Protokoll zu verlesen, während ein nichtrichterliches Protokoll nach § 251 Abs. 1 Nr. 1 nur dann im allseitigen Einverständnis verlesen werden darf, wenn der Angeklagte in der Hauptverhandlung einen Verteidiger hat. Die bisherigen Nummern 2 bis 4 des § 251 Abs. 1 bleiben deshalb auch künftig erhalten, sie werden jedoch zu Nummer 1 bis 3 von § 251 Abs. 2, nachdem die bisherige Nummer 1 wegfällt. Dadurch wird auch künftig verdeutlicht, dass richterlichen Vernehmungsprotokollen ein erhöhter Beweiswert zukommt.

Die Einfügung des § 251 Abs. 1 Nr. 3, die auf einen Vorschlag des Bundesrates im Entwurf eines Zweiten Gesetzes zur Entlastung der Rechtspflege (Bundestagsdrucksache 13/4541) zurückgreift, soll vor allem in Massensachen, etwa im Bereich der Wirtschaftskriminalität (300 Betrugsfälle nach immer demselben Schema) einer Entlastung und Beschleunigung der Hauptverhandlung sowie dem Schutz des Opfers vor zeitaufwändigen, aber entbehrlichen Mehrfachvernehmungen dienen. Oft kann ein Geschädigter zum Tathergang und zur Person des Täters nichts beitragen; er kann lediglich dazu befragt werden, welcher Schaden eingetreten ist. So beschränkt sich z.B. bei Pkw-Aufbrüchen, Sachbeschädigungen und Verkehrsstraftaten die Funktion des Zeugen häufig darauf, eine Rechnung über die Reparatur vorzulegen oder den Schaden zu schätzen. Nicht in jedem Falle ist hierfür eine persönliche Vernehmung erforderlich. Die Regelung gilt für alle Protokolle und für Urkunden i. S. von Absatz 1 Satz 1. Durch die Formulierung „soweit" wird klargestellt, dass Protokolle, die auch andere Fragen betreffen, teilweise verlesen werden können. Mit dem Begriff „Vermögensschaden" wird eine Abgrenzung zu den Fällen des immateriellen Schadens bewirkt (vgl. zu den Begriffen Kleinknecht/Meyer-Goßner, 45. Aufl., § 153a Rn. 16 und 17; vgl. auch § 7 Abs. 1, 2 StrEG, § 110 Abs. 1 OWiG). Es ist nicht erforderlich, dass es um ein Vergehen geht, das (nur) gegen fremdes Vermögen gerichtet war. So kann etwa auch bei Fällen des unerlaubten Entfernens vom Unfallort (§ 142 StGB) die Beweisaufnahme über einen eingetretenen Vermögensschaden erforderlich sein. Bei immateriellem Schaden etwa im Bereich des Sexualstrafrechtes soll durch die Neuregelung der Grundsatz der persönlichen Vernehmung in § 250 nicht modifiziert werden.

Es war ein maßgebliches Anliegen des Bundesjustizministeriums, zunächst ohne inhaltliche Veränderung die **sprachliche Gestaltung der § 251 Abs. 1 und 2 StPO zu verändern**. Die Neufassung erfüllt dieses Anliegen. Während § 251 Abs. 1 StPO zunächst allgemein Verlesungsmöglichkeiten von Protokollen und anderen Schriftstücken thematisiert, erweitert § 251 Abs. 2 StPO die Verlesungsmöglichkeit unter der Prämisse, dass es sich um ein richterliches Vernehmungsprotokoll handelt. Die Änderung entspricht weitgehend der bisherigen Auslegung dieser Vorschrift. Zwar entfällt § 256 Abs. 1 Nr. 1 a.F., wonach die Verlesung eines richterlichen Vernehmungsprotokolls möglich war, wenn im Verfahren der Aufenthalt des Vernommenen nicht zu ermitteln war. Es entspricht allerdings aktueller Rechtsprechung, dass diese Unerreichbarkeit des Zeugen der anderweitigen Unmöglichkeit seiner Vernehmung gleichgestellt wird, wie sie nunmehr in § 251 Abs. 1 Nr. 2 geregelt ist.

Inhaltlich neu ist allein die Regelung des **§ 251 Abs. 1 Nr. 3 StPO**. Systematisch betritt der Gesetzgeber im Rahmen des § 251 StPO insofern Neuland, als die Ausnahme der Verlesung einer Aussage statt der unmittelbaren Zeugenvernehmung nicht von bestimmten prozessualen Verhältnissen abhängig gemacht wird, sondern vom **Inhalt der Aussage**. Soweit der Inhalt einer solchen schriftlich vorliegenden Aussage das Vorliegen oder die Höhe eines **Vermögensschadens** betrifft, kann das Gericht die unmittelbare Zeugenvernehmung für entbehrlich erachten und stattdessen vorliegende schriftliche Äußerungen verlesen. Diese schriftlichen Äußerungen können sich aus einem richterlichen oder polizeilichen Vernehmungsprotokoll ergeben, sie können aber auch eine schlichte schriftliche Äußerung des Zeugen darstellen, unter Umständen sogar eine Äußerung, die das Gericht selbst ausdrücklich angefordert hat. Das Bundesjustizministerium hält in seiner Begründung die nunmehr geregelte Situation offensichtlich für die typisierte Bagatelle in einer Beweisaufnahme. Allerdings sind die Möglichkeiten derart definierter Bagatellaussagen in vielen Konstellationen denkbar, die sich nicht mit Fragen des Vermögensschaden befassen. Zwingend regelungsbedürftig erscheinen die in der Begründung angeführten Beispielsfälle nicht, da sie in der Regel auch nach der alten gesetzlichen Konstellation weitgehend hätten gelöst werden können, ohne dass es eines persönlichen Erscheinens des Zeugen bedurfte. Ob es sich bei der Neuregelung um die typische Konstellation handelt, bei der in besonderem Maße ein Glaubwürdigkeitsvorschuss gegenüber den nicht zu vernehmenden Zeugen angebracht ist, darf im Übrigen bezweifelt werden. So entspricht es einer kriminalistischen Erfahrung, dass Angaben von – bislang unbescholtenen – Geschädigten eines Wohnungseinbruchs gegenüber ihrer Versicherung den tatsächlichen Schaden nicht selten weit übersteigen.

Der neue **§ 251 Abs.1 Nr. 4 StPO** entzieht den Verfahrensbeteiligten einen Zeugen. Die Regelung steht daher notwendigerweise im **Spannungsfeld zum Aufklärungsgebot** des Gerichts nach § 244 Abs. 2 StPO und mit dem **Recht der Verteidigung**, jeden Belastungszeugen unmittelbar, persönlich und konfrontativ **zu befragen** (siehe Artikel 6 Abs. 3d der Europäischen Menschenrechtskonvention).

Die angeführte Thematik der Zeugenaussage ist nicht von Beginn an nebensächlich. Die Frage der Höhe eines eingetretenen Schadens stellt einen enorm wichtigen Strafzumessungsfaktor dar. Es wäre extrem unbefriedigend, würde sich eine derart verlesene Aussage auf die Entscheidung des Gerichts auswirken, ob eine Freiheitsstrafe zur Bewährung auszusetzen ist oder nicht. Die Gesetzesregelung geht sogar noch ein Stück weiter: Auch die Tatsache des Vorliegens eines Vermögensschadens und damit die Bejahung oder Verneinung eines Tatbestandsmerkmals soll dem Gericht durch Verlesen eines Schriftstückes vermittelt werden können. Um hier nicht zu gravierenden Brüchen mit dem

Prinzip der Unmittelbarkeit und der Konfrontation zu gelangen, muss eine Auslegung der neuen Vorschrift dahin führen, dass hiernach verlesene Zeugenaussagen niemals einen Beitrag zur Schuldfeststellung des Angeklagten liefern dürfen. Nur dies entspricht der Intention des Gesetzgebers, Verlesungen in Prozesssituationen zuzulassen, in denen bereits anderweitig ein Schadenseintritt festgestellt wurde, die Klärung des Schadenscharakters aber mit vereinfachten prozessualen Mitteln durchgeführt werden soll.

Die **Anwendung** der neuen Vorschrift bedarf darüber hinaus offensichtlich noch einer weiteren **Einschränkung:**

Dadurch, dass die zu verlesenden Schriftstücke über eine beschriebene Thematik („Vermögensschaden") bestimmt werden, ist nicht auszuschließen, dass mit einem solchen Schriftstück auch andere Themenbereiche in die Hauptverhandlung eingeführt werden. Dies lässt sich zum einen dadurch einschränken, dass lediglich diejenigen Teile einer Erklärung oder Vernehmung verlesen werden, die sich ausschließlich mit der Thematik Vermögensschaden befassen. Doch auch hierdurch wird sich nicht ohne die Gefahr von sprachlichen Verstümmelungen verhindern lassen, dass anderweitige Informationen in die Hauptverhandlung eingeführt werden. Schon der eine Satz eines Zeugen: „Mein grüner BMW hatte einen Zeitwert von 10 000,00 EUR", enthält neben Angaben zum Wert des Fahrzeuges auch solche zu seiner Farbe. Gerade die Aussage zur Farbe könnte allerdings maßgeblicher Hinweis in einem Indiziengebäude des Gerichts zur Schuldfeststellung des Angeklagten sein. Will der Richter dennoch diesen Satz durch Verlesen in die Hauptverhandlung einführen, muss ihm zumindest die Verwertung der Informationen verwehrt werden, die über die Thematik des Vermögensschadens hinausgehen.

§ 256 StPO
Verlesbare Erklärungen

(1) Verlesen werden können
1. die ein Zeugnis oder ein Gutachten enthaltenden Erklärungen
   a) öffentlicher Behörden,
   b) der Sachverständigen, die für die Erstellung von Gutachten der betreffenden Art allgemein vereidigt sind, sowie
   c) der Ärzte eines gerichtsärztlichen Dienstes mit Ausschluss von Leumundszeugnissen,
2. ärztliche Atteste über Körperverletzungen, die nicht zu den schweren gehören,
3. ärztliche Berichte zur Entnahme von Blutproben,
4. Gutachten über die Auswertung eines Fahrtschreibers, die Bestimmung der Blutgruppe oder des Blutalkoholgehalts einschließlich seiner Rückrechnung und
5. Protokolle sowie in einer Urkunde enthaltene Erklärungen der Strafverfolgungsbehörden über Ermittlungshandlungen, soweit diese nicht eine Vernehmung zum Gegenstand haben.
(2) Ist das Gutachten einer kollegialen Fachbehörde eingeholt worden, so kann das Gericht die Behörde ersuchen, eines ihrer Mitglieder mit der Vertretung des Gutachtens in der Hauptverhandlung zu beauftragen und dem Gericht zu bezeichnen.

Einzelbegründung des Gesetzgebers zu § 256 StPO

Absatz 1 wird neu gefasst: Die Verständlichkeit der Norm soll durch die Nummerierung der bisherigen Aufzählung verbessert werden. Nummer 1Buchstabe b und Nummer 5 werden neu hinzugefügt. Diese Ergänzung greift auf einen Vorschlag des Bundesrates im Entwurf eines Zweiten Gesetzes zur Entlastung der Rechtspflege (Bundestagsdrucksache 13/4541) zurück.

Die Einfügung von Nummer 1 Buchstabe b ermöglicht im Interesse aller Beteiligten eine Straffang der Hauptverhandlung und Kosteneinsparungen, weil Sachverständige nicht mehr in allen Fällen persönlich anwesend sein müssen. Die Anzahl zuverlässiger, allgemein vereidigter Sachverständiger- etwa im Kfz-Gewerbe, dem Versicherungswesen und der Schriftkunde - hat zugenommen. Ihre Ausführungen sind in der Regel von einer Sachautorität geprägt, die es rechtfertigt, sie den Behördengutachten i.S. des § 256 gleichzustellen. Zum Zeitpunkt der Schaffung dieser Norm war das Sachverständigenwesen in dem heute festzustellenden Ausmaß noch nicht entwickelt. Nur in Zweifelsfällen ist es daher notwendig, dass der Sachverständige sein Gutachten persönlich erläutert.

Die Einfügung von Nummer 5 trägt zu einer Entlastung der Strafverfolgungsbehörden und der Hauptverhandlung bei. Die Strafverfolgungsbehörden erstellen im Rahmen der Ermittlungen Protokolle und Vermerke über Routinevorgänge, wie Beschlagnahme, Spurensicherung, Durchführung einer Festnahme, Sicherstellungen, Hausdurchsuchungen etc. Diese Protokolle und Vermerke sind den in § 256 Abs. 1 Nr. 1 Buchstabe a genannten Zeugnissen öffentlicher Behörden vergleichbar. Auch bei derartigen Protokollen erscheint die Objektivität bei der schriftlichen Fixierung der gemachten Wahrnehmungen hinreichend gewährleistet. Bei den meist routinemäßig erstellten Protokollen kann der Polizeibeamte oder sonstige Angehörige einer Strafverfolgungsbehörde in der Hauptverhandlung ohnehin in der Regel kaum mehr bekunden als das, was in dem Protokoll bereits schriftlich festgelegt ist (vgl. Löwe-Rosenberg-Gollwitzer, StPO, 25. Aufl., § 256 Rn. 3 in Bezug auf die derzeit von § 256 Abs. 1 erfassten Fälle). Durch die Änderung soll vermieden werden, dass jeder Angehörige einer Strafverfolgungsbehörde, insbesondere ein Polizeibeamter, dessen Tätigkeit auch nur zu einer Indiztatsache im Prozess beiträgt, als Zeuge aussagen muss.

Ausdrücklich nicht verlesen werden können jedoch Vernehmungsprotokolle; soweit eine Verlesung derartiger Protokolle nach anderen Vorschriften möglich ist, bleibt dies unberührt. Nicht verlesen werden können auch sonstige Vermerke oder Schlussberichte, soweit darin der Inhalt einer Vernehmung wiedergegeben wird. Damit soll verhindert werden, dass die differenzierte Regelung der §§ 251 ff. außer Kraft gesetzt wird. Wenn sich das Gericht mit einer Verlesung eines Protokolls begnügt, obwohl die Umstände des Einzelfalles es nahe legen, den Verfasser des Protokolls als Zeugen zu hören, kann darin eine Verletzung der Aufklärungspflicht liegen (Löwe-Rosenberg-Gollwitzer, StPO, 25. Aufl., § 256 Rn. 64; Kleinknecht/Meyer-Goßner, StPO, 45. Aufl., § 256 Rn. 24). Dies ist sachgerecht und bleibt unverändert.

Die sprachliche und gesetzessystematische Umgestaltung des § 256 StPO beruht auf der Formulierung des Entwurfs des Bundesministeriums der Justiz. Inhaltlich sind die nunmehr erfolgten Änderungen sowohl vom Ministerium als auch vom Entwurf des Bundesrats gleichermaßen angestrebt worden.

Das **Ziel der Änderung ist eine Straffung der mündlichen Hauptverhandlung**. Im Ergebnis soll dem Gericht die Möglichkeit gegeben werden, sich in der Beweisaufnahme mit vorliegenden Schriftstücken von Sachverständigen und Polizeibeamten zu begnügen und deren Erscheinen in der Hauptverhandlung überflüssig zu machen. Da zum einen die mündliche Darstellung in der Hauptverhandlung langwieriger ist und zum anderen die Befragung von Sachverständigen und Polizeibeamten als Zeugen in der Hauptverhandlung durch alle anderen Verfahrensbeteiligten ein unkalkulierbarer Zeitfaktor ist, erschien dem Gesetzgeber der zeitliche Gewinn dieser Regelung auf der Hand liegend.

Die Vorschrift wird in bedeutsamer Weise in den Prozessalltag eingreifen. Darüber hinaus ist nicht auszuschließen, dass die Änderung **rechtspolitisch** einen **Meilenstein** fixiert. Das tragende Prinzip der deutschen Strafprozessordnung, die Unmittelbarkeit der Beweisaufnahme, wird in entscheidenden Punkten verändert. Zwar gab es bislang schon nach der alten Fassung des § 256 StPO die Möglichkeit der Verlesung von Schriftstücken. Der Bereich der verlesbaren Schriftstücke war allerdings zum einen eng begrenzt und zum anderen in Abgrenzung zum Unmittelbarkeitsprinzip sorgfältig begründet gewesen. Behördengutachten waren – und sind – verlesbar, weil für ihren Inhalt sowohl die besondere Sachkunde als auch die Erfahrung als auch die Verpflichtung zur Unparteilichkeit vorausgesetzt wurde. Gleiches galt für die berufsrechtlich in besonderem Maße verpflichteten Ärzte, deren Bewertungen darüber hinaus nur in Bagatellfällen schriftlich in die Hauptverhandlung eingeführt werden sollten. Im Übrigen waren nach der alten Gesetzesfassung allgemeine Gutachten nur in einem sehr eingeschränkten Rahmen verlesbar, wobei tragender Gesichtspunkt die Begrenzbarkeit und Typizität eines zu begutachtenden Sachverhalts darstellen.

Diese Gewichtung ist mit wenigen Worten des Gesetzgebers massiv verändert worden. Jedes **beliebige Gutachten** eines vereidigten Sachverständigen kann nunmehr in der Hauptverhandlung **verlesen** werden. Außer dem nach wie vor geltenden Grundsatz der richterlichen Aufklärungspflicht (§ 244 Abs. 2 StPO) existieren nunmehr keine konkreten Maßstäbe mehr für die Notwendigkeit, einen vereidigten Sachverständigen auch persönlich anzuhören. Selbst wenn ein Gutachten nicht erschöpfend sein sollte, ist dem Gericht nicht die Möglichkeit verwehrt, Ergänzungen schriftlich einzuholen. Im Ergebnis könnte jede Hauptverhandlung nunmehr von der Anwesenheit eines Sachverständigen befreit sein.

Eine weitere völlig neuartige Durchbrechung des Unmittelbarkeitsprinzips sieht nunmehr § 256 Abs. 1 **Nr. 5 StPO** vor. Wahrnehmungen, die **Polizeibeamte als Zeugen** im Ermittlungsverfahren gemacht haben und die ihren Niederschlag in einem Aktenvermerk gefunden haben, sollen nunmehr von den Beamten in der Hauptverhandlung nicht mehr als Zeugen zwingend bekundet werden. Wenn es sich nicht ausnahmsweise um eine Vernehmung handelt, soll die Verlesung des Aktenvermerks ausreichend sein, um den wahrgenommenen Sachverhalt in die Hauptverhandlung einzuführen. Auch hier ist das praktische Ergebnis absehbar, dass polizeiliche Zeugen in Zukunft nur noch ausnahmsweise in einer Hauptverhandlung erscheinen müssen.

Der Verlust an Verfahrenskultur ist dementsprechend bereits massiv im Vorfeld der parlamentarischen Beratungen von Anwaltsverbänden kritisiert worden. Dem Gesetzgeber wurde ein autoritäres, unkritisches Verständnis vom Strafprozess vorgeworfen, das mit der erstrebten Modernisierung nichts zu tun habe. Die Sicherung der Wahrheitsfindung im Prozess werde durch die Neuregelung abgebaut. Die Gefahr ist darüber hinaus nicht von der Hand zu weisen, dass sich die Hauptverhandlung darauf beschränkt, durch schlichtes Verlesen von Polizeiprotokollen das gesamte Ermittlungsverfahren unkritisch nachzuvollziehen, statt es mit den eigenen prozessualen Möglichkeiten zu hinterfragen.

Die Praxis wird nunmehr in der Zukunft einen Weg finden müssen, wie auch unter Regelung der neuen Vorschrift des § 256 StPO dem nach wie vor übergreifenden Gebot der Wahrheitsfindung Rechnung getragen werden kann. Ausdrückliche Begründung der Gesetzesänderung zur Einschränkung des Unmittelbarkeitsprinzips war die Erkenntnis, dass die Qualität des Sachverständigenwesens sich in einem früher nicht gekannten Maße entwickelt habe. Dies rechtfertige deren Sachautorität, die denen der gutachterlich tätig werdenden Behörden gleichzusetzen sei. Geht die neue gesetzliche Regelung als Prämisse von der verlässlichen wissenschaftlich fundierten Arbeit zumindest der vereidigten Sachverständigen aus, dürfte die Verlesbarkeit immer dann in Frage stehen, wenn konkrete Anhaltspunkte bestehen, die diesen Vertrauensvorschuss nicht rechtfertigen. Da das Gesetz insbesondere auf die Tatsache abstellt, dass der Sachverständige für die Erstellung von Gutachten der betreffenden Art allgemein vereidigt ist, ist der derart formulierte Vertrauensvorschuss im konkreten Fall stets sorgfältig im Hinblick auf die Einschränkung des Unmittelbarkeitsprinzips zu untersuchen. Zu berücksichtigen ist insbesondere, dass eine **allgemeine Vereidigung** zu einem sehr weiten Feld der Sachverständigentätigkeit nicht stets das Vertrauen in die Äußerung zu jeder hochspeziellen Thematik innerhalb dieses Bereiches rechtfertigt. Allein die hohe Spezialisierung der zu beantwortenden Gutachterfrage kann unter Umständen dazu führen, die schlichte allgemeine Vereidigung nicht als ausreichenden Rechtfertigungsgrund für die Verlesung nach § 256 StPO anzusehen.

Dabei hat das Gericht zu berücksichtigen, dass ein Vorgehen nach § 256 StPO anderen Verfahrensbeteiligten deren ansonsten unbestrittene Berechtigung entzieht, in einer Hauptverhandlung einen Sachverständigen – auch einen allgemein vereidigten Sachverständigen – im Hinblick auf seine konkrete Sachkunde und seine allgemeine wissenschaftliche Erfahrung zu befragen. Eine Entziehung dieser konkreten individuellen Überprüfungsmöglichkeit ist nur gerechtfertigt, wenn sowohl der Charakter der allgemeinen Vereidigung im konkreten Fall wie auch die Art der zu beantwortenden Gutachterfrage diesen Qualitätsnachweis in ausreichender Form typisiert.

Bei der Auslegung ist es des Weiteren zu berücksichtigen, dass andere Verfahrensbeteiligten nur noch unter sehr eingeschränkten Bedingungen die Möglichkeit haben, eine von ihnen als notwendig erachtete persönliche Befragung eines Sachverständigen zu erreichen. Sieht sich das Gericht nach dem Aufklärungsgrundsatz nicht veranlasst, den Sachverständigen persönlich zu laden, können andere Verfahrensbeteiligte dies lediglich über den Weg eines Beweisantrages erreichen. Das Begehr der Staatsanwaltschaft oder der Verteidigung auf Anhörung eines Sachverständigen kann allerdings unter den Voraussetzungen des § 244 Abs. 4 StPO vom Gericht in der Regel ohne großen Begründungsaufwand abgelehnt werden. Anträge dieser Art sind unter Umständen nur dann erfolgreich, wenn sie massiv konkret die allgemeine Sachkunde oder die Vorgehensweise des Sachverständigen beanstanden; derartige Beweisanträge werden allerdings mangels konkreter Kenntnis des Antragstellers häufig mit dem Hinweis abgelehnt werden können, diese seien „ins Blaue hinein" gestellt. Dies entspricht der bisherigen Praxis, wonach ohne vorhergehende Anhaltspunkte für die Antragsteller im Verfahren sich Zweifel an Gutachten und Gutachter erst aufgrund der mündlichen Beweisaufnahme ergaben. Die konkrete Befragung ist nicht selten ein wirksames Feld, um Missverständnisse oder falsche Ansatzpunkte aufzudecken. Nach der aktuellen Regelung wird das Gericht berücksichtigen müssen, dass nunmehr die Wahrheitsfindung unter Umständen entscheidend von den schriftlichen Angaben eines Sachverständigen abhängt, den niemand der Beteiligten jemals persönlich zu Gesicht bekommen hat.

Prekär erscheint die neue Formulierung des § 256 StPO deswegen, weil das vollständige Gutachten des Sachverständigen verlesbar sein soll, unabhängig davon, ob die Erklärungen des Sachverständigen seine gutachterliche Tätigkeit selbst betreffen oder lediglich „ein Zeugnis" sind. Damit hat das Gesetz der Erfahrungstatsache Rechnung getragen, dass sich nur noch die wenigsten Gutachten auf die reine Vermittlung wissenschaftlich fundierter Erkenntnisse des Sachverständigen beziehen. Gutachten enthalten in der Regel Beurteilungen von Tatsachen, darüber hinaus aber auch die Bekundungen von Tatsachen, die der Sachverständige erst bei Ausführung seines Auftrages festgestellt hat. **Anknüpfungstatsachen, Befundtatsachen und Zusatztatsachen** gehen in der Darstellung des Gutachtens zumeist ineinander über, weshalb es zum aktuellen Standard von Gerichten in der Hauptverhandlung gehört, einen Gutachter sowohl als Sachverständigen als auch als Zeugen zu belehren und zu vereidigen.

Die Differenzierung des Gutachtens nach Anknüpfungs- und Befundtatsachen innerhalb eines einheitlichen Gutachtens ist unpraktikabel, weshalb das Gesetz eine lediglich teilweise zu erfolgende Verlesung eines Gutachtens nicht thematisiert hat. Zwangsläufig wird damit aber nahezu bei jeder Gutachtenverlesung auch eine schriftlich fixierte Wahrnehmung des Sachverständigen in die Hauptverhandlung transportiert, die er als Zeuge gemacht hat. Auch die Verlesung von Zeugenvernehmungen unter Umgehung des Unmittelbarkeitsprinzips ist grundsätzlich nicht unzulässig. Die Entscheidung des Gerichts für eine Verlesung hat allerdings stets das tangierte Recht des Angeklagten und seiner Verteidigung nach Art. 6 Abs. 3d EMRK zu berücksichtigen, wonach ein uneingeschränktes persönliches Konfrontationsrecht mit allen Belastungszeugen besteht. Die fehlende Konfrontation mit dem Sachverständigen berührt die Rechte der Verteidigung, führt aber nicht zwangsläufig zur generellen Unzulässigkeit der Verlesung. Eine ausreichende Kompensation für die Verteidigung an einem anderen Punkt des Verfahrens könnte den gesamten Strafprozess dennoch als fair erscheinen lassen. Auch Verwertungen von Tatsachen, die lediglich einen unwesentlichen Nebenpunkt betreffen, verbieten möglicherweise die Verlesung nicht. Sobald Zeugenbekundungen innerhalb des verlesenen Gutachtens eine – wenn auch nur entfernte – Bedeutung für die Entscheidung des Gerichts entfalten, und sobald Angeklagter oder Verteidiger auch im Ermittlungsverfahren niemals die Gelegenheit zu einer unmittelbaren Ausübung des Fragerechts hatten, könnte eine **Verlesung und Verwertung** gemäß § 256 Abs. 1 Nr. 1b nur unter **Verstoß gegen Art. 6 Abs. 3d EMRK** erfolgen und daher **unzulässig** sein.

Noch massiver kommt dieser Gesichtspunkt bei der Auslegung des neuen § 256 Abs. 1 Nr. 5 StPO zum tragen. Wenn Berichte von Polizeibeamten mit Ausnahme der Vernehmungen generell verlesbar sind, werden ausschließlich Erkenntnisse in die Hauptverhandlung transportiert, die die Ermittlungspersonen als Zeugen gemacht haben. Auch wenn die in den Berichten niedergelegten Wahrnehmungen in der Regel dienstlich veranlasst sind, sind sie nach der Systematik der StPO ausschließlich Zeugenbekundungen und unterfallen damit unmittelbar dem Regelungsgehalt des Art. 6 Abs. III d EMRK. In einer Presseerklärung hat das Bundesjustizministerium mit Hilfe eines Beispielsfalls deutlich gemacht, welchen Regelungsgehalt die neue Vorschrift entfalten sollte:

Beispiel

In einem Ermittlungsverfahren wegen Diebstahls und Hehlerei nimmt ein Kriminalbeamter an einer Hausdurchsuchung teil. Er fertigt ein Protokoll über die von ihm festgestellten Begebenheiten in der durchsuchten Wohnung an, etwa über die aufgefundenen Gegenstände, die Anordnung und Ausstattung der Räume. Für die Aufklärung und Beweisführung in der späteren Hauptverhandlung kommt es auch auf diese Einzelheiten an. Bisher musste der Beamte als Zeuge geladen werden. Nun kann stattdessen das von ihm gefertigte Protokoll verlesen werden. Das Gericht kann auf diese Möglichkeit zurückgreifen, wenn absehbar ist, dass der Beamte vor Gericht ohnehin nicht mehr aussagen könnte als das, was er in seinem Protokoll festgehalten hat. Dadurch kann in vielen Fällen auf die persönliche Vernehmung von Zeugen und Sachverständigen verzichtet, das Verfahren – vor allem in Massensachen – gestrafft und entlastet werden. Zudem spart dies Kosten.

Auch für Massensachen im Strafverfahren gilt die Unschuldsvermutung ebenso wie das unbedingte Gebot der Wahrheitssuche des Gerichts. Der vom Bundesjustizministerium angeführte Beispielsfall verdeutlicht, dass **Typisierungen** im Rahmen von Ermittlungshandlungen **eher seltenen Charakter** haben. Selbst bei einem häufig vorkommenden Delikt, wie Diebstahl und Hehlerei, haben die individuell festgestellten Gesichtspunkte ihren eigenständigen Indizwert bei der Beweisführung. Wenn es auf diese Einzelheiten der Feststellungen eines Beamten „ankommt", ist der Entzug der Befragungsmöglichkeit nicht immer zu begründen.

Der Routinehinweis auf die Tätigkeit von Ermittlungsbeamten muss immer dann fragwürdig sein, wenn routinierte Feststellungen vor Ort zu einem Zeitpunkt erfolgen, zu dem ihr Beweiswert in der Hauptverhandlung noch nicht abgeschätzt werden kann. So kommt es im Beispielsfall möglicherweise auf den exakten Fundort eines Gegenstandes an, wenn sich erst nachträglich in der Hauptverhandlung herausstellt, dass mehrere Personen regelmäßig in der durchsuchten Wohnung lebten. Routine der Polizeiarbeit ist es auch, bei Beteiligung mehrerer Beamter die Verfassung des Berichts einem einzigen zu überlassen. Der Bericht liest sich dann häufig als Erlebnisbericht des Verfassers, obwohl dieser tatsächlich lediglich Informationen über Wahrnehmungen seiner Kollegen in den Bericht einfließen lässt. In allen diesen Fällen wird schon der Aufklärungsgrundsatz das Gericht dazu drängen, ergänzende Informationen durch unmittelbare Befragung des polizeilichen Zeugen einzuholen.

Eingeschränkt wird die Verlesung von Protokollen, soweit diese „eine **Vernehmung** zum Gegenstand haben". Zum einen sollte damit ein noch weitergehender Schritt vermieden werden, wonach Zeugenaussagen über die Verlesung von Protokollen der Vernehmungsbeamten eingeführt werden könnten. Hier hat nach wie vor die unmittelbare Vernehmung des Zeugen auch für das Gericht Vorrang. Die Gesetzesbegründung macht allerdings auch deutlich, dass derartige Zeugenvernehmungen auch nicht mittelbar über anderweitige Vermerke oder Schlussberichte eingeführt werden dürfen. Jeder Zwischen- oder Schlussbericht eines ermittelnden Kriminalbeamten, der sich zur Begründung weiter gehender Ermittlungsmaßnahmen auch auf die Auswertung vorliegender Zeugenaussagen stützt, ist damit von der Verlesung nach § 256 StPO ausgenommen. Fraglich erscheint, welche Qualität die vom Gesetzgeber vorausgesetzte Vernehmung haben muss. Denkbar ist eine Auslegung, wonach lediglich formelle Zeugenbefragungen gemeint sind, die in ein unterschriebenes Protokoll münden, das sich auch in den Akten befindet. Berücksichtigt man jedoch andererseits, dass mit der neuen Gesetzesregelung hinsichtlich der anderen Zeugen jedenfalls der Unmittelbarkeitsgrundsatz unangetastet bleiben sollte, kann es auf die formellen äußeren Umstände einer polizeilichen Zeugenbefragung nicht ankommen. Handelt es sich nicht um so genannte Spontanäußerungen von Zeugen, die ohne jede Aufforderung seitens der Polizeibeamten ihnen gegenüber erfolgen, stellt jede Befragung eine Vernehmung im Sinne des § 256 StPO dar. Auch der Inhalt von „informell" abgegebenen Äußerungen gegenüber Polizeibeamten muss – wenn er für Schuld- und Straffrage bedeutsam ist – durch unmittelbare Befragung in die Hauptverhandlung eingeführt werden.

§ 271 StPO
Sitzungsprotokoll

(1) Über die Hauptverhandlung ist ein Protokoll aufzunehmen und von dem Vorsitzenden und dem Urkundsbeamten der Geschäftsstelle, soweit dieser in der Hauptverhandlung anwesend war, zu unterschreiben. Der Tag der Fertigstellung ist darin anzugeben.
(2) Ist der Vorsitzende verhindert, so unterschreibt für ihn der älteste beisitzende Richter. Ist der Vorsitzende das einzige richterliche Mitglied des Gerichts, so genügt bei seiner Verhinderung die Unterschrift des Urkundsbeamten der Geschäftsstelle.

Einzelbegründung des Gesetzgebers zu § 271 Abs. 1 Satz 1 StPO
Bei der Korrektur in Absatz 1 Satz 1 handelt es sich um eine durch die Ausnahmeregelung in § 226 Abs. 2 begründete Folgeänderung. Das Erfordernis einer Unterschrift des Urkundsbeamten der Geschäftsstelle als Voraussetzung der Beweiskraft des Protokolls rechtfertigt sich ausschließlich durch seine Gegenwart in der Hauptverhandlung.

Die Regelung knüpft an die Änderung des § 226 StPO an. Der Strafrichter kann in der Hauptverhandlung von der Hinzuziehung eines Urkundsbeamten der Geschäftsstelle absehen. Ist nach einer solchen Entscheidung der Strafrichter allein in der Hauptverhandlung anwesend, kann er auch nur allein das Protokoll verantworten. Die Gesetzesänderung hat dem konsequenterweise Rechnung getragen und lässt die einzelne Unterschrift des Strafrichters für diesen Fall ausreichen, um das Protokoll fertig zu stellen. Denkbar sind nach der Neuregelung Hauptverhandlungen, in denen nur teilweise auf die Hinzuziehung eines Urkundsbeamten verzichtet wird. Hier verbleibt es dabei, dass der anwesende Urkundsbeamte, von dessen Hinzuziehung nicht ausdrücklich abgesehen wurde, die Mitverantwortung für das Protokoll trägt. Er hat daher auch diejenigen Protokollteile zu unterschreiben, für die er diese Verantwortung trägt.

§ 286 StPO
Verteidiger

Für den Angeklagten kann ein Verteidiger auftreten. Auch Angehörige des Angeklagten sind, auch ohne Vollmacht, als Vertreter zuzulassen.

Einzelbegründung des Gesetzgebers zu § 286 StPO

Im Verfahren gegen Abwesende ist nach der Abschaffung der Regelvereidigung eine eidliche Vernehmung nach § 286 Abs. 2 nicht mehr geboten.

§ 314 StPO
Frist und Form

(1) Die Berufung muß bei dem Gericht des ersten Rechtszuges binnen einer Woche nach Verkündung des Urteils zu Protokoll der Geschäftsstelle oder schriftlich eingelegt werden.

(2) Hat die Verkündung des Urteils nicht in Anwesenheit des Angeklagten stattgefunden, so beginnt für diesen die Frist mit der Zustellung, sofern nicht in den Fällen der §§ 234, 387 Abs. 1, § 411 Abs. 2 und § 434 Abs. 1 Satz 1 die Verkündung in Anwesenheit des mit schriftlicher Vollmacht versehenen Verteidigers stattgefunden hat.

Einzelbegründung des Gesetzgebers zu § 314 StPO

Die Möglichkeit eines abgekürzten Urteils wird sachgerecht erweitert. Es entlastet die Justiz von erheblichem Formulierungs- und Schreibaufwand, wenn in möglichst großem Umfang von der Abfassung von abgekürzten Urteilen gemäß § 267 Abs. 4, 5 StPO Gebrauch gemacht werden kann. Möglich ist dies u. a., wenn „innerhalb der Frist kein Rechtsmittel eingelegt" wird (§ 267 Abs. 4 Satz 1, Abs. 5 Satz 2 StPO). Grundsätzlich läuft die Frist für die Einlegung von Berufung und Revision ab Urteilsverkündung. Insofern ist recht schnell klar, ob ein abgekürztes Urteil möglich ist. Ab Urteilszustellung läuft die Frist, wenn das Urteil in Abwesenheit des Angeklagten verkündet worden ist. Dies ist im Grundsatz sachgerecht. Ist jedoch ein mit besonderer schriftlicher Vollmacht versehener Verteidiger bei der Urteilsverkündung anwesend, soll es künftig auf dessen Kenntnis ankommen, mit anderen Worten die Rechtsmittelfrist schon ab Verkündung laufen. Vor allem wenn das Gericht den Angeklagten auf dessen Wunsch von der Pflicht zum Erscheinen in der Hauptverhandlung entbunden hat, kann – umgekehrt – dem Angeklagten angesonnen werden, kurzfristig mit dem von ihm mit besonderer Vollmacht versehenen Verteidiger die Rechtsmitteleinlegung abzuklären. Außergewöhnlichen Fällen kann wie auch sonst durch das Institut der Wiedereinsetzung in den vorigen Stand Rechnung getragen werden.

Dass die kurze Berufungsfrist von einer Woche von dem Zeitpunkt an läuft, zu dem der bei der Urteilsverkündung anwesende Angeklagte vor dem Amtsgericht vom Urteil Kenntnis erhalten hat, ist nach wie vor unbestrittener Ausgangspunkt der Fristenregelung. Die Änderung betrifft den Fall des in der Hauptverhandlung bei der Urteilsverkündung nicht anwesenden Angeklagten. Bislang lief diese Frist erst mit der Zustellung des schriftlich abgefassten Urteils. Diese Frist soll nunmehr dann auf die einwöchige Regelung zurückgeführt werden, wenn sich der abwesende Angeklagte die Kenntnis seines in der Hauptverhandlung anwesenden Verteidigers zurechnen lassen muss.

Eine derartige Zurechnung stellt im Strafprozessrecht die Ausnahme dar. Schon sprachlich unterscheidet die Strafprozessordnung zwischen dem Verteidiger und dem Vertreter. Eine Vertretungsmacht, die den anwesenden Verteidiger nicht nur berechtigt, in der Hauptverhandlung Erklärungen im Namen des

Angeklagten abzugeben, sondern darüber hinaus weiter gehende Zurechenbarkeiten schafft, setzt eine ausdrückliche schriftliche Bevollmächtigung voraus. Die von Verteidigern häufig benutzten Vollmachtsformulare enthalten allerdings in der Regel derartige zusätzliche Ermächtigungen. Ob solche zusätzlichen Ermächtigungen aus Verteidigungssicht tatsächlich sinnvoll sind, sind für den Angeklagten und seinen Verteidiger auch im Hinblick auf die neue gesetzliche Regelung zu diskutieren.

Als nachvollziehbares Beispiel für die neue Regelung führt der Gesetzgeber den Fall an, dass das Gericht den Angeklagten auf seinen eigenen Wunsch von der Pflicht zum Erscheinen in der Hauptverhandlung entbunden hat (§ 233 StPO). Dies stellt die einvernehmliche Variante des Verfahrens in Abwesenheit des Angeklagten dar, wie sie auch Grundlage der Vertretung des Angeklagten durch den Verteidiger im Privatklageverfahren (§ 387 StPO), im Strafbefehlsverfahren (§ 411 StPO) und im Einziehungsverfahren (§ 434 StPO) sein dürfte. Darüber hinaus sind jedoch andere Fälle der Urteilsverkündung in Abwesenheit denkbar, die nicht auf diesem gemeinsamen Willen aller Verfahrensbeteiligten beruhen. So kann gemäß § 231 Abs. 2 StPO auch ohne den Angeklagten weiterverhandelt werden, wenn dieser weite Teile der Hauptverhandlung bereits erlebt hat und – beispielsweise nach einer Verhandlungspause – nicht mehr erscheint. Ist ein vertretungsberechtigter Verteidiger weiterhin anwesend, kommt es nach der Urteilsverkündung zum Fristablauf innerhalb einer Woche, obwohl möglicherweise völlig ungeklärt ist, aus welchen Gründen der Angeklagte nicht mehr in der Hauptverhandlung erschienen ist. Gleiches ist denkbar bei Durchführung einer Hauptverhandlung ohne den Angeklagten, der nach Ansicht des Gerichts seine Verhandlungsunfähigkeit vorsätzlich herbeigeführt hat (§ 231a StPO). Ebenso kann in Bagatellsachen (§ 232 StPO) verfahren werden, wenn zu einer Verhandlung in Abwesenheit der Angeklagte zwar nicht seine Zustimmung gegeben hat, er aber auf die Rechtsfolgen in der Ladung hingewiesen worden war.

Die Neuregelung wird die in der Praxis oft vergessene Möglichkeit der Verhandlung in Abwesenheit des Angeklagten wieder verstärkt in das Gesichtsfeld des Richters rücken. Die vom Gesetzgeber angestrebte Arbeitserleichterung durch ein Absehen des oft mühsamen Verfassens von Urteilsgründen ist verlockend. Ob die Interessen des Angeklagten durch diese Verfahrensweise über Gebühr strapaziert sind, wird auch hier die Praxis erweisen. Der Kontakt zwischen dem Angeklagten und seinem Verteidiger ist nicht immer von der geschäftlichen Selbstverständlichkeit, die möglicherweise vom Gesetzgeber vorausgesetzt wird. Die Zurechenbarkeit der Anwesenheit des Verteidigers bei der Urteilsverkündung ist daher nicht immer zwingend eine Kompensation der Abwesenheit des Angeklagten.

§ 341 StPO
Frist und Form

(1) Die Revision muß bei dem Gericht, dessen Urteil angefochten wird, binnen einer Woche nach Verkündung des Urteils zu Protokoll der Geschäftsstelle oder schriftlich eingelegt werden.
(2) Hat die Verkündung des Urteils nicht in Anwesenheit des Angeklagten stattgefunden, so beginnt für diesen die Frist mit der Zustellung, sofern nicht in den Fällen der §§ 234, 387 Abs. 1, § 411 Abs. 2 und § 434 Abs. 1 Satz 1 die Verkündung in Anwesenheit des mit schriftlicher Vollmacht versehenen Verteidigers stattgefunden hat.

Einzelbegründung des Gesetzgebers zu § 341 Abs. 2 StPO
Ebenso wie bei der Ergänzung von § 314 StPO wird auch hier die Möglichkeit eines abgekürzten Urteils (§ 267 Abs. 4, 5 StPO) sachgerecht erweitert, die Begründung zu § 314 StPO gilt auch für § 341 StPO.

Siehe Kommentierung zu § 314 StPO.

§ 354 StPO
Sachentscheidung; Zurückverweisung

(1) Erfolgt die Aufhebung des Urteils nur wegen Gesetzesverletzung bei Anwendung des Gesetzes auf die dem Urteil zugrunde liegenden Feststellungen, so hat das Revisionsgericht in der Sache selbst zu entscheiden, sofern ohne weitere tatsächliche Erörterungen nur auf Freisprechung oder auf Einstellung oder auf eine absolut bestimmte Strafe zu erkennen ist oder das Revisionsgericht in Übereinstimmung mit dem Antrag der Staatsanwaltschaft die gesetzlich niedrigste Strafe oder das Absehen von Strafe für angemessen erachtet.

(1a) Wegen einer Gesetzesverletzung nur bei Zumessung der Rechtsfolgen kann das Revisionsgericht von der Aufhebung des angefochtenen Urteils absehen, sofern die verhängte Rechtsfolge angemessen ist. Auf Antrag der Staatsanwaltschaft kann es die Rechtsfolgen angemessen herabsetzen.

(1b) Hebt das Revisionsgericht das Urteil nur wegen Gesetzesverletzung bei Bildung einer Gesamtstrafe (§§ 53, 54, 55 des Strafgesetzbuches) auf, kann dies mit der Maßgabe geschehen, dass eine nachträgliche gerichtliche Entscheidung über die Gesamtstrafe nach den §§ 460, 462 zu treffen ist. Entscheidet das Revisionsgericht nach Absatz 1 oder Absatz 1a hinsichtlich einer Einzelstrafe selbst, gilt Satz 1 entsprechend. Die Absätze 1 und 1a bleiben im Übrigen unberührt.

(2) In anderen Fällen ist die Sache an eine andere Abteilung oder Kammer des Gerichtes, dessen Urteil aufgehoben wird, oder an ein zu demselben Land gehörendes anderes Gericht gleicher Ordnung zurückzuverweisen. In Verfahren, in denen ein Oberlandesgericht im ersten Rechtszug entschieden hat, ist die Sache an einen anderen Senat dieses Gerichts zurückzuverweisen.

(3) Die Zurückverweisung kann an ein Gericht niederer Ordnung erfolgen, wenn die noch in Frage kommende strafbare Handlung zu dessen Zuständigkeit gehört.

Einzelbegründung des Gesetzgebers zu § 354 Abs. 1a und 1b StPO

Die Vorschrift erweitert die Reaktionsmöglichkeiten des Revisionsgerichts bei Mängeln der Rechtsfolgenentscheidung. Ziel der Neuregelung ist es, Zurückverweisungen an die Vorinstanz wegen solcher Fehler zu vermeiden, die ohne neue Tatsachenfeststellungen unschwer in der Revisionsinstanz hätten behoben werden können; in diesen Fällen erweist sich das geltende Recht als zu schwerfällig. Auf diese Weise sollen die Ressourcen der Justiz insgesamt sinnvoll eingesetzt und das Verfahren beschleunigt werden. Die Neuregelung greift auf einen Vorschlag des Bundesrats im Entwurf eines Zweiten Gesetzes zur Entlastung der Rechtspflege (BT-Drs. 13/4541) zurück.

Stellt das Revisionsgericht einen Rechtsfehler fest, so kann es bereits nach geltendem Recht das angefochtene Urteil gleichwohl aufrecht erhalten, wenn es zu der Überzeugung gelangt, es beruhe auf dem Mangel nicht. Das ist dann der Fall, wenn ausgeschlossen werden kann, dass der Tatrichter eine andere Entscheidung getroffen hätte, wäre er von zutreffenden tatsächlichen oder rechtlichen Erwägungen ausgegangen. Diese, bereits durch § 337 Abs. 1 StPO vorgegebene Möglichkeit, von der Aufhebung eines Urteils abzusehen, wird durch den neuen Abs. 1a Satz 1 in Bezug auf den Rechtsfolgenausspruch behutsam erweitert: Nunmehr sieht das Revisionsgericht bereits dann von einer Aufhebung ab, wenn die verhängte Rechtsfolge nach seiner Meinung angemessen ist; auf die hypothetische Frage, wie der Tatrichter bei zutreffender rechtlicher oder tatsächlicher Bewertung entschieden hätte, kommt es bei dieser Alternative nicht an. Da es sich der Sache nach um eine Verwerfung des Rechtsmittels handelt, kann die Entscheidung des Revisionsgerichts bei Vorliegen der übrigen Voraussetzungen im Beschlusswege nach § 349 Abs. 2 StPO getroffen werden.

Darüber hinausgehend erlaubt der neue Absatz 1a Satz 2 eine angemessene Herabsetzung der Rechtsfolgen durch das Revisionsgericht. Eine eigene Sachentscheidung wird vor allem dann in Betracht zu ziehen sein, wenn – gerade auch mit Blick auf die Bindungswirkung nach § 358 Abs. 1 StPO – absehbar ist, wie der neue Tatrichter im Falle einer Aufhebung und Zurückverweisung entscheiden würde. Zur Wahrung der Gleichbehandlung soll das Revisionsgericht eine solche Entscheidung nur dann treffen können, wenn die Staatsanwaltschaft dies beantragt. Liegt ein solcher Antrag vor, steht dem Revisionsgericht die Entscheidungsmöglichkeit nach § 354 Abs. 1a Satz 2 StPO-neu in vollem Umfang offen. Im Maß der Herabsetzung des Rechtsfolgenausspruches ist es nicht an den Vorschlag der Staatsanwaltschaft gebunden. Die Entscheidung ergeht durch Urteil (§ 349 Abs. 5 StPO). Ob das Revisionsgericht selbst entscheidet oder ob es die Sache an den Tatrichter zurück verweist, steht in seinem pflichtgemäßen Ermessen.

Bei Rechtsfehlern, die ausschließlich die Bildung einer Gesamtstrafe betreffen, eröffnet der neue Absatz 1b Satz 1 die Möglichkeit, den neuen Tatrichter auf eine Entscheidung im Beschlusswege gem. § 460, 462 StPO zu verweisen. Der Rückgriff auf dieses bewährte Verfahren ist geeignet, eine neue zeit- und kostenintensive Hauptverhandlung zu ersparen. Dem Angeklagten entsteht hierdurch kein Rechtsnachteil, er wird vielmehr im Grundsatz so gestellt, als sei die Bildung einer Gesamtstrafe außer Betracht geblieben. Zu seinen Gunsten ist zusätzlich das Verbot der reformatio in peius zu beachten. Die Zuständigkeit des Gerichts, an das die Sache zurück zu verweisen ist, bestimmt sich nach § 462a StPO; dessen Entscheidung ist mit der sofortigen Beschwerde nach Maßgabe des § 462 Abs. 3 StPO anfechtbar. Die Entscheidung des Revisionsgerichts kann nach Maßgabe des § 349 Abs. 4 StPO durch Beschluss ergehen, wenn die übrigen Voraussetzungen dieser Vorschrift gegeben sind.

Nach Absatz 1b Satz 2 kann eine Verweisung auf das Beschlussverfahren auch dann erfolgen, wenn das Revisionsgericht hinsichtlich einer Einzelstrafe nach Maßgabe der Absätze 1 oder 1a selbst entscheidet, sei es, dass diese Strafe in Fortfall kommt, sei es, dass sie angemessen bzw. auf das Mindestmaß herabgesetzt wird. Die Verweisung in Satz 3 auf die Absätze 1 und 1a verdeutlicht, dass die dort bezeichneten Möglichkeiten des Revisionsgerichts, eine eigene Entscheidung über die Gesamtstrafe zu treffen, unberührt bleiben. Das Revisionsgericht kann demzufolge etwa fehlerhaft begründete aber sachlich angemessene Gesamtstrafen bestätigen oder festgestellte Rechtsfehler auf Antrag der Staatsanwaltschaft durch eine angemessene Herabsetzung der Gesamtstrafe ausgleichen.

„Mit der überkommenen Ausgestaltung des Revisionsverfahrens als Rechtsbeschwerdeverfahren ist es regelmäßig nicht zu vereinbaren, dass das Revisionsgericht über das Rechtsmittel anders entscheidet als durch Verwerfung der Revision, durch Schuldspruchberichtigung oder durch die Aufhebung des angefochtenen Urteils und Zurückverweisung der Sache an den Tatrichter zu neuer Verhandlung"[21], so schildert Hanack im umfangreichsten Kommentar zur StPO den Charakter der Entscheidung eines Revisionsgerichts

Angelehnt an dieses Verständnis der Revision formulierte die bisherige Fassung des § 354 StPO Ausnahmen von der Verpflichtung der Senate, die Sache bei Feststellung eines Rechtsfehlers an das Tatgericht zurückzuverweisen. Diese Ausnahmen waren einerseits getragen von der Idee einer sinnvollen Beschleunigung und Vermeidung offensichtlich überflüssiger neuer Hauptverhandlungen. Andererseits versuchte die Regelung den Revisionsgerichten keine Aufgaben aufzubürden, die ausschließlich dem Tatrichter obliegen. Das Revisionsgericht hatte konsequenterweise keine eigenen Bewertungen vorzunehmen, es hatte aus der distanzierten Sicht der bloßen Aktenkenntnis lediglich zuverlässige Prognosen abzugeben, ob die Rechtslage bestimmte Entscheidungen des Tatsachengerichts für die Zukunft ausschloss und daher die Konsequenz der Urteilsaufhebung bereits sicher vom Senat selbst abgeschätzt werden konnte.

Dies hatte die neue Gesetzesfassung geändert. Das Revisionsgericht ist nunmehr gehalten im Rahmen der **Strafzumessung** konkret inhaltlich zu tatrichterlichen Entscheidungen Stellung zu nehmen und diese als **„angemessen"** zu bewerten. Darüber hinausgehend haben die Senate eine ihnen bislang unbekannte Aufgabe zu erfüllen: Sie haben im Einklang mit dem Antrag der Staatsanwaltschaft

---

[21] Löwe/Rosenberg – Hanack, 25. Aufl., § 354 StPO Rn. 1.

unter Umständen in einer abschließenden Entscheidung eine konkrete Strafe festzusetzen, die – wenn auch nur in einer für den Angeklagten günstigeren Form – von dem angefochtenen Urteil des Tatgerichts abweicht.

Die **Neufassung** geht auf die Beharrlichkeit nahezu gleich lautender Gesetzesinitiativen zurück. Bereits vor 10 Jahren hatte der Bundesrat den Entwurf eines so genannten zweiten Rechtspflegeentlastungsgesetzes vorgelegt, der die **erweiterte Befugnis des Revisionsgerichts zur eigenen Sachentscheidung** im Sinne der nunmehr erfolgten Regelung anstrebte.

Anlass für diese Kompetenzerweiterung war die Einschätzung des Gesetzgebers, dass die Ressourcen der Justiz mit Hilfe des „Durchentscheidens" von Revisionsgerichten dann sinnvoll eingesetzt und das Verfahren ausreichend beschleunigt werden könnte, wenn aufgrund der neu fixierten rechtlichen Lage durch das Revisionsgericht die abschließende Entscheidung „unschwer" auch in der Revisionsinstanz getroffen werden kann. Dass eine Zurückverweisung der Sache an das Tatgericht immer „schwerfällig" sein muss, ist notwendige Konsequenz der Struktur des Rechtsmittelsystems in der StPO. Berücksichtigt man allein die **beschleunigte abschließende Erledigung** des Verfahrens als leitendes Kriterium, erscheint die Idee des Gesetzgebers konsequent, die bereits vorhandene Möglichkeit des Revisionsgerichts auszuweiten und von einer Zurückverweisung abzusehen, wenn feststeht, dass auch das Tatgericht keine anderen Konsequenzen gezogen hätte.

Der veränderte Charakter der nunmehr vorzunehmenden Entscheidung wird die Revisionsgerichte allerdings vor nicht gekannte Probleme stellen. Zwar ist die Tatsachenbasis des Strafzumessungsaktes in der Revisionsinstanz gesichert. Die Urteilsfeststellungen geben diese unverrückbar wieder, und auch bei einer Zurückverweisung wäre ein Tatgericht hieran aufgrund der entstandenen Teilrechtskraft gebunden. Der Strafzumessungsakt in der Revisionsinstanz muss dennoch notwendigerweise an einem nicht zu behebenden **Defizit** leiden: Den entscheidenden Revisionsrichtern fehlt jeder **persönliche Eindruck vom Angeklagten**. Die Persönlichkeit des Angeklagten ist aber ein stets in die Strafzumessungserwägungen einzubeziehender Gesichtspunkt (§ 46 StGB). Dieser Faktor einer schuldangemessenen Strafe erschließt sich aufgrund der schriftlich fixierten Feststellungen nur unzureichend.

Wie die Tatsachenfeststellung ist der Strafzumessungsvorgang ein höchst persönlicher richterlicher Akt. Das Revisionsgericht kann den Weg, den der Tatrichter zu seiner Entscheidung beschreitet, rechtlich überprüfen und kritisieren. Der Bewertungsakt selbst entzieht sich rechtlicher Überprüfung.

Während die Tatsachenbasis für die Subsumtion unter eine Strafnorm und damit für die Schuldfrage in ihrem Umfang berechenbar ist, unterliegen Strafzumessungsfaktoren dieser Beschränkung nicht. Der Umfang des Tatsachenmaterials, der in der Beweisaufnahme zur Sprache kommt und in den Urteilsgründen fixiert wird, kann daher in zulässigem Rahmen erheblich variieren und hängt von dem jeweiligen Erkenntnisinteresse des Strafrichters ab. Hiervon ist das Revisionsgericht abhängig, da es selbst keine weitergehenden Tatsachen heranziehen kann. Es können vom Revisionsgericht als wichtig erkannte Strafzumessungsfaktoren nicht herangezogen werden, die sich ohne weiteres aus der Akte ergeben, aber mangels zulässiger Rüge nicht der formalen Kenntnismöglichkeit des Revisionsgerichts unterbreitet wurde. Ebenso können unter Umständen bedeutsame Faktoren nicht berücksichtigt werden, die erst nach Urteilsfällung eingetreten sind. Gibt das Strafurteil zutreffend ein hohes Einkommen des Angeklagten an und berechnet danach den Tagessatz einer verhängten Geldstrafe, so hat nach der insoweit unveränderten gesetzlichen Konzeption das Revisionsgericht die in der Instanz eingetretene Verarmung des Revisionsführers zu ignorieren. Die Angemessenheit einer neu zu verhängenden Strafe kann sich nur auf der Tatsachenbasis des angefochtenen Urteils ergeben.

Die Revisionsgerichte werden die Aufgabe haben, die ihnen neu zugefallene Aufgabe ohne Verlust von Rechtssicherheit stringent zu gestalten. Allein das „ob" des Durchentscheidens bedarf der zwar beschränkten, aber nicht minder verantwortungsvollen Prognose, ob nicht der persönliche Eindruck zur Festsetzung einer neuen Strafe unabdingbar ist; die Zurückverweisung wäre die notwendige

Konsequenz. Auch die Heranziehung von Faktoren, die sich nicht aus den Urteilsgründen selbst ergeben, bedarf einer konsequenten Regelung. Schon nach der aktuellen Rechtsprechung werden beispielsweise Verfahrensverzögerungen, die sich erst nach Urteilsfällung ergeben und damit notwendigerweise nicht aus den Urteilsgründen erkennbar sind, bei den Entscheidungen von Revisionsgerichten zur Zurückverweisung oder Einstellung eines Verfahrens berücksichtigt. Das allein aus Gründen der Praktikabilität vom Gesetzgeber vorgegebene Modell bedarf hier in besonderer Weise der Ausfüllung durch die Rechtsprechung.

Sehr viel unproblematischer dürfte der neue **Abs. 1b** des § 354 in der Praxis sein. Das Gesetz kennt bereits aktuell die Möglichkeit, bei Unterlassung in der Hauptverhandlung nachträglich lediglich aufgrund der Aktenlage eine **Gesamtstrafe** (§ 55 StGB) zu bilden (§§ 460, 462 StPO). Zuständig ist das Gericht des ersten Rechtszuges, bei Verurteilungen verschiedener Gerichte ist das Gericht zuständig, das auf die schwerste Strafe erkannt hat (§ 462a Abs. 3 StPO). Der mitentscheidende persönliche Eindruck des Tatrichters ist zumindest dadurch gewährleistet, dass dieser den Angeklagten zuvor in einer Hauptverhandlung erlebt hat.

Die neue Regelung knüpft an das bestehende System an. Hebt das Revisionsgericht allein wegen einer Frage der fehlerhaften Gesamtstrafenbildung das Urteil auf und verweist die Sache zurück, stellt es nach Ansicht des Gesetzgebers keinen Bruch mit der bisherigen Regelung dar, wenn die neu zu treffende Entscheidung des Tatrichters über die Gesamtstrafe nicht in einer – thematisch sehr beschränkten – Hauptverhandlung stattfindet, sondern der bereits bekannte Weg des schriftlichen Verfahrens gewählt wird.

Nicht mit der notwendigen Klarheit ist durch den neuen Gesetzestext allerdings geregelt, **welches Tatgericht** bei einer Aufhebung des Urteils allein wegen einer Verletzung gemäß §§ 53 bis 55 StGB zur Durchführung des Strafzumessungsverfahrens **zuständig** ist. Die alte nicht berührte Regelung des Abs. 2 in § 354 StPO sieht vor, dass bei einer Zurückweisung die Sache an eine andere Abteilung oder Kammer desjenigen Gerichts zurückzuverweisen ist, dessen Urteil aufgehoben worden ist. Diese allgemeine Zurückweisungsregel würde zu dem Ergebnis führen, dass ein Gericht mit der Sache befasst wird, das bisher keine Hauptverhandlung gegen den Angeklagten geführt hat. Der Vorteil der erhöhten Unbefangenheit der handelnden Richter kollidiert hier mit der Idee der §§ 460, 462 und 462a Abs. 3 StPO, wonach ein schriftliches Strafzumessungsverfahren gerade deswegen ausnahmsweise gerechtfertigt ist, weil das entscheidende Gericht sich in einer zwingend vorhergehenden Hauptverhandlung bereits einen persönlichen Eindruck vom Angeklagten verschafft hat. Auch das mit der Sache bislang nicht befasste neue Tatgericht hätte die Pflicht, noch für notwendig erachtete Ermittlungen anzustellen, in jedem Fall den Angeklagten selbst anzuhören und dies möglicherweise sogar persönlich.

Ob die neue Fassung diesen Weg eröffnet, erscheint allerdings zweifelhaft. Der Gesetzgeber selbst hat dies ausdrücklich nicht beabsichtigt. Die Verweisungsregelung in § 354 Abs. 2 StPO befasst sich nach der Systematik mit prozessualen Folgen der Aufhebung, die von den einzelnen Regelungen des Abs. 1 nicht erfasst sind. Hieraus ist zu schließen, dass nicht nur der Regelungsgehalt hinsichtlich des eigenen Durchentscheidens, sondern auch ein vom Revisionsgericht angeordnetes Verfahren zur nachträglichen Gesamtstrafenbildung gerade nicht von Abs. 2 umfasst wird. Im Ergebnis wird das selbe Tatgericht, dessen Urteil in der Revisionsinstanz wegen einer fehlerhaften Gesamtstrafenbildung aufgehoben wurde, nach den allgemeinen Regeln der §§ 460, 462 und 462a Abs. 3 StPO eine neue Gesamtstrafe bilden müssen.

Bei dieser Lösung würde das Gesetz einen systematischen Bruch und nur beschränkt verständliche Differenzierungen vornehmen. Während die neue Gesamtstrafenbildung vom bislang tätigen Tatgericht vorgenommen werden könnte, würde nach Aufhebung in der Revision eine neue Einzelstrafe von einer anderen Abteilung oder Kammer festgelegt werden. Die Nachteile einer Vorbefassung mit der Sache sind jedoch bei dem zwingend vorgeschriebenen schriftlichen Verfahren tolerabel, da sie durch den Vorteil des vorhergehenden persönlichen Eindrucks vom Angeklagten aufgewogen werden.

§ 374 StPO
Zulässigkeit; Klageberechtigte

(1) Im Wege der Privatklage können vom Verletzten verfolgt werden, ohne daß es einer vorgängigen Anrufung der Staatsanwaltschaft bedarf,

1. ein Hausfriedensbruch (§ 123 des Strafgesetzbuches),
2. eine Beleidigung (§§ 185 bis 189 des Strafgesetzbuches), wenn sie nicht gegen eine der in § 194 Abs. 4 des Strafgesetzbuches genannten politischen Körperschaften gerichtet ist,
3. eine Verletzung des Briefgeheimnisses (§ 202 des Strafgesetzbuches),
4. eine Körperverletzung (§§ 223 und 229 des Strafgesetzbuches),
5. eine Bedrohung (§ 241 des Strafgesetzbuches),
5a. eine Bestechlichkeit oder Bestechung im geschäftlichen Verkehr (§ 299 des Strafgesetzbuches),
6. eine Sachbeschädigung (§ 303 des Strafgesetzbuches),
6a. eine Straftat nach § 323a des Strafgesetzbuches, wenn die im Rausch begangene Tat ein in den Nummern 1 bis 6 genanntes Vergehen ist,
7. eine Straftat nach den §§ 4, 6c, 15, 17, 18 und 20 des Gesetzes gegen den unlauteren Wettbewerb,
8. eine Straftat nach § 142 Abs. 1 des Patentgesetzes, § 25 Abs. 1 des Gebrauchsmustergesetzes, § 10 Abs. 1 des Halbleiterschutzgesetzes, § 39 Abs. 1 des Sortenschutzgesetzes, § 143 Abs. 1, § 143a Abs. 1 und § 144 Abs. 1 und 2 des Markengesetzes, § 51 Abs. 1 und § 65 Abs. 1 des Geschmacksmustergesetzes, den §§ 106 bis 108 sowie § 108b Abs. 1 und 2 des Urheberrechtsgesetzes und § 33 des Gesetzes betreffend das Urheberrecht an Werken der bildenden Künste und der Photographie.

(2) Die Privatklage kann auch erheben, wer neben dem Verletzten oder an seiner Stelle berechtigt ist, Strafantrag zu stellen. Die in § 77 Abs. 2 des Strafgesetzbuches genannten Personen können die Privatklage auch dann erheben, wenn der vor ihnen Berechtigte den Strafantrag gestellt hat.

(3) Hat der Verletzte einen gesetzlichen Vertreter, so wird die Befugnis zur Erhebung der Privatklage durch diesen und, wenn Körperschaften, Gesellschaften und andere Personenvereine, die als solche in bürgerlichen Rechtsstreitigkeiten klagen können, die Verletzten sind, durch dieselben Personen wahrgenommen, durch die sie in bürgerlichen Rechtsstreitigkeiten vertreten werden.

Einzelbegründung des Gesetzgebers zu § 374 Abs. 1 StPO

Die Ausgestaltung der Privatklagedelikte soll einer umfassenden Überprüfung unterzogen werden. Daher soll hier zunächst von der Einfügung der Nr. 2a abgesehen und nur die Nr. 6a neu eingefügt werden.

§ 380 StPO
Sühneversuch

(1) Wegen Hausfriedensbruchs, Beleidigung, Verletzung des Briefgeheimnisses, Körperverletzung (§§ 223 und 229 des Strafgesetzbuches), Bedrohung und Sachbeschädigung ist die Erhebung der Klage erst zulässig, nachdem von einer durch die Landesjustizverwaltung zu bezeichnenden Vergleichsbehörde die Sühne erfolglos versucht worden ist. Gleiches gilt wegen einer Straftat nach § 323a des Strafgesetzbuches, wenn die im Rausch begangene Tat ein in Satz 1 genanntes Vergehen ist. Der Kläger hat die Bescheinigung hierüber mit der Klage einzureichen.

(2) Die Landesjustizverwaltung kann bestimmen, daß die Vergleichsbehörde ihre Tätigkeit von der Einzahlung eines angemessenen Kostenvorschusses abhängig machen darf.

(3) Die Vorschriften der Absätze 1 und 2 gelten nicht, wenn der amtliche Vorgesetzte nach § 194 Abs. 3 oder § 230 Abs. 2 des Strafgesetzbuches befugt ist, Strafantrag zu stellen.

(4) Wohnen die Parteien nicht in demselben Gemeindebezirk, so kann nach näherer Anordnung der Landesjustizverwaltung von einem Sühneversuch abgesehen werden.

Einzelbegründung des Gesetzgebers zu § 380 Abs. 1 StPO

Folgeänderung zu Nr. 16: Nachdem die in Nr. 16 genannten Fälle des Vollrausches in den Katalog der Privatklagedelikte aufgenommen werden, ist es sachgerecht, auch die Vorschrift des § 380 Abs. 1 StPO, die einen Sühneversuch vorsieht, um solche Fälle des Vollrausches, die ein in § 380 Abs. 1 Satz 1 genanntes Vergehen betreffen, zu erweitern.

§ 408a StPO
Antrag nach Eröffnung des Hauptverfahrens

(1) Ist das Hauptverfahren bereits eröffnet, so kann im Verfahren vor dem Strafrichter und dem Schöffengericht die Staatsanwaltschaft einen Strafbefehlsantrag stellen, wenn die Voraussetzungen des § 407 Abs. 1 Satz 1 und 2 vorliegen und wenn der Durchführung einer Hauptverhandlung das Ausbleiben oder die Abwesenheit des Angeklagten oder ein anderer wichtiger Grund entgegensteht. In der Hauptverhandlung kann der Staatsanwalt den Antrag mündlich stellen; der wesentliche Inhalt des Strafbefehlsantrages ist in das Sitzungsprotokoll aufzunehmen. § 407 Abs. 1 Satz 4, § 408 finden keine Anwendung.

(2) Der Richter hat dem Antrag zu entsprechen, wenn die Voraussetzungen des § 408 Abs. 3 Satz 1 vorliegen. Andernfalls lehnt er den Antrag durch unanfechtbaren Beschluß ab und setzt das Hauptverfahren fort.

Einzelbegründung des Gesetzgebers zu § 408a Abs. 1 StPO

Die Ergänzung von § 408a soll es dem Strafrichter und dem Schöffengericht ermöglichen, dass sie in der Hauptverhandlung jederzeit nicht nur auf schriftlichen, sondern auch auf mündlichen Antrag der Staatsanwaltschaft einen Strafbefehl erlassen können, wenn der Angeklagte nicht erscheint. Dies beschleunigt den Ablauf des Verfahrens. Um für alle Beteiligten Klarheit zu schaffen, welchen Antrag der Staatsanwalt in der Hauptverhandlung mündlich gestellt hat, ist der wesentliche Inhalt des Strafbefehlsantrages in das Sitzungsprotokoll aufzunehmen.

Die Neugestaltung der Vorschrift **erleichtert minimal** den Übergang von einer Hauptverhandlung in das Strafbefehlsverfahren. Die Voraussetzungen hierfür sind vom Gesetzgeber unverändert gelassen worden. Erscheint der Angeklagte nicht in der Hauptverhandlung und sind die Voraussetzungen des Strafbefehlsverfahrens gegeben, kann die Verfahrenslage für den Richter Anlass bieten, den verkürzten Weg des Strafbefehlsverfahrens einzuschlagen.

Hierfür war und ist ein entsprechender Antrag der Staatsanwaltschaft erforderlich. Nach der alten Gesetzeslage bestand kein Zweifel daran, dass dieser Antrag vom Staatsanwalt schriftlich zu stellen war. Da der Sitzungsvertreter der Staatsanwaltschaft regelmäßig nicht auf die Abwesenheit des Angeklagten vorbereitet gewesen war, hatte er diesen Antrag zumeist handschriftlich zu stellen, oder die Akten waren zur entsprechenden Antragstellung an die Staatsanwaltschaft zurückgereicht worden. Die neue Gesetzeslage nutzt nunmehr die Möglichkeit der Arbeitserleichterung durch eine mündliche Antragsstellung einerseits und die Fixierung des Antragsinhalts durch das Protokoll andererseits. Letztlich wird dem Staatsanwalt lediglich die Schreibarbeit abgenommen.

Unverändert bleibt allerdings die Notwendigkeit, dass der Antrag des Staatsanwalts inhaltlich den in § 409 Abs. 1 StPO vorgeschriebenen Inhalt haben muss. Auch der mündlich gestellte Antrag ist auf eine bestimmte Rechtsfolge zu richten und muss die vorgeschriebenen Belehrungen enthalten.

§ 411 StPO
Hauptverhandlung nach Einspruch

(1) Ist der Einspruch verspätet eingelegt oder sonst unzulässig, so wird er ohne Hauptverhandlung durch Beschluß verworfen; gegen den Beschluß ist sofortige Beschwerde zulässig. Andernfalls wird Termin zur Hauptverhandlung anberaumt. Hat der Angeklagte seinen Einspruch auf die Höhe der Tagessätze einer festgesetzten Geldstrafe beschränkt, kann das Gericht mit Zustimmung des Angeklagten, des Verteidigers und der Staatsanwaltschaft ohne Hauptverhandlung durch Beschluss entscheiden; von der Festsetzung im Strafbefehl darf nicht zum Nachteil des Angeklagten abgewichen werden; gegen den Beschluss ist sofortige Beschwerde zulässig.

(2) Der Angeklagte kann sich in der Hauptverhandlung durch einen mit schriftlicher Vollmacht versehenen Verteidiger vertreten lassen. § 420 ist anzuwenden.

(3) Die Klage und der Einspruch können bis zur Verkündung des Urteils im ersten Rechtszug zurückgenommen werden. § 303 gilt entsprechend. Ist der Strafbefehl im Verfahren nach § 408a erlassen worden, so kann die Klage nicht zurückgenommen werden.

(4) Bei der Urteilsfällung ist das Gericht an den im Strafbefehl enthaltenen Ausspruch nicht gebunden, soweit Einspruch eingelegt ist.

Einzelbegründung des Gesetzgebers zu § 411 Abs. 1 StPO

Die Ergänzung von § 411 StPO schafft eine vereinfachte Möglichkeit, zugunsten des Angeklagten im Beschlussverfahren die Höhe der Tagessätze einer Geldstrafe zu überprüfen. Im Strafbefehlsverfahren sind häufig das Nettoeinkommen und die Verpflichtungen des Angeklagten nicht genau bekannt; insbesondere wenn er hierzu im Ermittlungsverfahren keine Angaben gemacht hat, werden die Grundlagen für die Bemessung des Tagessatzes üblicherweise geschätzt (§ 40 Abs. 3 StGB). Vielfach verschlechtern sich die Einkommensverhältnisse des Angeklagten nach seiner polizeilichen Vernehmung. Legt er nur deshalb gegen einen Strafbefehl Einspruch ein, weil die Tagessatzhöhe unrichtig festgesetzt wurde, führt die bisher notwendige Durchführung einer Hauptverhandlung jedenfalls dann zu einem überflüssigen Aufwand für alle Beteiligten, wenn der Angeklagte seine finanziellen Verhältnisse durch schriftliche Belege (Lohnabrechnung, Bescheid über Arbeitslosengeld oder Sozialhilfe, Kontoauszüge) darlegen kann und eine weitere Aufklärung durch eine mündliche Anhörung nicht zu erwarten ist. In diesen Fällen erhält das Gericht die Möglichkeit, mit Zustimmung des Angeklagten, des Verteidigers und der Staatsanwaltschaft – die schriftlich vorliegen sollte und seitens des Angeklagten und des Verteidigers bereits mit der beschränkten Einlegung ihres Einspruchs erklärt werden kann – ohne mündliche Verhandlung durch Beschluss, der mit der sofortigen Beschwerde angegriffen werden kann, die Höhe des Tagessatzes angemessen herabzusetzen oder aufrechtzuerhalten. Die erforderliche Zustimmung des Verteidigers folgt aus seiner unabhängigen Stellung sowie seiner Kontroll- und Aufklärungsfunktion und stellt sicher, dass er rechtzeitig von dem geplanten Beschlussverfahren informiert wird und dessen Vor- und Nachteile mit dem Angeklagten besprechen kann.

Der Entwurf des Bundesrates zur Änderung des Strafbefehlsverfahrens hatte sehr viel weiter gehende Modifikationen vorgesehen, als diese tatsächlich Gesetz geworden sind. Der nunmehr neu eingefügte Satz 2 in § 411 Abs. 1 StPO war jedoch weder im Entwurf der Bundesregierung noch im Entwurf des Bundesrates vorgesehen. Er fand Eingang erst in den Diskussionen des Rechtsausschusses des Bundestages.

Die in der Begründung niedergelegte Idee der Beschleunigung ist nachvollziehbar, ob sie allerdings in der Praxis tatsächlich umgesetzt werden kann, erscheint fraglich. Will das Gericht nach
Beschränkung des Einspruchs auf die Höhe der Tagessätze entsprechend der Neuregelung im
Beschlussverfahren entscheiden, hat es zuvor die Zustimmung des Angeklagten, des Verteidigers und der Staatsanwaltschaft einzuholen. Dieser Vorgang könnte sich aus Sicht des Gerichts
als sehr viel zeitraubender darstellen als die Durchführung einer Hauptverhandlung, deren Vorbereitung angesichts des beschränkten Beweisstoffes dem Gericht keine allzu große Mühe bereiten dürfte.

§ 418 StPO
Antrag der Staatsanwaltschaft

(1) Stellt die Staatsanwaltschaft den Antrag, so wird die Hauptverhandlung sofort oder in kurzer
Frist durchgeführt, ohne daß es einer Entscheidung über die Eröffnung des Hauptverfahrens bedarf. Zwischen dem Eingang des Antrags bei Gericht und dem Beginn der Hauptverhandlung
sollen nicht mehr als sechs Wochen liegen.
(2) Der Beschuldigte wird nur dann geladen, wenn er sich nicht freiwillig zur Hauptverhandlung
stellt oder nicht dem Gericht vorgeführt wird. Mit der Ladung wird ihm mitgeteilt, was ihm zur
Last gelegt wird. Die Ladungsfrist beträgt vierundzwanzig Stunden.
(3) Der Einreichung einer Anklageschrift bedarf es nicht. Wird eine solche nicht eingereicht, so
wird die Anklage bei Beginn der Hauptverhandlung mündlich erhoben und ihr wesentlicher Inhalt
in das Sitzungsprotokoll aufgenommen. § 408a gilt entsprechend.
(4) Ist eine Freiheitsstrafe von mindestens sechs Monaten zu erwarten, so wird dem Beschuldigten, der noch keinen Verteidiger hat, für das beschleunigte Verfahren vor dem Amtsgericht ein
Verteidiger bestellt.

Einzelbegründung des Gesetzgebers zu § 418 StPO

Zu Buchstabe a

Durch die Ergänzung von Absatz 1 sollen in der Justizpraxis aufgetretene Unsicherheiten bei der
zeitlichen Begrenzung der Anwendung des beschleunigten Verfahrens durch klare gesetzliche
Vorgaben beseitigt und so die Anwendung des beschleunigten Verfahrens gefördert werden.

Während der 1. Strafsenat des Oberlandesgerichts Stuttgart zur geltenden Fassung des § 418 Abs.1
entschieden hat, dass die Zeitspanne zwischen der Antragstellung der Staatsanwaltschaft und der
Hauptverhandlung vor dem Amtsgericht zwei Wochen allenfalls unwesentlich überschreiten darf
(vgl. Beschluss vom 28. Januar 1998 – 1 Ss 9/98; Beschluss vom 19. Juni 1998 – 1 Ss 331/98,
StV 1998, 479 = Die Justiz 1998, 536; Beschluss vom 11. August 1998 – 1 Ws 123/98), haben
das Oberlandesgericht Hamburg (NStZ 1999, 266) und das Oberlandesgericht Karlsruhe (StV
1999, 364 = NJW 1999, 3061) offen gelassen, ob dieser kurze Zeitraum als Maßstab für die Feststellung der Ungeeignetheit einer Aburteilung im beschleunigten Verfahren anzulegen ist. Der
Geschäftsgang bei großen Amtsgerichten lässt die Einhaltung einer Zwei-Wochen-Frist häufig
nicht zu. Daher hat zuletzt die 73. Konferenz der Justizministerinnen und -minister im Juni 2002
um Prüfung gebeten, ob das beschleunigte Verfahren durch gesetzliche Änderungen praxisge-
rechter ausgestaltet werden kann.

Die als Soll-Bestimmung in Absatz 1 Satz 2 ausgestaltete Frist von sechs Wochen verdeutlicht,
dass ein beschleunigtes Verfahren auch überdurchschnittlich schnell abgeschlossen werden muss
(Zum Vergleich: Die durchschnittliche Dauer der gerichtlichen Verfahren vor den Amtsgerichten
belief sich im Jahre 2001 im Bundesdurchschnitt auf 4 Monate). Zudem muss die Einhaltung
möglichst kurzer Fristen für das beschleunigte Verfahren durch personelle, organisatorische und

technische Maßnahmen der Landesjustizverwaltungen sichergestellt werden. Die Frist von sechs Wochen ist dann ausreichend bemessen, um den Verhältnissen auch bei Großstadtgerichten hinreichend Rechnung zu tragen.

Als Sollvorschrift ist die Regelung flexibel genug, um das beschleunigte Verfahren nicht an einer Fristüberschreitung aus nicht vorhersehbaren, das Verfahren verzögernden Ereignissen scheitern zu lassen. Auf die Einführung einer starren Frist wird bewusst verzichtet, weil sie die Akzeptanz des beschleunigten Verfahrens in der Praxis ganz erheblich beeinträchtigen kann, da eine – im Einzelfall berechtigte – Überschreitung der Frist um nur einen Tag Rechtsmittel auslösen kann. Für manchen mag eine feste gesetzliche Frist Anlass sein, das Verfahren aus sachwidrigen Gründen zu verzögern, um so die Durchführung des beschleunigten Verfahrens zu verhindern.

Zu Buchstabe b

Die Ergänzung von § 418 Abs. 3 erweitert die Möglichkeit des § 408a, innerhalb oder außerhalb der Hauptverhandlung einen Strafbefehl zu erlassen, auf das beschleunigte Verfahren, wenn der Beschuldigte nicht erscheint oder der Hauptverhandlung ein anderer wichtiger Grund entgegensteht. Bisher ist § 408a auf das beschleunigte Verfahren nicht anwendbar, weil er einen Eröffnungsbeschluss voraussetzt, der im beschleunigten Verfahren fehlt. Deshalb wird auch nur die „entsprechende" Geltung von § 408a angeordnet.

Die Möglichkeit der Staatsanwaltschaft, in diesen Fällen ihren Antrag auf Entscheidung im beschleunigten Verfahren zurückzunehmen und anschließend - außerhalb der Hauptverhandlung - einen Strafbefehlsantrag zu stellen (vgl. LR-Gössel, StPO, 25. Aufl., § 408a Rn. 16), bleibt davon unberührt. Die Ergänzung um § 408a eröffnet daher der Staatsanwaltschaft und dem Gericht eine zusätzliche Reaktionsmöglichkeit.

Als Anlass der Regelung rekurriert die Begründung des Bundesministeriums der Justiz auf angeblich „aufgetretene Unsicherheiten" hinsichtlich der zeitlichen Begrenzung des beschleunigten Verfahrens. In Literatur und Rechtsprechung sind diese Unsicherheiten allerdings nicht belegbar. Nicht nur das Oberlandesgericht Stuttgart, das in der Begründung angeführt wird, sondern auch andere Oberlandesgerichte hatten eine Höchstfrist von zwei Wochen formuliert. Darüber hinausgehende Vorstellungen gab es in der Literatur und Rechtsprechung nicht. Dementsprechend war die eigentliche Antriebsfeder für die gesetzgeberische Initiative die auch in der Begründung beschriebene Problematik im „Geschäftsgang bei großen Amtsgerichten". Es waren damit **organisatorische Defizite**, die zum gesetzgeberischen Signal einer erheblichen **Verlängerung der bislang im beschleunigten Verfahren üblichen Fristen** geführt hat.

Bestand die Absicht des Gesetzgebers darin, in der Praxis das beschleunigte Verfahren häufiger zur Anwendung kommen zu lassen, steht demgegenüber zu befürchten, dass diesem Verfahrenstypus durch die Fristverlängerung endgültig eine Nebenrolle im Prozessgeschehen zugewiesen wird. Das Verbrechensbekämpfungsgesetz hatte noch im Jahre 1997 die Akzeptanz des beschleunigten Verfahrens fördern wollen. Das Ziel des Verfahrens bestand darin, bei gleichzeitiger Entlastung von Staatsanwaltschaft und Gerichten in einfach gelagerten Fällen eine Aburteilung zu ermöglichen, die der Tat auf dem Fuße folgt. Der enge zeitliche Zusammenhang zwischen Tat und Urteil war in der bisherigen Rechtsprechung mit der Zwei-Wochen-Frist numerisch fixiert worden. Deutlich wird eine solche Vorstellung auch in der Vorschrift zur so genannten Hauptverhandlungshaft, wonach ein Festgenommener in Haft verbleiben darf, wenn die Durchführung des beschleunigten Verfahrens erwartet werden kann. Die Länge dieser möglichen Haft ist im Gesetz auf „höchstens eine Woche" fixiert (§ 127b StPO).

Die nunmehr angeführte Frist von sechs Wochen, die darüber hinaus auch noch überschritten werden kann, bricht nicht nur mit den bisherigen Vorstellungen von dem engen zeitlichen Zusammenhang zwischen Tat und Urteil, sie nimmt möglicherweise auch den Besonderheiten des beschleunigten Verfahrens endgültig ihre Rechtfertigung. Bereits unter der geltenden Rechtslage waren insbesondere die vereinfachten Möglichkeiten der Beweisaufnahme (§ 420 StPO) kritisiert worden. Nähert sich die Durchführung des beschleunigten Verfahrens nunmehr zunehmend der allgemeinen Dauer normaler amtsgerichtlicher Verfahren an, dürfte es Zweifel geben, ob die bislang von der Rechtsprechung formulierte Einschätzung („noch verfassungsgemäß") aufrechterhalten werden kann. Liegen zwischen Tat und Verhandlung mehrere Wochen, so kann die mit dem beschleunigten Verfahren verbundene **Einschränkung rechtsstaatlicher Garantien** für den Angeklagten **unzumutbar** werden. Ist die Länge dieser Wartezeit lediglich auf organisatorische Schwierigkeiten des Amtsgerichts zurückzuführen, lässt sich eine Rechtfertigung dieser Einschränkung ohne Verstoß gegen die dem Angeklagten zustehenden Rechte aus Art. 6 Abs. 1 EMRK nicht begründen.

Die neue Regelung wird daher sehr viel häufiger als unter dem früheren Rechtszustand zu dem Ergebnis führen, dass ein Fall für das beschleunigte Verfahren nicht geeignet und daher ein entsprechender Antrag der Staatsanwaltschaft zurückzuweisen ist.

Die Ergänzung des § 418 **Abs. 3** StPO sieht den **Übergang vom beschleunigten Verfahren in das Strafbefehlsverfahren** vor, falls – wie in § 408a StPO geregelt – der Angeklagte in der Hauptverhandlung nicht erscheint. Der Umgang der Praxis mit der neuen Regelung wird zeigen, inwieweit die Gefahr besteht, dass der Angeklagte hinsichtlich seines Rechts auf rechtliches Gehör beschnitten wird. Die in § 408a StPO geregelte Normalsituation setzt voraus, dass der Angeklagte, der zu einer Hauptverhandlung nicht erscheint, zuvor jedenfalls Kenntnis von der Anklageschrift erhalten hat. Da das beschleunigte Verfahren gerade nicht vorsieht, dass der Angeklagte vor der Hauptverhandlung eine schriftliche Anklageschrift erhält, ist der ihm dann zugestellte Strafbefehl möglicherweise die erste Formulierung des Tatvorwurfs. Hiergegen kann er zwar Einspruch einlegen und damit eine Hauptverhandlung erzwingen. Die Konstellation kann allerdings dazu führen, dass ihm faktisch jede Mitwirkung in dem sehr kurzen Ermittlungsverfahren verwehrt ist. Auch bei Anwendung des neuen § 418 Abs. 3 Satz 2 StPO ist daher vor Erlass eines Strafbefehls durch den Richter zu überprüfen, ob der Verfahrensverlauf eine solche Beschneidung der Rechte zur Folge haben kann.

§ 468 StPO
Kostentragung bei Straffreiheit

Bei wechselseitigen Beleidigungen wird die Verurteilung eines oder beider Teile in die Kosten dadurch nicht ausgeschlossen, daß einer oder beide für straffrei erklärt werden.

Einzelbegründung des Gesetzgebers zu § 468 StPO

Es handelt sich um eine redaktionelle Korrektur. Der frühere § 233 StGB, der eine Regelung für wechselseitig begangene Körperverletzungen enthalten hat, ist mit dem 6. Gesetz zur Reform des Strafrechts (6. StRG) vom 26. Januar 1998 aufgehoben worden.

Artikel 4
Änderung des Jugendgerichtsgesetzes (JGG)

§ 49 JGG
Vereidigung von Zeugen und Sachverständigen

(aufgehoben)

Einzelbegründung des Gesetzgebers zu § 49 JGG

Durch die Aufhebung des § 49 JGG werden die Sondervorschriften über die Vereidigung im Jugendstrafverfahren beseitigt. Für diese Vorschriften besteht infolge der Abschaffung der Regelvereidigung im Verfahren nach der Strafprozessordnung kein Bedürfnis mehr.

Artikel 5
Änderung des Gesetzes über Ordnungswidrigkeiten (OWiG)

Einzelbegründung des Gesetzgebers zur Änderung des OWiG

Da die Regelungen zum Bußgeldverfahren in erheblichem Umfang an die Regelungen der StPO anknüpfen, machen die in Artikel 3 vorgesehenen Änderungen der StPO mehrere Folgeänderungen im Bereich des OWiG erforderlich.

§ 46 OWiG
Anwendung der Vorschriften über das Strafverfahren

(1) Für das Bußgeldverfahren gelten, soweit dieses Gesetz nichts anderes bestimmt, sinngemäß die Vorschriften der allgemeinen Gesetze über das Strafverfahren, namentlich der Strafprozeßordnung, des Gerichtsverfassungsgesetzes und des Jugendgerichtsgesetzes.
(2) Die Verfolgungsbehörde hat, soweit dieses Gesetz nichts anderes bestimmt, im Bußgeldverfahren dieselben Rechte und Pflichten wie die Staatsanwaltschaft bei der Verfolgung von Straftaten.
(3) Anstaltsunterbringung, Verhaftung und vorläufige Festnahme, Beschlagnahme von Postsendungen und Telegrammen sowie Auskunftsersuchen über Umstände, die dem Post- und Fernmeldegeheimnis unterliegen, sind unzulässig. § 160 Abs. 3 Satz 2 der Strafprozeßordnung über die Gerichtshilfe ist nicht anzuwenden. Ein Klageerzwingungsverfahren findet nicht statt. Die Vorschriften über die Beteiligung des Verletzten am Verfahren und über das länderübergreifende staatsanwaltschaftliche Verfahrensregister sind nicht anzuwenden; dies gilt nicht für § 406e der Strafprozeßordnung.
(4) § 81a Abs. 1 Satz 2 der Strafprozeßordnung ist mit der Einschränkung anzuwenden, daß nur die Entnahme von Blutproben und andere geringfügige Eingriffe zulässig sind. In einem Strafverfahren entnommene Blutproben und sonstige Körperzellen, deren Entnahme im Bußgeldverfahren nach Satz 1 zulässig gewesen wäre, dürfen verwendet werden. Die Verwendung von Blutproben

und sonstigen Körperzellen zur Durchführung einer Untersuchung im Sinne des § 81e der Strafprozeßordnung ist unzulässig.

(5) Die Anordnung der Vorführung des Betroffenen und der Zeugen, die einer Ladung nicht nachkommen, bleibt dem Richter vorbehalten. Die Haft zur Erzwingung des Zeugnisses (§ 70 Abs. 2 der Strafprozessordnung) darf sechs Wochen nicht überschreiten.

(6) Im Verfahren gegen Jugendliche und Heranwachsende kann von der Heranziehung der Jugendgerichtshilfe (§ 38 des Jugendgerichtsgesetzes) abgesehen werden, wenn ihre Mitwirkung für die sachgemäße Durchführung des Verfahrens entbehrlich ist.

(7) Im gerichtlichen Verfahren entscheiden beim Amtsgericht Abteilungen für Bußgeldsachen, beim Landgericht Kammern für Bußgeldsachen und beim Oberlandesgericht sowie beim Bundesgerichtshof Senate für Bußgeldsachen.

(8) Die Vorschriften zur Durchführung des § 191 a Abs. 1 Satz 1 des Gerichtsverfassungsgesetzes im Bußgeldverfahren sind in der Rechtsverordnung nach § 191 a Abs. 2 des Gerichtsverfassungsgesetzes zu bestimmen.

Einzelbegründung des Gesetzgebers zu § 46 Abs. 5 OWiG

Die Aufhebung des § 48 Abs. 1 OWiG ist Folge der Abschaffung der Regelvereidigung im Strafverfahren. Änderungen der bisherigen Rechtslage ergeben sich hierdurch im Bußgeldverfahren nur insoweit, als nunmehr eine Vereidigung im Vorverfahren nur noch unter den engeren Voraussetzungen des § 62 StPO-E (bisher: § 65 StPO) zulässig ist. Nach der bisherigen Rechtslage wird § 65 StPO durch § 48 Abs. 1 OWiG verdrängt und ist daher im Vorverfahren nicht anwendbar (KK-Lampe, OWiG, 2. Aufl., § 48 Rn. 9). Der Entwurf stellt insoweit die Parallelität von Straf- und Bußgeldverfahren her.

Bei einer isolierten Streichung des Absatzes 1 würde die bisherige Regelung von § 48 Abs. 2 OWiG nunmehr den alleinigen Regelungsinhalt von § 48 OWiG darstellen. Aus systematischen Gründen erscheint es jedoch nicht sinnvoll, den beschränkten Regelungsgehalt des bisherigen Absatzes 2 als selbständigen Paragrafen in das OWiG einzustellen. Die Regelung des bisherigen Absatzes 2 wird daher – unverändert – an § 46 Abs. 5 OWiG angefügt, der bereits jetzt u.a. Modifikationen der Vorschriften über die zwangsweise Durchsetzung der Zeugenpflichten enthält. § 48 OWiG kann somit insgesamt aufgehoben werden.

Inhaltlich ist keine Änderung der Gesetzeslage im Ordnungswidrigkeitenrecht erkennbar. Der bisherige § 48 Abs. 2 findet sich jetzt im § 46 Abs. 5 OWiG wieder. Im Übrigen ist § 48 OWiG vollständig aufgehoben worden. Bislang stellte § 48 OWiG gegenüber den Vorschriften der StPO eine Sonderregelung dar. Gegenüber der Regelvereidigung der Strafprozessordnung alter Fassung hat § 48 OWiG vorgesehen, dass Zeugen nur ausnahmsweise vereidigt werden, wenn das Gericht dies wegen der ausschlaggebenden Bedeutung der Aussage oder zur Herbeiführung einer wahren Aussage für notwendig hält. Diese Ausnahmeregelung ist nunmehr zum Regelfall nach der StPO in der geänderten Form geworden. Bei gleich gelagertem Regelungsgehalt zwischen OWiG und StPO bedurfte es daher keiner Sondervorschrift mehr im Ordnungswidrigkeitenrecht.

§ 48 OWiG
Zeugen

(aufgehoben)

Auf die Begründung zu § 46 Abs. 5 OWiG wird verwiesen.

§ 53 OWiG
Aufgaben der Polizei

(1) Die Behörden und Beamten des Polizeidienstes haben nach pflichtgemäßem Ermessen Ordnungswidrigkeiten zu erforschen und dabei alle unaufschiebbaren Anordnungen zu treffen, um die Verdunkelung der Sache zu verhüten. Sie haben bei der Erforschung von Ordnungswidrigkeiten, soweit dieses Gesetz nichts anderes bestimmt, dieselben Rechte und Pflichten wie bei der Verfolgung von Straftaten. Ihre Akten übersenden sie unverzüglich der Verwaltungsbehörde, in den Fällen des Zusammenhangs (§ 42) der Staatsanwaltschaft.

(2) Die Beamten des Polizeidienstes, die zu Ermittlungspersonen der Staatsanwaltschaft bestellt sind (§ 152 des Gerichtsverfassungsgesetzes), können nach den für sie geltenden Vorschriften der Strafprozeßordnung Beschlagnahmen, Durchsuchungen, Untersuchungen und sonstige Maßnahmen anordnen.

Einzelbegründung des Gesetzgebers zu § 53 Abs. 2 OWiG

Wegen der Ersetzung des Begriffs „Hilfsbeamten" durch den Begriff „Ermittlungspersonen" wird auf die Begründung zu § 152 Abs. 1 GVG (Artikel 12a Nr. 2) verwiesen.

§ 63 OWiG
Beteiligung der Verwaltungsbehörde

(1) Hat die Staatsanwaltschaft die Verfolgung der Ordnungswidrigkeit übernommen (§ 42), so haben die mit der Ermittlung von Ordnungswidrigkeiten betrauten Angehörigen der sonst zuständigen Verwaltungsbehörde dieselben Rechte und Pflichten wie die Beamten des Polizeidienstes im Bußgeldverfahren. Die sonst zuständige Verwaltungsbehörde kann Beschlagnahmen, Notveräußerungen, Durchsuchungen und Untersuchungen nach den für Ermittlungspersonen der Staatsanwaltschaft geltenden Vorschriften der Strafprozeßordnung anordnen.

(2) Der sonst zuständigen Verwaltungsbehörde sind die Anklageschrift und der Antrag auf Erlaß eines Strafbefehls mitzuteilen, soweit sie sich auf eine Ordnungswidrigkeit beziehen.

(3) Erwägt die Staatsanwaltschaft in den Fällen des § 40 oder § 42 das Verfahren wegen der Ordnungswidrigkeit einzustellen, so hat sie die sonst zuständige Verwaltungsbehörde zu hören. Sie kann davon absehen, wenn für die Entschließung die besondere Sachkunde der Verwaltungsbehörde entbehrt werden kann.

Einzelbegründung des Gesetzgebers zu § 63 Abs. 1 Satz 1 OWiG

Wegen der Ersetzung des Begriffs „Hilfsbeamten" durch den Begriff „Ermittlungspersonen" wird auf die Begründung zu § 152 Abs. 1 GVG (Artikel 12a Nr. 2) verwiesen.

§ 77a OWiG
Vereinfachte Art der Beweisaufnahme

(1) Die Vernehmung eines Zeugen, Sachverständigen oder Mitbetroffenen darf durch Verlesung von Niederschriften über eine frühere Vernehmung sowie von Urkunden, die eine von ihnen stammende schriftliche Äußerung enthalten, ersetzt werden.

(2) Erklärungen von Behörden und sonstigen Stellen über ihre dienstlichen Wahrnehmungen, Untersuchungen und Erkenntnisse sowie über diejenigen ihrer Angehörigen dürfen auch dann verlesen werden, wenn die Voraussetzungen des § 256 der Strafprozeßordnung nicht vorliegen.

(3) Das Gericht kann eine behördliche Erklärung (Absatz 2) auch fernmündlich einholen und deren wesentlichen Inhalt in der Hauptverhandlung bekanntgeben. Der Inhalt der bekanntgegebenen Erklärung ist auf Antrag in das Protokoll aufzunehmen.

(4) Das Verfahren nach den Absätzen 1 bis 3 bedarf der Zustimmung des Betroffenen, des Verteidigers und der Staatsanwaltschaft, soweit sie in der Hauptverhandlung anwesend sind. § 251 Abs. 1 Nr. 2 und 3, Abs. 2 Nr. 1 und 2, Abs. 3 und 4 sowie die §§ 252 und 253 der Strafprozeßordnung bleiben unberührt.

Einzelbegründung des Gesetzgebers zu § 77a Abs. 4 OWiG

Es handelt sich um eine rein redaktionelle Korrektur, weil Absatz 4 zwei Sätze hat, von denen nur Satz 2 geändert werden soll.

§ 78 OWiG
Weitere Verfahrensvereinfachungen

(1) Statt der Verlesung eines Schriftstücks kann das Gericht dessen wesentlichen Inhalt bekanntgeben; dies gilt jedoch nicht, soweit es auf den Wortlaut des Schriftstücks ankommt. Haben der Betroffene, der Verteidiger und der in der Hauptverhandlung anwesende Vertreter der Staatsanwaltschaft von dem Wortlaut des Schriftstücks Kenntnis genommen oder dazu Gelegenheit gehabt, so genügt es, die Feststellung hierüber in das Protokoll aufzunehmen. Soweit die Verlesung von Schriftstücken von der Zustimmung der Verfahrensbeteiligten abhängig ist, gilt dies auch für das Verfahren nach den Sätzen 1 und 2.

(2) § 273 Abs. 2 der Strafprozeßordnung ist nicht anzuwenden.

(3) Im Verfahren gegen Jugendliche gilt § 78 Abs. 3 des Jugendgerichtsgesetzes entsprechend.

(4) Wird gegen einen Jugendlichen oder Heranwachsenden eine Geldbuße festgesetzt, so kann der Jugendrichter zugleich eine Vollstreckungsanordnung nach § 98 Abs. 1 treffen.

(5) (aufgehoben)

Einzelbegründung des Gesetzgebers zu § 78 Abs. 5 OWiG

Der durch Artikel 3 Nr. 8 dieses Entwurfs neu eingefügte § 226 Abs. 2 StPO-E gilt über die Verweisung des § 71 Abs. 1 OWiG auch im Bußgeldverfahren. Damit ist die bisherige Sonderregelung des § 78 Abs. 5 OWiG entbehrlich geworden und kann aufgehoben werden.

§ 79 OWiG
Rechtsbeschwerde

(1) Gegen das Urteil und den Beschluß nach § 72 ist Rechtsbeschwerde zulässig, wenn

1. gegen den Betroffenen eine Geldbuße von mehr als zweihundertfünfzig Euro festgesetzt worden ist,

2. eine Nebenfolge angeordnet worden ist, es sei denn, daß es sich um eine Nebenfolge vermögensrechtlicher Art handelt, deren Wert im Urteil oder im Beschluß nach § 72 auf nicht mehr als zweihundertfünfzig Euro festgesetzt worden ist,

3. der Betroffene wegen einer Ordnungswidrigkeit freigesprochen oder das Verfahren eingestellt oder von der Verhängung eines Fahrverbotes abgesehen worden ist und wegen der Tat im Bußgeldbescheid oder Strafbefehl eine Geldbuße von mehr als sechshundert Euro festgesetzt, ein Fahrverbot verhängt oder eine solche Geldbuße oder ein Fahrverbot von der Staatsanwaltschaft beantragt worden war,

4. der Einspruch durch Urteil als unzulässig verworfen worden ist oder

5. durch Beschluß nach § 72 entschieden worden ist, obwohl der Beschwerdeführer diesem Verfahren rechtzeitig widersprochen hatte.

Gegen das Urteil ist die Rechtsbeschwerde ferner zulässig, wenn sie zugelassen wird (§ 80).

(2) Hat das Urteil oder der Beschluß nach § 72 mehrere Taten zum Gegenstand und sind die Voraussetzungen des Absatzes 1 Satz 1 Nr. 1 bis 3 oder Satz 2 nur hinsichtlich einzelner Taten gegeben, so ist die Rechtsbeschwerde nur insoweit zulässig.

(3) Für die Rechtsbeschwerde und das weitere Verfahren gelten, soweit dieses Gesetz nichts anderes bestimmt, die Vorschriften der Strafprozeßordnung und des Gerichtsverfassungsgesetzes über die Revision entsprechend. § 342 der Strafprozeßordnung gilt auch entsprechend für den Antrag auf Wiedereinsetzung in den vorigen Stand nach § 72 Abs. 2 Satz 2 Halbsatz 1.

(4) Die Frist für die Einlegung der Rechtsbeschwerde beginnt mit der Zustellung des Beschlusses nach § 72 oder des Urteils, wenn es in Abwesenheit des Beschwerdeführers verkündet und dieser dabei auch nicht nach § 73 Abs. 3 durch einen schriftlich bevollmächtigten Verteidiger vertreten worden ist.

(5) Das Beschwerdegericht entscheidet durch Beschluß. Richtet sich die Rechtsbeschwerde gegen ein Urteil, so kann das Beschwerdegericht auf Grund einer Hauptverhandlung durch Urteil entscheiden.

(6) Hebt das Beschwerdegericht die angefochtene Entscheidung auf, so kann es abweichend von § 354 der Strafprozeßordnung in der Sache selbst entscheiden oder sie an das Amtsgericht, dessen Entscheidung aufgehoben wird, oder an ein anderes Amtsgericht desselben Landes zurückverweisen.

Einzelbegründung des Gesetzgebers zu § 79 Abs. 4 und 6 OWiG

Die Änderung in Absatz 4 ist eine Folgeanpassung zu Artikel 3 Nr. 15b (§ 341 Abs. 2 StPO) und greift im Kern Artikel 4 Nr. 8 Buchstabe b des Entwurfs eines Zweiten Gesetzes zur Entlastung der Rechtspflege (BT-Drs. 13/4541) auf. Auch im Bußgeldverfahren soll die Rechtsbeschwerdefrist bereits dann mit Verkündung zu laufen beginnen, wenn der abwesende Beschwerdeführer bei der Verkündung durch einen schriftlich bevollmächtigten Verteidiger vertreten war (§ 73 Abs. 3 OWiG). Ein Auseinanderfallen mit dem Fristbeginn für den Antrag auf Wiedereinsetzung nach § 74 Abs. 4 OWiG ist insoweit nicht zu befürchten, als nach herrschender Meinung eine solche Wiedereinsetzung in den Fällen des § 74 Abs. 1 OWiG bei einer Vertretung nach § 73 Abs. 3 OWiG nicht in Betracht kommt und in den Fällen des § 74 Abs. 2 OWiG nicht zugleich eine wirksame Vertretung nach § 73 Abs. 3 OWiG vorliegen kann (vgl. Karlsruher Kommentar, OWiG, 2. Aufl., § 73 Rdnr. 40 und § 74 Rdnr. 20). Für Nebenbeteiligte im Verfahren nach § 87 OWiG i.V.m. § 46 Abs. 1 OWiG, §§ 430 ff. StPO ergibt sich bereits aus § 436 Abs. 4 Satz 1 i.V.m. § 434 Abs. 1 Satz 1 StPO, dass bei Anwesenheit des Nebenbeteiligten oder seines Vertreters die Frist mit Urteilsverkündung beginnt (Karlsruher Kommentar, a.a.O., § 87 Rdnr. 60); für die Beteiligung einer juristischen Person oder Personenvereinigung gilt Entsprechendes (§ 88 O-WiG i.V.m. § 46 Abs. 1 OWiG, §§ 444 Abs. 2, 436 Abs. 4 Satz 1, 434 Abs. 1 Satz 1 StPO).

Die angestrebte Entlastungswirkung wird nicht dadurch in Frage gestellt, dass die Ingangsetzung der Rechtsbeschwerdefrist gegenüber der nicht an der Hauptverhandlung teilnehmenden Staatsanwaltschaft unverändert der Zustellung des Urteils an sie bedarf, da ihr hierzu, wenn sie nicht ausnahmsweise eine schriftliche Begründung beantragt hat, das Urteil ohne Gründe zugestellt werden kann (vgl. § 77b Abs. 1 Satz 2 OWiG).

Die Änderung in Absatz 6 ist eine Folgeänderung zu Artikel 3 Nr. 15c (§ 354 Abs. 1a und 1b StPO).

Auch im Ordnungswidrigkeitenrecht verfolgt das 1. Justizmodernisierungsgesetz die Tendenz, dem in der Hauptverhandlung nicht anwesenden Betroffenen, der sich zulässiger Weise von einem schriftlich bevollmächtigten Verteidiger vertreten lässt, dessen Kenntnis von der Urteilsverkündung auch bei der Fristberechnung zuzurechnen. Auf die Kommentierung zu § 314 StPO und § 341 StPO wird ausdrücklich verwiesen. Die Berechnung zur Einlegung der Berufung und der Revision in der StPO sind bereits ähnlich ausgestaltet.

Die Bedeutung der Abwesenheitsverurteilung dürfte im Ordnungswidrigkeitenrecht sehr viel größer sein als im allgemeinen Strafverfahren. Das Gericht hat gemäß § 73 OWiG die Möglichkeit, den Betroffenen vom Erscheinen in der Hauptverhandlung zu entbinden. Der Betroffene wiederum kann sich zur Wahrnehmung seiner Rechte in der Hauptverhandlung durch ein schriftlich bevollmächtigten Verteidiger vertreten lassen. Ist dieser Verteidiger auch bei der Urteilsverkündung anwesend, läuft die einwöchige Frist zur Einlegung der Rechtsmittelbeschwerde mit Verkündung am Ende der Hauptverhandlung.

Größeres Augenmerk ist daher wieder auf die Zulässigkeit der Vertretung durch den Verteidiger zu werfen. Auch im Ordnungswidrigkeitenrecht ist der Verteidiger grundsätzlich Beistand und nicht Vertreter. Soll er über seine übliche Verteidigungsfunktion hinaus den Betroffenen auch hinsichtlich aller Prozesserklärungen vertreten können, bedarf dies einer besonderen zusätzlichen und eindeutigen schriftlichen Vollmacht. Ist bei der Urteilsverkündung lediglich ein Verteidiger anwesend, der sich gerade nicht durch eine derartige zusätzliche Bevollmächtigung auszeichnet, greift die neue Regelung nicht. Die Rechtsmittelfrist wird dann erst mit der Zustellung der schriftlichen Urteilsgründe in Gang gesetzt.

§ 80a OWiG
Besetzung der Bußgeldsenate der Oberlandesgerichte

(1) Die Bußgeldsenate der Oberlandesgerichte sind mit einem Richter besetzt, soweit nichts anderes bestimmt ist.
(2) Die Bußgeldsenate der Oberlandesgerichte sind mit drei Richtern einschließlich des Vorsitzenden besetzt in Verfahren über Rechtsbeschwerden in den in § 79 Abs. 1 Satz 1 bezeichneten Fällen, wenn eine Geldbuße von mehr als fünftausend Euro oder eine Nebenfolge vermögensrechtlicher Art im Wert von mehr als fünftausend Euro festgesetzt oder beantragt worden ist. Der Wert einer Geldbuße und der Wert einer vermögensrechtlichen Nebenfolge werden gegebenenfalls zusammengerechnet.
(3) In den in Absatz 1 bezeichneten Fällen überträgt der Richter die Sache dem Bußgeldsenat in der Besetzung mit drei Richtern, wenn es geboten ist, das Urteil oder den Beschluss nach § 72 zur Fortbildung des Rechts oder zur Sicherung einer einheitlichen Rechtsprechung nachzuprüfen. Dies gilt auch in Verfahren über eine zugelassene Rechtsbeschwerde, nicht aber in Verfahren über deren Zulassung.

Einzelbegründung des Gesetzgebers zu § 80a OWiG

Der Ausschuss befürwortet die Übernahme dieses in den Entwürfen eines Justizbeschleunigungs-
gesetzes des Bundesrates und der CDU/CSU-Fraktion enthalten Vorschlags zur weiteren Ausdehnung des Einzelrichterprinzips bei den OLG-Bußgeldsenaten. In ihrer Stellungnahme zum Bundesratsentwurf hat sich auch die Bundesregierung bereit erklärt, diesen mitzutragen (BT-Drs.
15/1491, S. 42; vgl. bereits BT-Drs. 15/780, S. 7).

Begründung zum Gesetzentwurf des Bundesrates (BTDrucks. 15/1491, S. 33)

Die Neufassung legt die durch das Gesetz zur Änderung des Gesetzes über Ordnungswidrigkeiten
und anderer Gesetze vom 26. Januar 1998 (BGBl. I S. 156, 340; 1999, I S. 1237) erstmals eingeführte Einzelrichterbesetzung bei den Bußgeldsenaten der Oberlandesgerichte in Umkehrung der
bisherigen Rechtslage als Regel, die Dreierbesetzung hingegen als Ausnahme fest. Damit soll
dem bereits mit der genannten Gesetzesänderung angestrebten Ziel einer spürbaren Entlastung der
Oberlandesgerichte im Ordnungswidrigkeitenbereich zum Erfolg verholfen werden. Denn der
Bundesgerichtshof hat mit Beschluss vom 28. Juli 1998 entschieden, dass dem bisherigen Gesetzeswortlaut in Verfahren über Rechtsbeschwerden der Bußgeldsenat nach wie vor in der Besetzung mit drei Richtern entscheidet, wenn in dem angefochtenen Urteil ein Fahrverbot verhängt
worden ist (vgl. BGHSt 44, 145). Da die Fahrverbotsfälle aber gerade den Großteil der Rechtsbeschwerden ausmachen, ist durch diese Rechtsprechung das mit der Gesetzesänderung explizit verfolgte Ziel der nennenswerten Entlastung der Oberlandesgerichte nicht erreicht worden. Der Bundesgerichtshof hat allerdings in dem o.g. Beschluss ausdrücklich festgestellt, dass der Gesetzgeber, sollte er auch die Entscheidung über ein Fahrverbot dem Einzelrichter zuweisen wollen, dies
durch eine einfach vorzunehmende Gesetzesänderung mit einer Umdrehung des in § 80a OWiG
bislang enthaltenen Regel-Ausnahme-Verhältnisses zu Gunsten der Dreierbesetzung erreichen
kann. Zwar wurde in der genannten Novelle des Ordnungswidrigkeitengesetzes die generelle
Rechtsbeschwerdemöglichkeit entgegen den ursprünglichen Bestrebungen, bei Fahrverboten von
maximal einem Monat Dauer das Rechtsmittel der Rechtsbeschwerde zu streichen, unter Berufung auf den damit verbundenen, verhältnismäßig schweren Eingriff aufrechterhalten. Dies rechtfertigt aber nicht die Schlussfolgerung, dass in diesen Fällen zwingend auch der Senat in Dreierbesetzung zu entscheiden hat. Die Frage des Zugangs zum Gericht ist von der Frage der Besetzung zu trennen. Auch soll bei den Oberlandesgerichten zeitgemäß verhandelt werden. was ein
Amtsrichter kann, muss auch ein Richter am Oberlandesgericht können – nämlich eine Entscheidung alleine treffen. Der gesamte Senat soll nur noch in wirklich bedeutenden Fällen zusammen-
treten. Dies wird künftig dann der Fall sein, wenn eine Geldbuße und/oder eine vermögensrechtli-
che Nebenfolge festgesetzt oder beantragt worden ist, deren Wert – allein oder zusammengerechnet – 5 000 Euro übersteigt, oder wenn dem Senat in der Besetzung mit drei Richtern die Entscheidung zur Fortbildung des Rechts oder zur Sicherung der Rechtseinheitlichkeit übertragen
worden ist. In Verfahren über die Zulassung von Rechtsbeschwerden wird immer der Einzelrichter entscheiden.

Die bisherige Regelung des § 80a OWiG sah eine Regelbesetzung der Bußgeldsenate von drei
Richtern vor. Ausnahmen formulierte allerdings schon die alte Regelung: Die Besetzung mit einem
Richter war zulässig in Verfahren über Rechtsbeschwerden, wenn eine Geldbuße nicht mehr als
5 000,00 EUR betrug sowie in Verfahren über die Zulassung der Rechtsbeschwerde. Die Neuregelung kehrt das Regel-Ausnahme-Verhältnis um und erklärt die Besetzung mit einem Richter zum
Regelfall. Weiter gehende Änderungen der Kompetenzen sind aber mit dieser Regelung (vorläufig)
nicht verbunden.

§ 83 OWiG
Verfahren bei Ordnungswidrigkeiten und Straftaten

(1) Hat das Verfahren Ordnungswidrigkeiten und Straftaten zum Gegenstand und werden einzelne Taten nur als Ordnungswidrigkeiten verfolgt, so gelten für das Verfahren wegen dieser Taten auch § 46 Abs. 3, 4, 5 Satz 2 und Abs. 7, die §§ 47, 49, 55, 76 bis 78, 79 Abs. 1 bis 3 sowie § 80.

(2) Wird in den Fällen des Absatzes 1 gegen das Urteil, soweit es nur Ordnungswidrigkeiten betrifft, Rechtsbeschwerde und im übrigen Berufung eingelegt, so wird eine rechtzeitig und in der vorgeschriebenen Form eingelegte Rechtsbeschwerde, solange die Berufung nicht zurückgenommen oder als unzulässig verworfen ist, als Berufung behandelt. Die Beschwerdeanträge und deren Begründung sind gleichwohl in der vorgeschriebenen Form anzubringen und dem Gegner zuzustellen (§§ 344 bis 347 der Strafprozeßordnung); einer Zulassung nach § 79 Abs. 1 Satz 2 bedarf es jedoch nicht. Gegen das Berufungsurteil ist die Rechtsbeschwerde nach § 79 Abs. 1 und 2 sowie § 80 zulässig.

(3) Hebt das Beschwerdegericht das Urteil auf, soweit es nur Ordnungswidrigkeiten betrifft, so kann es in der Sache selbst entscheiden.

Einzelbegründung des Gesetzgebers zu § 83 Abs 1 OWiG

Es handelt sich um Folgeänderungen der Aufhebung von § 48 OWiG und der Überführung des bisherigen Absatzes 2 dieser Vorschrift in § 46 Abs. 5 OWiG (im Einzelnen siehe oben zu den Nummern 1 bis 3).

Artikel 6
Änderung der Verwaltungsgerichtsordnung (VwGO)

§ 26 VwGO
Wahlausschuß

(1) Bei jedem Verwaltungsgericht wird ein Ausschuß zur Wahl der ehrenamtlichen Richter bestellt.

(2) Der Ausschuß besteht aus dem Präsidenten des Verwaltungsgerichts als Vorsitzendem, einem von der Landesregierung bestimmten Verwaltungsbeamten und sieben Vertrauensleuten als Beisitzern. Die Vertrauensleute, ferner sieben Vertreter werden aus den Einwohnern des Verwaltungsgerichtsbezirks vom Landtag oder von einem durch ihn bestimmten Landtagsausschuß oder nach Maßgabe eines Landesgesetzes gewählt. Sie müssen die Voraussetzungen zur Berufung als ehrenamtliche Richter erfüllen. Die Landesregierungen werden ermächtigt, durch Rechtsverordnung die Zuständigkeit für die Bestimmung des Verwaltungsbeamten abweichend von Satz 1 zu regeln. Sie können diese Ermächtigung auf oberste Landesbehörden übertragen. In den Fällen des § 3 Abs. 2 richtet sich die Zuständigkeit für die Bestellung des Verwaltungsbeamten sowie des Landes für die Wahl der Vertrauensleute nach dem Sitz des Gerichts. Die Landesgesetzgebung kann in diesen Fällen vorsehen, dass jede beteiligte Landesregierung einen Verwaltungsbeamten in den Ausschuss entsendet und dass jedes beteiligte Land mindestens zwei Vertrauensleute bestellt.

(3) Der Ausschuß ist beschlußfähig, wenn wenigstens der Vorsitzende, ein Verwaltungsbeamter und drei Vertrauensleute anwesend sind.

Einzelbegründung des Gesetzgebers zu § 26 VwGO

Die Änderungen werden vor dem Hintergrund der beabsichtigten Errichtung eines gemeinsamen Oberverwaltungsgerichts der Länder Berlin und Brandenburg vorgeschlagen. Die Verwaltungsgerichtsordnung gestattet in § 3 Abs. 2 VwGO zwar eine ländergrenzenübergreifende Zusammenarbeit auf dem Gebiet der Verwaltungsgerichtsbarkeit, so unter anderem die Errichtung gemeinsamer Gerichte mehrerer Länder, trifft aber keine Regelung zur Frage, wie in diesem Fall der Ausschuss zur Wahl der ehrenamtlichen Richter (§ 26 VwGO) besetzt sein soll. Dies soll durch die vorgeschlagene Ergänzung des § 26 Abs. 2 VwGO geändert werden, die sich inhaltlich an § 23 Abs. 2 Satz 3 und 4 FGO anlehnt. Bei der vorgeschlagenen Änderung des § 26 Abs. 3 VwGO handelt es sich um eine redaktionelle Folgeänderung.

In § 26 Abs. 2 VwGO sind die beiden letzten Sätze neu angefügt worden. In Abs. 3 sind die Wörter „der Verwaltungsbeamte" durch die Wörter „ein Verwaltungsbeamter" ersetzt worden. Für die Prozesspraxis sind die Änderungen ohne Bedeutung. Sie sind alleine dadurch begründet, dass die Länder Berlin und Brandenburg die Errichtung eines gemeinsamen Oberverwaltungsgerichts beabsichtigen.

§ 60 VwGO
Wiedereinsetzung in den vorigen Stand

(1) Wenn jemand ohne Verschulden verhindert war, eine gesetzliche Frist einzuhalten, so ist ihm auf Antrag Wiedereinsetzung in den vorigen Stand zu gewähren.

(2) Der Antrag ist binnen zwei Wochen nach Wegfall des Hindernisses zu stellen; bei Versäumung der Frist zur Begründung der Berufung, des Antrags auf Zulassung der Berufung, der Revision, der Nichtzulassungsbeschwerde oder der Beschwerde beträgt die Frist einen Monat. Die Tatsachen zur Begründung des Antrags sind bei der Antragstellung oder im Verfahren über den Antrag glaubhaft zu machen. Innerhalb der Antragsfrist ist die versäumte Rechtshandlung nachzuholen. Ist dies geschehen, so kann die Wiedereinsetzung auch ohne Antrag gewährt werden.

(3) Nach einem Jahr seit dem Ende der versäumten Frist ist der Antrag unzulässig, außer wenn der Antrag vor Ablauf der Jahresfrist infolge höherer Gewalt unmöglich war.

(4) Über den Wiedereinsetzungsantrag entscheidet das Gericht, das über die versäumte Rechtshandlung zu befinden hat.

(5) Die Wiedereinsetzung ist unanfechtbar.

Einzelbegründung des Gesetzgebers zu § 60 VwGO

Mit der Erweiterung der Wiedereinsetzungsfrist für die Rechtsbehelfsbegründungsfristen wird die in Artikel 1 Nr. 7 für die Zivilprozessordnung vorgeschlagene Änderung im Interesse einheitlicher Regelungen in den unterschiedlichen Gerichtsbarkeiten für die Verwaltungsgerichtsordnung nachvollzogen.

Es handelt sich um eine Parallelregelung zur Neufassung des § 234 ZPO, die im Sinne einer einheitlichen Regelung der Wiedereinsetzungsfristen vorgenommen wurde. Auf die Kommentierung zu § 234 ZPO in diesem Buch wird verwiesen.

§ 87a VwGO
Entscheidung des Vorsitzenden

(1) Der Vorsitzende entscheidet, wenn die Entscheidung im vorbereitenden Verfahren ergeht,
1. über die Aussetzung und das Ruhen des Verfahrens;
2. bei Zurücknahme der Klage, Verzicht auf den geltend gemachten Anspruch oder Anerkenntnis des Anspruchs, auch über einen Antrag auf Prozesskostenhilfe;
3. bei Erledigung des Rechtsstreits in der Hauptsache, auch über einen Antrag auf Prozesskostenhilfe;
4. über den Streitwert;
5. über Kosten;
6. über die Beiladung.

(2) Im Einverständnis der Beteiligten kann der Vorsitzende auch sonst anstelle der Kammer oder des Senats entscheiden.

(3) Ist ein Berichterstatter bestellt, so entscheidet dieser anstelle des Vorsitzenden.

Einzelbegründung des Gesetzgebers zu § 87a VwGO

Der Entwurf des Justizmodernisierungsgesetzes erweitert das Alleinentscheidungsrecht des Vorsitzenden/Berichterstatters im vorbereitenden Verfahren u.a. auf nach Erledigung der Hauptsache noch offene Prozesskostenhilfeanträge. Es ist konsequent, dies auch für noch offene Prozesskostenhilfeanträge in den Fällen des § 87a Abs. 1 Nr. 2 VwGO (Klagerücknahme, Anspruchsverzicht, Anerkenntnis) vorzusehen.

Begründung zum Entwurf der Bundesregierung zu § 87a VwGO (BTDrucks. 15/1508, S. 28)

Mit den Änderungen in § 87a wird die Alleinentscheidungsbefugnis des Vorsitzenden bzw. des Berichterstatters, die ihnen im vorbereitenden Verfahren (vor der mündlichen Verhandlung) eingeräumt ist, in zwei Punkten erweitert. Im Interesse der Verfahrensstraffung und der Spruchkörperentlastung soll der Vorsitzende/Berichterstatter künftig ohne Beteiligung der Kammer auch entscheiden können über nach Erledigung der Hauptsache noch offene Prozesskostenhilfeanträge (Buchstabe a); im vorbereitenden Verfahren sollen ferner Beiladungsbeschlüsse vom Vorsitzenden bzw. Berichterstatter allein erlassen werden können (Buchstabe b). Entsprechende Änderungen sind für das finanz- und das zweitinstanzliche sozialgerichtliche Verfahren vorgesehen.

Durch die Änderungen des § 87a VwGO kann der Vorsitzende/Berichterstatter auch ohne Beteiligung der Kammer über offene Prozesskostenhilfeanträge nach Erledigung der Hauptsache, nach Klagerücknahme, nach Anspruchsverzicht und nach Anerkenntnis entscheiden. Er entscheidet darüber hinaus über Beiladungen im vorbereitenden Verfahren.

§ 92 VwGO
Klagerücknahme

(1) Der Kläger kann bis zur Rechtskraft des Urteils seine Klage zurücknehmen. Die Zurücknahme nach Stellung der Anträge in der mündlichen Verhandlung setzt die Einwilligung des Beklagten und, wenn ein Vertreter des öffentlichen Interesses an der mündlichen Verhandlung teilgenommen hat, auch seine Einwilligung voraus. Die Einwilligung gilt als erteilt, wenn der Klagerücknahme nicht innerhalb von zwei Wochen seit Zustellung des die Rücknahme enthaltenden Schriftsatzes widersprochen wird; das Gericht hat auf diese Folge hinzuweisen.

(2) Die Klage gilt als zurückgenommen, wenn der Kläger das Verfahren trotz Aufforderung des Gerichts länger als zwei Monate nicht betreibt. Absatz 1 Satz 2 und 3 gilt entsprechend. Der Kläger ist in der Aufforderung auf die sich aus Satz 1 und § 155 Abs. 2 ergebenden Rechtsfolgen hinzuweisen. Das Gericht stellt durch Beschluß fest, daß die Klage als zurückgenommen gilt.

(3) Ist die Klage zurückgenommen oder gilt sie als zurückgenommen, so stellt das Gericht das Verfahren durch Beschluß ein und spricht die sich nach diesem Gesetz ergebenden Rechtsfolgen der Zurücknahme aus. Der Beschluß ist unanfechtbar.

Einzelbegründung des Gesetzgebers zu § 92 VwGO

Zu Buchstabe a (Abs.1)

Der Regelungsvorschlag vollzieht die in § 269 Abs. 2 Satz 4 ZPO vorgesehene Möglichkeit der Einwilligungsfiktion bei Klagerücknahme für die Verwaltungsgerichtsordnung nach. Auch im verwaltungsgerichtlichen Verfahren kann die Einwilligungsfiktion Rückfragen beim Klagegegner erübrigen und damit eine raschere Einstellung nach Klagerücknahme ermöglichen.

Zu Buchstabe b (Abs. 2)

Es handelt sich um eine Folgeänderung zu Buchstabe a).

Es handelt sich um eine Parallelregelung zu § 269 Abs. 2 Satz 4 ZPO auch im Verwaltungsprozess. Auf die Kommentierung zu § 269 ZPO in diesem Buch wird verwiesen.

§ 124a VwGO
Zulassung der Berufung

(1) Das Verwaltungsgericht lässt die Berufung in dem Urteil zu, wenn die Gründe des § 124 Abs. 2 Nr. 3 oder Nr. 4 vorliegen. Das Oberverwaltungsgericht ist an die Zulassung gebunden. Zu einer Nichtzulassung der Berufung ist das Verwaltungsgericht nicht befugt.

(2) Die Berufung ist, wenn sie von dem Verwaltungsgericht zugelassen worden ist, innerhalb eines Monats nach Zustellung des vollständigen Urteils bei dem Verwaltungsgericht einzulegen. Die Berufung muss das angefochtene Urteil bezeichnen.

(3) Die Berufung ist in den Fällen des Absatzes 2 innerhalb von zwei Monaten nach Zustellung des vollständigen Urteils zu begründen. Die Begründung ist, sofern sie nicht zugleich mit der Einlegung der Berufung erfolgt, bei dem Oberverwaltungsgericht einzureichen. Die Begründungsfrist kann auf einen vor ihrem Ablauf gestellten Antrag von dem Vorsitzenden des Senats verlängert werden. Die Begründung muss einen bestimmten Antrag enthalten sowie die im Einzelnen anzuführenden Gründe der Anfechtung (Berufungsgründe). Mangelt es an einem dieser Erfordernisse, so ist die Berufung unzulässig.

(4) Wird die Berufung nicht in dem Urteil des Verwaltungsgerichts zugelassen, so ist die Zulassung innerhalb eines Monats nach Zustellung des vollständigen Urteils zu beantragen. Der Antrag ist bei dem Verwaltungsgericht zu stellen. Er muss das angefochtene Urteil bezeichnen. Innerhalb von zwei Monaten nach Zustellung des vollständigen Urteils sind die Gründe darzulegen, aus denen die Berufung zuzulassen ist. Die Begründung ist, soweit sie nicht bereits mit dem Antrag vorgelegt worden ist, bei dem Oberverwaltungsgericht einzureichen. Die Stellung des Antrags hemmt die Rechtskraft des Urteils.

(5) Über den Antrag entscheidet das Oberverwaltungsgericht durch Beschluss. Die Berufung ist zuzulassen, wenn einer der Gründe des § 124 Abs. 2 dargelegt ist und vorliegt. Der Beschluss soll kurz begründet werden. Mit der Ablehnung des Antrags wird das Urteil rechtskräftig. Lässt das Oberverwaltungsgericht die Berufung zu, wird das Antragsverfahren als Berufungsverfahren fortgesetzt; der Einlegung einer Berufung bedarf es nicht.

(6) Die Berufung ist in den Fällen des Absatzes 5 innerhalb eines Monats nach Zustellung des Beschlusses über die Zulassung der Berufung zu begründen. Die Begründung ist bei dem Oberverwaltungsgericht einzureichen. Absatz 3 Satz 3 bis 5 gilt entsprechend.

Einzelbegründung des Gesetzgebers zu 124a VwGO

Die Regelung des geltenden § 124a Abs. 4 Satz 5 VwGO, die vorsieht, dass die Begründung eines Antrags auf Zulassung der Berufung bei dem Verwaltungsgericht einzureichen ist, hat sich als fehleranfällig erwiesen. Der Umstand, dass der Antragsteller, der die Begründungsfrist ausschöpft, im Regelfall bereits eine Mitteilung des Oberverwaltungsgerichts darüber erhalten hat, dass der Zulassungsantrag dort eingegangen ist, hat Rechtsanwälte dazu verleitet, die Begründung direkt bei dem mit dem Antrag befassten Oberverwaltungsgericht einzureichen, was zur Folge hatte, dass die Begründungsfrist versäumt wurde. Künftig soll deshalb – wie bei der vom Verwaltungsgericht zugelassenen Berufung – das Oberverwaltungsgericht Adressat der Begründung des Zulassungsantrags sein.

Die Neufassung von § 124a Abs. 4 Satz 5 VwGO führt dazu, dass nunmehr die Begründung eines Antrags auf Zulassung der Berufung beim Oberverwaltungsgericht einzureichen ist. Es ist dabei geblieben, dass der Antrag auf Zulassung (ebenso wie die zugelassene Berufung) beim Verwaltungsgericht einzureichen ist. Bislang war die Antragsbegründung beim Verwaltungsgericht einzureichen. Da das Oberverwaltungsgericht aber dem Antragsteller den Eingang der Akten bestätigt hatte, ist es in der Praxis insoweit vielfach zur unrichtigen Adressierung der Zulassungsantragsbegründung beim Oberverwaltungsgericht gekommen. Insoweit ist es also sinnvoll, dass nunmehr eine Parallelität zwischen der zugelassenen Berufung und dem Zulassungsantrag besteht. Unverständlich ist nach wie vor, dass überhaupt entsprechende verfahrensrechtliche Hürden aufgebaut werden. Für den Fortgang der Sache ist es völlig gleichgültig, ob die Begründung beim erstinstanzlichen oder zweitinstanzlichen Gericht eingereicht wird. Es wäre daher sinnvoll gewesen, insoweit keine zwingende Formvorschrift zu machen. Die Praxis muss sich jedenfalls auf die neue Formvorschrift einstellen.

§ 161 VwGO
Kostenentscheidung; Erledigung; Untätigkeitsklage

(1) Das Gericht hat im Urteil oder, wenn das Verfahren in anderer Weise beendet worden ist, durch Beschluß über die Kosten zu entscheiden.

(2) Ist der Rechtsstreit in der Hauptsache erledigt, so entscheidet das Gericht außer in den Fällen des § 113 Abs. 1 Satz 4 nach billigem Ermessen über die Kosten des Verfahrens durch Beschluß; der bisherige Sach- und Streitstand ist zu berücksichtigen. Der Rechtsstreit ist auch in der Hauptsache erledigt, wenn der Beklagte der Erledigungserklärung des Klägers nicht innerhalb von zwei Wochen seit Zustellung des die Erledigungserklärung enthaltenden Schriftsatzes widerspricht und er vom Gericht auf diese Folge hingewiesen worden ist.

(3) In den Fällen des § 75 fallen die Kosten stets dem Beklagten zur Last, wenn der Kläger mit seiner Bescheidung vor Klageerhebung rechnen durfte.

Einzelbegründung des Gesetzgebers zu § 161 VwGO

Die Vorschrift sieht vor, dass von übereinstimmenden Erledigungserklärungen der Parteien auszugehen ist, wenn – nach Erledigungserklärung durch den Kläger – der Beklagte dieser Erklärung nach Hinweis des Gerichts auf die Rechtsfolgen seines Verhaltens nicht widerspricht. Die Regelung vollzieht damit die in Artikel 1 Nr. 4 des Entwurfs eines Justizmodernisierungsgesetzes für den Zivilprozess vorgesehene Regelung für den Verwaltungsprozess nach.

Es handelt sich um eine Parallelregelung zu § 91a ZPO für den Bereich des Verwaltungsgerichtsverfahrens. Auch hier wird jetzt unter bestimmten Voraussetzungen eine Zustimmung des Beklagten zur Erledigungserklärung des Klägers fingiert. Auf die Kommentierung zu § 91a ZPO in diesem Buch wird verwiesen.

§ 162 VwGO
Erstattungsfähige Kosten

(1) Kosten sind die Gerichtskosten (Gebühren und Auslagen) und die zur zweckentsprechenden Rechtsverfolgung oder Rechtsverteidigung notwendigen Aufwendungen der Beteiligten einschließlich der Kosten des Vorverfahrens.

(2) Die Gebühren und Auslagen eines Rechtsanwalts oder eines Rechtsbeistands, in Abgabenangelegenheiten auch eines Steuerberaters oder Wirtschaftsprüfers, sind stets erstattungsfähig. Soweit ein Vorverfahren geschwebt hat, sind Gebühren und Auslagen erstattungsfähig, wenn das Gericht die Zuziehung eines Bevollmächtigten für das Vorverfahren für notwendig erklärt. Juristische Personen des öffentlichen Rechts und Behörden können an Stelle ihrer tatsächlichen notwendigen Aufwendungen für Post- und Telekommunikationsdienstleistungen den in Nummer 7002 der Anlage 1 zum Rechtsanwaltsvergütungsgesetz bestimmten Höchstsatz der Pauschale fordern.

Einzelbegründung des Gesetzgebers zu § 162 VwGO

Nach geltendem Recht gehören die Gebühren und Auslagen eines Steuerberaters in Steuersachen zu den stets erstattungsfähigen Kosten des Rechtsstreits. Die Änderung passt die Regelung an § 67 Abs. 1 Satz 5 VwGO an, wonach vor den Oberverwaltungsgerichten Steuerberater und Wirtschaftsprüfer in Abgabenangelegenheiten auftreten dürfen.

Da gemäß § 67 Abs. 1 Satz 5 VwGO vor den Oberverwaltungsgerichten Wirtschaftsprüfer in Abgabenangelegenheiten auftreten dürfen, regelt die Neufassung von § 162 VwGO, dass deren Gebühren und Auslagen erstattungsfähig sind.

Artikel 7
Änderung der Finanzgerichtsordnung (FGO)

§ 56 FGO
Wiedereinsetzung in den vorigen Stand

(1) Wenn jemand ohne Verschulden verhindert war, eine gesetzliche Frist einzuhalten, so ist ihm auf Antrag Wiedereinsetzung in den vorigen Stand zu gewähren.

(2) Der Antrag ist binnen zwei Wochen nach Wegfall des Hindernisses zu stellen; bei Versäumung der Frist zur Begründung der Revision oder der Nichtzulassungsbeschwerde beträgt die Frist einen Monat. Die Tatsachen zur Begründung des Antrags sind bei der Antragstellung oder im Verfahren über den Antrag glaubhaft zu machen. Innerhalb der Antragsfrist ist die versäumte Rechtshandlung nachzuholen. Ist dies geschehen, so kann Wiedereinsetzung auch ohne Antrag gewährt werden.

(3) Nach einem Jahr seit dem Ende der versäumten Frist kann Wiedereinsetzung nicht mehr beantragt oder ohne Antrag bewilligt werden, außer wenn der Antrag vor Ablauf der Jahresfrist infolge höherer Gewalt unmöglich war.

(4) Über den Antrag auf Wiedereinsetzung entscheidet das Gericht, das über die versäumte Rechtshandlung zu befinden hat.

(5) Die Wiedereinsetzung ist unanfechtbar.

Einzelbegründung des Gesetzgebers zu § 56 FGO

Mit der Erweiterung der Wiedereinsetzungsfrist für die Rechtsbehelfsbegründungsfristen wird die in Artikel 1 Nr. 7 für die Zivilprozessordnung vorgeschlagene Änderung im Interesse einheitlicher Regelungen in den unterschiedlichen Gerichtsbarkeiten für die Finanzgerichtsordnung nachvollzogen.

Es handelt sich um eine Parallelregelung zu § 234 ZPO und § 60 VwGO für das finanzgerichtliche Verfahren. Auf die Kommentierungen dieser Vorschriften in diesem Buch wird verwiesen.

§ 72 FGO
Klagerücknahme

(1) Der Kläger kann seine Klage bis zur Rechtskraft des Urteils zurücknehmen. Nach Schluss der mündlichen Verhandlung, bei Verzicht auf die mündliche Verhandlung und nach Ergehen eines Gerichtsbescheides ist die Rücknahme nur mit Einwilligung des Beklagten möglich. Die Einwilligung gilt als erteilt, wenn der Klagerücknahme nicht innerhalb von zwei Wochen seit Zustellung des die Rücknahme enthaltenden Schriftsatzes widersprochen wird; das Gericht hat auf diese Folge hinzuweisen.
(1a) Soweit Besteuerungsgrundlagen für ein Verständigungs- oder ein Schiedsverfahren nach einem Vertrag im Sinne des § 2 der Abgabenordnung von Bedeutung sein können, kann die Klage hierauf begrenzt zurückgenommen werden. § 50 Abs. 1a Satz 2 gilt entsprechend.
(2) Die Rücknahme hat bei Klagen, deren Erhebung an eine Frist gebunden ist, den Verlust der Klage zur Folge. Wird die Klage zurückgenommen, so stellt das Gericht das Verfahren durch Beschluss ein. Wird nachträglich die Unwirksamkeit der Klagerücknahme geltend gemacht, so gilt § 56 Abs. 3 sinngemäß.

Einzelbegründung des Gesetzgebers zu § 72 FGO

Der Regelungsvorschlag vollzieht die in § 269 Abs. 2 Satz 4 ZPO vorgesehene Möglichkeit der Einwilligungsfiktion bei Klagerücknahme für die Finanzgerichtsordnung nach. Auch im finanzgerichtlichen Verfahren kann die Einwilligungsfiktion Rückfragen beim Klagegegner erübrigen und damit eine raschere Einstellung nach Klagerücknahme ermöglichen.

Es handelt sich um eine Parallelregelung zu § 269 ZPO und § 92 VwGO. Auf die Kommentierung dieser Vorschriften in diesem Buch wird verwiesen.

§ 79a FGO
Entscheidung durch den Vorsitzenden

(1) Der Vorsitzende entscheidet, wenn die Entscheidung im vorbereitenden Verfahren ergeht,
1.   über die Aussetzung und das Ruhen des Verfahrens;
2.   bei Zurücknahme der Klage, auch über einen Antrag auf Prozesskostenhilfe
3.   bei Erledigung des Rechtsstreits in der Hauptsache, auch über einen Antrag auf Prozesskostenhilfe;
4.   über den Streitwert;
5.   über Kosten;
6.   über die Beiladung.

(2) Der Vorsitzende kann ohne mündliche Verhandlung durch Gerichtsbescheid (§ 90a) entscheiden. Dagegen ist nur der Antrag auf mündliche Verhandlung innerhalb eines Monats nach Zustellung des Gerichtsbescheides gegeben.

(3) Im Einverständnis der Beteiligten kann der Vorsitzende auch sonst anstelle des Senats entscheiden.

(4) Ist ein Berichterstatter bestellt, so entscheidet dieser anstelle des Vorsitzenden.

Einzelbegründung des Gesetzgebers zu § 79a FGO

Der Entwurf des Justizmodernisierungsgesetzes erweitert das Alleinentscheidungsrecht des Vorsitzenden/Berichterstatters im vorbereitenden Verfahren u.a. auf nach Erledigung der Hauptsache noch offene Prozesskostenhilfeanträge. Es ist konsequent, dies auch für noch offene Prozesskostenhilfeanträge im Fall des § 79a Abs. 1 Nr. 2 (Klagerücknahme) vorzusehen.

Es handelt sich um eine Parallelregelung zu § 87a VwGO. Auf die entsprechende Kommentierung in diesem Buch wird verwiesen.

§ 138 FGO
Kostenentscheidung bei Erledigung des Rechtsstreits in der Hauptsache

(1) Ist der Rechtsstreit in der Hauptsache erledigt, so entscheidet das Gericht nach billigem Ermessen über die Kosten des Verfahrens durch Beschluss; der bisherige Sach- und Streitstand ist zu berücksichtigen.

(2) Soweit ein Rechtsstreit dadurch erledigt wird, dass dem Antrag des Steuerpflichtigen durch Rücknahme oder Änderung des angefochtenen Verwaltungsakts stattgegeben oder dass im Fall der Untätigkeitsklage gemäß § 46 Abs. 1 Satz 3 Halbsatz 2 innerhalb der gesetzten Frist dem außergerichtlichen Rechtsbehelf stattgegeben oder der beantragte Verwaltungsakt erlassen wird, sind die Kosten der Behörde aufzuerlegen.

(3) Der Rechtsstreit ist auch in der Hauptsache erledigt, wenn der Beklagte der Erledigungserklärung des Klägers nicht innerhalb von zwei Wochen seit Zustellung des die Erledigungserklärung enthaltenden Schriftsatzes widerspricht und er vom Gericht auf diese Folge hingewiesen worden ist.

Einzelbegründung des Gesetzgebers zu § 138 FGO

Die Vorschrift sieht vor, dass von übereinstimmenden Erledigungserklärungen der Parteien auszugehen ist, wenn – nach Erledigungserklärung durch den Kläger – der Beklagte dieser Erklärung nach Hinweis des Gerichts auf die Rechtsfolgen seines Verhaltens nicht widerspricht. Die Regelung vollzieht damit die in Artikel 1 Nr. 4 des Entwurfs eines Justizmodernisierungsgesetzes für den Zivilprozess vorgesehene Regelung für den Finanzgerichtsprozess nach.

Es handelt sich um eine Parallelregelung zu § 91a ZPO und § 161 Abs. 2 VwGO. Auf die entsprechenden Kommentierungen dieser Vorschriften in diesem Buch wird verwiesen.

Artikel 8
Änderung des Sozialgerichtsgesetzes (SGG)

§ 61 SGG
Allgemeine Verfahrensvorschriften

(1) Für die Öffentlichkeit, Sitzungspolizei und Gerichtssprache gelten die §§ 169, 171b bis 191a des Gerichtsverfassungsgesetzes entsprechend.
(2) Für die Beratung und Abstimmung gelten die §§ 192 bis 197 des Gerichtsverfassungsgesetzes entsprechend.

Einzelbegründung des Gesetzgebers zu § 61 SGG
Zu Buchstabe a (Abs. 1)
Eine blinde oder sehbehinderte Person kann nach § 191a Abs. 1 des Gerichtsverfassungsgesetzes verlangen, dass ihr gerichtliche Schriftstücke auch in einer für sie wahrnehmbaren Form zugänglich gemacht werden. Mit der Änderung soll erreicht werden, dass diese Vorschrift, die für das verwaltungsgerichtliche (§ 55 Verwaltungsgerichtsordnung), für das finanzgerichtliche (§ 52 Finanzgerichtsordnung), für das arbeitsgerichtliche (§ 9 Arbeitsgerichtsgesetz) und für das Verfahren der freiwilligen Gerichtsbarkeit (§ 8 Gesetz über die Angelegenheiten der freiwilligen Gerichtsbarkeit) entsprechend gilt, auch im sozialgerichtlichen Verfahren anzuwenden ist.

Zu Buchstabe b (Abs. 2)
Es handelt sich um eine redaktionelle Folgeänderung. § 198 des Gerichtsverfassungsgesetzes ist durch § 85 Nr. 13 des Deutschen Richtergesetzes vom 8. September 1961 (BGBl. I S. 1665) aufgehoben worden.

§ 131 SGG
Sicherung des Rechtsschutzes eines obsiegenden Beteiligten

(1) Wird ein Verwaltungsakt oder ein Widerspruchsbescheid, der bereits vollzogen ist, aufgehoben, so kann das Gericht aussprechen, daß und in welcher Weise die Vollziehung des Verwaltungsakts rückgängig zu machen ist. Dies ist nur zulässig, wenn die Verwaltungsstelle rechtlich dazu in der Lage und diese Frage ohne weiteres in jeder Beziehung spruchreif ist. Hat sich der Verwaltungsakt vorher durch Zurücknahme oder anders erledigt, so spricht das Gericht auf Antrag durch Urteil aus, daß der Verwaltungsakt rechtswidrig ist, wenn der Kläger ein berechtigtes Interesse an dieser Feststellung hat.
(2) Hält das Gericht die Verurteilung zum Erlaß eines abgelehnten Verwaltungsakts für begründet und diese Frage in jeder Beziehung für spruchreif, so ist im Urteil die Verpflichtung auszusprechen, den Verwaltungsakt zu erlassen.
(3) Hält das Gericht die Unterlassung eines Verwaltungsakts für rechtswidrig, so ist im Urteil die Verpflichtung auszusprechen, den Kläger unter Beachtung der Rechtsauffassung des Gerichts zu bescheiden.
(4) Hält das Gericht eine Wahl im Sinne des § 57b oder eine Wahl zu den Selbstverwaltungsorganen der Kassenärztlichen Vereinigungen oder der Kassenärztlichen Bundesvereinigungen ganz oder teilweise oder eine Ergänzung der Selbstverwaltungsorgane für ungültig, so spricht es dies im Urteil aus und bestimmt Folgerungen, die sich aus der Ungültigkeit ergeben.

(5) Hält das Gericht eine weitere Sachaufklärung für erforderlich, kann es, ohne in der Sache selbst zu entscheiden, den Verwaltungsakt und den Widerspruchsbescheid aufheben, soweit nach Art oder Umfang die noch erforderlichen Ermittlungen erheblich sind und die Aufhebung auch unter Berücksichtigung der Belange der Beteiligten sachdienlich ist. Auf Antrag kann das Gericht bis zum Erlass des neuen Verwaltungsakts eine einstweilige Regelung treffen, insbesondere bestimmen, dass Sicherheiten geleistet werden oder ganz oder zum Teil bestehen bleiben und Leistungen zunächst nicht zurückgewährt werden müssen. Der Beschluss kann jederzeit geändert oder aufgehoben werden. Eine Entscheidung nach Satz 1 kann nur binnen sechs Monaten seit Eingang der Akten der Behörde bei Gericht ergehen.

Einzelbegründung des Gesetzgebers zu § 131 SGG

Für das verwaltungsgerichtliche Verfahren eröffnet § 113 Abs. 3 Satz 1 der Verwaltungsgerichtsordnung im Interesse einer zügigen Erledigung des Rechtsstreits dem Gericht, das eine weitere Sachaufklärung für erforderlich hält, die Möglichkeit, den Verwaltungsakt und den Widerspruchsbescheid aufzuheben, ohne in der Sache selbst zu entscheiden. Voraussetzung ist, dass die noch erforderlichen Ermittlungen erheblich sind und die Aufhebung auch unter Berücksichtigung der Belange der Beteiligten sachdienlich ist. Eine entsprechende Regelung für das finanzgerichtliche Verfahren sieht § 100 Abs. 3 Satz 1 der Finanzgerichtsordnung vor. Sie soll nunmehr auch für das sozialgerichtliche Verfahren geschaffen werden, um dem Gericht eigentlich der Behörde obliegende zeit- und kostenintensive Sachverhaltsaufklärungen zu ersparen. Nach Beobachtungen der Praxis wird die erforderliche Sachverhaltsaufklärung von den Verwaltungsbehörden zum Teil unterlassen, was zu einer sachwidrigen Aufwandsverlagerung auf die Gerichte führt.

§ 155 SGG
Vorbereitung der Verhandlung

(1) Der Vorsitzende kann seine Aufgaben nach den §§ 104, 106 bis 108 und 120 einem Berufsrichter des Senats übertragen.
(2) Der Vorsitzende entscheidet, wenn die Entscheidung im vorbereitenden Verfahren ergeht,
1. über die Aussetzung und das Ruhen des Verfahrens;
2. bei Zurücknahme der Klage oder der Berufung, Verzicht auf den geltend gemachten Anspruch oder Anerkenntnis des Anspruchs, auch über einen Antrag auf Prozesskostenhilfe;
3. bei Erledigung des Rechtsstreits in der Hauptsache, auch über einen Antrag auf Prozesskostenhilfe;
4. über den Streitwert;
5. über Kosten.
In dringenden Fällen entscheidet der Vorsitzende auch über den Antrag nach § 86 Abs. 1 oder 2.
(3) Im Einverständnis der Beteiligten kann der Vorsitzende auch sonst anstelle des Senats entscheiden.
(4) Ist ein Berichterstatter bestellt, so entscheidet dieser anstelle des Vorsitzenden.

Einzelbegründung des Gesetzgebers zu § 155 SGG

Der Entwurf des Justizmodernisierungsgesetzes erweitert das Alleinentscheidungsrecht des Vorsitzenden/Berichterstatters im vorbereitenden Verfahren u.a. auf nach Erledigung der Hauptsache noch offene Prozesskostenhilfeanträge. Es ist konsequent, dies auch für noch offene Prozesskostenhilfeanträge in den Fällen des § 155 Abs. 2 Nr. 2 (Klagerücknahme, Anspruchsverzicht, Anerkenntnis) vorzusehen.

Artikel 9
Änderung des Rechtspflegergesetzes (RPflG)

§ 4 RPflG
Umfang der Übertragung

(1) Der Rechtspfleger trifft alle Maßnahmen, die zur Erledigung der ihm übertragenen Geschäfte erforderlich sind.

(2) Der Rechtspfleger ist nicht befugt,

1.   eine Beeidigung anzuordnen oder einen Eid abzunehmen,

2.   Freiheitsentziehungen anzudrohen oder anzuordnen, sofern es sich nicht um Maßnahmen zur Vollstreckung

    a)   einer Freiheitsstrafe nach § 457 der Strafprozeßordnung oder einer Ordnungshaft nach § 890 der Zivilprozeßordnung,

    b)   einer Maßregel der Besserung und Sicherung nach § 463 der Strafprozeßordnung oder

    c)   der Erzwingungshaft nach § 97 des Gesetzes über Ordnungswidrigkeiten handelt,

3.   (aufgehoben)

(3) Hält der Rechtspfleger Maßnahmen für geboten, zu denen er nach Absatz 2 Nr. 1 und 2 nicht befugt ist, so legt er deswegen die Sache dem Richter zur Entscheidung vor.

Einzelbegründung des Gesetzgebers zu § 4 Abs. 2 Nr. 3 RPflG

§ 4 Abs. 2 Nr. 3 RPflG bestimmt, dass der Rechtspfleger nicht befugt ist, über Anträge zu entscheiden, die auf Änderung einer Entscheidung des Urkundsbeamten der Geschäftsstelle gerichtet sind, und behält diese Aufgabe dem Richter vor.

Da die Rechtspfleger in der Vergangenheit teilweise in erheblichem Umfang Aufgaben der Urkundsbeamten der Geschäftsstelle wahrgenommen haben, sollte mit dieser bereits im Rechtspflegergesetz von 1957 enthaltenen Vorschrift (damals in § 25 Abs. 3 RPf7G) verhindert werden, dass Rechtspfleger über Rechtsmittel gegen die Entscheidung ihres mit Aufgaben des Urkundsbeamten der Geschäftsstelle betrauten Kollegen zu befinden haben.

Inzwischen wurden die Aufgaben des Urkundsbeamten der Geschäftsstelle in allen Landesjustizverwaltungen weitestgehend auf die Beamten des mittleren Dienstes übertragen. Die Vorschrift ist damit überholt und - nicht zuletzt im Hinblick auf die größere Sachnähe des Rechtspflegers in den fraglichen Bereichen - aufzuheben.

Durch die Aufhebung von § 4 Abs. 2 Nr. 3 RPflG ist dem Rechtspfleger die Möglichkeit gegeben, Entscheidungen des Urkundsbeamten der Geschäftsstelle in Beschwerdeverfahren selbst aufzuheben.

§ 16 RPflG
Nachlaß- und Teilungssachen

(1) Von den Angelegenheiten, die dem Nachlaßgericht, dem für Teilungssachen sowie dem nach den §§ 2258a bis 2264, 2300 und 2300a des Bürgerlichen Gesetzbuchs zuständigen Gericht übertragen sind, bleiben dem Richter vorbehalten

1. die Geschäfte des Nachlaßgerichts, die bei einer Nachlaßpflegschaft oder Nachlaßverwaltung erforderlich werden, soweit sie den nach § 14 dieses Gesetzes von der Übertragung ausgeschlossenen Geschäften in Vormundschaftssachen entsprechen;
2. die Ernennung von Testamentsvollstreckern (§ 2200 des Bürgerlichen Gesetzbuchs);
3. die Entscheidung über Anträge, eine vom Erblasser für die Verwaltung des Nachlasses durch letztwillige Verfügung getroffene Anordnung außer Kraft zu setzen (§ 2216 Abs. 2 Satz 2 des Bürgerlichen Gesetzbuchs);
4. die Entscheidung von Meinungsverschiedenheiten zwischen mehreren Testamentsvollstreckern (§ 2224 des Bürgerlichen Gesetzbuchs);
5. die Entlassung eines Testamentsvollstreckers aus wichtigem Grund (§ 2227 des Bürgerlichen Gesetzbuchs);
6. die Erteilung von Erbscheinen (§ 2353 des Bürgerlichen Gesetzbuchs) sowie Zeugnissen nach den §§ 36, 37 der Grundbuchordnung oder den §§ 42, 74 der Schiffsregisterordnung, sofern eine Verfügung von Todes wegen vorliegt, sowie von gegenständlich beschränkten Erbscheinen (§ 2369 des Bürgerlichen Gesetzbuchs), auch wenn eine Verfügung von Todes wegen nicht vorliegt, ferner die Erteilung von Testamentsvollstreckerzeugnissen (§ 2368 des Bürgerlichen Gesetzbuchs);
7. die Einziehung von Erbscheinen (§ 2361 des Bürgerlichen Gesetzbuchs) und von Zeugnissen nach den §§ 36, 37 der Grundbuchordnung und den §§ 42, 74 der Schiffsregisterordnung, wenn die Erbscheine oder Zeugnisse vom Richter erteilt oder wegen einer Verfügung von Todes wegen einzuziehen sind, ferner die Einziehung von Testamentsvollstreckerzeugnissen (§ 2368 des Bürgerlichen Gesetzbuchs) und von Zeugnissen über die Fortsetzung einer Gütergemeinschaft (§ 1507 des Bürgerlichen Gesetzbuchs);
8. (aufgehoben)
(2) Liegt eine Verfügung von Todes wegen vor, ist aber dennoch ein Erbschein oder ein Zeugnis nach den §§ 36, 37 der Grundbuchordnung oder den §§ 42, 74 der Schiffsregisterordnung auf Grund gesetzlicher Erbfolge zu erteilen, so kann der Richter die Erteilung des Erbscheins oder des Zeugnisses dem Rechtspfleger übertragen, wenn deutsches Erbrecht anzuwenden ist. Der Rechtspfleger ist an die ihm mitgeteilte Auffassung des Richters gebunden.

Einzelbegründung des Gesetzgebers zu § 16 Abs. 1 Nr. 8 RPflG

Nach § 16 Abs. 1 Nr. 8 RPflG sind bei der gerichtlichen Vermittlung der Erbauseinandersetzung (§§ 86 bis 98 FGG) die Genehmigungen (§ 97 Abs. 2 FGG) insoweit dem Richter vorbehalten, als die entsprechenden vormundschaftlichen Genehmigungen ebenfalls dem Richter vorbehalten sind.

Die Vorschrift betrifft Genehmigungen nach §§ 1643, 1821, 1822 Nr. 2, § 1908i Abs. 1 Satz 1 sowie § 1915 BGB. Durch die Aufhebung des Richtervorbehalts des § 14 Abs. 1 Nr. 9 RPflG a.F. durch das Betreuungsgesetz vom 12. September 1990 (BGBl. 1 S. 2002) sind zwischenzeitlich die Rechtspfleger für die entsprechenden vormundschaftsgerichtlichen Genehmigungen zuständig.

Die Vorschrift ist damit gegenstandslos geworden und kann aufgehoben werden.

Die Aufhebung des § 16 Abs. 1 Nr. 8 RPflG beseitigt den Richtervorbehalt entsprechend dem vergleichbaren Richtervorbehalt in Vormundschaftssachen, soweit nämlich nach § 97 Abs. 2 FGG eine Auseinandersetzungsvereinbarung einer Genehmigung des Vormundschaftsgerichts bedarf, die in derartigen Fällen durch die Genehmigung des Nachlassgerichts ersetzt wird.

§ 19 RPflG
Aufhebung von Richtervorbehalten

(1) Die Landesregierungen werden ermächtigt, durch Rechtsverordnung die in den vorstehenden Vorschriften bestimmten Richtervorbehalte ganz oder teilweise aufzuheben, soweit sie folgende Angelegenheiten betreffen:

1. die Geschäfte nach § 16 Abs. 1 Nr. 1, soweit sie den nach § 14 Abs. 1 Nr. 4 dieses Gesetzes ausgeschlossenen Geschäften in Vormundschaftssachen entsprechen;
2. die Geschäfte nach § 16 Abs. 1 Nr. 2;
3. die Geschäfte nach § 16 Abs. 1 Nr. 5, soweit der Erblasser den Testamentsvollstrecker nicht selbst ernannt oder einen Dritten zu dessen Ernennung bestimmt hat;
4. die Geschäfte nach § 16 Abs. 1 Nr. 6 und 7;
5. die Geschäfte nach § 17 Nr. 1 und Nr. 2 Buchstabe b.

Die Landesregierungen können die Ermächtigung auf die Landesjustizverwaltungen übertragen.

(2) In der Verordnung nach Absatz 1 ist vorzusehen, dass der Rechtspfleger das Verfahren dem Richter zur weiteren Bearbeitung vorzulegen hat, soweit bei den Geschäften nach Absatz 1 Satz 1 Nr. 1 bis 4 gegen den Erlass der beantragten Entscheidung Einwände erhoben werden.

Einzelbegründung des Gesetzgebers zu § 19 – neu – RPflG (BTDrucks. 15/3482)

Die geänderte Fassung *(gegenüber der BTDrucks. 15/1508 – Anm. d. Red.)* entspricht in der Sache der Stellungnahme des Bundesrates, der die Bundesregierung in ihrer Gegenäußerung zugestimmt hat. Die Formulierung dient der Klarstellung, dass es für die Vorlagepflicht an den Richter allein darauf ankommen soll, ob es sich um ein im materiellen Sinne streitiges Verfahren handelt. Dies ist dann der Fall, wenn von irgendeiner Seite – gleich ob es sich dabei um Verfahrensbeteiligte im Rechtssinne handelt oder nicht – Einwände tatsächlicher oder rechtlicher Art erhoben werden, die sich gegen den Erlass der beantragten Entscheidung richten. Ein förmlicher Abweisungsantrag ist nicht erforderlich. Die Entscheidungserheblichkeit des Gegenvorbringens ist vom Rechtspfleger nicht zu prüfen.

Einzelbegründung des Gesetzgebers zu § 19 – neu – RPflG (BTDrucks. 15/1508)

Absatz 1 Satz 1 bestimmt diejenigen Richtervorbehalte, zu deren Aufhebung die Landesregierungen ermächtigt werden. Es bleibt den Ländern überlassen, ob und in welchem Umfang sie von der Ermächtigung Gebrauch machen. Hierdurch soll einerseits dem unterschiedlichen Ausbildungsstand der Rechtspflegeranwärter sowie den speziellen Gegebenheiten in den einzelnen Ländern. im Fall der neuen Bundesländer insbesondere der begrenzten Einsetzbarkeit der Bereichsrechtspfleger, Rechnung getragen werden. Andererseits wird damit die Möglichkeit einer schrittweisen Aufhebung der Vorbehalte eröffnet.

Soweit der Richtervorbehalt aufgehoben wird, ist der Rechtspfleger nach Maßgabe des § 4 RPflG und mit den dort vorgesehenen Einschränkungen für alle zur Erledigung des Geschäfts erforderlichen Maßnahmen zuständig.

Nummer 1 ermöglicht die Aufhebung des Richtervorbehalts für die Geschäfte nach § 16 Abs. 1 Nr. 1 RPflG, soweit sie den nach § 14 Abs. 1 Nr. 4 RPflG von der Übertragung ausgeschlossenen Geschäften entsprechen.

§ 16 Abs. 1 Nr. 1 RPflG betrifft Entscheidungen des Nachlassgerichts, die bei einer Nachlasspflegschaft oder Nachlassverwaltung erforderlich werden. Wegen der Parallelitäten verweist die derzeitige Regelung pauschal auf die Richtervorbehalte im Vormundschafts- und Betreuungsrecht (§ 14 RPflG) und nimmt die den dortigen Vorbehalten entsprechenden Entscheidungen auch im Bereich der Nachlassfürsorge von der Übertragung auf den Rechtspfleger aus.

Bei den meisten der dem Richter nach § 14 RPflG vorbehaltenen Aufgaben handelt es sich um Geschäfte, die spezielle familien-, vormundschafts- und betreuungsrechtliche Fragen betreffen.

Der Richtervorbehalt des § 16 Abs. 1 Nr. 1 RPflG hinsichtlich der Nachlasspflegschaft und der Nachlassverwaltung kann sich daher nur auf die Vorbehalte des § 14 Abs. 1 Nr. 4 (teilweise) und Nr. 5 RPflG beziehen. Dies sind die Anordnung einer Nachlasspflegschaft für Angehörige eines fremden Staates (§ 16 Abs. 1 Nr. 1 i.V.m. § 14 Abs. 1 Nr. 4 RPflG) und die Entscheidung von Meinungsverschiedenheiten zwischen mehreren Nachlasspflegern (§ 16 Abs. 1 Nr. 1 i.V.m. § 14 Abs. 1 Nr. 5 RPflG).

Durch das Dritte Gesetz zur Änderung des Rechtspflegergesetzes und anderer Gesetze vom 6. August 1998 (BGBl. I S. 2030) wurde in § 5 RPflG die bis dahin bestehende Pflicht des Rechtspflegers zur Vorlage an den Richter bei Anwendung ausländischen Rechts in ein Vorlagerecht abgeändert. Begründet wurde die Änderung mit dem verbesserten Ausbildungsstand der Rechtspfleger und der Tatsache, dass die Anwendung ausländischen Rechts nicht stets mit besonderen Schwierigkeiten verbunden sei (Bundestagsdrucksache 13/10244 S. 7). Seither haben die Rechtspfleger bewiesen, dass sie auf Grund ihres Ausbildungs- und Wissensstandes in der Lage sind, auch (Standard-)Vorgänge mit Auslandsbezug zu bearbeiten. Daher sind in einem nächsten Schritt nunmehr die im Rechtspflegergesetz normierten Einzelvorbehalte für Geschäfte mit Auslandsbezug auf ihre Notwendigkeit zu überprüfen.

Nach § 3 Nr. 2c RPflG ist der Rechtspfleger für alle erforderlichen Maßnahmen der Nachlasssicherung einschließlich der Auswahl und Bestellung eines Nachlasspflegers zuständig, ausgenommen hiervon ist lediglich die Anordnung der Nachlasspflegschaft für Angehörige fremder Staaten. Da sich bei Fällen mit Auslandsbezug die Beurteilung des Bedürfnisses und die Auswahl der Sicherungsmaßnahmen ebenfalls nach deutschem Recht bestimmt und eine Nachlasspflegschaft auch dann angeordnet werden kann, wenn das maßgebliche ausländische Erbrecht eine solche nicht kennt, besteht kein Bedürfnis zur Beibehaltung des genannten Richtervorbehalts, zumal § 5 Abs. 2 RPflG dem Rechtspfleger die Möglichkeit eröffnet, schwierige Einzelfälle weiterhin dem Richter vorzulegen. Vielmehr ist es unter verfahrens- und personalökonomischen Gesichtspunkten geboten, künftig eine einheitliche Zuständigkeit für alle erforderlichen Nachlasssicherungsmaßnahmen zu ermöglichen. Demgegenüber stellt die Entscheidung bei Meinungsverschiedenheiten zwischen mehreren Nachlasspflegern (§ 16 Abs. 1 Nr. 1 i.V.m. § 14 Abs. 1 Nr. 5 RPflG) eine Streitentscheidung dar; hier erscheint ein Richtervorbehalt geboten.

Nummer 2 betrifft die Zuständigkeit für die Ernennung von Testamentsvollstreckern, die nach § 16 Abs. 1 Nr. 2 RPflG ebenfalls dem Richter vorbehalten ist.

Der Richtervorbehalt geht - ebenso wie der des § 16 Abs. 1 Nr. 6 RPflG bezüglich der Erteilung des Erbscheins bei gewillkürter Erbfolge - auf das Rechtspflegergesetz 1957 zurück und wurde dort mit den erheblichen rechtlichen Schwierigkeiten bei der Prüfung und Auslegung einer Verfügung von Todes wegen begründet, für die dem Rechtspfleger die erforderliche Qualifikation fehle. Diese Begründung ist nach über 40 Jahren und mit Rücksicht auf die zwischenzeitlich erheblich verbesserte Rechtspflegerausbildung nicht mehr tragfähig. Ohnehin ist die Zuständigkeitsaufteilung zwischen dem mit der gesetzlichen Erbfolge befassten Rechtspfleger und dem für die gewillkürte Erbfolge zuständigen Richter bereits durchbrochen. Der Rechtspfleger ist sowohl bei der Aufnahme des Erbscheinsantrags als auch in den Fällen des § 35 GBO und des § 17 Abs. 3 ZVG mit der Auslegung von Testamenten befasst (wenn auch bei § 35 GBO und § 17 Abs. 3 ZVG nur insoweit, als es sich um öffentliche Urkunden handelt). Nach den Ergebnissen eines im Dezember 2000 veröffentlichten Gutachtens der Fachhochschule für Rechtspflege Nordrhein-Westfalen wurde in der ganz überwiegenden Anzahl der Fälle (88,2 % der Erbscheinsverfahren und 100 % der Verfahren auf Erteilung eines Testamentsvollstreckerzeugnisses) der vom Rechtspfleger aufgenommene Antrag ohne weitere richterliche Maßnahmen – abgesehen von der Gewährung rechtlichen Gehörs – durch den Nachlassrichter antragsgemäß beschieden. Unter Berücksichtigung dieser Ergebnisse und im Hinblick auf die in den vergangenen Jahrzehnten deutlich verbesserte - insbesondere stärker wissenschaftlich ausgerichtete - Ausbildung, ist davon auszugehen, dass die Rechtspfleger zwischenzeitlich über die für die Prüfung der Wirksamkeit und Auslegung einer Verfügung von Todes erforderliche Qualifikation verfügen und dieser Aufgabe auch gewachsen sind, sodass ihnen – ohne Qualitätseinbußen befürchten zu müssen – die Ernennung von Testamentsvollstreckern übertragen werden kann.

Die bisher gegen die Aufhebung. des Richtervorbehalts angeführten Schwierigkeiten bei der Auslegung – insbesondere privatschriftlicher – letztwilliger Verfügungen mögen im Einzelfall gegeben sein, betreffen aber nicht die große Masse der Testamente, zumal der Anteil der vom Notar aufgenommenen letztwilligen Verfügungen stetig zunimmt. Gegebenenfalls kann diesen Bedenken durch eine zunächst auf notariell beurkundete Testamente beschränkte Aufhebung des Richtervorbehalts Rechnung getragen werden.

Nummer 3 ermöglicht eine begrenzte Aufhebung des in § 16 Abs. 1 Nr. 5 RPflG normierten Richtervorbehalts für die Entscheidung über die Entlassung eines Testamentsvollstreckers aus wichtigem Grund nach § 2227 BGB. Nachdem der Entwurf für die Ernennung des Testaments-vollstreckers künftig eine Zuständigkeit des Rechtspflegers vorsieht, ist eine Rechtspflegerzu-ständigkeit auch für die Entlassung aus wichtigem Grund konsequent. Im Bereich des Vormund-schaftsrechts ist der Rechtspfleger bereits seit längerem für die Entlassung des Vormundes, Ge-genvormundes oder Pflegers wegen Gefährdung der Interessen des Mündels oder Pfleglings oder aus sonstigen Gründen zuständig. Die Beurteilung der Frage, ob ein wichtiger Grund im Sinne des § 2227 BGB vorliegt, ist ihm daher ebenfalls zuzutrauen.

Auszunehmen von der Übertragungsmöglichkeit waren die Fälle, in denen der Erblasser den oder die Testamentsvollstrecker durch Testament selbst ernannt oder einen Dritten hierzu bestimmt hat (§§ 2197, 2198 BGB), da hier der ausdrückliche Wille des Erblassers tangiert wird. Diese Fälle sind vergleichbar mit der Entscheidung über Anträge, eine vom Erblasser für die Verwaltung des Nachlasses durch letztwillige Verfügung getroffene Anordnung gemäß § 2216 Abs. 2 Satz 2 BGB außer Kraft zu setzen. Für diese Entscheidung wurde – auf Empfehlung der Unterkommission Rechtspflegerrecht – erst 1969 ein Richtervorbehalt mit der Begründung in das Rechtspflegerge-setz (§ 16 Abs. 1 Nr. 3 RPflG) eingefügt, die Befugnis, den ausdrücklichen Willen des Erblassers für unbeachtlich zu erklären, sei außerordentlich schwerwiegend und gehe über die bloße Ausle-gung letztwilliger Verfügungen hinaus (Bundestagsdrucksache IV/3134, Begr. zu § 15).

Nummer 4 umfasst die Richtervorbehalte des § 16 Abs. 1 Nr. 6 und 7 RPflG. Diese betreffen die Zuständigkeit des Richters für die Erteilung von Erbscheinen (§ 2353 BGB) und Überweisungs-zeugnissen nach den §§ 36, 37 GBO und §§ 42, 74 SchRegO, sofern eine Verfügung von Todes wegen vorliegt, ferner die Zuständigkeit für die Erteilung von gegenständlich beschränkten Erb-scheinen (§ 2369 BGB), auch wenn eine Verfügung von Todes wegen nicht vorliegt, und von Testamentsvollstreckerzeugnissen (§ 2368 BGB). Dem Richter vorbehalten sind nach geltendem Recht außerdem die Einziehung von Erbscheinen und Zeugnissen, soweit sie von ihm erteilt wur-den und wenn die Einziehung des Erbscheins oder Zeugnisses aufgrund einer Verfügung von To-des erfolgt. Schließlich umfasst der Vorbehalt auch die Einziehung von Zeugnissen über die Fort-setzung einer Gütergemeinschaft (§§ 1507, 2361 BGB).

Der Richtervorbehalt hinsichtlich der Erteilung von Erbscheinen und Zeugnissen, soweit eine Verfügung von Todes wegen vorliegt, wurde – wie der Vorbehalt bei der Ernennung von Testa-mentsvollstreckern – mit möglichen Schwierigkeiten bei der Auslegung letztwilliger Verfügungen begründet. Da die Erteilung eines Testamentsvollstreckerzeugnisses stets das Vorliegen einer wirksamen Verfügung von Todes wegen voraussetzt, die der Prüfung auf ihre Wirksamkeit sowie der Auslegung bedarf, wurde hier ebenso eine Richterzuständigkeit für erforderlich gehalten. Bei der Erteilung von Erbscheinen aufgrund gewillkürter Erbfolge handelt es sich um den hinsichtlich des Arbeitsaufkommens umfangreichsten Richtervorbehalt im Bereich der Nachlasssachen, durch dessen Aufhebung – entsprechend der Zielsetzung der strukturellen Binnenreform der Justiz – sinnvolle Bearbeitungszusammenhänge hergestellt und Synergieeffekte optimal genutzt werden können, weil der Rechtspfleger bereits jetzt für die Eröffnung der letztwilligen Verfügungen und die Aufnahme der Erbscheinsanträge zuständig ist. Nach den Ergebnissen des erwähnten Gut-achtens der Fachhochschule für Rechtspflege Nordrhein-Westfalen konnte in 88,2 % der Erbscheinsverfahren und in 100% der Verfahren auf Erteilung eines Testamentsvollstreckerzeugnisses der vom Rechtspfleger aufgenommene Antrag ohne weitere richterliche Maßnahmen durch den Nachlassrichter antragsgemäß beschieden werden. Diese Zahlen belegen, dass die Rechtspfleger mit der Auslegung letztwilliger Verfügungen hinreichend vertraut sind. Insoweit kann ergänzend auf die Ausführungen zu § 19 Abs. 1 Satz 1 Nr. 2 RPflG verwiesen werden.

Ein gegenständlich beschränkter Erbschein nach § 2369 BGB kann erteilt werden, wenn ein deutsches Nachlassgericht für die Erteilung eines Erbscheins nicht zuständig ist, sich aber Nachlassgegenstände im Inland befinden. Als Begründung für den Richtervorbehalt bei der Erteilung, auch wenn keine Verfügung von Todes wegen vorliegt, wurde bisher der Zusammenhang mit dem Internationalen Privatrecht und die Anwendung ausländischen Rechts angeführt. Demgegenüber kann ebenfalls auf die Darlegungen zu § 19 Abs. 1 Satz 1 Nr. 1 RPflG verwiesen werden.

Die Öffnungsklausel umfasst auch die Zuständigkeit für die Einziehung unrichtiger Erbscheine und Zeugnisse nach den §§ 36, 37 GBO und §§ 42, 74 SchRegO sowie von Testamentsvollstreckerzeugnissen und ermöglicht damit eine – aus Gründen des Sachzusammenhangs – naheliegende gleiche Zuständigkeitsregelung für die Erteilung wie für die Einziehung von Erbscheinen oder Zeugnissen. Gründe, die hinsichtlich der Zuständigkeit für die Einziehung zu einer anderen Bewertung wie hinsichtlich der Erteilung von Erbscheinen oder Zeugnissen führen könnten, sind nicht ersichtlich. Ebenso wenig sind Anhaltspunkte erkennbar, die einer Zuständigkeit des Rechtspflegers für die Einziehung von Zeugnissen über die Fortsetzung einer Gütergemeinschaft entgegen stehen. Da der Rechtspfleger bisher schon für die Erteilung dieser Zeugnisse zuständig ist, ist durch die Regelung auch hier ein effizienterer Personaleinsatz möglich.

Nummer 5 ermöglicht den Landesjustizverwaltungen eine weitgehende Aufhebung der Richtervorbehalte in Handelsund Registersachen.

Der Vorbehalt des § 17 Nr. 1 RPflG betrifft eine Reihe von Eintragungen oder Entscheidungen bei Aktiengesellschaften, Kommanditgesellschaften auf Aktien, Gesellschaften mit beschränkter Haftung und Versicherungsvereinen auf Gegenseitigkeit beim Gericht des Sitzes und, wenn es sich um eine Gesellschaft mit Sitz im Ausland handelt, beim Gericht der Zweigniederlassung. Anlässlich der Änderung des Rechtspflegergesetzes 1969 wurde der ursprünglich umfassende Vorbehalt für das Gericht der Zweigniederlassung insoweit aufgehoben, als es sich nicht um eine Gesellschaft mit ausländischem Sitz handelt.

Im Einzelnen betrifft der Vorbehalt folgende Geschäfte:

Verfügungen auf
- erste Eintragung,
- Eintragung von Satzungsänderungen, die nicht nur die Fassung betreffen,
- Eintragung der Eingliederung oder der Umwandlung und des Bestehens, der Änderung oder der Beendigung eines Unternehmensvertrages,

Verfügungen auf Löschung im Handelsregister nach
- § 141a FGG (wegen Vermögenslosigkeit),
- § 142 FGG (wegen unzulässiger Eintragung),
- § 144 FGG (bei Vorliegen der Voraussetzungen für eine Nichtigkeitsklage bzw. wenn ein eingetragener Beschluss der Hauptversammlung oder der Gesellschafterversammlung zwingende gesetzliche Vorschriften verletzt),
- § 43 Abs. 2 KWG (wegen unzulässigen Firmengebrauchs)

sowie Kontrollaufgaben des Handelsregisters nach
- § 144a FGG (Fehlen oder Nichtigkeit einer wesentlichen Bestimmung in der Satzung oder im Gesellschaftsvertrag einer eingetragenen Gesellschaft),
- § 144b FGG (Erfüllung der Verpflichtungen der Gesellschafter einer GmbH nach § 19 Abs. 4 GmbHG, insbesondere Einzahlung der Geldeinlagen).

§ 17 Nr. 2b RPflG weist die Zuständigkeit für die Bestellung von Nachtragsliquidatoren einer OHG, KG, AG, einer KGaG oder einer GmbH dem Richter zu, wenn sich nach deren Löschung wegen Vermögenslosigkeit (§ 141a FGG) herausstellt, dass noch zu verteilendes Vermögen vorhanden ist. Für die Bestellung des Nachtragsliquidators einer eG ist dagegen schon nach bisherigem Recht der Rechtspfleger zuständig. Dem Richter sind weiter vorbehalten die Bestellung von Liquidatoren für Kreditinstitute auf Antrag der Bundesanstalt für Finanzdienstleistungsaufsicht (§ 38 Abs. 2 Satz 2 KWG) sowie auf Antrag des Aufsichtsrates bzw. eines Teils der Mitglieder für Versicherungsvereine auf Gegenseitigkeit (§ 47 Abs. 2 Satz 1 VAG).

Zur Begründung der Richtervorbehalte hinsichtlich dieser Aufgaben des Registergerichts wurde im Entwurf des Rechtspflegergesetzes 1957 pauschal ausgeführt, dass die betreffenden Verfügungen von erheblicher rechtlicher Schwierigkeit und großer gesellschaftsrechtlicher Bedeutung seien. Wie bereits dargelegt, ist diese Begründung im Hinblick auf die zwischenzeitlich erheblich verbesserte - insbesondere stärker wissenschaftlich ausgerichtete und um betriebswirtschaftliche Fächer ergänzte - Rechtspflegerausbildung heute nicht mehr tragfähig. Dafür spricht auch, dass in einzelnen Bundesländern die Rechtspfleger seit vielen Jahren – offensichtlich ohne Anstände – die dem Richter in § 17 Nr. 1 RPflG vorbehaltenen Aufgaben unterschriftsreif vorbereiten.

Durch das Handelsrechtsreformgesetz vom 22. Juni 1998 (BGBl. I S.1474) wurden zudem die Prüfungsvoraussetzungen bei der Ersteintragung von Kapitalgesellschaften erheblich reduziert. So ist bei der Ersteintragung von Gesellschaften mit beschränkter Haftung die Prüfung von Satzungsbestimmungen nunmehr allein auf die in § 9c Abs. 2 GmbHG genannten Versagungsgründe beschränkt: ebenso wurde die registergerichtliche Satzungskontrolle bei der Anmeldung einer Aktiengesellschaft entsprechend der Parallelvorschrift in § 9c GmbHG reduziert und vereinheitlicht (§ 38 Abs. 3 AktG). Bei der Ersteintragung eines Versicherungsvereins auf Gegenseitigkeit ist der Umfang der gerichtlichen Prüfung der Satzung weitgehend auf die Bundesanstalt für Finanzdienstleistungsaufsicht verlagert, deren Erlaubnis zum Betrieb der Geschäfte der Registeranmeldung beigefügt werden muss.

Daher ist für gesellschaftsrechtliche Routinevorgänge, wie z.B. die Ersteintragung einer GmbH, Aktiengesellschaft oder Kommanditgesellschaft auf Aktien eine Aufhebung des Richtervorbehalts ohne weiteres denkbar. Entsprechendes gilt im Hinblick auf die reduzierte gerichtliche Prüfungspflicht bei der Ersteintragung und der Eintragung von Versicherungsvereinen auf Gegenseitigkeit. Bei der Eintragung von Satzungsänderungen bestehen zwar umfangreichere Prüfungspflichten, letztlich ist den Rechtspflegern aber auch hier im Hinblick auf ihre Erfahrungen aus dem Handelsregister A sowie ihre in den vergangenen Jahren wesentlich vertiefte und stärker wissenschaftlich ausgerichtete Ausbildung eine sachgerechte Erledigung der Aufgaben zuzutrauen. Gleiches gilt für die Eintragung der Änderung oder Beendigung eines Unternehmensvertrages, für die ähnliche Prüfkriterien wie für die Satzungsänderung maßgeblich sind. Im Bereich der Umwandlungen bestehen bei der derzeitigen Zuständigkeitsregelung vielfach Kompetenzprobleme zwischen Richter und Rechtspfleger, da für die Führung des Registers eines der an der Umwandlung beteiligten Rechtsträger der Richter, für die Führung des Registers anderer an derselben Umwandlung beteiligter Rechtsträger der Rechtspfleger zuständig ist. Gerade in diesem Bereich ist jedoch eine zügige Vollziehung der Rechtsänderungen im Register für die Unternehmen häufig von großer Bedeutung, weil Verzögerungen zu finanziellen Nachteilen führen können. Nachdem der Rechtspfleger durch seine bisherige Zuständigkeit für das Handelsregister A bereits mit Fragen des Umwandlungsrechts vertraut ist, sieht der Entwurf auch insoweit die Möglichkeit zur Aufhebung des Richtervorbehalts vor, um bei den Registergerichten eine klarere Aufgabenverteilung zwischen Richter und Rechtspfleger und in der Folge eine stringentere Aufgabenerledigung zu ermöglichen.

Ob dem Rechtspfleger auch die Registergeschäfte bei großen Konzernen und börsennotierten Gesellschaften, die sich häufig als rechtlich und wirtschaftlich kompliziert darstellen, übertragen werden können, hängt in erster Linie vom Ausbildungsstand dieser Berufsgruppe in den einzelnen Bundesländern ab. Durch die Möglichkeit einer Aufhebung der Vorbehalte nur für Teilbereiche oder einer schrittweisen Aufgabenübertragung kann auch hier in einzelnen Bundesländern ggf noch bestehenden Ausbildungsdefiziten bei den Rechtspflegern Rechnung getragen werden.

Der Richtervorbehalt hinsichtlich der Löschungen nach § 141a FGG wurde bisher mit möglichen Problemen bei der Feststellung der Vermögenslosigkeit begründet, zu der Kenntnisse im Bilanzrecht erforderlich seien. Nachdem der Rechtspfleger jedoch bereits nach bisherigem Recht für die Löschung einer OHG, KG, eG und einer Partnerschaft wegen Vermögenslosigkeit zuständig ist und an den meisten Fachhochschulen für Rechtspflege die Studieninhalte mittlerweile um betriebswirtschaftliche Fächer erweitert wurden, ist dieser Gesichtspunkt heute nicht mehr tragfähig. Dieser Vorbehalt kann daher ebenfalls aufgehoben werden. Die Zuständigkeit für Löschungen nach § 142 FGG (wegen unzulässiger Eintragungen), nach § 144 FGG (wegen Nichtigkeit) und nach § 43 Abs. 2 KWG (wegen unzulässigen Firmengebrauchs) sowie die Zuständigkeit für Verfügungen nach § 144a FGG (Fehlen oder Nichtigkeit einer wesentlichen Bestimmung in der Satzung oder im Gesellschaftsvertrag einer eingetragenen Gesellschaft) sind aus Gründen des Sachzusammenhangs der Zuständigkeit für die jeweilige Eintragung anzupassen und waren daher in die Öffnungsklausel einzubeziehen. Mit den Feststellungen bei den Kontrollaufgaben nach § 144b FGG (Einhaltung der Verpflichtungen der Gesellschafter einer GmbH nach § 19 Abs. 4 GmbHG, insbesondere der Einzahlung der Geldeinlagen) sind regelmäßig keine besonderen rechtlichen Schwierigkeiten verbunden, sodass keine Bedenken gegen eine Aufhebung dieses Vorbehalts bestehen. Die Zuständigkeitsregelung für Liquidatorenbestellungen (Richtervorbehalt nach § 17 Nr. 2b RPflG) ist aus Gründen des Sachzusammenhangs und einer effizienten Aufgabenverteilung den Regelungen für die Amtslöschungen anzupassen, zumal diese Verrichtung regelmäßig keine besonderen Probleme beinhaltet. Den Landesjustizverwaltungen soll daher auch insoweit eine Aufhebung des Richtervorbehalts ermöglicht werden.

Der von der Öffnungsklausel ausgenommene Richtervorbehalt nach § 17 Nr. 2a RPflG betrifft Geschäfte nach § 145 FGG, der als Auffangvorschrift eine Reihe von Aufgaben, die nicht Angelegenheiten des Registers sind, der sachlichen Zuständigkeit des Amtsgerichts zuweist; das Amtsgericht gilt hier also nicht als Registergericht. Bei einem Teil der in § 17 Nr. 2a RPflG dem Richter vorbehaltenen Geschäfte dürfte eine Übertragung auf den Rechtspfleger verfassungsrechtlich nicht unbedenklich sein. Im Rahmen der Diskussion über die Übertragung des Handelsregisters auf die Industrie- und Handelskammern hat die Bund-Länder-Arbeitsgruppe „Handelsrecht und Handelsregister" 1994 die Geltung des Richtervorbehalts nach Artikel 92 GG für die gesellschaftsrechtlichen Verfahren nach § 145 FGG untersucht. Die Untersuchung kam zu dem Ergebnis, dass sich zumindest hinsichtlich der Streitverfahren des § 145 FGG ein verfassungsrechtliches Risiko im Hinblick auf Artikel 92 GG nicht ausschließen lässt. Die Herausnahme einzelner Geschäfte aus dem Katalog des § 145 FGG, bei denen diese Bedenken nicht bestehen, und Übertragung auf den Rechtspfleger würde dem mit dem Entwurf verfolgten Ziel einer Straffung der Organisationsstrukturen widersprechen. Bei den dem Richter vorbehaltenen Aufgaben nach § 17 Nr. 3 RPflG handelt es sich um Geschäfte in einem rechtlich nicht einfachen Spezialgebiet des Seerechts. Eine Aufgabenverlagerung in diesem Bereich wäre nur von geringer praktischer Bedeutung für die Masse der Gerichte und würde den hohen notwendigen zusätzlichen Ausbildungsaufwand nicht rechtfertigen.

Absatz 1 Satz 2 sieht vor, dass die Landesregierungen die Ermächtigung zum Erlass der in Satz 1 vorgesehenen Rechtsverordnung nach Artikel 80 Abs. 1 Satz 4 GG auf die Landesjustizverwaltungen delegieren können.

Absatz 2 beschränkt die neuen Zuständigkeiten des Rechtspflegers in Nachlasssachen auf nichtstreitige Fälle: hiermit soll dem Rechtsprechungsvorbehalt für den Richter nach Artikel 92 GG Rechnung getragen werden.

Das 1. Justizmodernisierungsgesetz sieht erweiterte sachliche Zuständigkeiten der Rechtspfleger dort vor, wo bislang Richtervorbehalte gelten. Solche Richtervorbehalte wurden aber nicht abgeschafft. Vielmehr wurde lediglich durch § 19 RPflG den Landesregierungen die Ermächtigung erteilt, durch Rechtsverordnung die Richtervorbehalte ganz oder teilweise aufzuheben, soweit bestimmte Angelegenheiten betroffen sind.

Es besteht also die Gefahr, dass sich innerhalb Deutschlands eine unübersichtliche Rechtszersplitterung im Bereich der Zuständigkeit ergibt. Im Zuge der Harmonisierungsbemühungen innerhalb der Europäischen Union wirken solche Maßnahmen zur staatsinternen Rechtszersplitterung anachronistisch.

§ 19 Abs. 1 Satz 1 Nr. 1 RPflG betrifft die mögliche Aufhebung des Richtervorbehalts für Entscheidungen, die bei einer Nachlasspflegschaft oder Nachlassverwaltung erforderlich werden. Wegen der Parallelitäten verweist die Regelung pauschal auf die Richtervorbehalte im Vormundschafts- und Betreuungsrecht und nimmt die den dortigen Vorbehalten entsprechenden Entscheidungen auch im Bereich der Nachlassfürsorge von der Übertragung auf den Rechtspfleger aus. Der Richtervorbehalt des § 16 Abs. 1 Nr. 1 RPflG hinsichtlich der Nachlasspflegschaft und der Nachlassverwaltung bezieht sich teilweise auf den Vorbehalt des § 14 Abs. 1 Nr. 4 RPflG (Nachlasspflegschaft für Ausländer) und auf § 14 Abs. 1 Nr. 5 RPflG (Entscheidung von Meinungsverschiedenheiten zwischen mehreren Nachlasspflegern).

Durch § 19 Abs. 1 Nr. 2 RPflG wird es ermöglicht, dem Rechtspfleger die Zuständigkeit für die Ernennung von Testamentsvollstreckern zu übertragen. Das ist insoweit bemerkenswert, als es wegen der Breite der denkbaren Wortwahl in letztwilligen Verfügungen um einen durchaus schwierigen Bereich der Testamentsauslegung geht.

§ 19 Abs. 1 Nr. 3 RPflG ermöglicht eine begrenzte Aufhebung des Richtervorbehalts für die Entscheidung über die Entlassung eines Testamentsvollstreckers aus wichtigem Grund (§ 2227 BGB). Ausgenommen sind die Fälle, in denen der Erblasser den oder die Testamentsvollstrecker durch Testament selbst ernannt oder einen Dritten hierzu bestimmt hat.

Durch § 19 Abs. 1 Nr. 4 RpflG besteht nunmehr die Möglichkeit der Abschaffung des Richtervorbehalts hinsichtlich der Erteilung von Erbscheinen aufgrund einer Verfügung von Todes wegen, von gegenständlich beschränkten Erbscheinen, der Erteilung eines Testamentsvollstreckerzeugnisses, ferner der Einziehung von Erbscheinen, von Testamentsvollstreckerzeugnissen sowie Zeugnissen über die Fortsetzung einer Gütergemeinschaft. Auch hier kann es auf die Auslegung letztwilliger Verfügung ankommen.

Mit § 19 Abs. 1 Nr. 5 RPflG wird eine weitgehende Aufhebung der Richtervorbehalte in Handels- und Registersachen ermöglicht. Betroffen sind:
-   Verfügungen auf erste Eintragung,
-   Eintragungen von Satzungsänderungen, die nicht nur die Fassung betreffen,
-   Eintragungen der Eingliederung oder der Umwandlung und des Bestehens der Änderung oder der Beendigung eines Unternehmensvertrages,
-   Verfügungen auf Löschung im Handelsregister wegen Vermögenslosigkeit gemäß § 141a FGG, wegen unzulässiger Eintragung gemäß § 142 FGG, wegen einer möglichen Nichtigkeitsklage oder Verletzung zwingender Vorschriften im Sinne von § 144 FGG sowie wegen unzulässigem Firmengebrauchs gemäß § 43, Abs. 2 KWG,
-   Kontrollaufgaben nach § 144a FGG (Fehlen oder Nichtigkeit einer wesentlichen Bestimmung in der Satzung oder im Gesellschaftsvertrag einer eingetragenen Gesellschaft) und gemäß § 144b FGG (Erfüllung der Verpflichtungen der Gesellschafter einer GmbH nach § 19 Abs. 4 GmbHG, insbesondere Einzahlung der Geldeinlagen),
-   Bestellung von Nachtragsliquidatoren einer OHG, KG, AG, KGAG oder einer GmbH, wenn sich nach deren Löschung wegen Vermögenslosigkeit herausstellt, dass noch zu verteilendes Vermögen vorhanden ist.

§ 24b RPflG
Amtshilfe

(1) Die Landesregierungen werden ermächtigt, durch Rechtsverordnung die Geschäfte der Amtshilfe dem Rechtspfleger zu übertragen.

(2) Die Landesregierungen können die Ermächtigung auf die Landesjustizverwaltungen übertragen.

Einzelbegründung des Gesetzgebers zu § 24b – neu – RPflG

Die neu eingefügte Bestimmung des § 24b Abs. 1 RPflG ermächtigt die Landesregierungen, durch Rechtsverordnung die Geschäfte der Amtshilfe auf den Rechtspfleger zu übertragen.

In Abgrenzung zur Rechtshilfe im Sinne der §§ 156 ff. GVG liegt Amtshilfe vor, wenn um eine Tätigkeit ersucht wird, die nicht der Rechtsprechung im verfassungsrechtlichen Sinne zuzurechnen ist. Es handelt sich um Hilfeleistungen, die nicht mit der konkreten Durchführung eines gerichtlichen Verfahrens in unmittelbarem Zusammenhang stehen und die das Gericht nicht als Organ der rechtsprechenden Gewalt, sondern als Teil der allgemeinen Staatsverwaltung betreffen. Charakteristisch für die Rechtshilfe ist dagegen die Verankerung der betreffenden Tätigkeiten in den maßgebenden Verfahrensgesetzen, die Möglichkeiten der zwangsweisen Durchsetzung, Auferlegung unmittelbarer Pflichten und Lasten sowie die Bindung der Betroffenen an die entsprechenden Entscheidungen einschließlich der negativen Konsequenzen bei ihrer Nichtbefolgung. Zuständig für die Erledigung von Rechtshilfeersuchen muss damit auch weiterhin der Richter sein; eine Zuständigkeit des Rechtspflegers in Rechtshilfeangelegenheiten ist nur im Rahmen der ihm übertragenen Verfahren möglich (§ 4 Abs. 1 RPflG). Gegen eine generelle Übertragung der Geschäfte der Amtshilfe auf den Rechtspfleger bestehen dagegen keine Bedenken, da sie nicht in unmittelbarem Zusammenhang mit der Rechtsprechungstätigkeit im verfassungsrechtlichen Sinne stehen.

Gemäß § 24b RPflG werden die Landesregierungen ermächtigt, durch Rechtsverordnung die Geschäfte der Amtshilfe auf den Rechtspfleger zu übertragen. Wegen der Einzelheiten kann auf die vorstehend abgedruckte Einzelbegründung des Gesetzgebers verwiesen werden.

§ 31 RPflG
Geschäfte der Staatsanwaltschaft im Strafverfahren und Vollstreckung in Straf- und Bußgeldsachen sowie von Ordnungs- und Zwangsmitteln

(1) Von den Geschäften der Staatsanwaltschaft im Strafverfahren werden dem Rechtspfleger übertragen:
1. die Geschäfte bei der Durchführung der Beschlagnahme (§ 111 f Abs. 2 der Strafprozeßordnung),
2. die Geschäfte bei der Durchführung der Beschlagnahme und Vollziehung des Arrestes sowie die Anordnung der Notveräußerung und die weiteren Anordnungen bei deren Durchführung (§ 111 f Abs. 1, 3, § 111 l der Strafprozeßordnung), soweit die entsprechenden Geschäfte im Zwangsvollstreckungs- und Arrestverfahren dem Rechtspfleger übertragen sind.

(2) Die der Vollstreckungsbehörde in Straf- und Bußgeldsachen obliegenden Geschäfte werden dem Rechtspfleger übertragen. Ausgenommen sind Entscheidungen nach § 114 des Jugendgerichtsgesetzes. Satz 1 gilt entsprechend, soweit Ordnungs- und Zwangsmittel von der Staatsanwaltschaft vollstreckt werden.

(2a) Der Rechtspfleger hat die ihm nach Absatz 2 Satz 1 übertragenen Sachen dem Staatsanwalt vorzulegen, wenn

1. er von einer ihm bekannten Stellungnahme des Staatsanwalts abweichen will oder

2. zwischen dem übertragenen Geschäft und einem vom Staatsanwalt wahrzunehmenden Geschäft ein so enger Zusammenhang besteht, dass eine getrennte Sachbearbeitung nicht sachdienlich ist, oder

3. ein Ordnungs- oder Zwangsmittel von dem Staatsanwalt verhängt ist und dieser sich die Vorlage ganz oder teilweise vorbehalten hat.

(2b) Der Rechtspfleger kann die ihm nach Absatz 2 Satz 1 übertragenen Geschäfte dem Staatsanwalt vorlegen, wenn

1. sich bei der Bearbeitung Bedenken gegen die Zulässigkeit der Vollstreckung ergeben oder

2. ein Urteil vollstreckt werden soll, das von einem Mitangeklagten mit der Revision angefochten ist.

(2c) Die vorgelegten Sachen bearbeitet der Staatsanwalt, solange er es für erforderlich hält. Er kann die Sachen dem Rechtspfleger zurückgeben. An eine dabei mitgeteilte Rechtsauffassung oder erteilte Weisungen ist der Rechtspfleger gebunden.

(3) Die gerichtliche Vollstreckung von Ordnungs- und Zwangsmitteln wird dem Rechtspfleger übertragen, soweit sich nicht der Richter im Einzelfall die Vollstreckung ganz oder teilweise vorbehält.

(4) (aufgehoben)

(5) Die Leitung der Vollstreckung im Jugendstrafverfahren bleibt dem Richter vorbehalten. Dem Rechtspfleger werden die Geschäfte der Vollstreckung übertragen, durch die eine richterliche Vollstreckungsanordnung oder eine die Leitung der Vollstreckung nicht betreffende allgemeine Verwaltungsvorschrift ausgeführt wird. Der Bundesminister der Justiz wird ermächtigt, durch Rechtsverordnung mit Zustimmung des Bundesrates auf dem Gebiet der Vollstreckung im Jugendstrafverfahren dem Rechtspfleger nichtrichterliche Geschäfte zu übertragen, soweit nicht die Leitung der Vollstreckung durch den Jugendrichter beeinträchtigt wird oder das Vollstreckungsgeschäft wegen seiner rechtlichen Schwierigkeit, wegen der Bedeutung für den Betroffenen, vor allem aus erzieherischen Gründen, oder zur Sicherung einer einheitlichen Rechtsanwendung dem Vollstreckungsleiter vorbehalten bleiben muß. Der Richter kann die Vorlage von übertragenen Vollstreckungsgeschäften anordnen.

(6) Gegen die Maßnahmen des Rechtspflegers ist der Rechtsbehelf gegeben, der nach den allgemeinen verfahrensrechtlichen Vorschriften zulässig ist. Ist hiernach ein Rechtsbehelf nicht gegeben, entscheidet über Einwendungen der Richter oder Staatsanwalt, an dessen Stelle der Rechtspfleger tätig geworden ist. Er kann dem Rechtspfleger Weisungen erteilen. Die Befugnisse des Behördenleiters aus den §§ 145, 146 des Gerichtsverfassungsgesetzes bleiben unberührt.

(7) Unberührt bleiben ferner bundes- und landesrechtliche Vorschriften, welche die Vollstreckung von Vermögensstrafen im Verwaltungszwangsverfahren regeln.

Einzelbegründung des Gesetzgebers zu § 31 RPflG

§ 31 Abs. 2 Satz 1 RPflG überträgt die der Vollstreckungsbehörde in Straf- und Bußgeldsachen obliegenden Geschäfte grundsätzlich dem Rechtspfleger. Nach Satz 2 in seiner derzeitigen Fassung können einzelne Geschäfte wegen ihrer rechtlichen Schwierigkeiten, ihrer Bedeutung für die Betroffenen oder zur Sicherung einer einheitlichen Rechtsanwendung von der Übertragung ausgenommen werden. Dies ist durch die Verordnung des Bundesministeriums der Justiz über die Begrenzung der Geschäfte des Rechtspflegers bei der Vollstreckung in Straf- und Bußgeldsachen vom 26. Juni 1970 (BGBl. I S. 992 – sog. Begrenzungsverordnung [BegrV]), zuletzt geändert durch Verordnung vom 16. Februar 1982 (BGBl. I S. 188), geschehen.

Die in § 31 Abs. 2 Satz 2 RPflG genannten Gründe für die Zuständigkeitsvorbehalte sind zwischenzeitlich weitestgehend nicht mehr zeitgemäß. Zum einen sind den Rechtspflegern auch in anderen Bereichen für die Betroffenen sehr weitreichende Entscheidungen übertragen, bei denen sie bewiesen haben, dass sie den gestellten Anforderungen gerecht werden, zum anderen sorgen nähere Regelungen zum Beispiel in der Strafvollstreckungsordnung oder in landesrechtlichen Vorschriften für eine weitestgehend einheitliche Rechtsanwendung. Die in § 1 der Begrenzungsverordnung dem Staatsanwalt vorbehaltenen Einzelgeschäfte können daher - mit einer Ausnahme - vom Rechtspfleger erledigt werden. Im Einzelnen handelt es sich um folgende Verrichtungen:

§ 1 Nr. 1 BegrV

- Entscheidungen über den Aufschub oder die Unterbrechung einer Freiheitsstrafe bei Krankheit des Verurteilten (§ 455 StPO),
- Entscheidungen über das Absehen von der Vollstreckung bei Auslieferung oder Ausweisung und über die Nachholung der Vollstreckung bei Rückkehr des Verurteilten (§ 456a StPO),
- Entscheidungen über die Aussetzung eines Berufsverbotes (§ 456c Abs. 2 bis 4 StPO),
- Entscheidungen über die Anrechnung eines Krankenhausaufenthalts auf die Strafzeit (§ 461 Abs. 1 StPO),
- Anträge auf Festsetzung von Zwangsmitteln nach § 463c Abs. 3 und 4 StPO,
- Anträge auf Verlängerung der Frist für die Vollstreckungsverjährung nach § 79b StGB.

Für Entscheidungen über die Strafunterbrechung nach § 455 Abs. 4 StPO enthält die Strafvollstreckungsordnung nähere Regelungen, wobei die Fälle, in denen ein Strafaufschub zu gewähren ist, weitgehend zwingend vorgeschrieben sind. Auch die Bewertung des Sachverhalts aufgrund ärztlicher Gutachten oder Stellungnahmen der Vollzugsanstalt sowie die Abwägung der Situation des Verurteilten und der Sicherheitsinteressen des Staates überfordern den mit der Strafvollstreckung vertrauten Rechtspfleger nicht. Es ist daher nicht geboten, diese Aufgaben weiterhin dem Staatsanwalt vorzubehalten. Die Entscheidung über das Absehen von der Vollstreckung einer Freiheitsstrafe, einer Ersatzfreiheitsstrafe oder einer Maßregel der Besserung und Sicherung erfordert in den Fällen des § 456a StPO eine nicht einfache Abwägung der Interessen des Staates an einer nachdrücklichen Vollstreckung mit den Interessen des Verurteilten. Nachdem die von Seiten der Länder insoweit im Interesse einer einheitlichen Rechtsanwendung erlassenen detaillierten Richtlinien den Ermessensspielraum der Vollstreckungsbehörden jedoch bereits stark einschränken, bestehen keine Bedenken, diese Entscheidung dem Rechtspfleger zu überlassen. Auch bei Entscheidungen nach § 456c StPO ist eine nicht einfache Interessenabwägung vorzunehmen. Allerdings kommt es dabei weniger auf die Bewertung rechtlich schwieriger Aspekte, sondern in erster Linie auf Lebens- und Berufserfahrung an. Die hier erforderliche Interessenabwägung ist vergleichbar mit derjenigen bei der Entscheidung über Vollstreckungsschutzanträge, für die bereits seit langem der Rechtspfleger zuständig ist. Ist der Verurteilte nach Strafantritt auf Veranlassung der Vollstreckungsbehörde wegen Krankheit in eine von der Vollzugsanstalt getrennte Krankenanstalt gebracht worden, ohne dass nach § 455 Abs. 4 StPO die Vollstreckung unterbrochen wurde, ist die Dauer des Aufenthaltes in der Anstalt in die Strafzeit einzuberechnen, es sei denn der Verurteilte hat den Aufenthalt mit der Absicht, die Strafvollstreckung zu unterbrechen, selbst herbeigeführt. Bedenken, auch diese Entscheidung künftig dem Rechtspfleger zu übertragen, sind nicht ersichtlich. Die Vollziehung der Anordnung des Gerichts zur öffentlichen Bekanntmachung der Verurteilung ist Aufgabe der Strafvollstreckungsbehörde (§ 451 Abs. 1 StPO) und hier des Rechtspflegers. Ist die Veröffentlichung in einer periodischen Druckschrift oder im Rundfunk angeordnet und wird die Veröffentlichung verweigert, so sind nach § 463c Abs. 3 und 4 StPO Zwangsmittel möglich; diese werden vom Gericht auf Antrag der Strafvollstreckungsbehörde – bisher des Staatsanwaltes – festgesetzt. Im Sinne einer Verfahrensökonomie sieht der Entwurf künftig eine Antragstellung durch den Rechtspfleger vor. Nach § 20 StVollstrO ist vor einer Antragstellung nach § 79b StGB in der Regel der obersten Justizbehörde zu berichten, die zu bewerten hat, ob die Voraussetzungen des § 79b StGB vorliegen. Der Bericht hat Angaben über

alle Umstände zu enthalten, die ein öffentliches Interesse an der Vollstreckung der Strafe nahele-
gen, sowie über durchgeführte Fahndungsmaßnahmen, die Unmöglichkeit der Auslieferung oder
Überstellung, den Umfang der noch zu vollstreckenden Strafe oder Maßnahme, die Umstände der
Tat sowie zur Person des Verurteilten (Haftfähigkeit etc.). Nachdem der Rechtspfleger auf Grund
seiner Zuständigkeit für das bisherige Vollstreckungsverfahren über genaue Kenntnisse zum Ver-
fahrensstand verfügt, liegt es unter verfahrensökonomischen Gesichtspunkten nahe, ihm die Entscheidung über die Antragstellung nach § 79b StGB zu überlassen, insbesondere nachdem die
Strafvollstreckungsordnung eine vorherige Beteiligung der obersten Justizbehörden vorsieht.

§ 1 Nr. 2 BegrV

Die Entscheidung über den vorübergehenden Vollstreckungsaufschub (§ 456 StPO) ist – soweit
es sich um Freiheitsstrafen handelt – dem Staatsanwalt vorbehalten; in allen übrigen Fällen entscheidet gemäß § 31 Abs. 2 RHG der Rechtspfleger. Zweifellos ist im Falle einer Freiheitsstrafe
die Bedeutung der Entscheidung der Vollstreckungsbehörde für den Betroffenen größer als bei
den übrigen Vollstreckungsmaßnahmen. Jedoch ist die Art der Interessenabwägung identisch, sodass nichts dagegen spricht, sie dem Rechtspfleger anzuvertrauen, der seit vielen Jahren mit dieser Aufgabe - soweit sie nicht Freiheitsstrafen betrifft - vertraut ist.

§ 1 Nr. 3 BegrV

• Entscheidungen nach § 35 Abs. 1 bis 5 BtMG sowie Anträge und Stellungnahmen nach § 35
   Abs. 1, 2 und Abs. 6 Satz 2 BtMG,

• Anträge und Stellungnahmen nach § 36 Abs. 5 BtMG.

Die §§ 35, 36 BtMG regeln detailliert die Möglichkeiten der Zurückstellung der Vollstreckung
einer in einer Betäubungsmittelsache verhängten Freiheitsstrafe, eines Strafrestes oder einer Maßregel sowie die Voraussetzungen des Widerrufs dieser Vergünstigung und die Anrechnung einer
Behandlung auf die Strafe. Die Zurückstellung der Vollstreckung ist von der Zustimmung des Gerichts abhängig, die Entscheidung über die Anrechnungsfähigkeit trifft das Gericht. Der Vorbehalt
wurde in erster Linie mit der Sachkenntnis begründet, die der Staatsanwalt aus der vorausgehen-
den Bearbeitung im Ermittlungsverfahren habe. Mit der zunehmenden Einrichtung von Vollstre-
ckungsdezernaten hat dieses Argument jedoch an Gewicht verloren. Im Übrigen handelt es sich
um Entscheidungen, die eine Mitwirkung des Gerichts erfordern. Mit rechtlichen Schwierigkeiten
dürften diese Verfahren regelmäßig nicht verbunden sein.

§ 1 Nr. 5 BegrV

Die Entscheidung, ob ein Straffreiheitsgesetz auf die zu vollstreckende Entscheidung anwendbar
ist, dürfte in der Mehrzahl der Fälle unproblematisch sein, sodass gegen eine Übertragung auf den
Rechtspfleger keine Bedenken bestehen. Soweit im Einzelfall rechtliche Schwierigkeiten auftreten, kann von der Möglichkeit der Vorlage an den Staatsanwalt nach § 31 Abs. 2b Nr. 1 RPflG –
neu – Gebrauch gemacht werden.

§ 1 Nr. 6 BegrV betrifft die Entscheidungen über die Reihenfolge der Vollstreckung von Freiheitsstrafen und freiheitsentziehenden Maßregeln der Sicherung und Besserung oder von mehreren freiheitsentziehenden Maßregeln der Besserung und Sicherung, wenn auf sie in verschiedenen
Verfahren erkannt ist. Nachdem der Rechtspfleger für die Bestimmung der Reihenfolge der Vollstreckung von Freiheitsstrafen und freiheitsentziehenden Maßnahmen bereits zuständig ist, soweit
auf sie in ein- und demselben Verfahren erkannt wurde, bestehen keine Bedenken, ihm diese Entscheidung auch insoweit zu überragen, als die Verurteilung in verschiedenen Verfahren erfolgte,
zumal zur Reihenfolge der Vollstreckung mehrerer Freiheitsstrafen und/oder freiheitsentziehender
Maßregeln zwischenzeitlich detaillierte Regelungen in den §§ 43 ff. und § 54 StVollstO bestehen.

Danach verbleiben als dem Staatsanwalt vorbehaltene Aufgabe in § 1 BegrV lediglich die Entscheidungen nach § 114 JGG (Nr. 4). Eine Aufhebung dieses Vorbehalts erscheint problematisch.
Nach § 114 JGG kann ein nach allgemeinem Strafrecht Verurteilter unter 24 Jahren in eine Jugendstrafanstalt eingewiesen werden, wenn er sich für den Jugendstrafvollzug eignet. Die Richtli-

nien zu § 114 JGG ergänzen diese Regelung dahingehend, dass ein zu einer Freiheitsstrafe Verurteilter unter 21 Jahren grundsätzlich in die Jugendstrafanstalt einzuweisen ist; Verurteilte, die das 21. Lebensjahr, aber noch nicht das 24. Lebensjahr vollendet haben, sollen dagegen in der Regel in die Justizvollzuganstalt eingewiesen werden, sofern nicht ausnahmsweise nach Richtlinie Nr. 5 S. 1 zu § 114 JGG verfahren wird. Danach kann die Strafvollstreckungsbehörde den Verurteilten nach Anhörung des Gerichts und, falls sich der Verurteilte in Haft befindet, der Justizvollzugsanstalt, ausnahmsweise sogleich in die Jugendstrafanstalt einweisen. In der Regel kommt Richtlinie Nr. 4 zum Zuge, wonach der Leiter der Erwachsenenvollzugsanstalt in seine Anstalt eingewiesene Gefangene, die er für den Jugendstrafvollzug für geeignet hält, in die Jugendstrafanstalt überweisen kann. Maßgeblich für die Prüfung sind – neben dem Alter von unter 24 Jahren zurzeit der Vollstreckung und der Dauer der zu verbüßenden Freiheitsstrafe – die Eignung für den Jugendstrafvollzug. Diese ist zu bejahen, wenn davon auszugehen ist. dass die erzieherischen Bemühungen im Jugendstrafvollzug im Hinblick auf die gewünschte Sozial- und Legalbewährung eher Erfolg versprechen als die Bedingungen im allgemeinen Strafvollzug. Dabei ist auch zu berücksichtigen, ob von der Anwesenheit des Verurteilten Nachteile für die Erziehung der anderen Gefangenen zu befürchten sind (vgl. Richtlinie Nr. 1, 2. Alt.). Die vorzunehmende Prüfung erstreckt sich mithin in erster Linie auf Kriterien, mit denen der Rechtspfleger aus seiner täglichen Arbeit kaum vertraut ist. Eine Zuständigkeitsänderung würde hier – gerade in einem auch gesellschaftspolitisch wichtigen Bereich – eher zu einem Kompetenz- und Erfahrungsverlust führen.

Eine Aufrechterhaltung der Begrenzungsverordnung mit lediglich einem Vorbehalt für den Staatsanwalt ist nicht mehr gerechtfertigt. Der Entwurf sieht daher vor, die bisher in § 31 Abs. 2 Satz 2 RPflG enthaltene Ermächtigung zum Erlass der Rechtsverordnung aufzuheben und stattdessen – entsprechend der sonstigen Systematik des Rechtspflegergesetzes – den verbleibenden Vorbehalt in § 31 Abs. 2 Satz 2 RPflG selbst aufzunehmen.

Absatz 2 Satz 3 des Entwurfs entspricht dem bisherigen Absatz 4, der aus systematischen Gründen hierher übernommen wurde.

Zu Nummer 5 Buchstabe b (§ 31 Abs. 2a und 2b)

Neben der Aufzählung der dem Staatsanwalt vorbehaltenen Einzelaufgaben der Strafvollstreckungsbehörde (§ 1 BegrV) ordnet die Begrenzungsverordnung in ihrem § 2 für bestimmte Fälle eine Vorlagepflicht an den Staatsanwalt an. Diese Regelung deckt sich in weiten Teilen mit den Vorlagepflichten, wie sie durch § 5 RPflG in der bis zum 30. September 1998 geltenden Fassung vorgesehen waren. Nach § 32 RPflG sind die §§ 5 bis 11 RPflG jedoch nicht auf die dem Rechtspfleger nach den §§ 29 bis 31 RPflG übertragenen Aufgaben anwendbar, da es sich hierbei nicht um richterliche Geschäfte, sondern Aufgaben der sog. Rechtspflegeverwaltung handelt. Daher ist mit der Aufhebung der Begrenzungsverordnung eine entsprechende Regelung in das Rechtspflegergesetz aufzunehmen.

Bisher hat der Rechtspfleger die ihm übertragenen Sachen dem Staatsanwalt vorzulegen, wenn

1. er von einer ihm bekannten Stellungnahme des Staatsanwalts abweichen will,

2. sich bei der Bearbeitung rechtliche Schwierigkeiten oder Bedenken gegen die Zulässigkeit der Vollstreckung ergeben,

3. ein Urteil vollstreckt werden soll, das von einem Mitangeklagten mit der Revision angefochten ist,

4. bei einem engen Sachzusammenhang mit einem vom Staatsanwalt wahrzunehmenden Geschäft,

5. ein Ordnung- oder Zwangsmittel von dem Staatsanwalt verhängt ist und dieser sich die Vorlage ganz oder teilweise vorbehalten hat.

Diese Vorlagepflichten gehen weit über die der Parallelregelung in § 5 RPflG hinaus. Im Hinblick auf die in den vergangenen Jahren erheblich verbesserte und stärker wissenschaftlich ausgerichtete Ausbildung der Rechtspfleger ist daher eine Korrektur der Vorlagepflichten des § 2 BegrV in Angleichung der Regelung an § 5 RPflG angezeigt. Dabei ist jedoch zu beachten, dass der Rechtspfleger als Teil der Strafvollstreckungsbehörde nicht unabhängiges Organ der Rechtspflege ist, sondern Teil der „Rechtspflegeverwaltung". Die Beibehaltung einer Vorlagepflicht ist unter Berücksichtigung dieser Aspekte lediglich für die bisherigen Nummern 1, 4 und 5 BegrV angebracht, was durch den neuen § 31 Abs. 2a RPflG angeordnet wird. Bei Bedenken gegen die Zulässigkeit der Vollstreckung und für den Fall, dass das zu vollstreckende Urteil von einem Mitangeklagten mit der Revision angefochten wurde, wandelt der neue § 31 Abs. 2b – entsprechend der Systematik des § 5 RPflG – die bisherige Vorlagepflicht in ein Vorlagerecht um. Denn soweit hier im Einzelfall rechtliche Schwierigkeiten auftreten, ist der Rechtspfleger aufgrund seiner Ausbildung in der Lage, dies zu erkennen und abzuwägen, ob er den Staatsanwalt mit der Sache befassen sollte.

§ 31 Abs. 2c des Entwurfs entspricht § 2 Abs. 2 der BegrV § 2 Abs. 3 der BegrV, der die entsprechende Anwendbarkeit für Bußgeldsachen regelt, ist künftig überflüssig, da § 31 Abs. 2 Satz 1 RPflG bereits die Geschäfte der Vollstreckungsbehörde in Bußgeldsachen umfasst.

Zu Nummer 5c (§ 31 Abs. 4)

Die Regelung des § 31 Abs. 4 RPflG wurde aus systematischen Gründen als neuer Satz 3 nach § 31 Abs. 2 Satz 3 RPflG übertragen.

Zu Nummer 5d (§ 31 Abs. 6)

Die Geschäfte der Staatsanwaltschaft bei der Vollstreckung in Straf- und Bußgeldsachen sind keine richterlichen Geschäfte, sondern Aufgaben der sog. Rechtspflegeverwaltung. § 32 RPflG schließt daher die Anwendbarkeit der Regelungen zum Rechtsbehelf gegen die Entscheidungen des Rechtspflegers nach § 11 RPflG auf die ihm im Bereich der Strafvollstreckung übertragenen Aufgaben aus. Stattdessen regelt § 31 Abs. 6 RPflG in seiner bisherigen Fassung, dass über Einwendungen gegen Maßnahmen des Rechtspflegers der Richter oder Staatsanwalt entscheidet, an dessen Stelle der Rechtspfleger tätig geworden ist. Eine gerichtliche Entscheidung, z.B. nach § 459h StPO, ist erst nach einer förmlicher Entscheidung des Staatsanwalts möglich.

Die Neuregelung soll eine gerichtliche Entscheidung über Maßnahmen des Rechtspflegers ohne die bisher im Rechtspflegergesetz vorgesehene Vorbefassung des Staatsanwalts ermöglichen und gleicht damit das Rechtsbehelfsverfahren im Strafvollstreckungsverfahren an die Systematik des §§ 11 RPflG an. Dort wurde durch das Dritte Gesetz zur Änderung des Rechtspflegergesetzes und anderer Gesetze vom 6. August 1998 (BGBl. I S. 2030) auf das Verfahren der Durchgriffserinnerung verzichtet, insbesondere mit dem Ziel, Verzögerungen im Rechtsmittelverfahren und Doppelarbeit zu vermeiden. Die gleichen verfahrensökonomischen Gesichtspunkte sprechen auch hier für eine Änderung der bisherigen Regelung. § 31 Abs. 6 Satz 1 RPflG sieht daher in Anlehnung an § 11 Abs. 1 RPflG vor, dass Maßnahmen des Rechtspflegers direkt mit dem zulässigen Rechtsbehelf angefochten werden können. Für die Fälle, in denen ein Rechtsbehelf nach den allgemeinen verfahrensrechtlichen Vorschriften nicht gegeben ist, entscheidet nach § 31 Abs. 6 Satz 2 RPflG – entsprechend dem bisherigen Verfahren – der Richter oder Staatsanwalt, an dessen Stelle der Rechtspfleger tätig war.

Gemäß § 31 Abs. 2 RPflG wird eine erweiterte Zuständigkeit des Rechtspflegers für Straf- und Bußgeldsachen begründet.

§ 36b RPflG
Übertragung von Rechtspflegeraufgaben auf den Urkundsbeamten der Geschäftsstelle

(1) Die Landesregierungen werden ermächtigt, durch Rechtsverordnung folgende nach diesem Gesetz vom Rechtspfleger wahrzunehmende Geschäfte ganz oder teilweise dem Urkundsbeamten der Geschäftsstelle zu übertragen:

1. die Geschäfte bei der Annahme von Testamenten und Erbverträgen zur amtlichen Verwahrung nach den §§ 2258b und 2300 des Bürgerlichen Gesetzbuchs (§ 3 Nr. 2 Buchstabe c);

2. das Mahnverfahren im Sinne des Siebenten Buchs der Zivilprozessordnung einschließlich der Bestimmung der Einspruchsfrist nach § 700 Abs. 1 in Verbindung mit § 339 Abs. 2 der Zivilprozessordnung sowie der Abgabe an das für das streitige Verfahren als zuständig bezeichnete Gericht, auch soweit das Mahnverfahren maschinell bearbeitet wird (§ 20 Nr. 1);

3. die Erteilung einer weiteren vollstreckbaren Ausfertigung in den Fällen des § 733 der Zivilprozessordnung (§ 20 Nr. 12);

4. die Erteilung von weiteren vollstreckbaren Ausfertigungen gerichtlicher Urkunden nach § 797 Abs. 3 der Zivilprozessordnung (§ 20 Nr. 13);

5. die der Staatsanwaltschaft als Vollstreckungsbehörde in Straf- und Bußgeldsachen obliegenden Geschäfte bei der Vollstreckung von Geldstrafen und Geldbußen (§ 31 Abs. 2); hierzu gehört nicht die Vollstreckung von Ersatzfreiheitsstrafen.

Die Landesregierungen können die Ermächtigung auf die Landesjustizverwaltungen übertragen.

(2) Der Urkundsbeamte der Geschäftsstelle trifft alle Maßnahmen, die zur Erledigung der ihm übertragenen Geschäfte erforderlich sind. Die Vorschriften über die Vorlage einzelner Geschäfte durch den Rechtspfleger an den Richter oder Staatsanwalt (§§ 5, 28, 31 Abs. 2a und 2b) gelten entsprechend.

(3) Bei der Wahrnehmung von Geschäften nach Absatz 1 Satz 1 Nr. 2 kann in den Fällen der §§ 694, 696 Abs. 1, § 700 Abs. 3 der Zivilprozessordnung eine Entscheidung des Prozessgerichts zur Änderung einer Entscheidung des Urkundsbeamten der Geschäftsstelle (§ 573 der Zivilprozessordnung) nicht nachgesucht werden.

(4) Bei der Wahrnehmung von Geschäften nach Absatz 1 Satz 1 Nr. 5 entscheidet über Einwendungen gegen Maßnahmen des Urkundsbeamten der Geschäftsstelle der Rechtspfleger, an dessen Stelle der Urkundsbeamte tätig geworden ist. Er kann dem Urkundsbeamten Weisungen erteilen. Die Befugnisse des Behördenleiters aus den §§ 145, 146 des Gerichtsverfassungsgesetzes bleiben unberührt.

Einzelbegründung des Gesetzgebers zu § 36b RPflG
Zu Abs. 2 Satz 2

In § 36b Abs. 2 Satz 2 RPflG ist die Verweisung auf § 31 RPflG an die dort vorgesehenen Änderungen anzupassen (redaktionelle Folgeänderung).

Zu Abs. 3 und 4

Soweit Urkundsbeamte der Geschäftsstelle Aufgaben der Geldstrafenvollstreckung wahrnehmen, gelten bisher nach § 36b Abs. 3 Satz 2 RPflG die Vorschriften über Rechtsbehelfe gegen Maßnahmen des Rechtspflegers in diesem Bereich entsprechend. Aufgrund der vorgesehenen Änderungen im Rechtsbehelfsverfahren (oben Nummer 5d), insbesondere dem Wegfall der innerinstanzlichen Kontrolle der Entscheidungen des Rechtspflegers, ist dieser Verweis aufzuheben (Nummer 6b) und, soweit der Urkundsbeamten der Geschäftsstelle Geschäfte der Strafvollstreckung wahrnimmt, eine eigene Regelung zu treffen (Nummer 6c). Das im Entwurf vorgesehene Rechtsbehelfsverfahren entspricht weitestgehend dem derzeit noch geltenden Verfahren nach § 31 Abs. 6 RPflG. Da es sich bei den von den Urkundsbeamten der Geschäftsstelle im Bereich der Strafvollstreckung wahrzunehmenden Geschäften jedoch ausschließlich um Aufgaben handelt, die bisher dem Rechtspfleger übertragen waren, ist aus Gründen der Sachnähe vorgesehen, dass über Einwendungen gegen Maßnahmen des Urkundsbeamten statt des Staatsanwaltes künftig der Rechtspfleger entscheidet.

Artikel 10
Änderung des Gesetzes über die Zwangsversteigerung und Zwangsverwaltung (ZVG)

§ 38 ZVG
Angabe des Eigentümers, des Grundbuchblatts und der Grundstücksgröße

> Die Terminsbestimmung soll die Angabe des Grundbuchblatts, der Größe und des Verkehrswerts des Grundstücks enthalten. Ist in einem früheren Versteigerungstermin der Zuschlag aus den Gründen des § 74a Abs. 1 oder des § 85a Abs. 1 versagt worden, so soll auch diese Tatsache in der Terminsbestimmung angegeben werden.

Einzelbegründung des Gesetzgebers zu § 38 ZVG

§ 38 schreibt für den Regelfall die Angabe des Namens des Grundstückseigentümers in der Terminsbestimmung vor. Diese Regelung hatte ihre Berechtigung darin dazu beizutragen, das zu versteigernde Grundstück, welches nach § 37 in der Terminsbestimmung bezeichnet werden muss, eindeutig zu identifizieren.

Die Vorschrift entspricht nicht mehr den Anforderungen des heutigen Datenschutzes. Die Namensnennung in der Terminsbestimmung soll deshalb entfallen. Für den potentiellen Ersteigerer entstehen dadurch keine Nachteile. Er hat aufgrund seines „berechtigten Interesses" die Möglichkeit, vor dem Versteigerungstermin Grundbucheinsicht zu nehmen und auf diese Weise den Eigentümer des Grundstücks in Erfahrung zu bringen; darüber hinaus erhält er Gelegenheit, Einsicht in die gerichtlichen Versteigerungsakten einschließlich des - das Versteigerungsobjekt betreffenden - Wertgutachtens zu nehmen.

Die Änderung von § 38 ZVG betrifft den Inhalt der Terminsbestimmung zu einem Versteigerungstermin. Die Versteigerung wird durch das Vollstreckungsgericht gemäß §§ 35 ff. ZVG ausgeführt. Bislang sollte die Terminsbestimmung gemäß § 38 Abs. 1 ZVG a.F. die Bezeichnung des zur Zeit der Eintragung des Versteigerungsvermerks eingetragenen Eigentümers enthalten. Aus den in der Gesetzesbegründung vorstehend wiedergegebenen datenschutzrechtlichen Gründen entfällt dies zukünftig. Der potentielle Ersteigerer muss Grundbucheinsicht nehmen, um den Namen des Eigentümers zu erfahren.

§ 83 ZVG
Versagung des Zuschlags

> Der Zuschlag ist zu versagen:
> 1. wenn die Vorschrift des § 43 Abs. 2 oder eine der Vorschriften über die Feststellung des geringsten Gebots oder der Versteigerungsbedingungen verletzt ist;
> 2. wenn bei der Versteigerung mehrerer Grundstücke das Einzelausgebot oder das Gesamtausgebot den Vorschriften des § 63 Abs. 1, Abs. 2 Satz 1, Abs. 4 zuwider unterblieben ist;

3. wenn in den Fällen des § 64 Abs. 2 Satz 1, Abs. 3 die Hypothek, Grundschuld oder Rentenschuld oder das Recht eines gleich- oder nachstehenden Beteiligten, der dem Gläubiger vorgeht, durch das Gesamtergebnis der Einzelausgebote nicht gedeckt werden;
4. wenn die nach der Aufforderung zur Abgabe von Geboten erfolgte Anmeldung oder Glaubhaftmachung eines Rechtes ohne Beachtung der Vorschrift des § 66 Abs. 2 zurückgewiesen
   ist;
5. wenn der Zwangsversteigerung oder der Fortsetzung des Verfahrens das Recht eines Beteiligten entgegensteht;
6. wenn die Zwangsversteigerung oder die Fortsetzung des Verfahrens aus einem sonstigen
   Grunde unzulässig ist;
7. wenn eine der Vorschriften des § 43 Abs. 1 oder des § 73 Abs. 1 verletzt ist.

Einzelbegründung des Gesetzgebers zu § 83 ZVG

Durch das Gesetz zur Änderung des Gesetzes über die Zwangsversteigerung und die Zwangsver-
waltung und anderer Gesetze vom 18. Februar 1998 (BGBl. I S. 866) ist § 63 Abs. 3 aufgehoben
worden und die bisherigen Absätze 4 und 5 wurden Absätze 3 und 4. Dabei wurde versäumt, in
§ 83 Nr. 2 die Bezugnahme auf § 63 Abs. 5 in Abs. 4 zu ändern. Diese Änderung wird hiermit
nachgeholt.

§ 118 ZVG
Ausführung des Teilungsplans bei fehlender Berichtigung des Bargebots

(1) Soweit das Bargebot nicht berichtigt wird, ist der Teilungsplan dadurch auszuführen, daß die
Forderung gegen den Ersteher auf die Berechtigten übertragen und im Falle des § 69 Abs. 2 gegen
den für mithaftend erklärten Bürgen auf die Berechtigten mitübertragen wird; Übertragung und
Mitübertragung erfolgen durch Anordnung des Gerichts.
(2) Die Übertragung wirkt wie die Befriedigung aus dem Grundstücke. Diese Wirkung tritt jedoch
im Falle des Absatzes 1 nicht ein, wenn vor dem Ablaufe von drei Monaten der Berechtigte dem
Gerichte gegenüber den Verzicht auf die Rechte aus der Übertragung erklärt oder die Zwangsversteigerung beantragt. Wird der Antrag auf Zwangsversteigerung zurückgenommen oder das Verfahren nach § 31 Abs. 2 aufgehoben, so gilt er als nicht gestellt. Im Falle des Verzichts soll das
Gericht die Erklärung dem Ersteher sowie demjenigen mitteilen, auf welchen die Forderung infolge des Verzichts übergeht.

Einzelbegründung des Gesetzgebers zu § 118 ZVG

Durch das Gesetz zur Änderung des Gesetzes über die Zwangsversteigerung und die Zwangsver-
waltung und anderer Gesetze vom 18. Februar 1998 (BGBl. I S. 866) ist § 118 Abs. 1 Satz 2 aufgehoben worden, die entsprechende Anpassung in Absatz 2 aber versäumt worden. Diese Anpassung wird hiermit nachgeholt.

Artikel 11
Änderung des Straßenverkehrsgesetzes (StVG)

§ 29 StVG
Tilgung der Eintragungen

(1) Die im Register gespeicherten Eintragungen werden nach Ablauf der in Satz 2 bestimmten Fristen getilgt. Die Tilgungsfristen betragen

1. zwei Jahre

   bei Entscheidungen wegen einer Ordnungswidrigkeit,

2. fünf Jahre

   a) bei Entscheidungen wegen Straftaten mit Ausnahme von Entscheidungen wegen Straftaten nach § 315c Abs. 1 Nr. 1 Buchstabe a, den §§ 316 und 323a des Strafgesetzbuchs und Entscheidungen, in denen die Entziehung der Fahrerlaubnis nach den §§ 69 und 69b des Strafgesetzbuchs oder eine Sperre nach § 69a Abs. 1 Satz 3 des Strafgesetzbuchs angeordnet worden ist,

   b) bei von der Fahrerlaubnisbehörde verhängten Verboten oder Beschränkungen, ein fahrerlaubnisfreies Fahrzeug zu führen,

   c) bei der Teilnahme an einem Aufbauseminar oder einer verkehrspsychologischen Beratung,

3. zehn Jahre

   in allen übrigen Fällen.

Eintragungen über Maßnahmen der Fahrerlaubnisbehörde nach § 2a Abs. 2 Satz 1 Nr. 1 und 2 und § 4 Abs. 3 Satz 1 Nr. 1 und 2 werden getilgt, wenn dem Betroffenen die Fahrerlaubnis entzogen wird. Sonst erfolgt eine Tilgung bei den Maßnahmen nach § 2a ein Jahr nach Ablauf der Probezeit und bei Maßnahmen nach § 4 dann, wenn die letzte mit Punkten bewertete Eintragung wegen einer Straftat oder Ordnungswidrigkeit getilgt ist. Verkürzungen der Tilgungsfristen nach Absatz 1 können durch Rechtsverordnung gemäß § 30c Abs. 1 Nr. 2 zugelassen werden, wenn die eingetragene Entscheidung auf körperlichen oder geistigen Mängeln oder fehlender Befähigung beruht.

(2) Die Tilgungsfristen gelten nicht, wenn die Erteilung einer Fahrerlaubnis oder die Erteilung des Rechts, von einer ausländischen Fahrerlaubnis wieder Gebrauch zu machen, für immer untersagt ist.

(3) Ohne Rücksicht auf den Lauf der Fristen nach Absatz 1 und das Tilgungsverbot nach Absatz 2 werden getilgt

1. Eintragungen über Entscheidungen, wenn ihre Tilgung im Bundeszentralregister angeordnet oder wenn die Entscheidung im Wiederaufnahmeverfahren oder nach den §§ 86, 102 Abs. 2 des Gesetzes über Ordnungswidrigkeiten rechtskräftig aufgehoben wird,

2. Eintragungen, die in das Bundeszentralregister nicht aufzunehmen sind, wenn ihre Tilgung durch die nach Landesrecht zuständige Behörde angeordnet wird, wobei die Anordnung nur ergehen darf, wenn dies zur Vermeidung ungerechtfertigter Härten erforderlich ist und öffentliche Interessen nicht gefährdet werden,

3. Eintragungen, bei denen die zugrunde liegende Entscheidung aufgehoben wird oder bei denen nach näherer Bestimmung durch Rechtsverordnung gemäß § 30c Abs. 1 Nr. 2 eine Änderung der zugrunde liegenden Entscheidung Anlass gibt,

4. sämtliche Eintragungen, wenn eine amtliche Mitteilung über den Tod des Betroffenen eingeht.

(4) Die Tilgungsfrist (Absatz 1) beginnt

1. bei strafgerichtlichen Verurteilungen mit dem Tag des ersten Urteils und bei Strafbefehlen mit dem Tag der Unterzeichnung durch den Richter, wobei dieser Tag auch dann maßgebend bleibt, wenn eine Gesamtstrafe oder eine einheitliche Jugendstrafe gebildet oder nach § 30 Abs. 1 des Jugendgerichtsgesetzes auf Jugendstrafe erkannt wird oder eine Entscheidung im Wiederaufnahmeverfahren ergeht, die eine registerpflichtige Verurteilung enthält,

2. bei Entscheidungen der Gerichte nach den §§ 59, 60 des Strafgesetzbuchs und § 27 des Jugendgerichtsgesetzes mit dem Tag der Entscheidung,

3. bei gerichtlichen und verwaltungsbehördlichen Bußgeldentscheidungen sowie bei anderen Verwaltungsentscheidungen mit dem Tag der Rechtskraft oder Unanfechtbarkeit der beschwerenden Entscheidung,

4. bei Aufbauseminaren und verkehrspsychologischen Beratungen mit dem Tag der Ausstellung der Teilnahmebescheinigung.

(5) Bei der Versagung oder Entziehung der Fahrerlaubnis wegen mangelnder Eignung, der Anordnung einer Sperre nach § 69a Abs. 1 Satz 3 des Strafgesetzbuchs oder bei einem Verzicht auf die Fahrerlaubnis beginnt die Tilgungsfrist erst mit der Erteilung oder Neuerteilung der Fahrerlaubnis, spätestens jedoch fünf Jahre nach der beschwerenden Entscheidung oder dem Tag des Zugangs der Verzichtserklärung bei der zuständigen Behörde. Bei von der Fahrerlaubnisbehörde verhängten Verboten oder Beschränkungen, ein fahrerlaubnisfreies Fahrzeug zu führen, beginnt die Tilgungsfrist fünf Jahre nach Ablauf oder Aufhebung des Verbots oder der Beschränkung.

(6) Sind im Register mehrere Entscheidungen nach § 28 Abs. 3 Nr. 1 bis 9 über eine Person eingetragen, so ist die Tilgung einer Eintragung vorbehaltlich der Regelungen in den Sätzen 2 bis 6 erst zulässig, wenn für alle betreffenden Eintragungen die Voraussetzungen der Tilgung vorliegen. Eine Ablaufhemmung tritt auch ein, wenn eine neue Tat vor dem Ablauf der Tilgungsfrist nach Absatz 1 begangen wird und bis zum Ablauf der Überliegefrist (Absatz 7) zu einer weiteren Eintragung führt. Eintragungen von Entscheidungen wegen Ordnungswidrigkeiten hindern nur die Tilgung von Entscheidungen wegen anderer Ordnungswidrigkeiten. Die Eintragung einer Entscheidung wegen einer Ordnungswidrigkeit – mit Ausnahme von Entscheidungen wegen einer Ordnungswidrigkeit nach § 24a – wird spätestens nach Ablauf von fünf Jahren getilgt. Die Tilgung einer Eintragung einer Entscheidung wegen einer Ordnungswidrigkeit unterbleibt in jedem Fall so lange, wie der Betroffene im Zentralen Fahrerlaubnisregister als Inhaber einer Fahrerlaubnis auf Probe gespeichert ist. Wird eine Eintragung getilgt, so sind auch die Eintragungen zu tilgen, deren Tilgung nur durch die betreffende Eintragung gehemmt war.

(7) Eine Eintragung wird nach Eintritt der Tilgungsreife zuzüglich einer Überliegefrist von einem Jahr gelöscht. Während dieser Zeit darf der Inhalt der Eintragung nicht übermittelt und über ihn keine Auskunft erteilt werden, es sei denn, der Betroffene begehrt eine Auskunft über den ihn betreffenden Inhalt.

(8) Ist eine Eintragung über eine gerichtliche Entscheidung im Verkehrszentralregister getilgt, so dürfen die Tat und die Entscheidung dem Betroffenen für die Zwecke des § 28 Abs. 2 nicht mehr vorgehalten und nicht zu seinem Nachteil verwertet werden. Unterliegen diese Eintragungen einer zehnjährigen Tilgungsfrist, dürfen sie nach Ablauf eines Zeitraums, der einer fünfjährigen Tilgungsfrist nach den Vorschriften dieses Paragraphen entspricht, nur noch für ein Verfahren übermittelt und verwertet werden, das die Erteilung oder Entziehung einer Fahrerlaubnis zum Gegenstand hat. Außerdem dürfen für die Prüfung der Berechtigung zum Führen von Kraftfahrzeugen Entscheidungen der Gerichte nach den §§ 69 bis 69b des Strafgesetzbuchs übermittelt und verwertet werden.

Einzelbegründung des Gesetzgebers zu § 29 StVG

Zu Abs. 4

Die gerichtliche Praxis ist bei Verkehrszuwiderhandlungen nicht unerheblich mit Rechtsbehelfen befasst, die nur zu dem Zweck eingelegt werden, das Verfahren hinauszuzögern, auf diese Weise die Tilgung bereits in das Verkehrszentralregister eingetragener Verstöße zu erreichen und Maßnahmen zu verhindern, die nach dem Punktesystem anzuordnen sind.

Durch den Entwurf soll dem entgegen getreten werden. Für den Beginn der Tilgungsfrist und der Ablaufhemmung sollen künftig unterschiedliche Zeitpunkte gelten. Während es für den Beginn der Tilgungsfrist weiterhin beispielsweise bei strafgerichtlichen Verurteilungen auf den Tag des ersten Urteils und bei gerichtlichen und verwaltungsbehördlichen Bußgeldentscheidungen auf die Rechtskraft der beschwerenden Entscheidung ankommt, sollen diese Ereignisse für die Beurteilung der Entscheidung, ob eine Verkehrszuwiderhandlung zur Hemmung der Tilgung einer alten Eintragung führt, nicht mehr entscheidend sein. Die Aufzählung in § 29 Abs. 4 ist daher auf den Beginn der Tilgungsfristen zu beschränken.

Zu Abs. 6 Satz 1 und 2

Von einer Bewährung im Sinne der Verkehrssicherheit kann schon bei Begehen einer neuen Tat vor Eintritt der Tilgungsreife einer bestehenden Eintragung nicht mehr gesprochen werden. Daher soll eine Ablaufhemmung nicht nur dann eintreten, wenn eine weitere Entscheidung eingetragen ist, sondern auch dann, wenn eine weitere Verkehrszuwiderhandlung begangen wurde, die zu einer Eintragung führt. Um für das Verkehrszentralregister Klarheit zu schaffen, wann es eine Eintragung löschen kann, sollen jedoch nur Taten erfasst werden, die dem Verkehrszentralregister bis zum Ablauf der Überliegefrist der alten Eintragung bekannt werden.

Zu Abs. 7 Satz 1

In das Verkehrszentralregister werden bei Verurteilungen nur rechtskräftige Entscheidungen eingetragen. Mit der Überliegefrist wird verhindert, dass eine Entscheidung aus dem Register entfernt wird, obwohl vor Eintritt der Tilgungsreife ein die Tilgung hemmendes Ereignis eingetreten ist, von dem die Registerbehörde noch keine Kenntnis erhalten hat. Da künftig bereits das Begehen einer neuen Tat – sofern dies zu einer Eintragung führt – die Tilgung von Eintragungen hemmt, muss die Überliegefrist erheblich verlängert werden. Denn der Zeitraum zwischen Tat und Eintragung ist wesentlich länger als zwischen erstem Urteil (bei Straftaten) bzw. Rechtskraft (bei Ordnungswidrigkeiten) und Eintragung.

Die Begründung der Änderung von Regelungen zu den Hemmungsfristen der Tilgung wird vom Entwurf des Bundesjustizministeriums deutlich gemacht: Es sollen gemutmaßte Schlupflöcher geschlossen werden. Diese vermutete man bei der Behandlung von Wiederholungstätern, die sich durch einen weiteren Verstoß nicht „bewährt" hatten, nach der alten Rechtslage aber die Chance besaßen, den Folgen häufiger Eintragungen im Register zu entgehen. Die vom Gesetzgeber kritisierte Situation nach dem alten Recht bestand darin, dass eine oder mehrere Eintragungen im Register zur Löschung anstanden, zwischenzeitlich allerdings ein neuer Verstoß vorlag. Nach altem Recht konnte dieser neue Verstoß vom Register erst mit entsprechender Kenntnisnahme berücksichtigt werden. Diese Kenntnisnahme war aber von der Rechtskraft einer Entscheidung über den neuen Verstoß abhängig. Gelang es dem Betroffenen, diese Rechtskraft durch Ausschöpfung der Rechtsmittel oder anderes prozessuales Taktieren hinauszuzögern, wurde die neue rechtskräftige Entscheidung möglicherweise erst zu einem Zeitpunkt ins Verkehrszentralregister aufgenommen, als die vorhergehenden Eintragungen bereits getilgt waren. Nach Ablauf der Tilgungsreife war lediglich eine Überliegefrist von drei Monaten vorgesehen, in der das Register neue Entscheidungen abwarten konnte, um dann endgültig zur Löschung der tilgungsreifen Entscheidungen zu kommen.

Diese Regelung hat der Gesetzgeber nunmehr sowohl strukturell als auch hinsichtlich der Fristenlänge geändert. Das prozessuale Taktieren sollte für den Betroffenen nicht mehr attraktiv sein, weshalb maßgeblicher Bezugspunkt für die Hemmung einer Tilgung alter Eintragungen nicht mehr die rechtskräftige Entscheidung über eine neue Tat sein sollte, sondern die neue Tat selbst. Liegt beispielsweise die Tilgungsreife für sämtliche vorliegenden Eintragungen für den 1. März vor, begeht der Betroffene allerdings vor dem 1. März eine neue Tat, so soll auch diese neue Tat geeignet sein, den Ablauf der Tilgungsfrist für die alten Taten zu hemmen.

Nach wie vor liegt jedoch ein Informationsproblem beim Register selbst vor. Denn nach wie vor werden nicht Taten, sondern rechtskräftige Entscheidungen hierüber gemeldet. Um hier die Chance einer breiten Information zu erhalten, ist die Überliegefrist auf ein Jahr erweitert worden.

Nach wie vor ist damit ein prozessuales Verhalten des Betroffenen denkbar, mit dem er den Aufschub einer rechtskräftigen Entscheidung weit hinauszögert. Es müsste ihm nach aktueller Rechtslage allerdings gelingen, dass eine neue rechtskräftige Entscheidung erst nach Ablauf eines Jahres nach der Tilgungsreife im Register eingetragen wird.

Strukturell hat der Gesetzgeber damit in § 29 StVG eine Änderung vorgenommen, deren Schwierigkeiten aktuell noch kaum vorhersehbar sind. Während sämtliche Anknüpfungspunkte dieser Vorschrift formale rechtliche Entscheide sind, wird in einer Frage als maßgeblicher Bezugspunkt „die Tat" geschaffen. Dies bedeutet zum einen, dass im Register sichergestellt werden muss, dass der Zeitpunkt dieser Tat durch die übermittelte Entscheidung auch bekannt wird. Grenzfälle sind denkbar, seien es bei Dauertaten oder bei nicht exakt feststellbarem Tatzeitpunkt, bei denen über den maßgeblichen Zeitpunkt gestritten werden kann. Fraglich dürfte auch die Behandlung von Taten sein, die vor dem Zeitpunkt derjenigen Taten liegen, die Anlass für die nunmehr tilgungsreifen Entscheidungen waren. Der Bewährungsgesichtspunkt könnte hier unter Umständen einer neuen Belastung durch zusätzliche Eintragungen entgegenstehen.

Artikel 12
Aufhebung der Begrenzungsverordnung (BegrVO)

> Die Verordnung über die Begrenzung der Geschäfte des Rechtspflegers bei der Vollstreckung in Straf- und Bußgeldsachen vom 26. Juni 1970 (BGBl. I S. 992), zuletzt geändert durch ..., wird aufgehoben.

Einzelbegründung des Gesetzgebers zur Aufhebung der BegrV

Die Verordnung über die Begrenzung der Geschäfte des Rechtspflegers bei der Vollstreckung in Straf- und Bußgeldsachen vom 26. Juni 1970 (BGBl. I S. 992), zuletzt geändert durch Verordnung vom 16. Februar 1982 (BGBl. I S. 188), ist aufzuheben. Ihr verbleibender Regelungsgehalt wird durch den Entwurf in § 31 Abs. 2 bis 2c RPflG übernommen.

Artikel 12a
Änderung des Gerichtsverfassungsgesetzes (GVG)

§ 152 GVG
Ermittlungspersonen der Staatsanwaltschaft

> (1) Die Ermittlungspersonen der Staatsanwaltschaft sind in dieser Eigenschaft verpflichtet, den Anordnungen der Staatsanwaltschaft ihres Bezirks und der dieser vorgesetzten Beamten Folge zu Leisten.
> (2) Die Landesregierungen werden ermächtigt, durch Rechtsverordnung diejenigen Beamten- und Angestelltengruppen zu bezeichnen, auf die diese Vorschrift anzuwenden ist. Die Angestellten müssen im öffentlichen Dienst stehen, das 21. Lebensjahr vollendet haben und mindestens zwei Jahre in den bezeichneten Beamten- oder Angestelltengruppen tätig gewesen sein. Landesregierungen können die Ermächtigung durch Rechtsverordnung auf die Landesjustizverwaltungen übertragen.

Einzelbegründung des Gesetzgebers zu § 152 GVG

Der Begriff der „Hilfsbeamten der Staatsanwaltschaft" wird der heutigen Funktion der Polizei im Ermittlungsverfahren sprachlich wie tatsächlich nicht mehr gerecht. Zwar obliegt die Sachleitungsbefugnis im Ermittlungsverfahren weiterhin uneingeschränkt der Staatsanwaltschaft. Im Hinblick auf den inzwischen erreichten Aus- und Fortbildungsstand der Polizeibeamten und der daraus folgenden Tatsache, dass die Polizei aus einer lediglich untergeordneten Hilfsfunktion herausgewachsen ist, wird durch die Ersetzung des nicht mehr zeitgemäßen Begriffs der „Hilfsbeamten" durch den Begriff „Ermittlungspersonen" das heutige Verhältnis zwischen Staatsanwaltschaft und Polizei zutreffend charakterisiert und der Ermittlungswirklichkeit Rechnung getragen.

Seit dem **19. Jahrhundert** existiert der Begriff der **Hilfsbeamten der Staatsanwaltschaft** in der deutschen Gesetzessprache. Die Gesetzesänderung eliminiert diesen Begriff aus sämtlichen geltenden Gesetzen und ersetzt ihn durch den Begriff der **„Ermittlungspersonen der Staatsanwaltschaft"**. Diese Gesetzesänderungen entsprangen einer plötzlichen Wende im parlamentarischen Verfahren. Schon seit Jahren lagen Forderungen zu einer begrifflichen Umgestaltung sowohl von der Konferenz der Innenminister als auch der Justizminister der Länder vor. Weder der Entwurf der Bundesregierung noch der Entwurf des Bundesrates haben eine solche sprachliche Veränderung thematisiert. Erst die Beratungen im Rechtsausschuss des Bundestages führten wenige Tage vor der parlamentarischen Verabschiedung des Gesetzes zu einer entsprechenden Beschlussempfehlung. Diese ist dann unverändert vom Bundestag und Bundesrat übernommen worden.

Die sprachliche Alternative des „Ermittlungsbeamten" war verworfen worden, da dieser Begriff nicht geschlechtsneutral ist. Die „Ermittlungsperson" hat nunmehr die Aufgabe der Unterstützung der Staatsanwaltschaft bei ihrer Ermittlungstätigkeit.

Die Befürchtungen, dass die gesetzgeberische Qualität unter der knapp bemessenen Erarbeitungszeit der parlamentarischen Gremien leiden könnte, war offensichtlich gering, da lediglich eine redaktionelle Änderung beabsichtigt wurde. Auch wenn dieser Begriff immerhin in 41 Paragraphen der unterschiedlichsten Gesetze geändert wurde, sollte eine inhaltliche Regelung hiermit nicht verbunden werden.

Entsprechend dem Modernisierungsansatz des Gesetzes sollte eine Begrifflichkeit geändert werden, die nach Ansicht des Rechtsausschusses der aktuellen Funktion der Polizei im Ermittlungsverfahren sprachlich wie tatsächlich nicht mehr gerecht werde. Einmal mehr wollte sich das Gesetz den Realitäten anpassen. Polizeibeamte seien in ihrer Ermittlungstätigkeit einer lediglich untergeordneten Hilfsfunktion entwachsen. Im Hinblick auf den Aus- und Fortbildungsstand der Polizeibeamten sollte deren Verhältnis zur Staatsanwaltschaft durch die sprachliche Änderung verdeutlicht werden.

Aus diesen Erwägungen wird deutlich, dass die sprachliche Änderung durchaus in einer regelungsbedürftigen sachlichen Problematik wurzelt. Die Organisation der Ermittlungen durch die Staatsanwaltschaft ermangelt seit der Einführung des Gerichtsverfassungsgesetzes einer nachvollziehbaren Konsequenz. Stringent wäre die Einrichtung eines eigenständigen Unterbaus in Form einer gerichtlichen Polizei gewesen, die die Staatsanwaltschaft in den Stand setzen könnte, ihre Leitungsfunktion bei den strafprozessualen Ermittlungen auch direkt auszuüben. Statt einer eigenen Organisation wurden der Staatsanwaltschaft Teile der bestehenden Polizeiorganisationen hilfsweise als Ermittlungsgehilfen zugewiesen. Diese Hilfskonstruktion hat seit 125 Jahren Bestand. Sie befriedigt letztendlich weder Staatsanwaltschaft noch Polizeibeamte. Letztere haben in den letzten Jahrzehnten häufiger auf die fehlende Wertschätzung ihrer Arbeit in dieser Konstruktion, teilweise sogar auf ihre angebliche Diskriminierung hingewiesen und eigenständige Ermittlungskompetenzen verlangt. Diese sind ihnen mit der Gesetzesänderung nicht zugeflossen. Wie die Veränderungen des § 110 StPO mit der Erweiterung der Ermittlungsbefugnisse der Polizeibeamten bei der Durchsuchung zeigt, ist die Tendenz der gesetzgeberischen Aufwertung polizeiliche Ermittlungstätigkeit im Strafverfahren unverkennbar.

Ob die sprachliche Veränderung der Bezeichnung der polizeilichen Tätigkeit ein erster Schritt zur sachlichen Veränderung der Gesamtpolizeiorganisation sein wird, muss die rechtspolitische Diskussion der Zukunft zeigen.

Artikel 12b
Änderung des Gesetzes über die Angelegenheiten der freiwilligen Gerichtsbarkeit (FGG)

§ 8 FGG
Anwendbare Vorschriften des Gerichtsverfassungsgesetzes

Auf das gerichtliche Verfahren finden die Vorschriften des Gerichtsverfassungsgesetzes über die Gerichtssprache, über die Sitzungspolizei und über die Beratung und Abstimmung entsprechende Anwendung, die Vorschriften über die Gerichtssprache mit den sich aus dem § 9 ergebenden Abweichungen.

Einzelbegründung des Gesetzgebers zu § 8 FGG

Es handelt sich um eine redaktionelle Folgeänderung zu Artikel 12a Nr. 1.

Artikel 12c
Änderung des Strafgesetzbuches (StGB)

§ 7 StGB
Geltung für Auslandstaten in anderen Fällen

(1) Das deutsche Strafrecht gilt für Taten, die im Ausland gegen einen Deutschen begangen werden, wenn die Tat am Tatort mit Strafe bedroht ist oder der Tatort keiner Strafgewalt unterliegt.
(2) Für andere Taten, die im Ausland begangen werden, gilt das deutsche Strafrecht, wenn die Tat am Tatort mit Strafe bedroht ist oder der Tatort keiner Strafgewalt unterliegt und wenn der Täter
1. zur Zeit der Tat Deutscher war oder es nach der Tat geworden ist oder
2. zur Zeit der Tat Ausländer war, im Inland betroffen und, obwohl das Auslieferungsgesetz seine Auslieferung nach der Art der Tat zuließe, nicht ausgeliefert wird, weil ein Auslieferungsersuchen innerhalb angemessener Frist nicht gestellt oder abgelehnt wird oder die Auslieferung nicht ausführbar ist.

Einzelbegründung des Gesetzgebers zu § 7 Abs. 2 Nr. 2 StGB

Der Vorschlag greift auf den Entwurf eines Zweiten Gesetzes zur Entlastung der Rechtspflege (BT-Drucks. 13/4541) zurück. Er zielt auf eine Vereinfachung und Straffung des Verfahrens zur Klärung der Anwendbarkeit deutschen Strafrechts in den Fällen des Abs. 7 Abs. 2 Nr. 2 StGB ab. Fälle der grenzüberschreitenden Kriminalität sind häufig Haftsachen; die Frage, ob deutsches

Recht anwendbar ist und ob die deutschen Strafverfolgungsbehörden und Gerichte zum Ein-schreiten berufen sind, sollte deshalb nicht länger als unabdingbar erforderlich in der Schwebe bleiben. Bereits unter der Geltung des bisherigen Rechts ist die Praxis dazu übergegangen, Anfra-gen an mögliche Verfolge staaten mit einer Frist zu versehen, nach deren Ablauf davon ausge-gangen werde, dass ein Auslieferungsersuchen nicht zu erwarten sei. Diese Verfahrensweise hat sich in der Vergangenheit bewährt; zu Schwierigkeiten ist es bislang nicht gekommen.

Die Einfügung des Begriffs der „angemessenen Frist" in § 7 Abs. 2 Nr. 2 StGB soll dem geschil-derten Verfahren eine klare Rechtsgrundlage verleihen. Der Entwurf sieht eine flexible Regelung vor; eine feste Zeitgrenze soll das Gesetz nicht vorgeben. Die Frist wird vielmehr nach den Um-ständen des Einzelfalls, namentlich nach den Gepflogenheiten im Verkehr mit den jeweiligen Staaten zu bemessen sein. In der Praxis hat sich eine Fristsetzung von ca. drei Wochen bewährt.

Die vorgeschlagene Ergänzung betrifft nur die Anwendbarkeit deutschen Strafrechts und berührt die Frage der Zulässigkeit der Auslieferung nicht. Einem späteren Auslieferungsersuchen kann auch nach Fristablauf, gegebenenfalls unter Einstellung des inländischen Verfahrens gem. § 154b StPO, nachgekommen werden. Dass es aufgrund der vorgeschlagenen Regelung nicht zu unan-gemessenen Mehrbelastungen der deutschen Strafrechtspflege kommen wird, wird durch die Vor-kehrungen des geltenden Rechts gewährleistet (vgl. etwa § 153c StPO).

Begründung zum Gesetzentwurf des Bundesrates (BTDrucks. 15/1491, S. 32)

Mit der vorgeschlagenen Änderung soll das Verfahren zur Klärung der Anwendbarkeit deutschen Strafrechts in den Fällen des § 7 Abs. 2 Nr. 2 StGB, der in der Praxis immer mehr Relevanz ge-winnt, vereinfacht und gestrafft werden. Die Änderung zielt darauf ab, dass unökonomischer Ver-fahrensaufwand vermieden und dem Gebot effektiver Strafverfolgung besser entsprochen werden kann.

Nach § 7 Abs. 2 Nr. 2 StGB ist deutsches Strafrecht auf von Ausländern zum Nachteil von Aus-ländern im Ausland begangene Straftaten bei Vorliegen der weiteren Voraussetzungen dann an-wendbar, wenn der Täter im Inland betroffen wird und, obwohl die Auslieferung zulässig ist, nicht ausgeliefert wird, weil ein Auslieferungsersuchen nicht gestellt oder abgelehnt wird oder die Auslieferung nicht ausführbar ist. Probleme bereiten in der Praxis die Fälle, in denen die Auslie-ferung grundsätzlich in Betracht kommt und die nicht nur theoretische Möglichkeit besteht, dass die Behörden eines ausländischen Staates um Auslieferung nachsuchen werden. Dann ist das deutsche Strafrecht – jedenfalls zurzeit – nicht anwendbar (vgl. BGHSt 18, 283 <287>; Tröndle/ Fischer, StGB, 51. Auflage, § 7 Rn. 11). Die Problematik stellt sich insbesondere im Zusammen-hang mit internationalen Kraftfahrzeugverschiebungen. Vermehrt kommt es vor, dass an der Grenze Kraftfahrzeuge sichergestellt werden, die als im Ausland gestohlen gemeldet sind. Von den deutschen Behörden ist dann zu klären, ob der Tatortstaat bzw. die Tatortstaaten, gegebenen-falls auch der Heimatstaat des Verfolgten (vgl. BGH NStZ 1985, 545), um Auslieferung ersuchen.

Unter verfahrensökonomischen Aspekten sowie im Hinblick auf das Gebot effektiver Strafverfol-gung ist es geboten, die Anwendbarkeit deutschen Strafrechts möglichst rasch zu klären. Dies gilt namentlich auch deswegen, weil sich regelmäßig die Haftfrage stellt. Der Verfolgte kann im Geltungsbereich des Europäischen Auslieferungsübereinkommens bis zu vierzig Tage, im Übri-gen bis zu zwei Monate in Haft gehalten werden (§ 16 Abs. 2 IRG). Steht die Verfolgbarkeit bis dahin nicht fest, ist er auf freien Fuß zu setzen. Stellt sich nachträglich heraus, dass die Voraus-setzungen des § 7 Abs. 2 Nr. 2 StGB vorliegen, sind die Strafverfolgungsbehörden u.U. gehalten, Ermittlungen zur Ergreifung des Täters durchzuführen. Dies erscheint nicht vertretbar. Vor die-sem Hintergrund ist die Praxis zum Teil dazu übergegangen, die Anfrage an den ersuchten Staat bzw. die Staaten mit einer Frist zu versehen, nach deren Ablauf davon ausgegangen wird, dass ein Auslieferungsersuchen nicht gestellt wird. Diese Verfahrensweise hat sich in der Vergangenheit bewährt; zu Schwierigkeiten ist es nicht gekommen.

Durch die Einfügung des Begriffs der „angemessenen Frist" in § 7 Abs. 2 Nr. 2 StGB-E soll dem geschilderten Verfahren eine klare Rechtsgrundlage verliehen werden. Zugleich will der Entwurf der staatsanwaltschaftlichen Praxis einen Impuls geben, in dieser Weise vorzugehen.

Hinsichtlich der Ausgestaltung hat der Entwurf eine flexible Regelung gewählt. Die Vorgabe einer festen Zeitgrenze kam nicht in Betracht. Die Frist wird vielmehr nach den Umständen des Einzelfalls, namentlich nach den Gepflogenheiten im Verkehr mit den jeweiligen Staaten zu bemessen sein. In der Praxis hat sich eine Fristsetzung von ca. drei Wochen bewährt.

Die vorgeschlagene Ergänzung betrifft nur die Anwendbarkeit deutschen Strafrechts. Sie lässt die rechtshilferechtlichen Zulässigkeiten eines Auslieferungsersuchens unberührt. Auswirkungen hat die Regelung nur insoweit, als bei Anwendbarkeit deutschen Strafrechts durch die Strafverfolgungsbehörden der Bundesrepublik Deutschland Strafverfahren eingeleitet werden können bzw. müssen, die Deutschland berechtigen, eine Auslieferung des Verfolgten abzulehnen (vgl. etwa Artikel 8 EurAusÜbK; ferner Artikel 9 EurAusÜbK – ne bis in idem). Eine Verpflichtung zur Ablehnung der Auslieferung ist damit nicht verbunden. Einem etwaigen Auslieferungsbegehren kann auch nach Ablauf einer gesetzten Frist unter Anwendung des § 154b StPO nachgekommen werden. Dass es auf Grund der vorgeschlagenen Regelung nicht zu Mehrbelastungen der deutschen Strafrechtspflege kommt, ist auf Grund allgemeiner Grundsätze gewährleistet (vgl. etwa § 153c StPO).

§ 77b StGB
Antragsfrist

(1) Eine Tat, die nur auf Antrag verfolgbar ist, wird nicht verfolgt, wenn der Antragsberechtigte es unterläßt, den Antrag bis zum Ablauf einer Frist von drei Monaten zu stellen. Fällt das Ende der Frist auf einen Sonntag, einen allgemeinen Feiertag oder einen Sonnabend, so endet die Frist mit Ablauf des nächsten Werktags.

(2) Die Frist beginnt mit Ablauf des Tages, an dem der Berechtigte von der Tat und der Person des Täters Kenntnis erlangt. Hängt die Verfolgbarkeit der Tat auch von einer Entscheidung über die Nichtigkeit oder Auflösung einer Ehe ab, so beginnt die Frist nicht vor Ablauf des Tages, an dem der Berechtigte von der Rechtskraft der Entscheidung Kenntnis erlangt. Für den Antrag des gesetzlichen Vertreters und des Sorgeberechtigten kommt es auf dessen Kenntnis an.

(3) Sind mehrere antragsberechtigt oder mehrere an der Tat beteiligt, so läuft die Frist für und gegen jeden gesondert.

(4) Ist durch Tod des Verletzten das Antragsrecht auf Angehörige übergegangen, so endet die Frist frühestens drei Monate und spätestens sechs Monate nach dem Tod des Verletzten.

(5) Der Lauf der Frist ruht, wenn ein Antrag auf Durchführung eines Sühneversuchs gemäß § 380 der Strafprozeßordnung bei der Vergleichsbehörde eingeht, bis zur Ausstellung der Bescheinigung nach § 380 Abs. 1 Satz 3 der Strafprozeßordnung.

Einzelbegründung des Gesetzgebers zu § 77b Abs. 5 StGB

Es handelt sich um eine Folgeänderung zu Artikel 3 Nr. 16a. (Einfügung eines neuen Satzes 2 in § 380 Abs. 1 StPO).

§ 114 StGB
Widerstand gegen Personen, die Vollstreckungsbeamten gleichstehen

(1) Der Diensthandlung eines Amtsträgers im Sinne des § 113 stehen Vollstreckungshandlungen von Personen gleich, die die Rechte und Pflichten eines Polizeibeamten haben oder Ermittlungspersonen der Staatsanwaltschaft sind, ohne Amtsträger zu sein.

(2) § 113 gilt entsprechend zum Schutz von Personen, die zur Unterstützung bei der Diensthandlung zugezogen sind.

Einzelbegründung des Gesetzgebers zu § 114 Abs. 1 StGB

Wegen der Ersetzung des Begriffs „Hilfsbeamte" durch den Begriff „Ermittlungspersonen" wird auf die Begründung zu § 152 Abs. 1 GVG (Artikel 12a Nr. 2) verwiesen.

Artikel 12d
Änderung des Handelsgesetzbuches (HGB)

§ 9a HGB
Automatisiertes Verfahren

(1) Die Einrichtung eines automatisierten Verfahrens, das die Übermittlung der Daten aus dem maschinell geführten Handelsregister durch Abruf ermöglicht, ist zulässig, soweit die Einsicht des Handelsregisters sowie der zum Handelsregister eingereichten Schriftstücke nach § 9 Abs. 1 gestattet ist.

(2) Der Nutzer ist darauf hinzuweisen, dass er die übermittelten Daten nur zu Informationszwecken verwenden darf. Die zuständige Stelle hat (z.B. durch Stichproben) zu prüfen, ob sich Anhaltspunkte dafür ergeben, dass die nach Satz 1 zulässige Einsicht überschritten oder übermittelte Daten missbraucht werden.

(3) Die zuständige Stelle kann einen Nutzer, der die Funktionsfähigkeit der Abrufeinrichtung gefährdet, die nach Absatz 2 Satz 1 zulässige Einsicht überschreitet oder übermittelte Daten missbraucht, von der Teilnahme am automatisierten Abrufverfahren ausschließen; dasselbe gilt bei drohender Überschreitung oder drohendem Missbrauch.

(4) Zuständige Stelle ist die Landesjustizverwaltung. Örtlich zuständig ist die Behörde, in deren Bezirk das betreffende Gericht liegt. Die Zuständigkeit kann durch Rechtsverordnung der Landesregierung abweichend geregelt werden. Sie kann diese Ermächtigung durch Rechtsverordnung auf die Landesjustizverwaltung übertragen.

Einzelbegründung des Gesetzgebers zu § 9a HGB

Durch Änderung von § 9a HGB wird das automatisierte Abrufverfahren auf alle Eintragungen und sonstigen zum Handelsregister eingereichten Schriftstücke erstreckt, die nach § 9 Abs. 1 HGB dem Einsichtsrecht unterliegen. Auf diese Weise werden dem Online-Abrufverfahren alle wesentlichen Daten und Informationen des Handelsregisters eröffnet. Einsichtnehmende sind, soweit ein Online-Abruf technisch möglich ist, nicht mehr darauf angewiesen, die Einsicht in das Handelsregister vor Ort in den Räumen des Registergerichtes vorzunehmen. Die Änderung bereitet die Umsetzung der Änderung der 2. Gesellschaftsrechtlichen Richtlinie der EU vor, sie bringt freilich nur einen Zwischenschritt, kann aber den Ländern beim frühzeitigen Aufbau elektronischer Handelsregister, der nach EU-Recht bis zum 1. Januar 2007 abgeschlossen sein muss, nützlich sein. Die Regelung ist neutral formuliert und lässt auch Raum für eine punktuell abweichende Zuständigkeitsregelung hinsichtlich einzelner zum Handelsregister eingereichter Unterlagen, wie sie derzeit rechtspolitisch erörtert wird.

In § 9a Abs. 1 HGB sind die Wörter „wenn der Abruf von Daten auf die Eintragungen in das Handelsregister sowie die zum Handelsregister eingereichten aktuellen Gesellschafterlisten und die jeweils gültigen Satzungen beschränkt ist und die insoweit nach § 9 Abs. 9 zulässige Einsicht nicht überschreitet" durch die Wörter „soweit die Einsicht des Handelsregisters sowie der zum Handelsregister eingereichten Schriftstücke nach § 9 Abs. 1 gestattet ist" ersetzt. Zweck dieser Regelung ist es, dem Online-Abrufverfahren alle wesentlichen Daten und Informationen des Handelsregisters zu eröffnen.

§ 106 HGB
Anmeldung

(1) Die Gesellschaft ist bei dem Gericht, in dessen Bezirke sie ihren Sitz hat, zur Eintragung in das Handelsregister anzumelden.
(2) Die Anmeldung hat zu enthalten:
1. den Namen, Vornamen, Geburtsdatum und Wohnort jedes Gesellschafters;
2. die Firma der Gesellschaft und den Ort, wo sie ihren Sitz hat;
3. (aufgehoben)
4. die Vertretungsmacht der Gesellschafter.

Einzelbegründung des Gesetzgebers zu § 106 Abs. 2 Nr. 3 HGB

Nach § 106 Abs. 2 Nr. 3 HGB ist bei der Anmeldung einer offenen Handelsgesellschaft zum Handelsregister der Zeitpunkt, zu welchem die Gesellschaft begonnen hat, anzumelden. Auf die Eintragung des Beginndatums in das Handelsregister kann verzichtet werden. Diese Eintragung hat lediglich deklaratorische Bedeutung.

Artikel 12e
Änderung des Aktiengesetzes (AktG)

§ 40 AktG

In die Bekanntmachung der Eintragung sind außer deren Inhalt aufzunehmen
1. die Festsetzungen nach § 23 Abs. 3 und 4, §§ 24, 25 Satz 2, §§ 26 und 27;
2. der Ausgabebetrag der Aktien;
3. Name und Wohnort der Gründer;
4. Name, Beruf und Wohnort der Mitglieder des ersten Aufsichtsrats.

§ 196 AktG

In die Bekanntmachung der Eintragung des Beschlusses über die bedingte Kapitalerhöhung sind außer deren Inhalt die nach § 194 bei der Einbringung von Sacheinlagen vorgesehenen Festsetzungen und ein Hinweis auf den Bericht über die Prüfung von Sacheinlagen (§ 194 Abs. 4) aufzunehmen. Für die Festsetzungen nach § 194 genügt die Bezugnahme auf die beim Gericht eingereichten Urkunden.

Einzelbegründung des Gesetzgebers zu § 40 und § 196 AktG

Die vorgeschlagenen Änderungen von §§ 40, 196 AktG dienen der Deregulierung und Reduktion von Vorschriften bei der Bekanntmachung von Handelsregistereintragungen. Sie berücksichtigen, dass spätestens ab 1. Januar 2007 alle Handelsregister online verfügbar sein müssen und die hier betroffenen wenig nachgefragten Daten dann ohnehin online abrufbar sind.

Artikel 12f
Änderung des Gerichtskostengesetzes (GKG)

Nr.	Gebührentatbestand	Gebühr oder Satz der jeweiligen Gebühr 3110 bis 3117, soweit nichts anderes vermerkt ist
3600	Verfahren über die Beschwerde gegen einen Beschluss nach § 411 Abs. 1 Satz 3 StPO	0,25

Einzelbegründung des Gesetzgebers zu Nr. 3600 GKG KV

Der vorgeschlagene Gebührentatbestand greift die neue Regelung über die sofortige Beschwerde nach § 411 Abs. 1 StPO auf. Im Hinblick auf das je nach Anzahl der festgesetzten Tagessätze unterschiedlich starke Interesse des Angeklagten an einer Änderung der Entscheidung wird anstelle eines festen Gebührenbetrags ein maßvoller Satz der im Falle der Verurteilung zu einer Geldstrafe relevanten Gebühr 3110 und 3111 vorgeschlagen.

Artikel 12g
Änderung sonstigen Bundesrechts

(Hervorhebungen von der Redaktion)

(1) In § 12 Abs. 5 Satz 1 des **Bundesgrenzschutzgesetzes** vom 19. Oktober 1994 (BGBl. I S. 2978, 2979), das zuletzt durch ... geändert worden ist, wird das Wort „Hilfsbeamte" durch das Wort „Ermittlungspersonen" ersetzt.

(2) In Artikel 7 § 3 Abs. 1 des **Gesetzes zu den Notenwechseln vom 25. September 1990 und vom 23. September 1991 über die Rechtsstellung der in Deutschland stationierten verbündeten Streitkräfte** und zu dem **Übereinkommen** vom 25. September 1990 **zur Regelung bestimmter Fragen in Bezug auf Berlin** (BGBl. II S. 26), das zuletzt durch ... geändert worden ist, wird das Wort „Hilfsbeamten" durch das Wort „Ermittlungspersonen" ersetzt.

(3) In § 20 Abs. 3 Satz 2, Abs. 4 des **Ausführungsgesetzes zum Chemiewaffenübereinkommen** vom 2. August 1994 (BGBl. I S. 1954), das zuletzt durch ... geändert worden ist, wird jeweils das Wort „Hilfsbeamte" durch das Wort „Ermittlungspersonen" ersetzt.

(4) In § 27 Abs. 3 Satz 2, Abs. 4 des **Grundstoffüberwachungsgesetzes** vom 7. Oktober 1994 (BGBl. I S. 2835), das zuletzt durch ... geändert worden ist, wird jeweils das Wort „Hilfsbeamte" durch das Wort „Ermittlungspersonen" ersetzt.

(5) In § 11 Satz 2 des **Hohe-See-Einbringungsgesetzes** vom 25. August 1998 (BGBl. I S. 2455), das zuletzt durch ... geändert worden ist, wird das Wort „Hilfsbeamte" durch das Wort „Ermittlungspersonen" ersetzt.

(6) In § 19 Abs. 1 Satz 2 des **Bundeskriminalamtgesetzs** vom 7. Juli 1997 (BGBl. I S. 1650), das zuletzt durch ... geändert worden ist, wird das Wort „Hilfsbeamte" durch das Wort „Ermittlungspersonen" ersetzt.

(7) In § 39 Abs. 3, § 67 Abs. 4 des **Gesetzes über die internationale Rechtshilfe in Strafsachen** in der Fassung der Bekanntmachung vom 27. Juni 1994 (BGBl. I S. 1537), das zuletzt durch ... geändert worden ist, wird jeweils das Wort „Hilfsbeamten" durch das Wort „Ermittlungspersonen" ersetzt.

(8) In § 30 Abs. 3, § 52 Abs. 3 des **IStGH-Gesetzes** vom 21. Juni 2002 (BGBl. I S. 2144), das zuletzt durch ... geändert worden ist, wird jeweils das Wort „Hilfsbeamten" durch das Wort „Ermittlungspersonen" ersetzt.

(9) In Artikel 4a § 3 Abs. 1 des **Gesetzes zum NATO-Truppenstatut** und zu den Zusatzvereinbarungen vom 18. August 1961 (BGBl. 1961 II S. 1183), das zuletzt durch das Gesetz vom 19. September 2002 (BGBl. 2002 II S. 2482) geändert worden ist, wird das Wort „Hilfsbeamten" durch das Wort „Ermittlungspersonen" ersetzt.

(10) In § 26 Abs. 1 Satz 2 des **Zollfahndungsdienstgesetzes** vom 16. August 2002 (BGBl. I S. 3202), das zuletzt durch ... geändert worden ist , wird das Wort „Hilfsbeamte" durch das Wort „Ermittlungspersonen" ersetzt.

(11) Die **Abgabenordnung** in der Fassung der Bekanntmachung vom 1. Oktober 2002 (BGBl. I S. 3866), zuletzt geändert durch ..., wird wie folgt geändert:

1. In § 392 Abs. 1 Halbsatz 2 werden nach dem Wort „Hochschule" die Wörter „im Sinne des Hochschulrahmengesetzes mit Befähigung zum Richteramt" eingefügt.

2. In § 397 Abs. 1 werden die Wörter „einer ihrer Hilfsbeamten" durch die Wörter „eine ihrer Ermittlungspersonen" ersetzt.

3. In § 399 Abs. 2 Satz 2 wird das Wort „Hilfsbeamte" durch das Wort „Ermittlungspersonen" ersetzt.

4. In § 404 Satz 2 Halbsatz 2 wird das Wort „Hilfsbeamte" durch das Wort „Ermittlungspersonen" ersetzt.

(12) In § 12b, § 31a Abs. 5 des **Zollverwaltungsgesetzes** vom 21. Dezember 1992 (BGBl. I S. 2125, 1993 I S. 2493), das zuletzt durch ... geändert worden ist, wird jeweils das Wort „Hilfsbeamte" durch das Wort „Ermittlungspersonen" ersetzt.

(13) In § 37 Abs. 3 Satz 2, Abs. 4 des **Außenwirtschaftsgesetzes** in der im Bundesgesetzblatt Teil III, Gliederungsnummer 7400-1, veröffentlichten bereinigtenFassung, das zuletzt durch ... geändert worden ist, wird jeweils das Wort „Hilfsbeamte" durch das Wort „Ermittlungspersonen" ersetzt.

(14) In § 148 Abs. 2 des **Bundesberggesetzes** vom 13. August 1980 (BGBl. I S. 1310), das zuletzt durch ... geändert worden ist, wird das Wort „Hilfsbeamte" durch das Wort „Ermittlungspersonen" ersetzt.

(15) In § 37 Abs. 3 Satz 2, Abs. 4 des **Gesetzes zur Durchführung der gemeinsamen Marktorganisationen** in der Fassung der Bekanntmachung vom 20. September 1995 (BGBl. I S. 1146, 2003 I S. 178), das zuletzt durch ... geändert worden ist, wird jeweils das Wort „Hilfsbeamte" durch das Wort „Ermittlungspersonen" ersetzt.

(16) In § 25 Abs. 2 Satz 1 des **Bundesjagdgesetzes** in der Fassung der Bekanntmachung vom 29. September 1976 (BGBl. I S. 2849), das zuletzt durch ... geändert worden ist, wird das Wort „Hilfsbeamte" durch das Wort „Ermittlungspersonen" ersetzt.

(17) In § 6 Abs. 4 Satz 3 des **Seefischereigesetzes** in der Fassung der Bekanntmachung vom 6. Juli 1998 (BGBl. I S. 1791), das zuletzt durch ... geändert worden ist, wird das Wort „Hilfsbeamte" durch das Wort „Ermittlungspersonen" ersetzt.

(18) In § 306 Abs. 3 des **Dritten Buch Sozialgesetzbuch - Arbeitsförderung -** (Artikel 1 des Gesetzes vom 24. März 1997, BGBl. I S. 594), das zuletzt durch ... geändert worden ist, wird das Wort „Hilfsbeamte" durch das Wort „Ermittlungspersonen" ersetzt.

(19) In § 4 Abs. 3 Satz 2 des **Seeaufgabengesetzes** in der Fassung der Bekanntmachung vom 26. Juli 2002 (BGBl. I S. 2876), das zuletzt durch ... geändert worden ist, wird das Wort „Hilfsbeamte" durch das Wort „Ermittlungspersonen" ersetzt.

(20) In Artikel 15 Abs. 2 des **Gesetzes zur Entlastung der Rechtspflege** vom 11. Januar 1993 (BGBl. I S. 50), das zuletzt durch ... geändert worden ist, wird die Angabe „31. Dezember 2004" durch die Angabe „31. Dezember 2006" ersetzt.

Begründung des Gesetzgebers zu Art. 12g JuMoG

Absatz 11 Nr. 1 enthält eine Folgeänderung zu Artikel 3 Nr. 6a (§ 138 Abs. 1 StPO).

Absatz 20 ändert Artikel 15 Abs. 2 des Gesetzes zur Entlastung der Rechtspflege und verlängert damit die Geltungsdauer der Bestimmungen des § 76 Abs. 2 GVG und des § 33b Abs. 2 JGG bis Ende des Jahres 2006.

Nach § 76 Abs. 2 GVG und § 33b Abs. 2 JGG können die großen Strafkammern und die großen Jugendkammern bei Eröffnung des Hauptverfahrens beschließen, dass sie in der Hauptverhandlung in der Besetzung mit zwei statt mit drei Berufsrichtern und zwei Schöffen besetzt sind, sofern nicht die Strafkammer als Schwurgericht entscheidet oder Umfang oder Schwierigkeit der Sache die Mitwirkung eines dritten Berufsrichters notwendig erscheinen lassen. Die sogenannte Besetzungsreduktion wurde mit dem Gesetz zur Entlastung der Rechtspflege befristet eingeführt.

Sie hat sich in der Praxis bewährt, da sie der Justiz eine Ausschöpfung ihrer Binnenreserven bei gleichzeitiger Sicherung der hohen Qualität richterlicher Entscheidungsfindung ermöglicht. Dies ergibt sich aus dem Erfahrungsbericht über die Besetzungsreduktion, den die Bundesregierung im Februar 2000 dem Deutschen Bundestag vorgelegt hat (BT-Drs. 14/2777). Die Regelung wurde bis Ende des Jahres 2004 verlängert.

Die großen Strafkammern machen nach wie vor in hohem Maße in den dafür geeigneten Fällen von der Besetzungsreduktion Gebrauch. Ein Auslaufen dieser Regelungen zum Ende des Jahres 2004 würde dazu führen, dass die großen Strafkammern ab 2005 ausnahmslos in voller Besetzung zu entscheiden hätten, was zu einer Mehrbelastung führen und gerichtsorganisatorische Maßnahmen noch im Jahr 2004 erfordern würde. Die Verlängerung der Geltungsdauer der Bestimmungen der § 76 Abs. 2 GVG, § 33b Abs. 2 JGG ist daher dringend geboten.

Die Fortgeltung der Besetzungsreduktion soll auf weitere zwei Jahre befristet werden. Ein Vorschlag für eine Neufassung von § 76 GVG ist in Art. 2 des Diskussionsentwurfs für eine Reform des Strafverfahrens enthalten, den die Bundestagsfraktionen von SPD und Bündnis 90/Die GRÜNEN sowie das Bundesministeriums der Justiz im Februar 2004 vorgestellt haben. Diese Reform soll zunächst intensiv diskutiert werden. Mit einfließen in die weiteren Reformüberlegungen sollen insbesondere auch die Erörterungen und Ergebnisse des nächsten Deutschen Juristentages, der im September 2004 stattfinden wird. Im Anschluss daran soll der Diskussionsentwurf im Herbst 2004 zu einem Referentenentwurf weiterentwickelt werden. Das Ergebnis dieser Diskussion soll zum gegenwärtigen Zeitpunkt nicht vorweggenommen werden. Daher sollen die bewährten Vorschriften als Übergangslösung verlängert werden, um sie dann im Zusammenhang mit der geplanten Reform des Strafverfahrens in ein schlüssiges Gesamtkonzept einzupassen.

Die übrigen Änderungen sind Folgeänderungen zur Ersetzung des Begriffs „Hilfsbeamten" durch den Begriff „Ermittlungspersonen". Insoweit wird auf die Begründung zu § 152 Abs. 1 GVG (Artikel 12a Nr. 2) verwiesen.

Zur Ersetzung des Begriffs „Hilfsbeamten" durch den Begriff „Ermittlungspersonen" siehe die Kommentierung zu § 152 GVG.

Artikel 13
Neubekanntmachung

Das Bundesministerium der Justiz kann den Wortlaut der Zivilprozessordnung sowie des Einführungsgesetzes betreffend die Zivilprozessordnung in der vom Inkrafttreten nach Artikel 14 Satz 1 dieses Gesetzes an geltenden Fassung im Bundesgesetzblatt bekannt machen.

Einzelbegründung des Gesetzgebers zu Art. 13 JuMoG

Die Vorschrift ermächtigt das Bundesministerium der Justiz, den Wortlaut der Zivilprozessordnung und des EGZPO in der vom Inkrafttreten dieses Gesetzes an geltenden Fassung neu bekannt zu machen.

Artikel 14
Inkrafttreten

Dieses Gesetz tritt vorbehaltlich des Satzes 2 am ersten Tag des auf die Verkündung folgenden Kalendermonats in Kraft. Artikel 11 tritt am sechsten des auf die Verkündung folgenden Kalendermonats in Kraft.

Einzelbegründung des Gesetzgebers zu Art. 14 JuMoG

Um der gerichtlichen Praxis eine knappe Übergangszeit zur Anpassung an die geänderte Rechtslage zu geben, wurde das Inkrafttreten des Gesetzes generell auf den ersten Tag des auf die Verkündung im Bundesgesetzblatt folgenden Kalendermonats bestimmt.

Davon abweichend treten die in Artikel 11 bestimmten Änderungen des Straßenverkehrsgesetzes erst am ersten Tag des sechsten auf die Verkündung folgenden Kalendermonats in Kraft, um dem Kraftfahrtbundesamt Zeit für die mit der Änderung der Tilgungsbestimmungen verbundenen Programmierarbeiten zu geben.

C Synoptische Darstellung der Gesetzesänderungen

Bisherige Rechtslage	**Neue Rechtslage**

Zivilprozessordnung

in der Neufassung vom 12. September 1950 (BGBl. I S. 455, 533), zuletzt geändert durch Gesetz zur Modernisierung des Kostenrechts (Kostenrechtsmodernisierungsgesetz - KostRMoG) vom 5. Mai 2004 (BGBl. I S. 718)

§ 15 ZPO
Allgemeiner Gerichtsstand für exterritoriale Deutsche

(1) Deutsche, die das Recht der Exterritorialität genießen, sowie die im Ausland beschäftigten deutschen Angehörigen des öffentlichen Dienstes behalten den Gerichtsstand ihres letzten inländischen Wohnsitzes. Wenn sie einen solchen Wohnsitz nicht hatten, haben sie ihren allgemeinen Gerichtsstand am Sitz der Bundesregierung.
(2) Auf Honorarkonsuln ist diese Vorschrift nicht anzuwenden.

§ 47 ZPO
Unaufschiebbare Amtshandlungen

Ein abgelehnter Richter hat vor Erledigung des Ablehnungsgesuchs nur solche Handlungen vorzunehmen, die keinen Aufschub gestatten.

§ 91 ZPO
Grundsatz und Umfang der Kostenpflicht

(1) Die unterliegende Partei hat die Kosten des Rechtsstreits zu tragen, insbesondere die dem Gegner erwachsenen Kosten zu erstatten, soweit sie zur zweckentsprechenden Rechtsverfolgung oder Rechtsverteidigung notwendig waren. Die Kostenerstattung umfasst auch die Entschädigung des Gegners für die durch notwendige Reisen oder durch die notwendige Wahrnehmung von Terminen entstandene Zeitversäumnis; die für die Entschädigung von Zeugen geltenden Vorschriften sind entsprechend anzuwenden.
(2) Die gesetzlichen Gebühren und Auslagen des Rechtsanwalts der obsiegenden Partei sind in allen Prozessen zu erstatten, Reisekosten eines Rechtsanwalts, der nicht bei dem Prozessgericht zugelassen ist und am Ort des Prozessgerichts auch nicht wohnt, jedoch nur insoweit, als die Zuziehung zur zweckentsprechenden Rechtsverfolgung oder Rechtsverteidigung notwendig war. Die Kosten mehrerer Rechtsanwälte sind nur insoweit zu erstatten, als sie die Kosten eines Rechtsanwalts nicht übersteigen oder als in der Person des Rechtsanwalts ein Wechsel eintreten musste. In eigener Sache sind dem Rechtsanwalt die Gebühren und Auslagen zu erstatten, die er als Gebühren und Auslagen eines bevollmächtigten Rechtsanwalts erstattet verlangen könnte.

Zivilprozessordnung

in der Fassung der Bundestagsdrucksache 15/3482 vom 30. Juni 2004

§ 15 ZPO
Allgemeiner Gerichtsstand für exterritoriale Deutsche

(1) Deutsche, die das Recht der Exterritorialität genießen, sowie die im Ausland beschäftigten deutschen Angehörigen des öffentlichen Dienstes behalten den Gerichtsstand ihres letzten inländischen Wohnsitzes. Wenn sie einen solchen Wohnsitz nicht hatten, haben sie ihren allgemeinen Gerichtsstand **beim Amtsgericht Schöneberg in Berlin**.
(2) Auf Honorarkonsuln ist diese Vorschrift nicht anzuwenden.

§ 47 ZPO
Unaufschiebbare Amtshandlungen

(1) Ein abgelehnter Richter hat vor Erledigung des Ablehnungsgesuchs nur solche Handlungen vorzunehmen, die keinen Aufschub gestatten.
(2) Wird ein Richter während der Verhandlung abgelehnt und würde die Entscheidung über die Ablehnung eine Vertagung der Verhandlung erfordern, so kann der Termin unter Mitwirkung des abgelehnten Richters fortgesetzt werden. Wird die Ablehnung für begründet erklärt, so ist der nach Anbringung des Ablehnungsgesuchs liegende Teil der Verhandlung zu wiederholen.

§ 91 ZPO
Grundsatz und Umfang der Kostenpflicht

(1) Die unterliegende Partei hat die Kosten des Rechtsstreits zu tragen, insbesondere die dem Gegner erwachsenen Kosten zu erstatten, soweit sie zur zweckentsprechenden Rechtsverfolgung oder Rechtsverteidigung notwendig waren. Die Kostenerstattung umfasst auch die Entschädigung des Gegners für die durch notwendige Reisen oder durch die notwendige Wahrnehmung von Terminen entstandene Zeitversäumnis; die für die Entschädigung von Zeugen geltenden Vorschriften sind entsprechend anzuwenden.
(2) Die gesetzlichen Gebühren und Auslagen des Rechtsanwalts der obsiegenden Partei sind in allen Prozessen zu erstatten, Reisekosten eines Rechtsanwalts, der nicht bei dem Prozessgericht zugelassen ist und am Ort des Prozessgerichts auch nicht wohnt, jedoch nur insoweit, als die Zuziehung zur zweckentsprechenden Rechtsverfolgung oder Rechtsverteidigung notwendig war. Die Kosten mehrerer Rechtsanwälte sind nur insoweit zu erstatten, als sie die Kosten eines Rechtsanwalts nicht übersteigen oder als in der Person des Rechtsanwalts ein Wechsel eintreten musste. In eigener Sache sind dem Rechtsanwalt die Gebühren und Auslagen zu erstatten, die er als Gebühren und Auslagen eines bevollmächtigten Rechtsanwalts erstattet verlangen könnte.

Bisherige Rechtslage	**Neue Rechtslage**
(3) Zu den Kosten des Rechtsstreits im Sinne der Absätze 1, 2 gehören auch die Gebühren, die durch ein Güteverfahren vor einer durch die Landesjustizverwaltung eingerichteten oder anerkannten Gütestelle entstanden sind; dies gilt nicht, wenn zwischen der Beendigung des Güteverfahrens und der Klageerhebung mehr als ein Jahr verstrichen ist.	(3) Zu den Kosten des Rechtsstreits im Sinne der Absätze 1, 2 gehören auch die Gebühren, die durch ein Güteverfahren vor einer durch die Landesjustizverwaltung eingerichteten oder anerkannten Gütestelle entstanden sind; dies gilt nicht, wenn zwischen der Beendigung des Güteverfahrens und der Klageerhebung mehr als ein Jahr verstrichen ist. **(4) Zu den Kosten des Rechtsstreits im Sinne von Absatz 1 gehören auch Kosten, die die obsiegende Partei der unterlegenen Partei im Verlaufe des Rechtsstreits gezahlt hat.**

§ 91a ZPO
Kosten bei Erledigung der Hauptsache

(1) Haben die Parteien in der mündlichen Verhandlung oder durch Einreichung eines Schriftsatzes oder zu Protokoll der Geschäftsstelle den Rechtsstreit in der Hauptsache für erledigt erklärt, so entscheidet das Gericht über die Kosten unter Berücksichtigung des bisherigen Sach- und Streitstandes nach billigem Ermessen durch Beschluss.

(2) Gegen die Entscheidung findet die sofortige Beschwerde statt. Dies gilt nicht, wenn der Streitwert der Hauptsache den in § 511 genannten Betrag nicht übersteigt. Vor der Entscheidung über die Beschwerde ist der Gegner zu hören.

§ 91a ZPO
Kosten bei Erledigung der Hauptsache

(1) Haben die Parteien in der mündlichen Verhandlung oder durch Einreichung eines Schriftsatzes oder zu Protokoll der Geschäftsstelle den Rechtsstreit in der Hauptsache für erledigt erklärt, so entscheidet das Gericht über die Kosten unter Berücksichtigung des bisherigen Sach- und Streitstandes nach billigem Ermessen durch Beschluss. **Dasselbe gilt, wenn der Beklagte der Erledigungserklärung des Klägers nicht innerhalb einer Notfrist von zwei Wochen seit der Zustellung des Schriftsatzes widerspricht, wenn der Beklagte zuvor auf diese Frage hingewiesen worden ist.**
(2) Gegen die Entscheidung findet die sofortige Beschwerde statt. Dies gilt nicht, wenn der Streitwert der Hauptsache den in § 511 genannten Betrag nicht übersteigt. Vor der Entscheidung über die Beschwerde ist der Gegner zu hören.

§ 159 ZPO
Protokollaufnahme

(1) Über die Verhandlung und jede Beweisaufnahme ist ein Protokoll aufzunehmen. Für die Protokollführung ist ein Urkundsbeamter der Geschäftsstelle zuzuziehen, wenn nicht der Vorsitzende davon absieht.

(2) Absatz 1 gilt entsprechend für Verhandlungen, die außerhalb der Sitzung vor Richtern beim Amtsgericht oder vor beauftragten oder ersuchten Richtern stattfinden.

§ 159 ZPO
Protokollaufnahme

(1) Über die Verhandlung und jede Beweisaufnahme ist ein Protokoll aufzunehmen. **Für die Protokollführung kann ein Urkundsbeamter der Geschäftsstelle zugezogen werden, wenn dies auf Grund des zu erwartenden Umfangs des Protokolls, in Anbetracht der besonderen Schwierigkeit der Sache oder aus einem sonstigen wichtigen Grund erforderlich ist.**
(2) Absatz 1 gilt entsprechend für Verhandlungen, die außerhalb der Sitzung vor Richtern beim Amtsgericht oder vor beauftragten oder ersuchten Richtern stattfinden.

§ 181 ZPO
Ersatzzustellung durch Niederlegung

(1) Ist die Zustellung nach § 178 Abs. 1 Nr. 3 oder § 180 nicht ausführbar, kann das zuzustellende Schriftstück
1. auf der Geschäftsstelle des Amtsgerichts, in dessen Bezirk der Ort der Zustellung liegt, oder
2. an diesem Ort, wenn die Post mit der Ausführung der Zustellung beauftragt ist, bei einer von der Post dafür bestimmten Stelle
niedergelegt werden. Über die Niederlegung ist eine schriftliche Mitteilung auf dem vorgesehenen Vordruck unter der Anschrift der Person, der zugestellt werden soll, in der bei gewöhnlichen Briefen üblichen Weise abzugeben oder, wenn das nicht möglich ist, an der Tür der Wohnung, des Geschäftsraums oder der Gemeinschaftseinrichtung anzuheften. Das Schriftstück gilt mit der Abgabe der schriftlichen Mitteilung als zugestellt. Der Zusteller vermerkt auf dem Umschlag des zuzustellenden Schriftstücks das Datum der Zustellung.
(2) Das niedergelegte Schriftstück ist drei Monate zur Abholung bereitzuhalten. Nicht abgeholte Schriftstücke sind danach an den Absender zurückzusenden.

§ 181 ZPO
Ersatzzustellung durch Niederlegung

(1) **Ist die Zustellung nach § 178 Abs. 1 Nr. 3 oder § 180 nicht ausführbar, kann das zuzustellende Schriftstück auf der Geschäftsstelle des Amtsgerichts, in dessen Bezirk der Ort der Zustellung liegt, niedergelegt werden. Wird die Post mit der Ausführung der Zustellung beauftragt, ist das zuzustellende Schriftstück am Ort der Zustellung oder am Ort des Amtsgerichts bei einer von der Post dafür bestimmten Stelle niederzulegen.** Über die Niederlegung ist eine schriftliche Mitteilung auf dem vorgesehenen Vordruck unter der Anschrift der Person, der zugestellt werden soll, in der bei gewöhnlichen Briefen üblichen Weise abzugeben oder, wenn das nicht möglich ist, an der Tür der Wohnung, des Geschäftsraums oder der Gemeinschaftseinrichtung anzuheften. Das Schriftstück gilt mit der Abgabe der schriftlichen Mitteilung als zugestellt. Der Zusteller vermerkt auf dem Umschlag des zuzustellenden Schriftstücks das Datum der Zustellung.
(2) Das niedergelegte Schriftstück ist drei Monate zur Abholung bereitzuhalten. Nicht abgeholte Schriftstücke sind danach an den Absender zurückzusenden.

Bisherige Rechtslage	**Neue Rechtslage**

§ 234 ZPO
Wiedereinsetzungsfrist

(1) Die Wiedereinsetzung muss innerhalb einer zweiwöchigen Frist beantragt werden.

(2) Die Frist beginnt mit dem Tage, an dem das Hindernis behoben ist.
(3) Nach Ablauf eines Jahres, von dem Ende der versäumten Frist an gerechnet, kann die Wiedereinsetzung nicht mehr beantragt werden.

§ 234 ZPO
Wiedereinsetzungsfrist

(1) Die Wiedereinsetzung muss innerhalb einer zweiwöchigen Frist beantragt werden. **Die Frist beträgt einen Monat, wenn die Partei verhindert ist, die Frist zur Begründung der Berufung, der Revision, der Nichtzulassungsbeschwerde, der Rechtsbeschwerde oder der Beschwerde nach §§ 621e, 629a Abs. 2 einzuhalten.**
(2) Die Frist beginnt mit dem Tage, an dem das Hindernis behoben ist.
(3) Nach Ablauf eines Jahres, von dem Ende der versäumten Frist an gerechnet, kann die Wiedereinsetzung nicht mehr beantragt werden.

§ 269 ZPO
Klagerücknahme

(1) Die Klage kann ohne Einwilligung des Beklagten nur bis zum Beginn der mündlichen Verhandlung des Beklagten zur Hauptsache zurückgenommen werden.
(2) Die Zurücknahme der Klage und, soweit sie zur Wirksamkeit der Zurücknahme erforderlich ist, auch die Einwilligung des Beklagten sind dem Gericht gegenüber zu erklären. Die Zurücknahme der Klage erfolgt, wenn sie nicht bei der mündlichen Verhandlung erklärt wird, durch Einreichung eines Schriftsatzes. Der Schriftsatz ist dem Beklagten zuzustellen, wenn seine Einwilligung zur Wirksamkeit der Zurücknahme der Klage erforderlich ist. Widerspricht der Beklagte der Zurücknahme der Klage nicht innerhalb einer Notfrist von zwei Wochen seit der Zustellung des Schriftsatzes, so gilt seine Einwilligung als erteilt, wenn der Beklagte zuvor auf diese Folge hingewiesen worden ist.
(3) Wird die Klage zurückgenommen, so ist der Rechtsstreit als nicht anhängig geworden anzusehen; ein bereits ergangenes, noch nicht rechtskräftiges Urteil wird wirkungslos, ohne dass es seiner ausdrücklichen Aufhebung bedarf. Der Kläger ist verpflichtet, die Kosten des Rechtsstreits zu tragen, soweit nicht bereits rechtskräftig über sie erkannt ist oder sie dem Beklagten aus einem anderen Grund aufzuerlegen sind. Ist der Anlass zur Einreichung der Klage vor Rechtshängigkeit weggefallen und wird die Klage daraufhin unverzüglich zurückgenommen, so bestimmt sich die Kostentragungspflicht unter Berücksichtigung des bisherigen Sach- und Streitstandes nach billigem Ermessen.

(4) Das Gericht entscheidet auf Antrag über die nach Absatz 3 eintretenden Wirkungen durch Beschluss.
(5) Gegen den Beschluss findet die sofortige Beschwerde statt, wenn der Streitwert der Hauptsache den in § 511 genannten Betrag übersteigt. Die Beschwerde ist unzulässig, wenn gegen die Entscheidung über den Festsetzungsantrag (§ 104) ein Rechtsmittel nicht mehr zulässig ist.
(6) Wird die Klage von neuem angestellt, so kann der Beklagte die Einlassung verweigern, bis die Kosten erstattet sind.

§ 269 ZPO
Klagerücknahme

(1) Die Klage kann ohne Einwilligung des Beklagten nur bis zum Beginn der mündlichen Verhandlung des Beklagten zur Hauptsache zurückgenommen werden.
(2) Die Zurücknahme der Klage und, soweit sie zur Wirksamkeit der Zurücknahme erforderlich ist, auch die Einwilligung des Beklagten sind dem Gericht gegenüber zu erklären. Die Zurücknahme der Klage erfolgt, wenn sie nicht bei der mündlichen Verhandlung erklärt wird, durch Einreichung eines Schriftsatzes. Der Schriftsatz ist dem Beklagten zuzustellen, wenn seine Einwilligung zur Wirksamkeit der Zurücknahme der Klage erforderlich ist. Widerspricht der Beklagte der Zurücknahme der Klage nicht innerhalb einer Notfrist von zwei Wochen seit der Zustellung des Schriftsatzes, so gilt seine Einwilligung als erteilt, wenn der Beklagte zuvor auf diese Folge hingewiesen worden ist.
(3) Wird die Klage zurückgenommen, so ist der Rechtsstreit als nicht anhängig geworden anzusehen; ein bereits ergangenes, noch nicht rechtskräftiges Urteil wird wirkungslos, ohne dass es seiner ausdrücklichen Aufhebung bedarf. Der Kläger ist verpflichtet, die Kosten des Rechtsstreits zu tragen, soweit nicht bereits rechtskräftig über sie erkannt ist oder sie dem Beklagten aus einem anderen Grund aufzuerlegen sind. Ist der Anlass zur Einreichung der Klage vor Rechtshängigkeit weggefallen und wird die Klage daraufhin ~~unverzüglich~~ zurückgenommen, so bestimmt sich die Kostentragungspflicht unter Berücksichtigung des bisherigen Sach- und Streitstandes nach billigem Ermessen; **dies gilt auch, wenn die Klage nicht zugestellt wurde.**
(4) Das Gericht entscheidet auf Antrag über die nach Absatz 3 eintretenden Wirkungen durch Beschluss.
(5) Gegen den Beschluss findet die sofortige Beschwerde statt, wenn der Streitwert der Hauptsache den in § 511 genannten Betrag übersteigt. Die Beschwerde ist unzulässig, wenn gegen die Entscheidung über den Festsetzungsantrag (§ 104) ein Rechtsmittel nicht mehr zulässig ist.
(6) Wird die Klage von neuem angestellt, so kann der Beklagte die Einlassung verweigern, bis die Kosten erstattet sind.

§ 278 ZPO
Gütliche Streitbeilegung, Güteverhandlung, Vergleich

(1) Das Gericht soll in jeder Lage des Verfahrens auf eine gütliche Beilegung des Rechtsstreits oder einzelner Streitpunkte bedacht sein.
(2) Der mündlichen Verhandlung geht zum Zwecke der gütlichen Beilegung des Rechtsstreits eine Güteverhandlung voraus, es sei denn, es hat bereits ein Einigungsversuch vor einer außergerichtlichen Gütestelle stattgefunden oder die Güteverhandlung erscheint erkennbar aussichtslos. Das Gericht hat in der Güteverhandlung den Sach- und Streitstand mit den Parteien unter freier Würdigung aller Umstände zu erörtern und, soweit erforderlich, Fragen zu stellen. Die erschienenen Parteien sollen hierzu persönlich gehört werden.

§ 278 ZPO
Gütliche Streitbeilegung, Güteverhandlung, Vergleich

(1) Das Gericht soll in jeder Lage des Verfahrens auf eine gütliche Beilegung des Rechtsstreits oder einzelner Streitpunkte bedacht sein.
(2) Der mündlichen Verhandlung geht zum Zwecke der gütlichen Beilegung des Rechtsstreits eine Güteverhandlung voraus, es sei denn, es hat bereits ein Einigungsversuch vor einer außergerichtlichen Gütestelle stattgefunden oder die Güteverhandlung erscheint erkennbar aussichtslos. Das Gericht hat in der Güteverhandlung den Sach- und Streitstand mit den Parteien unter freier Würdigung aller Umstände zu erörtern und, soweit erforderlich, Fragen zu stellen. Die erschienenen Parteien sollen hierzu persönlich gehört werden.

Bisherige Rechtslage	**Neue Rechtslage**

(3) Für die Güteverhandlung sowie für weitere Güteversuche soll das persönliche Erscheinen der Parteien angeordnet werden. § 141 Abs. 1 Satz 2, Abs. 2 und 3 gilt entsprechend.
(4) Erscheinen beide Parteien in der Güteverhandlung nicht, ist das Ruhen des Verfahrens anzuordnen.
(5) Das Gericht kann die Parteien für die Güteverhandlung vor einen beauftragten oder ersuchten Richter verweisen. In geeigneten Fällen kann das Gericht den Parteien eine außergerichtliche Streitschlichtung vorschlagen. Entscheiden sich die Parteien hierzu, gilt § 251 entsprechend.
(6) Ein gerichtlicher Vergleich kann auch dadurch geschlossen werden, dass die Parteien einen schriftlichen Vergleichsvorschlag des Gerichts durch Schriftsatz gegenüber dem Gericht annehmen. Das Gericht stellt das Zustandekommen und den Inhalt eines nach Satz 1 geschlossenen Vergleichs durch Beschluss fest. § 164 gilt entsprechend

(3) Für die Güteverhandlung sowie für weitere Güteversuche soll das persönliche Erscheinen der Parteien angeordnet werden. § 141 Abs. 1 Satz 2, Abs. 2 und 3 gilt entsprechend.
(4) Erscheinen beide Parteien in der Güteverhandlung nicht, ist das Ruhen des Verfahrens anzuordnen.
(5) Das Gericht kann die Parteien für die Güteverhandlung vor einen beauftragten oder ersuchten Richter verweisen. In geeigneten Fällen kann das Gericht den Parteien eine außergerichtliche Streitschlichtung vorschlagen. Entscheiden sich die Parteien hierzu, gilt § 251 entsprechend.
(6) Ein gerichtlicher Vergleich kann auch dadurch geschlossen werden, dass die Parteien **dem Gericht einen schriftlichen Vergleichsvorschlag unterbreiten oder einen schriftlichen Vergleichsvorschlag des Gerichts durch Schriftsatz gegenüber dem Gericht annehmen. Das Gericht stellt das Zustandekommen und den Inhalt eines nach Satz 1 geschlossenen Vergleichs durch Beschluss fest. § 164 gilt entsprechend.**

§ 284 ZPO
Beweisaufnahme

Die Beweisaufnahme und die Anordnung eines besonderen Beweisaufnahmeverfahrens durch Beweisbeschluss wird durch die Vorschriften des fünften bis elften Titels bestimmt.

§ 284 ZPO
Beweisaufnahme

Die Beweisaufnahme und die Anordnung eines besonderen Beweisaufnahmeverfahrens durch Beweisbeschluss wird durch die Vorschriften des fünften bis elften Titels bestimmt. **Mit Einverständnis der Parteien kann das Gericht die Beweise in der ihm geeignet erscheinenden Art aufnehmen. Das Einverständnis kann auf einzelne Beweiserhebungen beschränkt werden. Es kann nur bei einer wesentlichen Änderung der Prozesslage vor Beginn der Beweiserhebung, auf die es sich bezieht, widerrufen werden.**

§ 307 ZPO
Anerkenntnis

(1) Erkennt eine Partei den gegen sie geltend gemachten Anspruch bei der mündlichen Verhandlung ganz oder zum Teil an, so ist sie dem Anerkenntnis gemäß zu verurteilen.

(2) Erklärt der Beklagte auf eine Aufforderung nach § 276 Abs. 1 Satz 1, dass er den Anspruch des Klägers ganz oder zum Teil anerkenne, so ist er ohne mündliche Verhandlung dem Anerkenntnis gemäß zu verurteilen.

§ 307 ZPO
Anerkenntnis

Erkennt eine Partei den gegen sie geltend gemachten Anspruch ganz oder zum Teil an, so ist sie dem Anerkenntnis gemäß zu verurteilen. Einer mündlichen Verhandlung bedarf es insoweit nicht.

§ 310 ZPO
Termin der Urteilsverkündung

(1) Das Urteil wird in dem Termin, in dem die mündliche Verhandlung geschlossen wird, oder in einem sofort anzuberaumenden Termin verkündet. Dieser wird nur dann über drei Wochen hinaus angesetzt, wenn wichtige Gründe, insbesondere der Umfang oder die Schwierigkeit der Sache, dies erfordern.
(2) Wird das Urteil nicht in dem Termin, in dem die mündliche Verhandlung geschlossen wird, verkündet, so muss es bei der Verkündung in vollständiger Form abgefasst sein.
(3) Bei einem Anerkenntnisurteil und einem Versäumnisurteil, die nach § 307 Abs. 2, § 331 Abs. 3 ohne mündliche Verhandlung ergehen, wird die Verkündung durch die Zustellung des Urteils ersetzt.

§ 310 ZPO
Termin der Urteilsverkündung

(1) Das Urteil wird in dem Termin, in dem die mündliche Verhandlung geschlossen wird, oder in einem sofort anzuberaumenden Termin verkündet. Dieser wird nur dann über drei Wochen hinaus angesetzt, wenn wichtige Gründe, insbesondere der Umfang oder die Schwierigkeit der Sache, dies erfordern.
(2) Wird das Urteil nicht in dem Termin, in dem die mündliche Verhandlung geschlossen wird, verkündet, so muss es bei der Verkündung in vollständiger Form abgefasst sein.
(3) Bei einem Anerkenntnisurteil und einem Versäumnisurteil, die nach § 307 Abs. 2, § 331 Abs. 3 ohne mündliche Verhandlung ergehen, wird die Verkündung durch die Zustellung des Urteils ersetzt. **Dasselbe gilt bei einem Urteil, das den Einspruch gegen ein Versäumnisurteil verwirft (§ 341 Abs. 2).**

§ 320 ZPO
Berichtigung des Tatbestandes

(1) Enthält der Tatbestand des Urteils Unrichtigkeiten, die nicht unter die Vorschriften des vorstehenden Paragraphen fallen, Auslassungen, Dunkelheiten oder Widersprüche, so kann die Berichtigung binnen einer zweiwöchigen Frist durch Einreichung eines Schriftsatzes beantragt werden.

§ 320 ZPO
Berichtigung des Tatbestandes

(1) Enthält der Tatbestand des Urteils Unrichtigkeiten, die nicht unter die Vorschriften des vorstehenden Paragraphen fallen, Auslassungen, Dunkelheiten oder Widersprüche, so kann die Berichtigung binnen einer zweiwöchigen Frist durch Einreichung eines Schriftsatzes beantragt werden.

Bisherige Rechtslage	**Neue Rechtslage**

(2) Die Frist beginnt mit der Zustellung des in vollständiger Form abgefassten Urteils. Der Antrag kann schon vor dem Beginn der Frist gestellt werden. Die Berichtigung des Tatbestandes ist ausgeschlossen, wenn sie nicht binnen drei Monaten seit der Verkündung des Urteils beantragt wird.

(3) Auf den Antrag ist ein Termin zur mündlichen Verhandlung anzuberaumen. Dem Gegner des Antragstellers ist mit der Ladung zu diesem Termin der den Antrag enthaltende Schriftsatz zuzustellen.

(4) Das Gericht entscheidet ohne Beweisaufnahme. Bei der Entscheidung wirken nur diejenigen Richter mit, die bei dem Urteil mitgewirkt haben. Ist ein Richter verhindert, so gibt bei Stimmengleichheit die Stimme des Vorsitzenden und bei dessen Verhinderung die Stimme des ältesten Richters den Ausschlag. Eine Anfechtung des Beschlusses findet nicht statt. Der Beschluss, der eine Berichtigung ausspricht, wird auf dem Urteil und den Ausfertigungen vermerkt.

(5) Die Berichtigung des Tatbestandes hat eine Änderung des übrigen Teils des Urteils nicht zur Folge.

§ 321a ZPO
Abhilfe bei Verletzung des Anspruchs auf rechtliches Gehör

(1) Auf die Rüge der durch das Urteil beschwerten Partei ist der Prozess vor dem Gericht des ersten Rechtszuges fortzuführen, wenn
1. eine Berufung nach § 511 Abs. 2 nicht zulässig ist und
2. das Gericht des ersten Rechtszuges den Anspruch auf rechtliches Gehör in entscheidungserheblicher Weise verletzt hat.

(2) Die Rüge ist durch Einreichung eines Schriftsatzes (Rügeschrift) zu erheben, der enthalten muss:
1. die Bezeichnung des Prozesses, dessen Fortführung begehrt wird;
2. die Darlegung der Verletzung des Anspruchs auf rechtliches Gehör und der Entscheidungserheblichkeit der Verletzung.

Die Rügeschrift ist innerhalb einer Notfrist von zwei Wochen bei dem Gericht des ersten Rechtszuges einzureichen. Die Frist beginnt mit der Zustellung des in vollständiger Form abgefassten Urteils, im Falle des § 313a Abs. 1 Satz 2 jedoch erst dann, wenn auch das Protokoll zugestellt ist.

(3) Dem Gegner ist, soweit erforderlich, Gelegenheit zur Stellungnahme zu geben.

(4) Das Gericht hat von Amts wegen zu prüfen, ob die Rüge an sich statthaft und ob sie in der gesetzlichen Form und Frist erhoben ist. Mangelt es an einem dieser Erfordernisse, so ist die Rüge als unzulässig zu verwerfen. Ist die Rüge unbegründet, weist das Gericht sie zurück. Die Entscheidungen ergehen durch kurz zu begründenden Beschluss, der nicht anfechtbar ist.

(5) Ist die Rüge begründet, so hilft ihr das Gericht ab, indem es den Prozess fortführt. Der Prozess wird in die Lage zurückversetzt, in der er sich vor dem Schluss der mündlichen Verhandlung befand. § 343 gilt entsprechend.

(6) § 707 Abs. 1 Satz 1, Abs. 2 ist entsprechend anzuwenden.

§ 331 ZPO
Versäumnisurteil gegen den Beklagten

(1) Beantragt der Kläger gegen den im Termin zur mündlichen Verhandlung nicht erschienenen Beklagten das Versäumnisurteil, so ist das tatsächliche mündliche Vorbringen des Klägers als zugestanden anzunehmen. Dies gilt nicht für Vorbringen zur Zuständigkeit des Gerichts nach § 29 Abs. 2, § 38.

(2) Soweit es den Klageantrag rechtfertigt, ist nach dem Antrag zu erkennen; soweit dies nicht der Fall ist, ist die Klage abzuweisen.

---

(2) Die Frist beginnt mit der Zustellung des in vollständiger Form abgefassten Urteils. Der Antrag kann schon vor dem Beginn der Frist gestellt werden. Die Berichtigung des Tatbestandes ist ausgeschlossen, wenn sie nicht binnen drei Monaten seit der Verkündung des Urteils beantragt wird.

(3) Über den Antrag ist mündlich zu verhandeln, wenn eine Partei dies beantragt.

(4) Das Gericht entscheidet ohne Beweisaufnahme. Bei der Entscheidung wirken nur diejenigen Richter mit, die bei dem Urteil mitgewirkt haben. Ist ein Richter verhindert, so gibt bei Stimmengleichheit die Stimme des Vorsitzenden und bei dessen Verhinderung die Stimme des ältesten Richters den Ausschlag. Eine Anfechtung des Beschlusses findet nicht statt. Der Beschluss, der eine Berichtigung ausspricht, wird auf dem Urteil und den Ausfertigungen vermerkt.

(5) Die Berichtigung des Tatbestandes hat eine Änderung des übrigen Teils des Urteils nicht zur Folge.

§ 321a ZPO
Abhilfe bei Verletzung des Anspruchs auf rechtliches Gehör

(1) Auf die Rüge der durch das Urteil beschwerten Partei ist der Prozess vor dem Gericht des ersten Rechtszuges fortzuführen, wenn
1. eine Berufung nach § 511 Abs. 2 nicht zulässig ist und
2. das Gericht des ersten Rechtszuges den Anspruch auf rechtliches Gehör in entscheidungserheblicher Weise verletzt hat.

(2) Die Rüge ist durch Einreichung eines Schriftsatzes (Rügeschrift) zu erheben, der enthalten muss:
1. die Bezeichnung des Prozesses, dessen Fortführung begehrt wird;
2. die Darlegung der Verletzung des Anspruchs auf rechtliches Gehör und der Entscheidungserheblichkeit der Verletzung.

Die Rügeschrift ist innerhalb einer Notfrist von zwei Wochen bei dem Gericht des ersten Rechtszuges einzureichen. Die Frist beginnt mit der Zustellung des in vollständiger Form abgefassten Urteils, im Falle des § 313a Abs. 1 Satz 2 jedoch erst dann, wenn auch das Protokoll zugestellt ist.

(3) Dem Gegner ist, soweit erforderlich, Gelegenheit zur Stellungnahme zu geben.

(4) Das Gericht hat von Amts wegen zu prüfen, ob die Rüge an sich statthaft und ob sie in der gesetzlichen Form und Frist erhoben ist. Mangelt es an einem dieser Erfordernisse, so ist die Rüge als unzulässig zu verwerfen. Ist die Rüge unbegründet, weist das Gericht sie zurück. Die Entscheidungen ergehen durch kurz zu begründenden Beschluss, der nicht anfechtbar ist.

(5) Ist die Rüge begründet, so hilft ihr das Gericht ab, indem es den Prozess fortführt, **soweit dies auf Grund der Rüge geboten ist.** Der Prozess wird in die Lage zurückversetzt, in der er sich vor dem Schluss der mündlichen Verhandlung befand. § 343 gilt entsprechend.

(6) § 707 Abs. 1 Satz 1, Abs. 2 ist entsprechend anzuwenden.

§ 331 ZPO
Versäumnisurteil gegen den Beklagten

(1) Beantragt der Kläger gegen den im Termin zur mündlichen Verhandlung nicht erschienenen Beklagten das Versäumnisurteil, so ist das tatsächliche mündliche Vorbringen des Klägers als zugestanden anzunehmen. Dies gilt nicht für Vorbringen zur Zuständigkeit des Gerichts nach § 29 Abs. 2, § 38.

(2) Soweit es den Klageantrag rechtfertigt, ist nach dem Antrag zu erkennen; soweit dies nicht der Fall ist, ist die Klage abzuweisen.

Bisherige Rechtslage	**Neue Rechtslage**

(3) Hat der Beklagte entgegen § 276 Abs. 1 Satz 1, Abs. 2 nicht rechtzeitig angezeigt, dass er sich gegen die Klage verteidigen wolle, so trifft auf Antrag des Klägers das Gericht die Entscheidung ohne mündliche Verhandlung; dies gilt nicht, wenn die Erklärung des Beklagten noch eingeht, bevor das von den Richtern unterschriebene Urteil der Geschäftsstelle übergeben ist. Der Antrag kann schon in der Klageschrift gestellt werden.

(3) Hat der Beklagte entgegen § 276 Abs. 1 Satz 1, Abs. 2 nicht rechtzeitig angezeigt, dass er sich gegen die Klage verteidigen wolle, so trifft auf Antrag des Klägers das Gericht die Entscheidung ohne mündliche Verhandlung; dies gilt nicht, wenn die Erklärung des Beklagten noch eingeht, bevor das von den Richtern unterschriebene Urteil der Geschäftsstelle übergeben ist. Der Antrag kann schon in der Klageschrift gestellt werden. **Eine Entscheidung ohne mündliche Verhandlung ist auch insoweit zulässig, als das Vorbringen des Klägers den Klageantrag in einer Nebenforderung nicht rechtfertigt, sofern der Kläger vor der Entscheidung auf diese Möglichkeit hingewiesen worden ist.**

§ 411a ZPO
Verwertung von gerichtlichen Sachverständigengutachten

Die schriftliche Begutachtung kann durch die Verwertung eines gerichtlich eingeholten Sachverständigengutachtens aus einem anderen Verfahren ersetzt werden.

§ 413 ZPO
Entschädigung

Der Sachverständige erhält eine Vergütung nach dem Justizvergütungs- und -entschädigungsgesetz.

§ 413 ZPO
Sachverständigenvergütung

Der Sachverständige erhält eine Vergütung nach dem Justizvergütungs- und -entschädigungsgesetz.

§ 511 ZPO
Statthaftigkeit der Berufung

(1) Die Berufung findet gegen die im ersten Rechtszug erlassenen Endurteile statt.
(2) Die Berufung ist nur zulässig, wenn
1. der Wert des Beschwerdegegenstandes sechshundert Euro übersteigt oder
2. das Gericht des ersten Rechtszuges die Berufung im Urteil zugelassen hat.
(3) Der Berufungskläger hat den Wert nach Absatz 2 Nr. 1 glaubhaft zu machen; zur Versicherung an Eides statt darf er nicht zugelassen werden.
(4) Das Gericht des ersten Rechtszuges lässt die Berufung zu, wenn
1. die Rechtssache grundsätzliche Bedeutung hat oder
2. die Fortbildung des Rechts oder die Sicherung einer einheitlichen Rechtsprechung eine Entscheidung des Berufungsgerichts erfordert.
Das Berufungsgericht ist an die Zulassung gebunden.

§ 511 ZPO
Statthaftigkeit der Berufung

(1) Die Berufung findet gegen die im ersten Rechtszug erlassenen Endurteile statt.
(2) Die Berufung ist nur zulässig, wenn
1. der Wert des Beschwerdegegenstandes sechshundert Euro übersteigt oder
2. das Gericht des ersten Rechtszuges die Berufung im Urteil zugelassen hat.
(3) Der Berufungskläger hat den Wert nach Absatz 2 Nr. 1 glaubhaft zu machen; zur Versicherung an Eides statt darf er nicht zugelassen werden.
(4) Das Gericht des ersten Rechtszuges lässt die Berufung zu, wenn
**1. die Rechtssache grundsätzliche Bedeutung hat oder die Fortbildung des Rechts oder die Sicherung einer einheitlichen Rechtsprechung eine Entscheidung des Berufungsgerichts erfordert und
2. die Partei durch das Urteil mit nicht mehr als sechshundert Euro beschwert ist.**
Das Berufungsgericht ist an die Zulassung gebunden.

§ 524 ZPO
Anschlussberufung

(1) Der Berufungsbeklagte kann sich der Berufung anschließen. Die Anschließung erfolgt durch Einreichung der Berufungsanschlussschrift bei dem Berufungsgericht.
(2) Die Anschließung ist auch statthaft, wenn der Berufungsbeklagte auf die Berufung verzichtet hat oder die Berufungsfrist verstrichen ist. Sie ist zulässig bis zum Ablauf eines Monats nach der Zustellung der Berufungsbegründungsschrift.

(3) Die Anschlussberufung muss in der Anschlussschrift begründet werden. Die Vorschriften des § 519 Abs. 2, 4 und des § 520 Abs. 3 sowie des § 521 gelten entsprechend.
(4) Die Anschließung verliert ihre Wirkung, wenn die Berufung zurückgenommen, verworfen oder durch Beschluss zurückgewiesen wird.

§ 524 ZPO
Anschlussberufung

(1) Der Berufungsbeklagte kann sich der Berufung anschließen. Die Anschließung erfolgt durch Einreichung der Berufungsanschlussschrift bei dem Berufungsgericht.
(2) Die Anschließung ist auch statthaft, wenn der Berufungsbeklagte auf die Berufung verzichtet hat oder die Berufungsfrist verstrichen ist. Sie ist zulässig bis zum Ablauf ~~eines Monats nach der Zustellung der Berufungsbegründungsschrift~~ **der dem Berufungsbeklagten gesetzten Frist zur Berufungserwiderung. Diese Frist gilt nicht, wenn die Anschließung eine Verurteilung zu künftig fällig werdenden wiederkehrenden Leistungen (§ 323) zum Gegenstand hat.**
(3) Die Anschlussberufung muss in der Anschlussschrift begründet werden. Die Vorschriften des § 519 Abs. 2, 4 und des § 520 Abs. 3 sowie des § 521 gelten entsprechend.
(4) Die Anschließung verliert ihre Wirkung, wenn die Berufung zurückgenommen, verworfen oder durch Beschluss zurückgewiesen wird.

Bisherige Rechtslage	Neue Rechtslage

§ 527 ZPO
Vorbereitender Einzelrichter

(1) Wird der Rechtsstreit nicht nach § 526 dem Einzelrichter übertragen, kann das Berufungsgericht die Sache einem seiner Mitglieder als Einzelrichter zur Vorbereitung der Entscheidung zuweisen. In der Kammer für Handelssachen ist Einzelrichter der Vorsitzende; außerhalb der mündlichen Verhandlung bedarf es einer Zuweisung nicht.
(2) Der Einzelrichter hat die Sache so weit zu fördern, dass sie in einer mündlichen Verhandlung vor dem Berufungsgericht erledigt werden kann. Er kann zu diesem Zweck einzelne Beweise erheben, soweit dies zur Vereinfachung der Verhandlung vor dem Berufungsgericht wünschenswert und von vornherein anzunehmen ist, dass das Berufungsgericht das Beweisergebnis auch ohne unmittelbaren Eindruck von dem Verlauf der Beweisaufnahme sachgemäß zu würdigen vermag.
(3) Der Einzelrichter entscheidet
1. bei Zurücknahme der Klage oder der Berufung, Verzicht auf den geltend gemachten Anspruch oder Anerkenntnis des Anspruchs;
2. bei Säumnis einer Partei oder beider Parteien;
3. über die Verpflichtung, die Prozesskosten zu tragen, sofern nicht das Berufungsgericht gleichzeitig mit der Hauptsache hierüber entscheidet;
4. über den Wert des Streitgegenstandes;
5. über Kosten, Gebühren und Auslagen.

(4) Im Einverständnis der Parteien kann der Einzelrichter auch im Übrigen entscheiden.

§ 541 ZPO
Prozessakten

(1) Die Geschäftsstelle des Berufungsgerichts hat, nachdem die Berufungsschrift eingereicht ist, unverzüglich von der Geschäftsstelle des Gerichts des ersten Rechtszuges die Prozessakten einzufordern.

(2) Nach Erledigung der Berufung sind die Akten der Geschäftsstelle des Gerichts des ersten Rechtszuges nebst einer beglaubigten Abschrift der in der Berufungsinstanz ergangenen Entscheidung zurückzusenden.

§ 551 ZPO
Revisionsbegründung

(1) Der Revisionskläger muss die Revision begründen.
(2) Die Revisionsbegründung ist, sofern sie nicht bereits in der Revisionsschrift enthalten ist, in einem Schriftsatz bei dem Revisionsgericht einzureichen. Die Frist für die Revisionsbegründung beträgt zwei Monate. Sie beginnt mit der Zustellung des in vollständiger Form abgefassten Urteils, spätestens aber mit Ablauf von fünf Monaten nach der Verkündung. § 544 Abs. 6 Satz 3 bleibt unberührt. Die Frist kann auf Antrag von dem Vorsitzenden verlängert werden, wenn der Gegner einwilligt. Ohne Einwilligung kann die Frist um bis zu zwei Monate verlängert werden, wenn nach freier Überzeugung des Vorsitzenden der Rechtsstreit durch die Verlängerung nicht verzögert wird oder wenn der Revisionskläger erhebliche Gründe darlegt.

---

§ 527 ZPO
Vorbereitender Einzelrichter

(1) Wird der Rechtsstreit nicht nach § 526 dem Einzelrichter übertragen, kann das Berufungsgericht die Sache einem seiner Mitglieder als Einzelrichter zur Vorbereitung der Entscheidung zuweisen. In der Kammer für Handelssachen ist Einzelrichter der Vorsitzende; außerhalb der mündlichen Verhandlung bedarf es einer Zuweisung nicht.
(2) Der Einzelrichter hat die Sache so weit zu fördern, dass sie in einer mündlichen Verhandlung vor dem Berufungsgericht erledigt werden kann. Er kann zu diesem Zweck einzelne Beweise erheben, soweit dies zur Vereinfachung der Verhandlung vor dem Berufungsgericht wünschenswert und von vornherein anzunehmen ist, dass das Berufungsgericht das Beweisergebnis auch ohne unmittelbaren Eindruck von dem Verlauf der Beweisaufnahme sachgemäß zu würdigen vermag.

(3) Der Einzelrichter entscheidet
1. **über die Verweisung nach § 100 in Verbindung mit den §§ 97 bis 99 des Gerichtsverfassungsgesetzes;**
2. bei Zurücknahme der Klage oder der Berufung, Verzicht auf den geltend gemachten Anspruch oder Anerkenntnis des Anspruchs;
3. bei Säumnis einer Partei oder beider Parteien;
4. über die Verpflichtung, die Prozesskosten zu tragen, sofern nicht das Berufungsgericht gleichzeitig mit der Hauptsache hierüber entscheidet;
5. über den Wert des Streitgegenstandes;
6. über Kosten, Gebühren und Auslagen.
(4) Im Einverständnis der Parteien kann der Einzelrichter auch im Übrigen entscheiden.

§ 541 ZPO
Prozessakten

(1) Die Geschäftsstelle des Berufungsgerichts hat, nachdem die Berufungsschrift eingereicht ist, unverzüglich von der Geschäftsstelle des Gerichts des ersten Rechtszuges die Prozessakten einzufordern. **Die Akten sind unverzüglich an das Berufungsgericht zu übersenden.**
(2) Nach Erledigung der Berufung sind die Akten der Geschäftsstelle des Gerichts des ersten Rechtszuges nebst einer beglaubigten Abschrift der in der Berufungsinstanz ergangenen Entscheidung zurückzusenden.

§ 551 ZPO
Revisionsbegründung

(1) Der Revisionskläger muss die Revision begründen.
(2) Die Revisionsbegründung ist, sofern sie nicht bereits in der Revisionsschrift enthalten ist, in einem Schriftsatz bei dem Revisionsgericht einzureichen. Die Frist für die Revisionsbegründung beträgt zwei Monate. Sie beginnt mit der Zustellung des in vollständiger Form abgefassten Urteils, spätestens aber mit Ablauf von fünf Monaten nach der Verkündung. § 544 Abs. 6 Satz 3 bleibt unberührt. Die Frist kann auf Antrag von dem Vorsitzenden verlängert werden, wenn der Gegner einwilligt. Ohne Einwilligung kann die Frist um bis zu zwei Monate verlängert werden, wenn nach freier Überzeugung des Vorsitzenden der Rechtsstreit durch die Verlängerung nicht verzögert wird oder wenn der Revisionskläger erhebliche Gründe darlegt; **kann dem Revisionskläger innerhalb dieser Frist Einsicht in die Prozessakten nicht für einen angemessenen Zeitraum gewährt werden, kann der Vorsitzende auf Antrag die Frist um bis zu zwei Monate nach Übersendung der Prozessakten verlängern.**

Bisherige Rechtslage	Neue Rechtslage

(3) Die Revisionsbegründung muss enthalten:
1. die Erklärung, inwieweit das Urteil angefochten und dessen Aufhebung beantragt werde (Revisionsanträge);
2. die Angabe der Revisionsgründe, und zwar:
  a) die bestimmte Bezeichnung der Umstände, aus denen sich die Rechtsverletzung ergibt;
  b) soweit die Revision darauf gestützt wird, dass das Gesetz in Bezug auf das Verfahren verletzt sei, die Bezeichnung der Tatsachen, die den Mangel ergeben.
Ist die Revision aufgrund einer Nichtzulassungsbeschwerde zugelassen worden, kann zur Begründung der Revision auf die Begründung der Nichtzulassungsbeschwerde Bezug genommen werden.
(4) § 549 Abs. 2 und § 550 Abs. 2 sind auf die Revisionsbegründung entsprechend anzuwenden.
	(3) Die Revisionsbegründung muss enthalten:
	1. die Erklärung, inwieweit das Urteil angefochten und dessen Aufhebung beantragt werde (Revisionsanträge);
	2. die Angabe der Revisionsgründe, und zwar:
	  a) die bestimmte Bezeichnung der Umstände, aus denen sich die Rechtsverletzung ergibt;
	  b) soweit die Revision darauf gestützt wird, dass das Gesetz in Bezug auf das Verfahren verletzt sei, die Bezeichnung der Tatsachen, die den Mangel ergeben.
	Ist die Revision aufgrund einer Nichtzulassungsbeschwerde zugelassen worden, kann zur Begründung der Revision auf die Begründung der Nichtzulassungsbeschwerde Bezug genommen werden.
	(4) § 549 Abs. 2 und § 550 Abs. 2 sind auf die Revisionsbegründung entsprechend anzuwenden.

	§ 552a ZPO **Zurückweisungsbeschluss** **Das Revisionsgericht weist die von dem Berufungsgericht zugelassene Revision durch einstimmigen Beschluss zurück, wenn es davon überzeugt ist, dass die Voraussetzungen für die Zulassung der Revision nicht vorliegen und die Revision keine Aussicht auf Erfolg hat. § 522 Abs. 2 Satz 2 und 3 gilt entsprechend.**
§ 553 ZPO **Terminsbestimmung; Einlassungsfrist** (1) Wird die Revision nicht durch Beschluss als unzulässig verworfen, so ist Termin zur mündlichen Verhandlung zu bestimmen und den Parteien bekannt zu machen. (2) Auf die Frist, die zwischen dem Zeitpunkt der Bekanntmachung des Termins und der mündlichen Verhandlung liegen muss, ist § 274 Abs. 3 entsprechend anzuwenden.	**§ 553 ZPO** **Terminsbestimmung; Einlassungsfrist** (1) Wird die Revision nicht durch Beschluss als unzulässig verworfen **oder gemäß § 552a zurückgewiesen**, so ist Termin zur mündlichen Verhandlung zu bestimmen und den Parteien bekannt zu machen. (2) Auf die Frist, die zwischen dem Zeitpunkt der Bekanntmachung des Termins und der mündlichen Verhandlung liegen muss, ist § 274 Abs. 3 entsprechend anzuwenden.
§ 554 ZPO **Anschlussrevision** (1) Der Revisionsbeklagte kann sich der Revision anschließen. Die Anschließung erfolgt durch Einreichung der Revisionsanschlussschrift bei dem Revisionsgericht. (2) Die Anschließung ist auch statthaft, wenn der Revisionsbeklagte auf die Revision verzichtet hat, die Revisionsfrist verstrichen oder die Revision nicht zugelassen worden ist. Die Anschließung ist bis zum Ablauf eines Monats nach der Zustellung der Revisionsbegründung zu erklären. (3) Die Anschlussrevision muss in der Anschlussschrift begründet werden. § 549 Abs. 1 Satz 2 und Abs. 2 und die §§ 550 und 551 Abs. 3 gelten entsprechend. (4) Die Anschließung verliert ihre Wirkung, wenn die Revision zurückgenommen oder als unzulässig verworfen wird.	**§ 554 ZPO** **Anschlussrevision** (1) Der Revisionsbeklagte kann sich der Revision anschließen. Die Anschließung erfolgt durch Einreichung der Revisionsanschlussschrift bei dem Revisionsgericht. (2) Die Anschließung ist auch statthaft, wenn der Revisionsbeklagte auf die Revision verzichtet hat, die Revisionsfrist verstrichen oder die Revision nicht zugelassen worden ist. Die Anschließung ist bis zum Ablauf eines Monats nach der Zustellung der Revisionsbegründung zu erklären. (3) Die Anschlussrevision muss in der Anschlussschrift begründet werden. § 549 Abs. 1 Satz 2 und Abs. 2 und die §§ 550 und 551 Abs. 3 gelten entsprechend. (4) Die Anschließung verliert ihre Wirkung, wenn die Revision zurückgenommen, **verworfen oder durch Beschluss zurückgewiesen wird.**
§ 565 ZPO **Anzuwendende Vorschriften des Berufungsverfahrens** Die für die Berufung geltenden Vorschriften über die Anfechtbarkeit der Versäumnisurteile, über die Verzichtsleistung auf das Rechtsmittel und seine Zurücknahme, über die Rügen der Unzulässigkeit der Klage und über die Einforderung und Zurücksendung der Prozessakten sind auf die Revision entsprechend anzuwenden.	**§ 565 ZPO** **Anzuwendende Vorschriften des Berufungsverfahrens** Die für die Berufung geltenden Vorschriften über die Anfechtbarkeit der Versäumnisurteile, über die Verzichtsleistung auf das Rechtsmittel und seine Zurücknahme, über die Rügen der Unzulässigkeit der Klage und über die Einforderung, **Übersendung** und Zurücksendung der Prozessakten sind auf die Revision entsprechend anzuwenden.

Bisherige Rechtslage

§ 574 ZPO
Rechtsbeschwerde;
Anschlussrechtsbeschwerde

(1) Gegen einen Beschluss ist die Rechtsbeschwerde statthaft, wenn
1. dies im Gesetz ausdrücklich bestimmt ist oder
2. das Beschwerdegericht, das Berufungsgericht oder das Oberlandesgericht im ersten Rechtszug sie in dem Beschluss zugelassen hat.

(2) In den Fällen des Absatzes 1 Nr. 1 ist die Rechtsbeschwerde nur zulässig, wenn
1. die Rechtssache grundsätzliche Bedeutung hat oder
2. die Fortbildung des Rechts oder die Sicherung einer einheitlichen Rechtsprechung eine Entscheidung des Rechtsbeschwerdegerichts erfordert.

(3) In den Fällen des Absatzes 1 Nr. 2 ist die Rechtsbeschwerde zuzulassen, wenn die Voraussetzungen des Absatzes 2 vorliegen. Das Rechtsbeschwerdegericht ist an die Zulassung gebunden.

(4) Der Rechtsbeschwerdegegner kann sich bis zum Ablauf einer Notfrist von einem Monat nach der Zustellung der Begründungsschrift der Rechtsbeschwerde durch Einreichen der Rechtsbeschwerdeanschlussschrift beim Rechtsbeschwerdegericht anschließen, auch wenn er auf die Rechtsbeschwerde verzichtet hat, die Rechtsbeschwerdefrist verstrichen oder die Rechtsbeschwerde nicht zugelassen worden ist. Die Anschlussbeschwerde ist in der Anschlussschrift zu begründen. Die Anschließung verliert ihre Wirkung, wenn die Rechtsbeschwerde zurückgenommen oder als unzulässig verworfen wird.

§ 577 ZPO
Prüfung und Entscheidung
der Rechtsbeschwerde

(1) Das Rechtsbeschwerdegericht hat von Amts wegen zu prüfen, ob die Rechtsbeschwerde an sich statthaft und ob sie in der gesetzlichen Form und Frist eingelegt und begründet ist. Mangelt es an einem dieser Erfordernisse, so ist die Rechtsbeschwerde als unzulässig zu verwerfen.

(2) Der Prüfung des Rechtsbeschwerdegerichts unterliegen nur die von den Parteien gestellten Anträge. Das Rechtsbeschwerdegericht ist an die geltend gemachten Rechtsbeschwerdegründe nicht gebunden. Auf Verfahrensmängel, die nicht von Amts wegen zu berücksichtigen sind, darf die angefochtene Entscheidung nur geprüft werden, wenn die Mängel nach § 575 Abs. 3 und § 574 Abs. 4 Satz 2 gerügt worden sind. § 559 gilt entsprechend.

(3) Ergibt die Begründung der angefochtenen Entscheidung zwar eine Rechtsverletzung, stellt die Entscheidung selbst aber aus anderen Gründen sich als richtig dar, so ist die Rechtsbeschwerde zurückzuweisen.

(4) Wird die Rechtsbeschwerde für begründet erachtet, ist die angefochtene Entscheidung aufzuheben und die Sache zur erneuten Entscheidung zurückzuverweisen. § 562 Abs. 2 gilt entsprechend. Die Zurückverweisung kann an einen anderen Spruchkörper des Gerichts erfolgen, das die angefochtene Entscheidung erlassen hat. Das Gericht, an das die Sache zurückverwiesen ist, hat die rechtliche Beurteilung, die der Aufhebung zugrunde liegt, auch seiner Entscheidung zugrunde zu legen.

(5) Das Rechtsbeschwerdegericht hat in der Sache selbst zu entscheiden, wenn die Aufhebung der Entscheidung nur wegen Rechtsverletzung bei Anwendung des Rechts auf das festgestellte Sachverhältnis erfolgt und nach letzterem die Sache zur Endentscheidung reif ist. § 563 Abs. 4 gilt entsprechend.

(6) Die Entscheidung über die Rechtsbeschwerde ergeht durch Beschluss. § 564 gilt entsprechend.

Neue Rechtslage

§ 574 ZPO
Rechtsbeschwerde;
Anschlussrechtsbeschwerde

(1) Gegen einen Beschluss ist die Rechtsbeschwerde statthaft, wenn
1. dies im Gesetz ausdrücklich bestimmt ist oder
2. das Beschwerdegericht, das Berufungsgericht oder das Oberlandesgericht im ersten Rechtszug sie in dem Beschluss zugelassen hat. **§ 542 Abs. 2 gilt entsprechend.**

(2) In den Fällen des Absatzes 1 Nr. 1 ist die Rechtsbeschwerde nur zulässig, wenn
1. die Rechtssache grundsätzliche Bedeutung hat oder
2. die Fortbildung des Rechts oder die Sicherung einer einheitlichen Rechtsprechung eine Entscheidung des Rechtsbeschwerdegerichts erfordert.

(3) In den Fällen des Absatzes 1 Nr. 2 ist die Rechtsbeschwerde zuzulassen, wenn die Voraussetzungen des Absatzes 2 vorliegen. Das Rechtsbeschwerdegericht ist an die Zulassung gebunden.

(4) Der Rechtsbeschwerdegegner kann sich bis zum Ablauf einer Notfrist von einem Monat nach der Zustellung der Begründungsschrift der Rechtsbeschwerde durch Einreichen der Rechtsbeschwerdeanschlussschrift beim Rechtsbeschwerdegericht anschließen, auch wenn er auf die Rechtsbeschwerde verzichtet hat, die Rechtsbeschwerdefrist verstrichen oder die Rechtsbeschwerde nicht zugelassen worden ist. Die Anschlussbeschwerde ist in der Anschlussschrift zu begründen. Die Anschließung verliert ihre Wirkung, wenn die Rechtsbeschwerde zurückgenommen oder als unzulässig verworfen wird.

§ 577 ZPO
Prüfung und Entscheidung
der Rechtsbeschwerde

(1) Das Rechtsbeschwerdegericht hat von Amts wegen zu prüfen, ob die Rechtsbeschwerde an sich statthaft und ob sie in der gesetzlichen Form und Frist eingelegt und begründet ist. Mangelt es an einem dieser Erfordernisse, so ist die Rechtsbeschwerde als unzulässig zu verwerfen.

(2) Der Prüfung des Rechtsbeschwerdegerichts unterliegen nur die von den Parteien gestellten Anträge. Das Rechtsbeschwerdegericht ist an die geltend gemachten Rechtsbeschwerdegründe nicht gebunden. Auf Verfahrensmängel, die nicht von Amts wegen zu berücksichtigen sind, darf die angefochtene Entscheidung nur geprüft werden, wenn die Mängel nach § 575 Abs. 3 und § 574 Abs. 4 Satz 2 gerügt worden sind. § 559 gilt entsprechend.

(3) Ergibt die Begründung der angefochtenen Entscheidung zwar eine Rechtsverletzung, stellt die Entscheidung selbst aber aus anderen Gründen sich als richtig dar, so ist die Rechtsbeschwerde zurückzuweisen.

(4) Wird die Rechtsbeschwerde für begründet erachtet, ist die angefochtene Entscheidung aufzuheben und die Sache zur erneuten Entscheidung zurückzuverweisen. § 562 Abs. 2 gilt entsprechend. Die Zurückverweisung kann an einen anderen Spruchkörper des Gerichts erfolgen, das die angefochtene Entscheidung erlassen hat. Das Gericht, an das die Sache zurückverwiesen ist, hat die rechtliche Beurteilung, die der Aufhebung zugrunde liegt, auch seiner Entscheidung zugrunde zu legen.

(5) Das Rechtsbeschwerdegericht hat in der Sache selbst zu entscheiden, wenn die Aufhebung der Entscheidung nur wegen Rechtsverletzung bei Anwendung des Rechts auf das festgestellte Sachverhältnis erfolgt und nach letzterem die Sache zur Endentscheidung reif ist. § 563 Abs. 4 gilt entsprechend.

(6) Die Entscheidung über die Rechtsbeschwerde ergeht durch Beschluss. § 564 gilt entsprechend. **Im Übrigen kann von einer Begründung abgesehen werden, wenn sie nicht geeignet wäre, zur Klärung von Rechtsfragen grundsätzlicher Bedeutung, zur Fortbildung des Rechts oder zur Sicherung einer einheitlichen Rechtsprechung beizutragen.**

Bisherige Rechtslage	Neue Rechtslage

§ 623 ZPO
Verbund von Scheidungs- und Folgesachen

(1) Soweit in Familiensachen des § 621 Abs. 1 Nr. 5 bis 9 und Abs. 2 Satz 1 Nr. 4 eine Entscheidung für den Fall der Scheidung zu treffen ist und von einem Ehegatten rechtzeitig begehrt wird, ist hierüber gleichzeitig und zusammen mit der Scheidungssache zu verhandeln und, sofern dem Scheidungsantrag stattgegeben wird, zu entscheiden (Folgesachen). Wird bei einer Familiensache des § 621 Abs. 1 Nr. 5 und 8 und Abs. 2 Satz 1 Nr. 4 ein Dritter Verfahrensbeteiligter, so wird diese Familiensache abgetrennt. Für die Durchführung des Versorgungsausgleichs in den Fällen des § 1587 b des Bürgerlichen Gesetzbuchs bedarf es keines Antrags.
(2) Folgesachen sind auch rechtzeitig von einem Ehegatten anhängig gemachte Familiensachen nach
1. § 621 Abs. 2 Satz 1 Nr. 1 im Fall eines Antrags nach § 1671 Abs. 1 des Bürgerlichen Gesetzbuchs,
2. § 621 Abs. 2 Satz 1 Nr. 2, soweit deren Gegenstand der Umgang eines Ehegatten mit einem gemeinschaftlichen Kind oder einem Kind des anderen Ehegatten ist, und
3. § 621 Abs. 2 Satz 1 Nr. 3.
Auf Antrag eines Ehegatten trennt das Gericht eine Folgesache nach den Nummern 1 bis 3 von der Scheidungssache ab. Ein Antrag auf Abtrennung einer Folgesache nach Nummer 1 kann mit einem Antrag auf Abtrennung einer Folgesache nach § 621 Abs. 1 Nr. 5 und Abs. 2 Satz 1 Nr. 4 verbunden werden. Im Fall der Abtrennung wird die Folgesache als selbständige Familiensache fortgeführt; § 626 Abs. 2 Satz 3 gilt entsprechend.
(3) Folgesachen sind auch rechtzeitig eingeleitete Verfahren betreffend die Übertragung der elterlichen Sorge oder eines Teils der elterlichen Sorge wegen Gefährdung des Kindeswohls auf einen Elternteil, einen Vormund oder einen Pfleger. Das Gericht kann anordnen, dass ein Verfahren nach Satz 1 von der Scheidungssache abgetrennt wird. Absatz 2 Satz 3 gilt entsprechend.
(4) Das Verfahren muss bis zum Schluss der mündlichen Verhandlung erster Instanz in der Scheidungssache anhängig gemacht oder eingeleitet sein. Satz 1 gilt entsprechend, wenn die Scheidungssache nach § 629 b an das Gericht des ersten Rechtszuges zurückverwiesen ist.
(5) Die vorstehenden Vorschriften gelten auch für Verfahren der in den Absätzen 1 bis 3 genannten Art, die nach § 621 Abs. 3 an das Gericht der Ehesache übergeleitet worden sind. In den Fällen des Absatzes 1 gilt dies nur, soweit eine Entscheidung für den Fall der Scheidung zu treffen ist.

§ 623 ZPO
Verbund von Scheidungs- und Folgesachen

(1) Soweit in Familiensachen des § 621 Abs. 1 Nr. 5 bis 9 und Abs. 2 Satz 1 Nr. 4 eine Entscheidung für den Fall der Scheidung zu treffen ist und von einem Ehegatten rechtzeitig begehrt wird, ist hierüber gleichzeitig und zusammen mit der Scheidungssache zu verhandeln und, sofern dem Scheidungsantrag stattgegeben wird, zu entscheiden (Folgesachen). Wird bei einer Familiensache des § 621 Abs. 1 Nr. 5 und 8 und Abs. 2 Satz 1 Nr. 4 ein Dritter Verfahrensbeteiligter, so wird diese Familiensache abgetrennt. Für die Durchführung des Versorgungsausgleichs in den Fällen des § 1587 b des Bürgerlichen Gesetzbuchs bedarf es keines Antrags.
(2) Folgesachen sind auch rechtzeitig von einem Ehegatten anhängig gemachte Familiensachen nach
1. § 621 Abs. 2 Satz 1 Nr. 1 im Fall eines Antrags nach § 1671 Abs. 1 des Bürgerlichen Gesetzbuchs,
2. § 621 Abs. 2 Satz 1 Nr. 2, soweit deren Gegenstand der Umgang eines Ehegatten mit einem gemeinschaftlichen Kind oder einem Kind des anderen Ehegatten ist, und
3. § 621 Abs. 2 Satz 1 Nr. 3.
Auf Antrag eines Ehegatten trennt das Gericht eine Folgesache nach den Nummern 1 bis 3 von der Scheidungssache ab. Ein Antrag auf Abtrennung einer Folgesache nach Nummer 1 kann mit einem Antrag auf Abtrennung einer Folgesache nach § 621 Abs. 1 Nr. 5 und Abs. 2 Satz 1 Nr. 4 verbunden werden. Im Fall der Abtrennung wird die Folgesache als selbständige Familiensache fortgeführt; § 626 Abs. 2 Satz ~~3~~ 2 gilt entsprechend.
(3) Folgesachen sind auch rechtzeitig eingeleitete Verfahren betreffend die Übertragung der elterlichen Sorge oder eines Teils der elterlichen Sorge wegen Gefährdung des Kindeswohls auf einen Elternteil, einen Vormund oder einen Pfleger. Das Gericht kann anordnen, dass ein Verfahren nach Satz 1 von der Scheidungssache abgetrennt wird. Absatz 2 Satz 3 gilt entsprechend.
(4) Das Verfahren muss bis zum Schluss der mündlichen Verhandlung erster Instanz in der Scheidungssache anhängig gemacht oder eingeleitet sein. Satz 1 gilt entsprechend, wenn die Scheidungssache nach § 629 b an das Gericht des ersten Rechtszuges zurückverwiesen ist.
(5) Die vorstehenden Vorschriften gelten auch für Verfahren der in den Absätzen 1 bis 3 genannten Art, die nach § 621 Abs. 3 an das Gericht der Ehesache übergeleitet worden sind. In den Fällen des Absatzes 1 gilt dies nur, soweit eine Entscheidung für den Fall der Scheidung zu treffen ist.

§ 629 ZPO
Einheitliche Endentscheidung; Vorbehalt bei abgewiesenem Scheidungsantrag

(1) Ist dem Scheidungsantrag stattzugeben und gleichzeitig über Folgesachen zu entscheiden, so ergeht die Entscheidung einheitlich durch Urteil.
(2) Absatz 1 gilt auch, soweit es sich um ein Versäumnisurteil handelt. Wird hiergegen Einspruch und auch gegen das Urteil im Übrigen ein Rechtsmittel eingelegt, so ist zunächst über den Einspruch und das Versäumnisurteil zu verhandeln und zu entscheiden.
(3) Wird ein Scheidungsantrag abgewiesen, so werden die Folgesachen gegenstandslos, soweit sie nicht die Übertragung der elterlichen Sorge oder eines Teils der elterlichen Sorge wegen Gefährdung des Kindeswohls auf einen Elternteil, einen Pfleger oder einen Vormund betreffen; in diesem Fall wird die Folgesache als selbständige Familiensache fortgeführt. Im Übrigen ist einer Partei auf ihren Antrag in dem Urteil vorzubehalten, eine Folgesache als selbständige Familiensache fortzusetzen. § 626 Abs. 2 Satz 3 gilt entsprechend.

§ 629 ZPO
Einheitliche Endentscheidung; Vorbehalt bei abgewiesenem Scheidungsantrag

(1) Ist dem Scheidungsantrag stattzugeben und gleichzeitig über Folgesachen zu entscheiden, so ergeht die Entscheidung einheitlich durch Urteil.
(2) Absatz 1 gilt auch, soweit es sich um ein Versäumnisurteil handelt. Wird hiergegen Einspruch und auch gegen das Urteil im Übrigen ein Rechtsmittel eingelegt, so ist zunächst über den Einspruch und das Versäumnisurteil zu verhandeln und zu entscheiden.
(3) Wird ein Scheidungsantrag abgewiesen, so werden die Folgesachen gegenstandslos, soweit sie nicht die Übertragung der elterlichen Sorge oder eines Teils der elterlichen Sorge wegen Gefährdung des Kindeswohls auf einen Elternteil, einen Pfleger oder einen Vormund betreffen; in diesem Fall wird die Folgesache als selbständige Familiensache fortgeführt. Im Übrigen ist einer Partei auf ihren Antrag in dem Urteil vorzubehalten, eine Folgesache als selbständige Familiensache fortzusetzen. § 626 Abs. 2 Satz ~~3~~ 2 gilt entsprechend.

Bisherige Rechtslage	**Neue Rechtslage**

§ 649 ZPO
Feststellungsbeschluss

(1) Werden keine oder lediglich nach § 648 Abs. 1 Satz 3 zurückzuweisende oder nach § 648 Abs. 2 unzulässige Einwendungen erhoben, wird der Unterhalt nach Ablauf der in § 647 Abs. 1 Satz 2 Nr. 3 bezeichneten Frist durch Beschluss festgesetzt. In dem Beschluss ist auszusprechen, dass der Antragsgegner den festgesetzten Unterhalt an den Unterhaltsberechtigten zu zahlen hat. In dem Beschluss sind auch die bis dahin entstandenen erstattungsfähigen Kosten des Verfahrens festzusetzen, soweit sie ohne weiteres ermittelt werden können; es genügt, wenn der Antragsteller die zu ihrer Berechnung notwendigen Angaben dem Gericht mitteilt.
(2) In dem Beschluss ist darauf hinzuweisen, welche Einwendungen mit der sofortigen Beschwerde geltend gemacht werden können und unter welchen Voraussetzungen eine Abänderung im Wege der Klage nach § 654 verlangt werden kann.

§ 649 ZPO
Festsetzungsbeschluss

(1) Werden keine oder lediglich nach § 648 Abs. 1 Satz 3 zurückzuweisende oder nach § 648 Abs. 2 unzulässige Einwendungen erhoben, wird der Unterhalt nach Ablauf der in § 647 Abs. 1 Satz 2 Nr. 3 bezeichneten Frist durch Beschluss festgesetzt. In dem Beschluss ist auszusprechen, dass der Antragsgegner den festgesetzten Unterhalt an den Unterhaltsberechtigten zu zahlen hat. In dem Beschluss sind auch die bis dahin entstandenen erstattungsfähigen Kosten des Verfahrens festzusetzen, soweit sie ohne weiteres ermittelt werden können; es genügt, wenn der Antragsteller die zu ihrer Berechnung notwendigen Angaben dem Gericht mitteilt.
(2) In dem Beschluss ist darauf hinzuweisen, welche Einwendungen mit der sofortigen Beschwerde geltend gemacht werden können und unter welchen Voraussetzungen eine Abänderung im Wege der Klage nach § 654 verlangt werden kann.

§ 708 ZPO
Vorläufige Vollstreckbarkeit ohne Sicherheitsleistung

Für vorläufig vollstreckbar ohne Sicherheitsleistung sind zu erklären:
1. Urteile, die auf Grund eines Anerkenntnisses oder eines Verzichts ergehen;
2. Versäumnisurteile und Urteile nach Lage der Akten gegen die säumige Partei gemäß § 331a;
3. Urteile, durch die gemäß § 341 der Einspruch als unzulässig verworfen wird;
4. Urteile, die im Urkunden-, Wechsel- oder Scheckprozess erlassen werden;
5. Urteile, die ein Vorbehaltsurteil, das im Urkunden-, Wechsel- oder Scheckprozess erlassen wurde, für vorbehaltlos erklären;
6. Urteile, durch die Arreste oder einstweilige Verfügungen abgelehnt oder aufgehoben werden;
7. Urteile in Streitigkeiten zwischen dem Vermieter und dem Mieter oder Untermieter von Wohnräumen oder anderen Räumen oder zwischen dem Mieter und dem Untermieter solcher Räume wegen Überlassung, Benutzung oder Räumung, wegen Fortsetzung des Mietverhältnisses über Wohnraum auf Grund der §§ 574 bis 574b des Bürgerlichen Gesetzbuchs sowie wegen Zurückhaltung der von dem Mieter oder dem Untermieter in die Mieträume eingebrachten Sachen;
8. Urteile, die die Verpflichtung aussprechen, Unterhalt, Renten wegen Entziehung einer Unterhaltsforderung oder Renten wegen einer Verletzung des Körpers oder der Gesundheit zu entrichten, soweit sich die Verpflichtung auf die Zeit nach der Klageerhebung und auf das ihr vorausgehende letzte Vierteljahr bezieht;
9. Urteile nach §§ 861, 862 des Bürgerlichen Gesetzbuchs auf Wiedereinräumung des Besitzes oder auf Beseitigung oder Unterlassung einer Besitzstörung;
10. Urteile der Oberlandesgerichte in vermögensrechtlichen Streitigkeiten;
11. andere Urteile in vermögensrechtlichen Streitigkeiten, wenn der Gegenstand der Verurteilung in der Hauptsache eintausendzweihundertfünfzig Euro nicht übersteigt oder wenn nur die Entscheidung über die Kosten vollstreckbar ist und eine Vollstreckung im Wert von nicht mehr als eintausendfünfhundert Euro ermöglicht.

§ 708 ZPO
Vorläufige Vollstreckbarkeit ohne Sicherheitsleistung

Für vorläufig vollstreckbar ohne Sicherheitsleistung sind zu erklären:
1. Urteile, die auf Grund eines Anerkenntnisses oder eines Verzichts ergehen;
2. Versäumnisurteile und Urteile nach Lage der Akten gegen die säumige Partei gemäß § 331a;
3. Urteile, durch die gemäß § 341 der Einspruch als unzulässig verworfen wird;
4. Urteile, die im Urkunden-, Wechsel- oder Scheckprozess erlassen werden;
5. Urteile, die ein Vorbehaltsurteil, das im Urkunden-, Wechsel- oder Scheckprozess erlassen wurde, für vorbehaltlos erklären;
6. Urteile, durch die Arreste oder einstweilige Verfügungen abgelehnt oder aufgehoben werden;
7. Urteile in Streitigkeiten zwischen dem Vermieter und dem Mieter oder Untermieter von Wohnräumen oder anderen Räumen oder zwischen dem Mieter und dem Untermieter solcher Räume wegen Überlassung, Benutzung oder Räumung, wegen Fortsetzung des Mietverhältnisses über Wohnraum auf Grund der §§ 574 bis 574b des Bürgerlichen Gesetzbuchs sowie wegen Zurückhaltung der von dem Mieter oder dem Untermieter in die Mieträume eingebrachten Sachen;
8. Urteile, die die Verpflichtung aussprechen, Unterhalt, Renten wegen Entziehung einer Unterhaltsforderung oder Renten wegen einer Verletzung des Körpers oder der Gesundheit zu entrichten, soweit sich die Verpflichtung auf die Zeit nach der Klageerhebung und auf das ihr vorausgehende letzte Vierteljahr bezieht;
9. Urteile nach §§ 861, 862 des Bürgerlichen Gesetzbuchs auf Wiedereinräumung des Besitzes oder auf Beseitigung oder Unterlassung einer Besitzstörung;
10. ~~Urteile der Berufsurteile der Oberlandesgerichte~~ in vermögensrechtlichen Streitigkeiten;
11. andere Urteile in vermögensrechtlichen Streitigkeiten, wenn der Gegenstand der Verurteilung in der Hauptsache eintausendzweihundertfünfzig Euro nicht übersteigt oder wenn nur die Entscheidung über die Kosten vollstreckbar ist und eine Vollstreckung im Wert von nicht mehr als eintausendfünfhundert Euro ermöglicht.

Bisherige Rechtslage	**Neue Rechtslage**

§ 717 ZPO
Wirkungen eines aufhebenden oder abändernden Urteils

(1) Die vorläufige Vollstreckbarkeit tritt mit der Verkündung eines Urteils, das die Entscheidung in der Hauptsache oder die Vollstreckbarkeitserklärung aufhebt oder abändert, insoweit außer Kraft, als die Aufhebung oder Abänderung ergeht.
(2) Wird ein für vorläufig vollstreckbar erklärtes Urteil aufgehoben oder abgeändert, so ist der Kläger zum Ersatz des Schadens verpflichtet, der dem Beklagten durch die Vollstreckung des Urteils oder durch eine zur Abwendung der Vollstreckung gemachte Leistung entstanden ist. Der Beklagte kann den Anspruch auf Schadensersatz in dem anhängigen Rechtsstreit geltend machen; wird der Anspruch geltend gemacht, so ist er als zur Zeit der Zahlung oder Leistung rechtshängig geworden anzusehen.
(3) Die Vorschriften des Absatzes 2 sind auf die im § 708 Nr. 10 bezeichneten Urteile der Oberlandesgerichte, mit Ausnahme der Versäumnisurteile, nicht anzuwenden. Soweit ein solches Urteil aufgehoben oder abgeändert wird, ist der Kläger auf Antrag des Beklagten zur Erstattung des von diesem auf Grund des Urteils Gezahlten oder Geleisteten zu verurteilen. Die Erstattungspflicht des Klägers bestimmt sich nach den Vorschriften über die Herausgabe einer ungerechtfertigten Bereicherung. Wird der Antrag gestellt, so ist der Anspruch auf Erstattung als zur Zeit der Zahlung oder Leistung rechtshängig geworden anzusehen; die mit der Rechtshängigkeit nach den Vorschriften des bürgerlichen Rechts verbundenen Wirkungen treten mit der Zahlung oder Leistung auch dann ein, wenn der Antrag nicht gestellt wird.

§ 915 ZPO
Schuldnerverzeichnis

(1) Das Vollstreckungsgericht führt ein Verzeichnis der Personen, die in einem bei ihm anhängigen Verfahren die eidesstattliche Versicherung nach § 807 abgegeben haben oder gegen die nach § 901 die Haft angeordnet ist. In dieses Schuldnerverzeichnis sind auch die Personen aufzunehmen, die eine eidesstattliche Versicherung nach § 284 der Abgabenordnung abgegeben haben. Die Vollstreckung einer Haft ist in dem Verzeichnis zu vermerken, wenn sie sechs Monate gedauert hat. Geburtsdaten der Personen sind, soweit bekannt, einzutragen.

(2) Wer die eidesstattliche Versicherung vor dem Gerichtsvollzieher eines anderen Amtsgerichts abgegeben hat, wird auch in das Verzeichnis dieses Gerichts eingetragen, wenn er im Zeitpunkt der Versicherung in dessen Bezirk seinen Wohnsitz hatte.
(3) Personenbezogene Informationen aus dem Schuldnerverzeichnis dürfen nur für Zwecke der Zwangsvollstreckung verwendet werden, sowie um gesetzliche Pflichten zur Prüfung der wirtschaftlichen Zuverlässigkeit zu erfüllen, um Voraussetzungen für die Gewährung von öffentlichen Leistungen zu prüfen oder um wirtschaftliche Nachteile abzuwenden, die daraus entstehen können, dass Schuldner ihren Zahlungsverpflichtungen nicht nachkommen, oder soweit dies zur Verfolgung von Straftaten erforderlich ist. Die Informationen dürfen nur für den Zweck verwendet werden, für den sie übermittelt worden sind. Nicht-öffentliche Stellen sind darauf bei der Übermittlung hinzuweisen.

---

§ 717 ZPO
Wirkungen eines aufhebenden oder abändernden Urteils

(1) Die vorläufige Vollstreckbarkeit tritt mit der Verkündung eines Urteils, das die Entscheidung in der Hauptsache oder die Vollstreckbarkeitserklärung aufhebt oder abändert, insoweit außer Kraft, als die Aufhebung oder Abänderung ergeht.
(2) Wird ein für vorläufig vollstreckbar erklärtes Urteil aufgehoben oder abgeändert, so ist der Kläger zum Ersatz des Schadens verpflichtet, der dem Beklagten durch die Vollstreckung des Urteils oder durch eine zur Abwendung der Vollstreckung gemachte Leistung entstanden ist. Der Beklagte kann den Anspruch auf Schadensersatz in dem anhängigen Rechtsstreit geltend machen; wird der Anspruch geltend gemacht, so ist er als zur Zeit der Zahlung oder Leistung rechtshängig geworden anzusehen.
(3) Die Vorschriften des Absatzes 2 sind auf die im § 708 Nr. 10 bezeichneten ~~Urteile der Oberlandesgerichte~~ **Berufungsurteile**, mit Ausnahme der Versäumnisurteile, nicht anzuwenden. Soweit ein solches Urteil aufgehoben oder abgeändert wird, ist der Kläger auf Antrag des Beklagten zur Erstattung des von diesem auf Grund des Urteils Gezahlten oder Geleisteten zu verurteilen. Die Erstattungspflicht des Klägers bestimmt sich nach den Vorschriften über die Herausgabe einer ungerechtfertigten Bereicherung. Wird der Antrag gestellt, so ist der Anspruch auf Erstattung als zur Zeit der Zahlung oder Leistung rechtshängig geworden anzusehen; die mit der Rechtshängigkeit nach den Vorschriften des bürgerlichen Rechts verbundenen Wirkungen treten mit der Zahlung oder Leistung auch dann ein, wenn der Antrag nicht gestellt wird.

§ 915 ZPO
Schuldnerverzeichnis

(1) Das Vollstreckungsgericht führt ein Verzeichnis der Personen, die in einem bei ihm anhängigen Verfahren die eidesstattliche Versicherung nach § 807 abgegeben haben oder gegen die nach § 901 die Haft angeordnet ist. In dieses Schuldnerverzeichnis sind auch die Personen aufzunehmen, die eine eidesstattliche Versicherung nach § 284 der Abgabenordnung **oder vor einer Verwaltungsvollstreckungsbehörde** abgegeben haben. Die Vollstreckung einer Haft ist in dem Verzeichnis zu vermerken, wenn sie sechs Monate gedauert hat. Geburtsdaten der Personen sind, soweit bekannt, einzutragen.
(2) Wer die eidesstattliche Versicherung vor dem Gerichtsvollzieher eines anderen Amtsgerichts abgegeben hat, wird auch in das Verzeichnis dieses Gerichts eingetragen, wenn er im Zeitpunkt der Versicherung in dessen Bezirk seinen Wohnsitz hatte.
(3) Personenbezogene Informationen aus dem Schuldnerverzeichnis dürfen nur für Zwecke der Zwangsvollstreckung verwendet werden, sowie um gesetzliche Pflichten zur Prüfung der wirtschaftlichen Zuverlässigkeit zu erfüllen, um Voraussetzungen für die Gewährung von öffentlichen Leistungen zu prüfen oder um wirtschaftliche Nachteile abzuwenden, die daraus entstehen können, dass Schuldner ihren Zahlungsverpflichtungen nicht nachkommen, oder soweit dies zur Verfolgung von Straftaten erforderlich ist. Die Informationen dürfen nur für den Zweck verwendet werden, für den sie übermittelt worden sind. Nicht-öffentliche Stellen sind darauf bei der Übermittlung hinzuweisen.

Bisherige Rechtslage	Neue Rechtslage

Gesetz betreffend die Einführung der Zivilprozessordnung

vom 30. Januar 1877 (RGBl. 1877 S. 244), zuletzt geändert durch Verordnung zur Ersetzung von Zinssätzen vom 5. April 2002 (BGBl. I S. 1250)

Gesetz betreffend die Einführung der Zivilprozessordnung

in der Fassung der Bundestagsdrucksache 15/3482 vom 30. Juni 2004

§ 26 EGZPO

Für das Gesetz zur Reform des Zivilprozesses vom 27. Juli 2001 gelten folgende Übergangsvorschriften:

1. § 78 der Zivilprozessordnung ist in Berufungen und Beschwerden gegen Entscheidungen der Amtsgerichte, die vor dem 1. Januar 2008 eingelegt werden und nicht familiengerichtliche Entscheidungen zum Gegenstand haben, mit der Maßgabe anzuwenden, dass ein bei einem Landgericht zugelassener Rechtsanwalt bei dem Oberlandesgericht als zugelassen gilt.
2. Für am 1. Januar 2002 anhängige Verfahren finden die §§ 23, 105 Abs. 3 des Gerichtsverfassungsgesetzes und § 92 Abs. 2, §§ 128, 269 Abs. 3, §§ 278, 313a, 495a der Zivilprozessordnung sowie die Vorschriften über das Verfahren im ersten Rechtszug vor dem Einzelrichter in der am 31. Dezember 2001 geltenden Fassung weiter Anwendung. Für das Ordnungsgeld gilt § 178 des Gerichtsverfassungsgesetzes in der am 31. Dezember 2001 geltenden Fassung, wenn der Beschluss, der es festsetzt, vor dem 1. Januar 2002 verkündet oder, soweit eine Verkündung nicht stattgefunden hat, der Geschäftsstelle übergeben worden ist.
3. Das Bundesministerium der Justiz gibt die nach § 115 Abs. 3 Nr. 2 Satz 1 vom Einkommen abzusetzenden Beträge für die Zeit vom 1. Januar 2002 bis zum 30. Juni 2002 neu bekannt. Die Prozesskostenhilfebekanntmachung 2001 ist insoweit nicht mehr anzuwenden.
4. Ist die Prozesskostenhilfe vor dem 1. Januar 2002 bewilligt worden, gilt § 115 Abs. 1 Satz 4 der Zivilprozessordnung für den Rechtszug in der im Zeitpunkt der Bewilligung geltenden Fassung weiter.
5. Für die Berufung gelten die am 31. Dezember 2001 geltenden Vorschriften weiter, wenn die mündliche Verhandlung, auf die das anzufechtende Urteil ergeht, vor dem 1. Januar 2002 geschlossen worden ist. In schriftlichen Verfahren tritt an die Stelle des Schlusses der mündlichen Verhandlung der Zeitpunkt, bis zu dem Schriftsätze eingereicht werden können.
6. § 541 der Zivilprozessordnung in der am 31. Dezember 2001 geltenden Fassung ist nur noch anzuwenden, soweit nach Nummer 5 Satz 1 über die Berufung nach den bisherigen Vorschriften zu entscheiden ist, am 1. Januar 2002 Rechtsfragen zur Vorabentscheidung dem übergeordneten Oberlandesgericht oder dem Bundesgerichtshof vorliegen oder nach diesem Zeitpunkt noch vorzulegen sind.
7. Für die Revision gelten die am 31. Dezember 2001 geltenden Vorschriften weiter, wenn die mündliche Verhandlung auf die das anzufechtende Urteil ergeht, vor dem 1. Januar 2002 geschlossen worden ist. In schriftlichen Verfahren tritt an die Stelle des Schlusses der mündlichen Verhandlung der Zeitpunkt, bis zu dem Schriftsätze eingereicht werden können.
8. § 544 der Zivilprozessordnung in der Fassung des Gesetzes zur Reform des Zivilprozesses vom 27. Juli 2001 (BGBl. I S. 1887) ist bis einschließlich 31. Dezember 2006 mit der Maßgabe anzuwenden, dass die Beschwerde gegen die Nichtzulassung der Revision durch das Berufungsgericht nur zulässig ist, wenn der Wert der mit der Revision geltend zu machenden Beschwer zwanzigtausend Euro übersteigt.

§ 26 EGZPO

Für das Gesetz zur Reform des Zivilprozesses vom 27. Juli 2001 gelten folgende Übergangsvorschriften:

1. § 78 der Zivilprozessordnung ist in Berufungen und Beschwerden gegen Entscheidungen der Amtsgerichte, die vor dem 1. Januar 2008 eingelegt werden und nicht familiengerichtliche Entscheidungen zum Gegenstand haben, mit der Maßgabe anzuwenden, dass ein bei einem Landgericht zugelassener Rechtsanwalt bei dem Oberlandesgericht als zugelassen gilt.
2. Für am 1. Januar 2002 anhängige Verfahren finden die §§ 23, 105 Abs. 3 des Gerichtsverfassungsgesetzes und § 92 Abs. 2, §§ 128, 269 Abs. 3, §§ 278, 313a, 495a der Zivilprozessordnung sowie die Vorschriften über das Verfahren im ersten Rechtszug vor dem Einzelrichter in der am 31. Dezember 2001 geltenden Fassung weiter Anwendung. Für das Ordnungsgeld gilt § 178 des Gerichtsverfassungsgesetzes in der am 31. Dezember 2001 geltenden Fassung, wenn der Beschluss, der es festsetzt, vor dem 1. Januar 2002 verkündet oder, soweit eine Verkündung nicht stattgefunden hat, der Geschäftsstelle übergeben worden ist.
3. Das Bundesministerium der Justiz gibt die nach § 115 Abs. 3 Nr. 2 Satz 1 vom Einkommen abzusetzenden Beträge für die Zeit vom 1. Januar 2002 bis zum 30. Juni 2002 neu bekannt. Die Prozesskostenhilfebekanntmachung 2001 ist insoweit nicht mehr anzuwenden.
4. Ist die Prozesskostenhilfe vor dem 1. Januar 2002 bewilligt worden, gilt § 115 Abs. 1 Satz 4 der Zivilprozessordnung für den Rechtszug in der im Zeitpunkt der Bewilligung geltenden Fassung weiter.
5. Für die Berufung gelten die am 31. Dezember 2001 geltenden Vorschriften weiter, wenn die mündliche Verhandlung, auf die das anzufechtende Urteil ergeht, vor dem 1. Januar 2002 geschlossen worden ist. In schriftlichen Verfahren tritt an die Stelle des Schlusses der mündlichen Verhandlung der Zeitpunkt, bis zu dem Schriftsätze eingereicht werden können.
6. § 541 der Zivilprozessordnung in der am 31. Dezember 2001 geltenden Fassung ist nur noch anzuwenden, soweit nach Nummer 5 Satz 1 über die Berufung nach den bisherigen Vorschriften zu entscheiden ist, am 1. Januar 2002 Rechtsfragen zur Vorabentscheidung dem übergeordneten Oberlandesgericht oder dem Bundesgerichtshof vorliegen oder nach diesem Zeitpunkt noch vorzulegen sind.
7. Für die Revision gelten die am 31. Dezember 2001 geltenden Vorschriften weiter, wenn die mündliche Verhandlung auf die das anzufechtende Urteil ergeht, vor dem 1. Januar 2002 geschlossen worden ist. In schriftlichen Verfahren tritt an die Stelle des Schlusses der mündlichen Verhandlung der Zeitpunkt, bis zu dem Schriftsätze eingereicht werden können.
8. § 544 der Zivilprozessordnung in der Fassung des Gesetzes zur Reform des Zivilprozesses vom 27. Juli 2001 (BGBl. I S. 1887) ist bis einschließlich 31. Dezember 2006 mit der Maßgabe anzuwenden, dass die Beschwerde gegen die Nichtzulassung der Revision durch das Berufungsgericht nur zulässig ist, wenn der Wert der mit der Revision geltend zu machenden Beschwer zwanzigtausend Euro übersteigt. **Dies gilt nicht, wenn das Berufungsgericht die Berufung verworfen hat.**

9. In Familiensachen finden die Bestimmungen über die Nichtzulassungsbeschwerde (§ 543 Abs. 1 Nr. 2, §§ 544, 621e Abs. 2 Satz 1 Nr. 2 der Zivilprozessordnung in der Fassung des Gesetzes zur Reform des Zivilprozesses vom 27. Juli 2001, BGBl. I S. 1887) keine Anwendung, soweit die anzufechtende Entscheidung vor dem 1. Januar 2007 verkündet oder einem Beteiligten zugestellt oder sonst bekannt gemacht worden ist.

10. Für Beschwerden und für die Erinnerung finden die am 31. Dezember 2001 geltenden Vorschriften weiter Anwendung, wenn die anzufechtende Entscheidung vor dem 1. Januar 2002 verkündet oder, soweit eine Verkündung nicht stattgefunden hat, der Geschäftsstelle übergeben worden ist.

11. Soweit nach den Nummern 2 bis 5, 7 und 9 in der vor dem 1. Januar 2002 geltenden Fassung Vorschriften weiter anzuwenden sind, die auf Geldbeträge in Deutscher Mark Bezug nehmen, sind diese Vorschriften vom 1. Januar 2002 an mit der Maßgabe anzuwenden, dass die Beträge nach dem Umrechnungskurs 1 Euro = 1,95583 Deutsche Mark und den Rundungsregeln der Verordnung (EG) Nr. 1103/97 des Rates vom 17. Juni 1997 über bestimmte Vorschriften im Zusammenhang mit der Einführung des Euro (ABl. EG Nr. L 162 S. 1) in die Euro-Einheit umgerechnet werden.

---

9. In Familiensachen finden die Bestimmungen über die Nichtzulassungsbeschwerde (§ 543 Abs. 1 Nr. 2, §§ 544, 621e Abs. 2 Satz 1 Nr. 2 der Zivilprozessordnung in der Fassung des Gesetzes zur Reform des Zivilprozesses vom 27. Juli 2001, BGBl. I S. 1887) keine Anwendung, soweit die anzufechtende Entscheidung vor dem 1. Januar 2007 verkündet oder einem Beteiligten zugestellt oder sonst bekannt gemacht worden ist. **Dies gilt nicht, wenn das Berufungsgericht die Berufung verworfen hat.**

10. Für Beschwerden und für die Erinnerung finden die am 31. Dezember 2001 geltenden Vorschriften weiter Anwendung, wenn die anzufechtende Entscheidung vor dem 1. Januar 2002 verkündet oder, soweit eine Verkündung nicht stattgefunden hat, der Geschäftsstelle übergeben worden ist.

11. Soweit nach den Nummern 2 bis 5, 7 und 9 in der vor dem 1. Januar 2002 geltenden Fassung Vorschriften weiter anzuwenden sind, die auf Geldbeträge in Deutscher Mark Bezug nehmen, sind diese Vorschriften vom 1. Januar 2002 an mit der Maßgabe anzuwenden, dass die Beträge nach dem Umrechnungskurs 1 Euro = 1,95583 Deutsche Mark und den Rundungsregeln der Verordnung (EG) Nr. 1103/97 des Rates vom 17. Juni 1997 über bestimmte Vorschriften im Zusammenhang mit der Einführung des Euro (ABl. EG Nr. L 162 S. 1) in die Euro-Einheit umgerechnet werden.

§ 29 EGZPO

Für das Erste Gesetz zur Modernisierung der Justiz vom ... gelten folgende Übergangsvorschriften:
1. Auf Verfahren, die am ... (Datum des Inkrafttretens) anhängig sind, findet § 91a der Zivilprozessordnung in der vor dem ... (Datum des Inkrafttretens) geltenden Fassung Anwendung.
2. § 91 in der seit dem ... (Datum des Inkrafttretens) geltenden Fassung ist auch auf Verfahren anzuwenden, die zu diesem Zeitpunkt anhängig oder rechtskräftig abgeschlossen worden sind; einer Kostenrückfestsetzung steht nicht entgegen, dass sie vor dem ... (Datum des Inkrafttretens) abgelehnt worden ist. Haben die Parteien etwas anderes vereinbart, bleibt es dabei.
3. Auf Verfahren, die am ... (Datum des Inkrafttretens) anhängig sind, findet § 411a der Zivilprozessordnung keine Anwendung.

Strafprozeßordnung

in der Neufassung vom 7. April 1987 BGBl. I S. 1074, zuletzt geändert durch Gesetz zur Steuerung und Begrenzung der Zuwanderung und zur Regelung des Aufenthalts und der Integration von Unionsbürgern und Ausländern (Zuwanderungsgesetz) vom 30. Juli 2004 (BGBl. I S. 1950)

§ 40 StPO
Öffentliche Zustellungen

(1) Kann eine Zustellung an einen Beschuldigten, dem eine Ladung zur Hauptverhandlung noch nicht zugestellt war, nicht in der vorgeschriebenen Weise im Inland bewirkt werden, und erscheint die Befolgung der für Zustellungen im Ausland bestehenden Vorschriften unausführbar oder voraussichtlich erfolglos, so gilt die Zustellung als erfolgt, wenn der Inhalt des zuzustellenden Schriftstücks durch ein deutsches oder ausländisches Blatt bekanntgemacht worden ist und seit dem Erscheinen dieses Blattes zwei Wochen verflossen sind oder wenn das zuzustellende Schriftstück zwei Wochen an der Gerichtstafel des Gerichts des ersten Rechtszuges angeheftet gewesen ist. Die Auswahl des Blattes steht dem die Zustellung veranlassenden Beamten zu.

Strafprozeßordnung

in der Fassung der Bundestagsdrucksache 15/3482 vom 30. Juni 2004

§ 40 StPO

(1) Kann eine Zustellung an einen Beschuldigten, dem eine Ladung zur Hauptverhandlung noch nicht zugestellt war, nicht in der vorgeschriebenen Weise im Inland bewirkt werden, und erscheint die Befolgung der für Zustellungen im Ausland bestehenden Vorschriften unausführbar oder voraussichtlich erfolglos, so ist die öffentliche Zustellung zulässig. Die Zustellung gilt als erfolgt, wenn seit dem Aushang der Benachrichtigung zwei Wochen vergangen sind.

Bisherige Rechtslage

(2) War die Ladung zur Hauptverhandlung dem Angeklagten schon vorher zugestellt, so gilt eine weitere Zustellung an ihn, wenn sie nicht in der vorgeschriebenen Weise im Inland bewirkt werden kann, als erfolgt, sobald das zuzustellende Schriftstück zwei Wochen an der Gerichtstafel des Gerichts des ersten Rechtszuges angeheftet gewesen ist. Von Urteilen und Beschlüssen wird nur der entscheidende Teil angeheftet.
(3) Die öffentliche Zustellung ist im Verfahren über eine vom Angeklagten eingelegte Berufung bereits zulässig, wenn eine Zustellung nicht unter einer Anschrift möglich ist, unter der letztmals zugestellt wurde oder die der Angeklagte zuletzt angegeben hat.

§ 57 StPO
Zeugenbelehrung

Vor der Vernehmung sind die Zeugen zur Wahrheit zu ermahnen und darauf hinzuweisen, daß sie ihre Aussage zu beeidigen haben, wenn keine im Gesetz bestimmte oder zugelassene Ausnahme vorliegt. Hierbei sind sie über die Bedeutung des Eides, die Möglichkeit der Wahl zwischen dem Eid mit religiöser oder ohne religiöse Beteuerung sowie über die strafrechtlichen Folgen einer unrichtigen oder unvollständigen Aussage zu belehren.

§ 59 StPO
Vereidigung

Die Zeugen sind einzeln und nach ihrer Vernehmung zu vereidigen. Die Vereidigung erfolgt, soweit nichts anderes bestimmt ist, in der Hauptverhandlung.

§ 61 StPO
Nichtvereidigung nach Ermessen

Von der Vereidigung kann nach dem Ermessen des Gerichts abgesehen werden
1. bei Personen, die zur Zeit der Vernehmung das sechzehnte, aber noch nicht das achtzehnte Lebensjahr vollendet haben;
2. beim Verletzten sowie bei Personen, die im Sinne des § 52 Abs. 1 Angehörige des Verletzten oder des Beschuldigten sind;
3. wenn das Gericht der Aussage keine wesentliche Bedeutung beimißt und nach seiner Überzeugung auch unter Eid keine wesentliche Aussage zu erwarten ist;
4. bei Personen, die wegen Meineids (§§ 154, 155 des Strafgesetzbuches) verurteilt worden sind;
5. wenn die Staatsanwaltschaft, der Verteidiger und der Angeklagte auf die Vereidigung verzichten.

§ 62 StPO
Vereidigung im Privatklageverfahren

Im Privatklageverfahren werden Zeugen nur vereidigt, wenn es das Gericht wegen der ausschlaggebenden Bedeutung der Aussage oder zur Herbeiführung einer wahren Aussage für notwendig hält.

Neue Rechtslage

(2) War die Ladung zur Hauptverhandlung dem Angeklagten schon vorher zugestellt, dann ist die öffentliche Zustellung an ihn zulässig, wenn sie nicht in der vorgeschriebenen Weise im Inland bewirkt werden kann.

(3) Die öffentliche Zustellung ist im Verfahren über eine vom Angeklagten eingelegte Berufung bereits zulässig, wenn eine Zustellung nicht unter einer Anschrift möglich ist, unter der letztmals zugestellt wurde oder die der Angeklagte zuletzt angegeben hat.

§ 57 StPO

Vor der Vernehmung werden die Zeugen zur Wahrheit ermahnt, auf die Möglichkeit der Vereidigung hingewiesen und über die strafrechtlichen Folgen einer unrichtigen oder unvollständigen Aussage belehrt. Im Falle der Vereidigung sind sie über die Bedeutung des Eides sowie über die Möglichkeit der Wahl zwischen dem Eid mit religiöser oder ohne religiöse Beteuerung zu belehren.

§ 59 StPO

(1) Zeugen werden nur vereidigt, wenn es das Gericht wegen der ausschlaggebenden Bedeutung der Aussage oder zur Herbeiführung einer wahren Aussage nach seinem Ermessen für notwendig hält. Der Grund dafür, dass der Zeuge vereidigt wird, braucht im Protokoll nicht angegeben zu werden, es sei denn, der Zeuge wird außerhalb der Hauptverhandlung vernommen.
(2) Die Vereidigung der Zeugen erfolgt einzeln und nach ihrer Vernehmung. Soweit nichts anderes bestimmt ist, findet sie in der Hauptverhandlung statt.

§ 61 StPO

Die in § 52 Abs. 1 bezeichneten Angehörigen des Beschuldigten haben das Recht, die Beeidigung des Zeugnisses zu verweigern; darüber sind sie zu belehren.

§ 62 StPO

Im vorbereitenden Verfahren ist die Vereidigung zulässig, wenn
1. Gefahr im Verzug ist oder
2. der Zeuge voraussichtlich am Erscheinen in der Hauptverhandlung verhindert sein wird
und die Voraussetzungen des § 59 Abs. 1 vorliegen.

Bisherige Rechtslage	Neue Rechtslage

§ 63 StPO
Eidesverweigerungsrecht

Die in § 52 Abs. 1 bezeichneten Angehörigen des Beschuldigten haben das Recht, die Beeidigung des Zeugnisses zu verweigern; darüber sind sie zu belehren.

§ 63 StPO

Wird ein Zeuge durch einen beauftragten oder ersuchten Richter vernommen, muss die Vereidigung, soweit sie zulässig ist, erfolgen, wenn es in dem Auftrag oder in dem Ersuchen des Gerichts verlangt wird.

§ 64 StPO
Protokollierung bei Nichtvereidigung

Unterbleibt die Vereidigung eines Zeugen, so ist der Grund dafür im Protokoll anzugeben.

§ 64 StPO

(1) Der Eid mit religiöser Beteuerung wird in der Weise geleistet, dass der Richter an den Zeugen die Worte richtet:
„Sie schwören bei Gott dem Allmächtigen und Allwissenden, dass Sie nach bestem Wissen die reine Wahrheit gesagt und nichts verschwiegen haben" und der Zeuge hierauf die Worte spricht:
„Ich schwöre es, so wahr mir Gott helfe."
(2) Der Eid ohne religiöse Beteuerung wird in der Weise geleistet, dass der Richter an den Zeugen die Worte richtet: „Sie schwören, dass Sie nach bestem Wissen die reine Wahrheit gesagt und nichts verschwiegen haben" und der Zeuge hierauf die Worte spricht: „Ich schwöre es."
(3) Gibt ein Zeuge an, dass er als Mitglied einer Religions- oder Bekenntnisgemeinschaft eine Beteuerungsformel dieser Gemeinschaft verwenden wolle, so kann er diese dem Eid anfügen.
(4) Der Schwörende soll bei der Eidesleistung die rechte Hand erheben.

§ 65 StPO
Vereidigung im vorbereitenden Verfahren

Im vorbereitenden Verfahren ist die Vereidigung nur zulässig, wenn
1. Gefahr im Verzug ist,
2. der Eid als Mittel zur Herbeiführung einer wahren Aussage über einen für das weitere Verfahren erheblichen Punkt erforderlich erscheint oder
3. der Zeuge voraussichtlich am Erscheinen in der Hauptverhandlung verhindert sein wird.

§ 65 StPO

(1) Gibt ein Zeuge an, dass er aus Glaubens- oder Gewissensgründen keinen Eid leisten wolle, so hat er die Wahrheit der Aussage zu bekräftigen. Die Bekräftigung steht dem Eid gleich; hierauf ist der Zeuge hinzuweisen.

(2) Die Wahrheit der Aussage wird in der Weise bekräftigt, dass der Richter an den Zeugen die Worte richtet: „Sie bekräftigen im Bewusstsein Ihrer Verantwortung vor Gericht, dass Sie nach bestem Wissen die reine Wahrheit gesagt und nichts verschwiegen haben" und der Zeuge hierauf spricht: „Ja".
(3) § 64 Abs. 3 gilt entsprechend.

§ 66 StPO

(weggefallen)

§ 66 StPO

(1) Eine hör- oder sprachbehinderte Person leistet den Eid nach ihrer Wahl mittels Nachsprechens der Eidesformel, mittels Abschreibens und Unterschreibens der Eidesformel oder mit Hilfe einer die Verständigung ermöglichenden Person, die vom Gericht hinzuzuziehen ist. Das Gericht hat die geeigneten technischen Hilfsmittel bereit zu stellen. Die hör- oder sprachbehinderte Person ist auf ihr Wahlrecht hinzuweisen.
(2) Das Gericht kann eine schriftliche Eidesleistung verlangen oder die Hinzuziehung einer die Verständigung ermöglichenden Person anordnen, wenn die hör- oder sprachbehinderte Person von ihrem Wahlrecht nach Absatz 1 keinen Gebrauch gemacht hat oder eine Eidesleistung in der nach Absatz 1 gewählten Form nicht oder nur mit unverhältnismäßigem Aufwand möglich ist.
(3) Die §§ 64 und 65 gelten entsprechend.

Bisherige Rechtslage	**Neue Rechtslage**

§ 66a StPO
Vereidigung außerhalb der Hauptverhandlung

Wird ein Zeuge außerhalb der Hauptverhandlung vereidigt, so ist der Grund der Vereidigung im Protokoll anzugeben.

§ 66a StPO
(aufgehoben)

§ 66b StPO
Vereidigung bei kommissarischer Vernehmung

(1) Wird ein Zeuge durch einen beauftragten oder ersuchten Richter vernommen, so entscheidet zunächst dieser über die Vereidigung.
(2) Die Vereidigung muß, soweit sie zulässig ist, erfolgen, wenn es in dem Auftrag oder in dem Ersuchen des Gerichts verlangt wird. Der vernehmende Richter kann die Vereidigung aussetzen und einer neuen Entschließung des beauftragenden oder ersuchenden Gerichts vorbehalten, wenn bei der Vernehmung Tatsachen hervortreten, die zu uneidlicher Vernehmung berechtigen würden. Diese Tatsachen sind in das Protokoll aufzunehmen.
(3) Die Vereidigung darf nicht erfolgen, wenn die uneidliche Vernehmung verlangt wird.

§ 66b StPO
(aufgehoben)

§ 66c StPO
Eidesformel

(1) Der Eid mit religiöser Beteuerung wird in der Weise geleistet, daß der Richter an den Zeugen die Worte richtet: „Sie schwören bei Gott dem Allmächtigen und Allwissenden, daß Sie nach bestem Wissen die reine Wahrheit gesagt und nichts verschwiegen haben" und der Zeuge hierauf die Worte spricht: „Ich schwöre es, so wahr mir Gott helfe."
(2) Der Eid ohne religiöse Beteuerung wird in der Weise geleistet, daß der Richter an den Zeugen die Worte richtet: „Sie schwören, daß Sie nach bestem Wissen die reine Wahrheit gesagt und nichts verschwiegen haben" und der Zeuge hierauf die Worte spricht: „Ich schwöre es."
(3) Gibt ein Zeuge an, daß er als Mitglied einer Religions- oder Bekenntnisgemeinschaft eine Beteuerungsformel dieser Gemeinschaft verwenden wolle, so kann er diese dem Eid anfügen.
(4) Der Schwörende soll bei der Eidesleistung die rechte Hand erheben.

§ 66c StPO
(aufgehoben)

§ 66d StPO
Eidesgleiche Bekräftigung

(1) Gibt ein Zeuge an, daß er aus Glaubens- oder Gewissensgründen keinen Eid leisten wolle, so hat er die Wahrheit der Aussage zu bekräftigen. Die Bekräftigung steht dem Eid gleich; hierauf ist der Zeuge hinzuweisen.
(2) Die Wahrheit der Aussage wird in der Weise bekräftigt, daß der Richter an den Zeugen die Worte richtet: „Sie bekräftigen im Bewußtsein Ihrer Verantwortung vor Gericht, daß Sie nach bestem Wissen die reine Wahrheit gesagt und nichts verschwiegen haben" und der Zeuge hierauf spricht: „Ja."
(3) § 66c Abs. 3 gilt entsprechend.

§ 66d StPO
(aufgehoben)

§ 66e StPO
Vereidigung Stummer

(1) Stumme leisten den Eid in der Weise, daß sie die Worte: „Ich schwöre bei Gott dem Allmächtigen und Allwissenden, daß ich nach bestem Wissen die reine Wahrheit bekundet und nichts verschwiegen habe" niederschreiben und unterschreiben. Stumme, die nicht schreiben können, leisten den Eid mit Hilfe eines Dolmetschers durch Zeichen.
(2) § 66c Abs. 2, 3 und § 66 d gelten entsprechend.

§ 66e StPO
(aufgehoben)

§ 68a StPO
Entehrende Tatsachen und Vorstrafen

(1) Fragen nach Tatsachen, die dem Zeugen oder einer Person, die im Sinne des § 52 Abs. 1 sein Angehöriger ist, zur Unehre gereichen können oder deren persönlichen Lebensbereich betreffen, sollen nur gestellt werden, wenn es unerläßlich ist.
(2) Der Zeuge soll nach Vorstrafen nur gefragt werden, wenn ihre Feststellung notwendig ist, um über das Vorliegen der Voraussetzungen des § 60 Nr. 2 oder des § 61 Nr. 4 zu entscheiden oder um seine Glaubwürdigkeit zu beurteilen.

§ 79 StPO
Sachverständigeneid

(1) Der Sachverständige kann nach dem Ermessen des Gerichts vereidigt werden. Auf Antrag der Staatsanwaltschaft, des Angeklagten oder des Verteidigers ist er zu vereidigen.
(2) Der Eid ist nach Erstattung des Gutachtens zu leisten; er geht dahin, daß der Sachverständige das Gutachten unparteiisch und nach bestem Wissen und Gewissen erstattet habe.
(3) Ist der Sachverständige für die Erstattung von Gutachten der betreffenden Art im allgemeinen vereidigt, so genügt die Berufung auf den geleisteten Eid.

§ 98 StPO
Anordnung der Beschlagnahme

(1) Beschlagnahmen dürfen nur durch den Richter, bei Gefahr im Verzug auch durch die Staatsanwaltschaft und ihre Hilfsbeamten (§ 152 des Gerichtsverfassungsgesetzes) angeordnet werden. Die Beschlagnahme nach § 97 Abs. 5 Satz 2 in den Räumen einer Redaktion, eines Verlages, einer Druckerei oder einer Rundfunkanstalt darf nur durch den Richter angeordnet werden.
(2) Der Beamte, der einen Gegenstand ohne richterliche Anordnung beschlagnahmt hat, soll binnen drei Tagen die richterliche Bestätigung beantragen, wenn bei der Beschlagnahme weder der davon Betroffene noch ein erwachsener Angehöriger anwesend war oder wenn der Betroffene und im Falle seiner Abwesenheit ein erwachsener Angehöriger des Betroffenen gegen die Beschlagnahme ausdrücklichen Widerspruch erhoben hat. Der Betroffene kann jederzeit die richterliche Entscheidung beantragen. Solange die öffentliche Klage noch nicht erhoben ist, entscheidet das Amtsgericht, in dessen Bezirk die Beschlagnahme stattgefunden hat. Hat bereits eine Beschlagnahme, Postbeschlagnahme oder Durchsuchung in einem anderen Bezirk stattgefunden, so entscheidet das Amtsgericht, in dessen Bezirk die Staatsanwaltschaft ihren Sitz hat, die das Ermittlungsverfahren führt. Der Betroffene kann den Antrag auch in diesem Fall bei dem Amtsgericht einreichen, in dessen Bezirk die Beschlagnahme stattgefunden hat. Ist dieses Amtsgericht nach Satz 4 unzuständig, so leitet der Richter den Antrag dem zuständigen Amtsgericht zu. Der Betroffene ist über seine Rechte zu belehren.
(3) Ist nach erhobener öffentlicher Klage die Beschlagnahme durch die Staatsanwaltschaft oder einen ihrer Hilfsbeamten erfolgt, so ist binnen drei Tagen dem Richter von der Beschlagnahme Anzeige zu machen; die beschlagnahmten Gegenstände sind ihm zur Verfügung zu stellen.

(4) Wird eine Beschlagnahme in einem Dienstgebäude oder einer nicht allgemein zugänglichen Einrichtung oder Anlage der Bundeswehr erforderlich, so wird die vorgesetzte Dienststelle der Bundeswehr um ihre Durchführung ersucht. Die ersuchende Stelle ist zur Mitwirkung berechtigt. Des Ersuchens bedarf es nicht, wenn die Beschlagnahme in Räumen vorzunehmen ist, die ausschließlich von anderen Personen als Soldaten bewohnt werden.

§ 68a StPO
Entehrende Tatsachen und Vorstrafen

(1) Fragen nach Tatsachen, die dem Zeugen oder einer Person, die im Sinne des § 52 Abs. 1 sein Angehöriger ist, zur Unehre gereichen können oder deren persönlichen Lebensbereich betreffen, sollen nur gestellt werden, wenn es unerläßlich ist.
(2) Der Zeuge soll nach Vorstrafen nur gefragt werden, wenn ihre Feststellung notwendig ist, um über das Vorliegen der Voraussetzungen des § 60 Nr. 2 ~~oder des § 61 Nr. 4~~ zu entscheiden oder um seine Glaubwürdigkeit zu beurteilen.

§ 79 StPO
Sachverständigeneid

(1) Der Sachverständige kann nach dem Ermessen des Gerichts vereidigt werden. ~~Auf Antrag der Staatsanwaltschaft, des Angeklagten oder des Verteidigers ist er zu vereidigen.~~
(2) Der Eid ist nach Erstattung des Gutachtens zu leisten; er geht dahin, daß der Sachverständige das Gutachten unparteiisch und nach bestem Wissen und Gewissen erstattet habe.
(3) Ist der Sachverständige für die Erstattung von Gutachten der betreffenden Art im allgemeinen vereidigt, so genügt die Berufung auf den geleisteten Eid.

§ 98 StPO
Anordnung der Beschlagnahme

(1) Beschlagnahmen dürfen nur durch den Richter, bei Gefahr im Verzug auch durch die Staatsanwaltschaft und ihre ~~Hilfsbeamten~~ **Ermittlungspersonen** (§ 152 des Gerichtsverfassungsgesetzes) angeordnet werden. Die Beschlagnahme nach § 97 Abs. 5 Satz 2 in den Räumen einer Redaktion, eines Verlages, einer Druckerei oder einer Rundfunkanstalt darf nur durch den Richter angeordnet werden.
(2) Der Beamte, der einen Gegenstand ohne richterliche Anordnung beschlagnahmt hat, soll binnen drei Tagen die richterliche Bestätigung beantragen, wenn bei der Beschlagnahme weder der davon Betroffene noch ein erwachsener Angehöriger anwesend war oder wenn der Betroffene und im Falle seiner Abwesenheit ein erwachsener Angehöriger des Betroffenen gegen die Beschlagnahme ausdrücklichen Widerspruch erhoben hat. Der Betroffene kann jederzeit die richterliche Entscheidung beantragen. Solange die öffentliche Klage noch nicht erhoben ist, entscheidet das Amtsgericht, in dessen Bezirk die Beschlagnahme stattgefunden hat. Hat bereits eine Beschlagnahme, Postbeschlagnahme oder Durchsuchung in einem anderen Bezirk stattgefunden, so entscheidet das Amtsgericht, in dessen Bezirk die Staatsanwaltschaft ihren Sitz hat, die das Ermittlungsverfahren führt. Der Betroffene kann den Antrag auch in diesem Fall bei dem Amtsgericht einreichen, in dessen Bezirk die Beschlagnahme stattgefunden hat. Ist dieses Amtsgericht nach Satz 4 unzuständig, so leitet der Richter den Antrag dem zuständigen Amtsgericht zu. Der Betroffene ist über seine Rechte zu belehren.
(3) Ist nach erhobener öffentlicher Klage die Beschlagnahme durch die Staatsanwaltschaft oder ~~einen ihrer Hilfsbeamten~~ **eine ihrer Ermittlungspersonen** erfolgt, so ist binnen drei Tagen dem Richter von der Beschlagnahme Anzeige zu machen; die beschlagnahmten Gegenstände sind ihm zur Verfügung zu stellen.
(4) Wird eine Beschlagnahme in einem Dienstgebäude oder einer nicht allgemein zugänglichen Einrichtung oder Anlage der Bundeswehr erforderlich, so wird die vorgesetzte Dienststelle der Bundeswehr um ihre Durchführung ersucht. Die ersuchende Stelle ist zur Mitwirkung berechtigt. Des Ersuchens bedarf es nicht, wenn die Beschlagnahme in Räumen vorzunehmen ist, die ausschließlich von anderen Personen als Soldaten bewohnt werden

Bisherige Rechtslage | **Neue Rechtslage**

§ 110 StPO
Durchsicht von Papieren

(1) Die Durchsicht der Papiere des von der Durchsuchung Betroffenen steht der Staatsanwaltschaft zu.

(2) Andere Beamte sind zur Durchsicht der aufgefundenen Papiere nur dann befugt, wenn der Inhaber die Durchsicht genehmigt. Andernfalls haben sie die Papiere, deren Durchsicht sie für geboten erachten, in einem Umschlag, der in Gegenwart des Inhabers mit dem Amtssiegel zu verschließen ist, an die Staatsanwaltschaft abzuliefern.
(3) Dem Inhaber der Papiere oder dessen Vertreter ist die Beidrückung seines Siegels gestattet; auch ist er, falls demnächst die Entsiegelung und Durchsicht der Papiere angeordnet wird, wenn möglich, zur Teilnahme aufzufordern.

§ 110 StPO
Durchsicht von Papieren

(1) Die Durchsicht der Papiere des von der Durchsuchung Betroffenen steht der Staatsanwaltschaft **und auf deren Anordnung ihren Ermittlungspersonen (§ 152 des Gerichtsverfassungsgesetzes)** zu.
(2) **Im Übrigen sind Beamte** zur Durchsicht der aufgefundenen Papiere nur dann befugt, wenn der Inhaber die Durchsicht genehmigt. Andernfalls haben sie die Papiere, deren Durchsicht sie für geboten erachten, in einem Umschlag, der in Gegenwart des Inhabers mit dem Amtssiegel zu verschließen ist, an die Staatsanwaltschaft abzuliefern.
(3) **(aufgehoben)**

§ 138 StPO
Als Verteidiger geeignete Personen

(1) Zu Verteidigern können die bei einem deutschen Gericht zugelassenen Rechtsanwälte sowie die Rechtslehrer an deutschen Hochschulen gewählt werden.

(2) Andere Personen können nur mit Genehmigung des Gerichts und, wenn der Fall einer notwendigen Verteidigung vorliegt und der Gewählte nicht zu den Personen gehört, die zu Verteidigern bestellt werden dürfen, nur in Gemeinschaft mit einer solchen als Wahlverteidiger zugelassen werden.

§ 138 StPO
Als Verteidiger geeignete Personen

(1) Zu Verteidigern können die bei einem deutschen Gericht zugelassenen Rechtsanwälte sowie die Rechtslehrer an deutschen Hochschulen **im Sinne des Hochschulrahmengesetzes mit Befähigung zum Richteramt** gewählt werden.
(2) Andere Personen können nur mit Genehmigung des Gerichts und, wenn der Fall einer notwendigen Verteidigung vorliegt und der Gewählte nicht zu den Personen gehört, die zu Verteidigern bestellt werden dürfen, nur in Gemeinschaft mit einer solchen als Wahlverteidiger zugelassen werden.

§ 168a StPO
Inhalt des Protokolls; Genehmigung

(1) Das Protokoll muß Ort und Tag der Verhandlung sowie die Namen der mitwirkenden und beteiligten Personen angeben und ersehen lassen, ob die wesentlichen Förmlichkeiten des Verfahrens beobachtet sind. § 68 Abs. 2, 3 bleibt unberührt.
(2) Der Inhalt des Protokolls kann in einer gebräuchlichen Kurzschrift, mit einer Kurzschriftmaschine, mit einem Tonaufnahmegerät oder durch verständliche Abkürzungen vorläufig aufgezeichnet werden. Das Protokoll ist in diesem Fall unverzüglich nach Beendigung der Verhandlung herzustellen. Die vorläufigen Aufzeichnungen sind zu den Akten zu nehmen oder, wenn sie sich nicht dazu eignen, bei der Geschäftsstelle mit den Akten aufzubewahren. Tonaufzeichnungen können gelöscht werden, wenn das Verfahren rechtskräftig abgeschlossen oder sonst beendet ist.
(3) Das Protokoll ist den bei der Verhandlung beteiligten Personen, soweit es sie betrifft, zur Genehmigung vorzulesen oder zur Durchsicht vorzulegen. Die Genehmigung ist zu vermerken. Das Protokoll ist von den Beteiligten zu unterschreiben oder es ist darin anzugeben, weshalb die Unterschrift unterblieben ist. Ist der Inhalt des Protokolls nur vorläufig aufgezeichnet worden, so genügt es, wenn die Aufzeichnungen vorgelesen oder abgespielt werden. In dem Protokoll ist zu vermerken, daß dies geschehen und die Genehmigung erteilt ist oder welche Einwendungen erhoben worden sind. Das Vorlesen oder die Vorlage zur Durchsicht oder das Abspielen kann unterbleiben, wenn die beteiligten Personen, soweit es sie betrifft, nach der Aufzeichnung darauf verzichten; in dem Protokoll ist zu vermerken, daß der Verzicht ausgesprochen worden ist.
(4) Das Protokoll ist von dem Richter sowie dem Protokollführer zu unterschreiben. Ist der Inhalt des Protokolls ohne Zuziehung eines Protokollführers ganz oder teilweise mit einem Tonaufnahmegerät vorläufig aufgezeichnet worden, so unterschreiben der Richter und derjenige, der das Protokoll hergestellt hat. Letzterer versieht seine Unterschrift mit dem Zusatz, daß er die Richtigkeit der Übertragung bestätigt. Der Nachweis der Unrichtigkeit der Übertragung ist zulässig.

§ 168a StPO
Inhalt des Protokolls; Genehmigung

(1) Das Protokoll muß Ort und Tag der Verhandlung sowie die Namen der mitwirkenden und beteiligten Personen angeben und ersehen lassen, ob die wesentlichen Förmlichkeiten des Verfahrens ~~beobachtet~~ **beachtet** sind. § 68 Abs. 2, 3 bleibt unberührt.
(2) Der Inhalt des Protokolls kann in einer gebräuchlichen Kurzschrift, mit einer Kurzschriftmaschine, mit einem Tonaufnahmegerät oder durch verständliche Abkürzungen vorläufig aufgezeichnet werden. Das Protokoll ist in diesem Fall unverzüglich nach Beendigung der Verhandlung herzustellen. Die vorläufigen Aufzeichnungen sind zu den Akten zu nehmen oder, wenn sie sich nicht dazu eignen, bei der Geschäftsstelle mit den Akten aufzubewahren. Tonaufzeichnungen können gelöscht werden, wenn das Verfahren rechtskräftig abgeschlossen oder sonst beendet ist.
(3) Das Protokoll ist den bei der Verhandlung beteiligten Personen, soweit es sie betrifft, zur Genehmigung vorzulesen oder zur Durchsicht vorzulegen. Die Genehmigung ist zu vermerken. Das Protokoll ist von den Beteiligten zu unterschreiben oder es ist darin anzugeben, weshalb die Unterschrift unterblieben ist. Ist der Inhalt des Protokolls nur vorläufig aufgezeichnet worden, so genügt es, wenn die Aufzeichnungen vorgelesen oder abgespielt werden. In dem Protokoll ist zu vermerken, daß dies geschehen und die Genehmigung erteilt ist oder welche Einwendungen erhoben worden sind. Das Vorlesen oder die Vorlage zur Durchsicht oder das Abspielen kann unterbleiben, wenn die beteiligten Personen, soweit es sie betrifft, nach der Aufzeichnung darauf verzichten; in dem Protokoll ist zu vermerken, daß der Verzicht ausgesprochen worden ist.
(4) Das Protokoll ist von dem Richter sowie dem Protokollführer zu unterschreiben. Ist der Inhalt des Protokolls ohne Zuziehung eines Protokollführers ganz oder teilweise mit einem Tonaufnahmegerät vorläufig aufgezeichnet worden, so unterschreiben der Richter und derjenige, der das Protokoll hergestellt hat. Letzterer versieht seine Unterschrift mit dem Zusatz, daß er die Richtigkeit der Übertragung bestätigt. Der Nachweis der Unrichtigkeit der Übertragung ist zulässig.

Bisherige Rechtslage	**Neue Rechtslage**

§ 223 StPO
Kommissarische Vernehmung

(1) Wenn dem Erscheinen eines Zeugen oder Sachverständigen in der Hauptverhandlung für eine längere oder ungewisse Zeit Krankheit oder Gebrechlichkeit oder andere nicht zu beseitigende Hindernisse entgegenstehen, so kann das Gericht seine Vernehmung durch einen beauftragten oder ersuchten Richter anordnen.
(2) Dasselbe gilt, wenn einem Zeugen oder Sachverständigen das Erscheinen wegen großer Entfernung nicht zugemutet werden kann.
(3) Die Vernehmung von Zeugen hat eidlich zu erfolgen, soweit nicht Ausnahmen vorgeschrieben oder zugelassen sind.

§ 226 StPO
Ununterbrochene Gegenwart

Die Hauptverhandlung erfolgt in ununterbrochener Gegenwart der zur Urteilsfindung berufenen Personen sowie der Staatsanwaltschaft und eines Urkundsbeamten der Geschäftsstelle.

§ 229 StPO
Dauer der Unterbrechung

(1) Eine Hauptverhandlung darf bis zu zehn Tagen unterbrochen werden.
(2) Hat die Hauptverhandlung bereits an mindestens zehn Tagen stattgefunden, so darf sie unbeschadet der Vorschrift des Absatzes 1 einmal auch bis zu dreißig Tagen unterbrochen werden. Ist die Hauptverhandlung sodann an mindestens zehn Tagen fortgesetzt worden, so darf sie ein zweites Mal nach Satz 1 unterbrochen werden. Zusätzlich zu den Unterbrechungen nach Absatz 1 und Absatz 2 Satz 1 und 2 kann eine Hauptverhandlung nach Ablauf von zwölf Monaten seit ihrem Beginn jeweils einmal innerhalb eines Zeitraumes von zwölf Monaten bis zu dreißig Tagen unterbrochen werden, wenn sie davor an mindestens zehn Tagen stattgefunden hat.
(3) Kann ein Angeklagter zu einer Hauptverhandlung, die bereits an mindestens zehn Tagen stattgefunden hat, wegen Krankheit nicht erscheinen, so ist der Lauf der in den Absätzen 1 und 2 genannten Fristen während der Dauer der Verhinderung, längstens jedoch für sechs Wochen, gehemmt; diese Fristen enden frühestens zehn Tage nach Ablauf der Hemmung. Beginn und Ende der Hemmung stellt das Gericht durch unanfechtbaren Beschluß fest.

(4) Wird die Hauptverhandlung nicht spätestens am Tage nach Ablauf der in den vorstehenden Absätzen bezeichneten Frist fortgesetzt, so ist mit ihr von neuem zu beginnen. Ist der Tag nach Ablauf der Frist ein Sonntag, ein allgemeiner Feiertag oder ein Sonnabend, so kann die Hauptverhandlung am nächsten Werktag fortgesetzt werden.

§ 234a StPO
Umfang der Vertretung

Findet die Hauptverhandlung ohne Anwesenheit des Angeklagten statt, so genügt es, wenn die nach § 265 Abs. 1 und 2 erforderlichen Hinweise dem Verteidiger gegeben werden; der Verzicht des Angeklagten nach § 61 Nr. 5 sowie sein Einverständnis nach § 245 Abs. 1 Satz 2 und nach § 251 Abs. 1 Nr. 4, Abs. 2 sind nicht erforderlich, wenn ein Verteidiger an der Hauptverhandlung teilnimmt.

---

§ 223 StPO
Kommissarische Vernehmung

(1) Wenn dem Erscheinen eines Zeugen oder Sachverständigen in der Hauptverhandlung für eine längere oder ungewisse Zeit Krankheit oder Gebrechlichkeit oder andere nicht zu beseitigende Hindernisse entgegenstehen, so kann das Gericht seine Vernehmung durch einen beauftragten oder ersuchten Richter anordnen.
(2) Dasselbe gilt, wenn einem Zeugen oder Sachverständigen das Erscheinen wegen großer Entfernung nicht zugemutet werden kann.
(3) (aufgehoben)

§ 226 StPO
Ununterbrochene Gegenwart

(1) Die Hauptverhandlung erfolgt in ununterbrochener Gegenwart der zur Urteilsfindung berufenen Personen sowie der Staatsanwaltschaft und eines Urkundsbeamten der Geschäftsstelle
(2) Der Strafrichter kann in der Hauptverhandlung von der Hinzuziehung eines Urkundsbeamten der Geschäftsstelle absehen. Die Entscheidung ist unanfechtbar.

§ 229 StPO
Dauer der Unterbrechung

(1) Eine Hauptverhandlung darf bis zu ~~zehn Tagen~~ **drei Wochen** unterbrochen werden.
(2) Eine Hauptverhandlung darf auch bis zu einem Monat unterbrochen werden, wenn sie davor jeweils an mindestens zehn Tagen stattgefunden hat.

(3) Kann ein Angeklagter **oder eine zur Urteilsfindung berufene Person** zu einer Hauptverhandlung, die bereits an mindestens zehn Tagen stattgefunden hat, wegen Krankheit nicht erscheinen, so ist der Lauf der in den Absätzen 1 und 2 genannten Fristen während der Dauer der Verhinderung, längstens jedoch für sechs Wochen, gehemmt; diese Fristen enden frühestens zehn Tage nach Ablauf der Hemmung. Beginn und Ende der Hemmung stellt das Gericht durch unanfechtbaren Beschluß fest.
(4) Wird die Hauptverhandlung nicht spätestens am Tage nach Ablauf der in den vorstehenden Absätzen bezeichneten Frist fortgesetzt, so ist mit ihr von neuem zu beginnen. Ist der Tag nach Ablauf der Frist ein Sonntag, ein allgemeiner Feiertag oder ein Sonnabend, so kann die Hauptverhandlung am nächsten Werktag fortgesetzt werden.

§ 234a StPO
Umfang der Vertretung

Findet die Hauptverhandlung ohne Anwesenheit des Angeklagten statt, so genügt es, wenn die nach § 265 Abs. 1 und 2 erforderlichen Hinweise dem Verteidiger gegeben werden; **das Einverständnis des Angeklagten nach § 245 Abs. 1 Satz 2 und nach § 251 Abs. 1 Nr. 1, Abs. 2 Nr. 3 ist nicht erforderlich, wenn ein Verteidiger an der Hauptverhandlung teilnimmt.**

§ 247a StPO
Zeugenvernehmung an einem anderen Ort

Besteht die dringende Gefahr eines schwerwiegenden Nachteils für das Wohl des Zeugen, wenn er in Gegenwart der in der Hauptverhandlung Anwesenden vernommen wird, so kann das Gericht anordnen, daß der Zeuge sich während der Vernehmung an einem anderen Ort aufhält; eine solche Anordnung ist auch unter den Voraussetzungen des § 251 Abs. 1 Nr. 2, 3 oder 4 zulässig, soweit dies zur Erforschung der Wahrheit erforderlich ist. Die Entscheidung ist unanfechtbar. Die Aussage wird zeitgleich in Bild und Ton in das Sitzungszimmer übertragen. Sie soll aufgezeichnet werden, wenn zu besorgen ist, daß der Zeuge in einer weiteren Hauptverhandlung nicht vernommen werden kann und die Aufzeichnung zur Erforschung der Wahrheit erforderlich ist. § 58 a Abs. 2 findet entsprechende Anwendung.

§ 251 StPO
Verlesung von Protokollen

(1) Die Vernehmung eines Zeugen, Sachverständigen oder Mitbeschuldigten darf durch Verlesung der Niederschrift über seine frühere richterliche Vernehmung ersetzt werden, wenn
1. der Zeuge, Sachverständige oder Mitbeschuldigte verstorben oder in Geisteskrankheit verfallen ist oder wenn sein Aufenthalt nicht zu ermitteln ist;
2. dem Erscheinen des Zeugen, Sachverständigen oder Mitbeschuldigten in der Hauptverhandlung für eine längere oder ungewisse Zeit Krankheit, Gebrechlichkeit oder andere nicht zu beseitigende Hindernisse entgegenstehen;
3. dem Zeugen oder Sachverständigen das Erscheinen in der Hauptverhandlung wegen großer Entfernung unter Berücksichtigung der Bedeutung seiner Aussage nicht zugemutet werden kann;
4. der Staatsanwalt, der Verteidiger und der Angeklagte mit der Verlesung einverstanden sind.
(2) Hat der Angeklagte einen Verteidiger, so kann die Vernehmung eines Zeugen, Sachverständigen oder Mitbeschuldigten durch die Verlesung einer Niederschrift über eine andere Vernehmung oder einer Urkunde, die eine von ihm stammende schriftliche Erklärung enthält, ersetzt werden, wenn der Staatsanwalt, der Verteidiger und der Angeklagte damit einverstanden sind. Im übrigen ist die Verlesung nur zulässig, wenn der Zeuge, Sachverständige oder Mitbeschuldigte verstorben ist oder aus einem anderen Grunde in absehbarer Zeit gerichtlich nicht vernommen werden kann.

(3) Soll die Verlesung anderen Zwecken als unmittelbar der Urteilsfindung, insbesondere zur Vorbereitung der Entscheidung darüber dienen, ob die Ladung und Vernehmung einer Person erfolgen sollen, so dürfen Vernehmungsniederschriften, Urkunden und andere als Beweismittel dienende Schriftstücke auch sonst verlesen werden.
(4) In den Fällen der Absätze 1 und 2 beschließt das Gericht, ob die Verlesung angeordnet wird. Der Grund der Verlesung wird bekanntgegeben. Wird die Niederschrift über eine richterliche Vernehmung verlesen, so wird festgestellt, ob der Vernommene vereidigt worden ist. Die Vereidigung wird nachgeholt, wenn sie dem Gericht notwendig erscheint und noch ausführbar ist.

§ 247a StPO
Zeugenvernehmung an einem anderen Ort

Besteht die dringende Gefahr eines schwerwiegenden Nachteils für das Wohl des Zeugen, wenn er in Gegenwart der in der Hauptverhandlung Anwesenden vernommen wird, so kann das Gericht anordnen, daß der Zeuge sich während der Vernehmung an einem anderen Ort aufhält; eine solche Anordnung ist auch unter den Voraussetzungen des § 251 ~~Abs. 1 Nr. 2, 3 oder 4~~ Abs. 2 zulässig, soweit dies zur Erforschung der Wahrheit erforderlich ist. Die Entscheidung ist unanfechtbar. Die Aussage wird zeitgleich in Bild und Ton in das Sitzungszimmer übertragen. Sie soll aufgezeichnet werden, wenn zu besorgen ist, daß der Zeuge in einer weiteren Hauptverhandlung nicht vernommen werden kann und die Aufzeichnung zur Erforschung der Wahrheit erforderlich ist. § 58 a Abs. 2 findet entsprechende Anwendung.

§ 251 StPO
Verlesung von Protokollen

(1) Die Vernehmung eines Zeugen, Sachverständigen oder Mitbeschuldigten kann durch die Verlesung einer Niederschrift über eine Vernehmung oder einer Urkunde, die eine vom ihm stammende schriftliche Erklärung enthält, ersetzt werden,
1. **wenn der Angeklagte einen Verteidiger hat und der Staatsanwalt, der Verteidiger und der Angeklagte damit einverstanden sind;**
2. **wenn der Zeuge, Sachverständige oder Mitbeschuldigte verstorben ist oder aus einem anderen Grunde in absehbarer Zeit gerichtlich nicht vernommen werden kann;**
3. **soweit die Niederschrift oder Urkunde das Vorliegen oder die Höhe eines Vermögensschadens betrifft.**

(2) Die Vernehmung eines Zeugen, Sachverständigen oder Mitbeschuldigten darf durch die Verlesung der Niederschrift über seine frühere richterliche Vernehmung auch ersetzt werden, wenn
1. **dem Erscheinen des Zeugen, Sachverständigen oder Mitbeschuldigten in der Hauptverhandlung für eine längere oder ungewisse Zeit Krankheit, Gebrechlichkeit oder andere nicht zu beseitigende Hindernisse entgegenstehen;**
2. **dem Zeugen oder Sachverständigen das Erscheinen in der Hauptverhandlung wegen großer Entfernung unter Berücksichtigung der Bedeutung seiner Aussage nicht zugemutet werden kann;**
3. **der Staatsanwalt, der Verteidiger und der Angeklagte mit der Verlesung einverstanden sind.**
(3) Soll die Verlesung anderen Zwecken als unmittelbar der Urteilsfindung, insbesondere zur Vorbereitung der Entscheidung darüber dienen, ob die Ladung und Vernehmung einer Person erfolgen sollen, so dürfen Vernehmungsniederschriften, Urkunden und andere als Beweismittel dienende Schriftstücke auch sonst verlesen werden.
(4) In den Fällen der Absätze 1 und 2 beschließt das Gericht, ob die Verlesung angeordnet wird. Der Grund der Verlesung wird bekanntgegeben. Wird die Niederschrift über eine richterliche Vernehmung verlesen, so wird festgestellt, ob der Vernommene vereidigt worden ist. Die Vereidigung wird nachgeholt, wenn sie dem Gericht notwendig erscheint und noch ausführbar ist.

Bisherige Rechtslage	**Neue Rechtslage**

§ 256 StPO
Verlesbare Erklärungen

(1) Die ein Zeugnis oder ein Gutachten enthaltenden Erklärungen öffentlicher Behörden sowie der Ärzte eines gerichtsärztlichen Dienstes mit Ausschluß von Leumundszeugnissen sowie ärztliche Atteste über Körperverletzungen, die nicht zu den schweren gehören, können verlesen werden. Dasselbe gilt für Gutachten über die Auswertung eines Fahrtschreibers, die Bestimmung der Blutgruppe oder des Blutalkoholgehalts einschließlich seiner Rückrechnung sowie für ärztliche Berichte zur Entnahme von Blutproben.

(2) Ist das Gutachten einer kollegialen Fachbehörde eingeholt worden, so kann das Gericht die Behörde ersuchen, eines ihrer Mitglieder mit der Vertretung des Gutachtens in der Hauptverhandlung zu beauftragen und dem Gericht zu bezeichnen.

§ 256 StPO
Verlesbare Erklärungen

(1) Verlesen werden können
1. **die ein Zeugnis oder ein Gutachten enthaltenden Erklärungen**
   a) **öffentlicher Behörden,**
   b) **der Sachverständigen, die für die Erstellung von Gutachten der betreffenden Art allgemein vereidigt sind, sowie**
   c) **der Ärzte eines gerichtsärztlichen Dienstes mit Ausschluss von Leumundszeugnissen,**
2. **ärztliche Atteste über Körperverletzungen, die nicht zu den schweren gehören,**
3. **ärztliche Berichte zur Entnahme von Blutproben,**
4. **Gutachten über die Auswertung eines Fahrtschreibers, die Bestimmung der Blutgruppe oder des Blutalkoholgehalts einschließlich seiner Rückrechnung und**
5. **Protokolle sowie in einer Urkunde enthaltene Erklärungen der Strafverfolgungsbehörden über Ermittlungshandlungen, soweit diese nicht eine Vernehmung zum Gegenstand haben.**

(2) Ist das Gutachten einer kollegialen Fachbehörde eingeholt worden, so kann das Gericht die Behörde ersuchen, eines ihrer Mitglieder mit der Vertretung des Gutachtens in der Hauptverhandlung zu beauftragen und dem Gericht zu bezeichnen.

§ 271 StPO
Sitzungsprotokoll

(1) Über die Hauptverhandlung ist ein Protokoll aufzunehmen und von dem Vorsitzenden und dem Urkundsbeamten der Geschäftsstelle zu unterschreiben. Der Tag der Fertigstellung ist darin anzugeben.

(2) Ist der Vorsitzende verhindert, so unterschreibt für ihn der älteste beisitzende Richter. Ist der Vorsitzende das einzige richterliche Mitglied des Gerichts, so genügt bei seiner Verhinderung die Unterschrift des Urkundsbeamten der Geschäftsstelle.

§ 271 StPO
Sitzungsprotokoll

(1) Über die Hauptverhandlung ist ein Protokoll aufzunehmen und von dem Vorsitzenden und dem Urkundsbeamten der Geschäftsstelle, **soweit dieser in der Hauptverhandlung anwesend war,** zu unterschreiben. Der Tag der Fertigstellung ist darin anzugeben.

(2) Ist der Vorsitzende verhindert, so unterschreibt für ihn der älteste beisitzende Richter. Ist der Vorsitzende das einzige richterliche Mitglied des Gerichts, so genügt bei seiner Verhinderung die Unterschrift des Urkundsbeamten der Geschäftsstelle.

§ 286 StPO
Verteidiger

(1) Für den Angeklagten kann ein Verteidiger auftreten. Auch Angehörige des Angeklagten sind, auch ohne Vollmacht, als Vertreter zuzulassen.
(2) Zeugen sind, soweit nicht Ausnahmen vorgeschrieben oder zugelassen sind, eidlich zu vernehmen.

§ 286 StPO
Verteidiger

(1) Für den Angeklagten kann ein Verteidiger auftreten. Auch Angehörige des Angeklagten sind, auch ohne Vollmacht, als Vertreter zuzulassen.
(2) (aufgehoben)

§ 314 StPO
Frist und Form

(1) Die Berufung muß bei dem Gericht des ersten Rechtszuges binnen einer Woche nach Verkündung des Urteils zu Protokoll der Geschäftsstelle oder schriftlich eingelegt werden.
(2) Hat die Verkündung des Urteils nicht in Anwesenheit des Angeklagten stattgefunden, so beginnt für diesen die Frist mit der Zustellung.

§ 314 StPO
Frist und Form

(1) Die Berufung muß bei dem Gericht des ersten Rechtszuges binnen einer Woche nach Verkündung des Urteils zu Protokoll der Geschäftsstelle oder schriftlich eingelegt werden.

(2) Hat die Verkündung des Urteils nicht in Anwesenheit des Angeklagten stattgefunden, so beginnt für diesen die Frist mit der Zustellung, **sofern nicht in den Fällen der §§ 234, 387 Abs. 1, § 411 Abs. 2 und § 434 Abs. 1 Satz 1 die Verkündung in Anwesenheit des mit schriftlicher Vollmacht versehenen Verteidigers stattgefunden hat.**

Bisherige Rechtslage

§ 341 StPO
Frist und Form

(1) Die Revision muß bei dem Gericht, dessen Urteil angefochten wird, binnen einer Woche nach Verkündung des Urteils zu Protokoll der Geschäftsstelle oder schriftlich eingelegt werden.

(2) Hat die Verkündung des Urteils nicht in Anwesenheit des Angeklagten stattgefunden, so beginnt für diesen die Frist mit der Zustellung.

§ 354 StPO
Sachentscheidung; Zurückverweisung

(1) Erfolgt die Aufhebung des Urteils nur wegen Gesetzesverletzung bei Anwendung des Gesetzes auf die dem Urteil zugrunde liegenden Feststellungen, so hat das Revisionsgericht in der Sache selbst zu entscheiden, sofern ohne weitere tatsächliche Erörterungen nur auf Freisprechung oder auf Einstellung oder auf eine absolut bestimmte Strafe zu erkennen ist oder das Revisionsgericht in Übereinstimmung mit dem Antrag der Staatsanwaltschaft die gesetzlich niedrigste Strafe oder das Absehen von Strafe für angemessen erachtet.

(2) In anderen Fällen ist die Sache an eine andere Abteilung oder Kammer des Gerichtes, dessen Urteil aufgehoben wird, oder an ein zu demselben Land gehörendes anderes Gericht gleicher Ordnung zurückzuverweisen. In Verfahren, in denen ein Oberlandesgericht im ersten Rechtszug entschieden hat, ist die Sache an einen anderen Senat dieses Gerichts zurückzuverweisen.

(3) Die Zurückverweisung kann an ein Gericht niederer Ordnung erfolgen, wenn die noch in Frage kommende strafbare Handlung zu dessen Zuständigkeit gehört.

§ 374 StPO
Zulässigkeit; Klageberechtigte

(1) Im Wege der Privatklage können vom Verletzten verfolgt werden, ohne daß es einer vorgängigen Anrufung der Staatsanwaltschaft bedarf,
1.   ein Hausfriedensbruch (§ 123 des Strafgesetzbuches),
2.   eine Beleidigung (§§ 185 bis 189 des Strafgesetzbuches), wenn sie nicht gegen eine der in § 194 Abs. 4 des Strafgesetzbuches genannten politischen Körperschaften gerichtet ist,
3.   eine Verletzung des Briefgeheimnisses (§ 202 des Strafgesetzbuches),
4.   eine Körperverletzung (§§ 223 und 229 des Strafgesetzbuches),
5.   eine Bedrohung (§ 241 des Strafgesetzbuches),
5.a. eine Bestechlichkeit oder Bestechung im geschäftlichen Verkehr (§ 299 des Strafgesetzbuches),
6.   eine Sachbeschädigung (§ 303 des Strafgesetzbuches),

Neue Rechtslage

§ 341 StPO
Frist und Form

(1) Die Revision muß bei dem Gericht, dessen Urteil angefochten wird, binnen einer Woche nach Verkündung des Urteils zu Protokoll der Geschäftsstelle oder schriftlich eingelegt werden.

(2) Hat die Verkündung des Urteils nicht in Anwesenheit des Angeklagten stattgefunden, so beginnt für diesen die Frist mit der Zustellung, **sofern nicht in den Fällen der §§ 234, 387 Abs. 1, § 411 Abs. 2 und § 434 Abs. 1 Satz 1 die Verkündung in Anwesenheit des mit schriftlicher Vollmacht versehenen Verteidigers stattgefunden hat.**

§ 354 StPO
Sachentscheidung; Zurückverweisung

(1) Erfolgt die Aufhebung des Urteils nur wegen Gesetzesverletzung bei Anwendung des Gesetzes auf die dem Urteil zugrunde liegenden Feststellungen, so hat das Revisionsgericht in der Sache selbst zu entscheiden, sofern ohne weitere tatsächliche Erörterungen nur auf Freisprechung oder auf Einstellung oder auf eine absolut bestimmte Strafe zu erkennen ist oder das Revisionsgericht in Übereinstimmung mit dem Antrag der Staatsanwaltschaft die gesetzlich niedrigste Strafe oder das Absehen von Strafe für angemessen erachtet.

(1a) Wegen einer Gesetzesverletzung nur bei Zumessung der Rechtsfolgen kann das Revisionsgericht von der Aufhebung des angefochtenen Urteils absehen, sofern die verhängte Rechtsfolge angemessen ist. Auf Antrag der Staatsanwaltschaft kann es die Rechtsfolgen angemessen herabsetzen.

(1b) Hebt das Revisionsgericht das Urteil nur wegen Gesetzesverletzung bei Bildung einer Gesamtstrafe (§§ 53, 54, 55 des Strafgesetzbuches) auf, kann dies mit der Maßgabe geschehen, dass eine nachträgliche gerichtliche Entscheidung über die Gesamtstrafe nach den §§ 460, 462 zu treffen ist. Entscheidet das Revisionsgericht nach Absatz 1 oder Absatz 1a hinsichtlich einer Einzelstrafe selbst, gilt Satz 1 entsprechend. Die Absätze 1 und 1a bleiben im Übrigen unberührt.

(2) In anderen Fällen ist die Sache an eine andere Abteilung oder Kammer des Gerichtes, dessen Urteil aufgehoben wird, oder an ein zu demselben Land gehörendes anderes Gericht gleicher Ordnung zurückzuverweisen. In Verfahren, in denen ein Oberlandesgericht im ersten Rechtszug entschieden hat, ist die Sache an einen anderen Senat dieses Gerichts zurückzuverweisen.

(3) Die Zurückverweisung kann an ein Gericht niederer Ordnung erfolgen, wenn die noch in Frage kommende strafbare Handlung zu dessen Zuständigkeit gehört.

§ 374 StPO
Zulässigkeit; Klageberechtigte

(1) Im Wege der Privatklage können vom Verletzten verfolgt werden, ohne daß es einer vorgängigen Anrufung der Staatsanwaltschaft bedarf,
1.   ein Hausfriedensbruch (§ 123 des Strafgesetzbuches),
2.   eine Beleidigung (§§ 185 bis 189 des Strafgesetzbuches), wenn sie nicht gegen eine der in § 194 Abs. 4 des Strafgesetzbuches genannten politischen Körperschaften gerichtet ist,
3.   eine Verletzung des Briefgeheimnisses (§ 202 des Strafgesetzbuches),
4.   eine Körperverletzung (§§ 223 und 229 des Strafgesetzbuches),
5.   eine Bedrohung (§ 241 des Strafgesetzbuches),
5a. eine Bestechlichkeit oder Bestechung im geschäftlichen Verkehr (§ 299 des Strafgesetzbuches),
6.   eine Sachbeschädigung (§ 303 des Strafgesetzbuches),

Bisherige Rechtslage	**Neue Rechtslage**

<table>
<tr>
<td></td>
<td>

6a. **eine Straftat nach § 323a des Strafgesetzbuches, wenn die im Rausch begangene Tat ein in den Nummern 1 bis 6 genanntes Vergehen ist,**
</td>
</tr>
<tr>
<td>

7.   eine Straftat nach den §§ 4, 6 c, 15, 17, 18 und 20 des Gesetzes gegen den unlauteren Wettbewerb,

8.   eine Straftat nach § 142 Abs. 1 des Patentgesetzes, § 25 Abs. 1 des Gebrauchsmustergesetzes, § 10 Abs. 1 des Halbleiterschutzgesetzes, § 39 Abs. 1 des Sortenschutzgesetzes, § 143 Abs. 1, § 143 a Abs. 1 und § 144 Abs. 1 und 2 des Markengesetzes, § 51 Abs. 1 und § 65 Abs. 1 des Geschmacksmustergesetzes, den §§ 106 bis 108 sowie § 108 b Abs. 1 und 2 des Urheberrechtsgesetzes und § 33 des Gesetzes betreffend das Urheberrecht an Werken der bildenden Künste und der Photographie.
</td>
<td>

7.   eine Straftat nach den §§ 4, 6c, 15, 17, 18 und 20 des Gesetzes gegen den unlauteren Wettbewerb,

8.   eine Straftat nach § 142 Abs. 1 des Patentgesetzes, § 25 Abs. 1 des Gebrauchsmustergesetzes, § 10 Abs. 1 des Halbleiterschutzgesetzes, § 39 Abs. 1 des Sortenschutzgesetzes, § 143 Abs. 1, § 143a Abs. 1 und § 144 Abs. 1 und 2 des Markengesetzes, § 51 Abs. 1 und § 65 Abs. 1 des Geschmacksmustergesetzes, den §§ 106 bis 108 sowie § 108b Abs. 1 und 2 des Urheberrechtsgesetzes und § 33 des Gesetzes betreffend das Urheberrecht an Werken der bildenden Künste und der Photographie.
</td>
</tr>
</table>

(2) Die Privatklage kann auch erheben, wer neben dem Verletzten oder an seiner Stelle berechtigt ist, Strafantrag zu stellen. Die in § 77 Abs. 2 des Strafgesetzbuches genannten Personen können die Privatklage auch dann erheben, wenn der vor ihnen Berechtigte den Strafantrag gestellt hat.	(2) Die Privatklage kann auch erheben, wer neben dem Verletzten oder an seiner Stelle berechtigt ist, Strafantrag zu stellen. Die in § 77 Abs. 2 des Strafgesetzbuches genannten Personen können die Privatklage auch dann erheben, wenn der vor ihnen Berechtigte den Strafantrag gestellt hat.
(3) Hat der Verletzte einen gesetzlichen Vertreter, so wird die Befugnis zur Erhebung der Privatklage durch diesen und, wenn Körperschaften, Gesellschaften und andere Personenvereine, die als solche in bürgerlichen Rechtsstreitigkeiten klagen können, die Verletzten sind, durch dieselben Personen wahrgenommen, durch die sie in bürgerlichen Rechtsstreitigkeiten vertreten werden.	(3) Hat der Verletzte einen gesetzlichen Vertreter, so wird die Befugnis zur Erhebung der Privatklage durch diesen und, wenn Körperschaften, Gesellschaften und andere Personenvereine, die als solche in bürgerlichen Rechtsstreitigkeiten klagen können, die Verletzten sind, durch dieselben Personen wahrgenommen, durch die sie in bürgerlichen Rechtsstreitigkeiten vertreten werden.

§ 380 StPO
Sühneversuch

(1) Wegen Hausfriedensbruchs, Beleidigung, Verletzung des Briefgeheimnisses, Körperverletzung (§§ 223 und 229 des Strafgesetzbuches), Bedrohung und Sachbeschädigung ist die Erhebung der Klage erst zulässig, nachdem von einer durch die Landesjustizverwaltung zu bezeichnenden Vergleichsbehörde die Sühne erfolglos versucht worden ist. Der Kläger hat die Bescheinigung hierüber mit der Klage einzureichen.	(1) Wegen Hausfriedensbruchs, Beleidigung, Verletzung des Briefgeheimnisses, Körperverletzung (§§ 223 und 229 des Strafgesetzbuches), Bedrohung und Sachbeschädigung ist die Erhebung der Klage erst zulässig, nachdem von einer durch die Landesjustizverwaltung zu bezeichnenden Vergleichsbehörde die Sühne erfolglos versucht worden ist. **Gleiches gilt wegen einer Straftat nach § 323a des Strafgesetzbuches, wenn die im Rausch begangene Tat ein in Satz 1 genanntes Vergehen ist.** Der Kläger hat die Bescheinigung hierüber mit der Klage einzureichen.
(2) Die Landesjustizverwaltung kann bestimmen, daß die Vergleichsbehörde ihre Tätigkeit von der Einzahlung eines angemessenen Kostenvorschusses abhängig machen darf.	(2) Die Landesjustizverwaltung kann bestimmen, daß die Vergleichsbehörde ihre Tätigkeit von der Einzahlung eines angemessenen Kostenvorschusses abhängig machen darf.
(3) Die Vorschriften der Absätze 1 und 2 gelten nicht, wenn der amtliche Vorgesetzte nach § 194 Abs. 3 oder § 230 Abs. 2 des Strafgesetzbuches befugt ist, Strafantrag zu stellen.	(3) Die Vorschriften der Absätze 1 und 2 gelten nicht, wenn der amtliche Vorgesetzte nach § 194 Abs. 3 oder § 230 Abs. 2 des Strafgesetzbuches befugt ist, Strafantrag zu stellen.
(4) Wohnen die Parteien nicht in demselben Gemeindebezirk, so kann nach näherer Anordnung der Landesjustizverwaltung von einem Sühneversuch abgesehen werden.	(4) Wohnen die Parteien nicht in demselben Gemeindebezirk, so kann nach näherer Anordnung der Landesjustizverwaltung von einem Sühneversuch abgesehen werden.

§ 408a StPO
Antrag nach Eröffnung des Hauptverfahrens

(1) Ist das Hauptverfahren bereits eröffnet, so kann im Verfahren vor dem Strafrichter und dem Schöffengericht die Staatsanwaltschaft einen Strafbefehlsantrag stellen, wenn die Voraussetzungen des § 407 Abs. 1 Satz 1 und 2 vorliegen und wenn der Durchführung einer Hauptverhandlung das Ausbleiben oder die Abwesenheit des Angeklagten oder ein anderer wichtiger Grund entgegensteht. § 407 Abs. 1 Satz 4, § 408 finden keine Anwendung.	(1) Ist das Hauptverfahren bereits eröffnet, so kann im Verfahren vor dem Strafrichter und dem Schöffengericht die Staatsanwaltschaft einen Strafbefehlsantrag stellen, wenn die Voraussetzungen des § 407 Abs. 1 Satz 1 und 2 vorliegen und wenn der Durchführung einer Hauptverhandlung das Ausbleiben oder die Abwesenheit des Angeklagten oder ein anderer wichtiger Grund entgegensteht. **In der Hauptverhandlung kann der Staatsanwalt den Antrag mündlich stellen; der wesentliche Inhalt des Strafbefehlsantrages ist in das Sitzungsprotokoll aufzunehmen.** § 407 Abs. 1 Satz 4, § 408 finden keine Anwendung.
(2) Der Richter hat dem Antrag zu entsprechen, wenn die Voraussetzungen des § 408 Abs. 3 Satz 1 vorliegen. Andernfalls lehnt er den Antrag durch unanfechtbaren Beschluß ab und setzt das Hauptverfahren fort.	(2) Der Richter hat dem Antrag zu entsprechen, wenn die Voraussetzungen des § 408 Abs. 3 Satz 1 vorliegen. Andernfalls lehnt er den Antrag durch unanfechtbaren Beschluß ab und setzt das Hauptverfahren fort.

Bisherige Rechtslage	**Neue Rechtslage**

§ 411 StPO
Hauptverhandlung nach Einspruch

(1) Ist der Einspruch verspätet eingelegt oder sonst unzulässig, so wird er ohne Hauptverhandlung durch Beschluß verworfen; gegen den Beschluß ist sofortige Beschwerde zulässig. Andernfalls wird Termin zur Hauptverhandlung anberaumt.

(2) Der Angeklagte kann sich in der Hauptverhandlung durch einen mit schriftlicher Vollmacht versehenen Verteidiger vertreten lassen. § 420 ist anzuwenden.
(3) Die Klage und der Einspruch können bis zur Verkündung des Urteils im ersten Rechtszug zurückgenommen werden. § 303 gilt entsprechend. Ist der Strafbefehl im Verfahren nach § 408a erlassen worden, so kann die Klage nicht zurückgenommen werden.
(4) Bei der Urteilsfällung ist das Gericht an den im Strafbefehl enthaltenen Ausspruch nicht gebunden, soweit Einspruch eingelegt ist.

§ 418 StPO
Antrag der Staatsanwaltschaft

(1) Stellt die Staatsanwaltschaft den Antrag, so wird die Hauptverhandlung sofort oder in kurzer Frist durchgeführt, ohne daß es einer Entscheidung über die Eröffnung des Hauptverfahrens bedarf.

(2) Der Beschuldigte wird nur dann geladen, wenn er sich nicht freiwillig zur Hauptverhandlung stellt oder nicht dem Gericht vorgeführt wird. Mit der Ladung wird ihm mitgeteilt, was ihm zur Last gelegt wird. Die Ladungsfrist beträgt vierundzwanzig Stunden.
(3) Der Einreichung einer Anklageschrift bedarf es nicht. Wird eine solche nicht eingereicht, so wird die Anklage bei Beginn der Hauptverhandlung mündlich erhoben und ihr wesentlicher Inhalt in das Sitzungsprotokoll aufgenommen.

(4) Ist eine Freiheitsstrafe von mindestens sechs Monaten zu erwarten, so wird dem Beschuldigten, der noch keinen Verteidiger hat, für das beschleunigte Verfahren vor dem Amtsgericht ein Verteidiger bestellt.

§ 468 StPO
Kostentragung bei Straffreiheit

Bei wechselseitigen Beleidigungen oder Körperverletzungen wird die Verurteilung eines oder beider Teile in die Kosten dadurch nicht ausgeschlossen, daß einer oder beide für straffrei erklärt werden.

---

§ 411 StPO
Hauptverhandlung nach Einspruch

(1) Ist der Einspruch verspätet eingelegt oder sonst unzulässig, so wird er ohne Hauptverhandlung durch Beschluß verworfen; gegen den Beschluß ist sofortige Beschwerde zulässig. **Andernfalls wird Termin zur Hauptverhandlung anberaumt. Hat der Angeklagte seinen Einspruch auf die Höhe der Tagessätze einer festgesetzten Geldstrafe beschränkt, kann das Gericht mit Zustimmung des Angeklagten, des Verteidigers und der Staatsanwaltschaft ohne Hauptverhandlung durch Beschluss entscheiden; von der Festsetzung im Strafbefehl darf nicht zum Nachteil des Angeklagten abgewichen werden; gegen den Beschluss ist sofortige Beschwerde zulässig.**
(2) Der Angeklagte kann sich in der Hauptverhandlung durch einen mit schriftlicher Vollmacht versehenen Verteidiger vertreten lassen. § 420 ist anzuwenden.
(3) Die Klage und der Einspruch können bis zur Verkündung des Urteils im ersten Rechtszug zurückgenommen werden. § 303 gilt entsprechend. Ist der Strafbefehl im Verfahren nach § 408a erlassen worden, so kann die Klage nicht zurückgenommen werden.
(4) Bei der Urteilsfällung ist das Gericht an den im Strafbefehl enthaltenen Ausspruch nicht gebunden, soweit Einspruch eingelegt ist.

§ 418 StPO
Antrag der Staatsanwaltschaft

(1) Stellt die Staatsanwaltschaft den Antrag, so wird die Hauptverhandlung sofort oder in kurzer Frist durchgeführt, ohne daß es einer Entscheidung über die Eröffnung des Hauptverfahrens bedarf. **Zwischen dem Eingang des Antrags bei Gericht und dem Beginn der Hauptverhandlung sollen nicht mehr als sechs Wochen liegen.**
(2) Der Beschuldigte wird nur dann geladen, wenn er sich nicht freiwillig zur Hauptverhandlung stellt oder nicht dem Gericht vorgeführt wird. Mit der Ladung wird ihm mitgeteilt, was ihm zur Last gelegt wird. Die Ladungsfrist beträgt vierundzwanzig Stunden.
(3) Der Einreichung einer Anklageschrift bedarf es nicht. Wird eine solche nicht eingereicht, so wird die Anklage bei Beginn der Hauptverhandlung mündlich erhoben und ihr wesentlicher Inhalt in das Sitzungsprotokoll aufgenommen. **§ 408a gilt entsprechend.**
(4) Ist eine Freiheitsstrafe von mindestens sechs Monaten zu erwarten, so wird dem Beschuldigten, der noch keinen Verteidiger hat, für das beschleunigte Verfahren vor dem Amtsgericht ein Verteidiger bestellt

§ 468 StPO
Kostentragung bei Straffreiheit

Bei wechselseitigen Beleidigungen ~~oder Körperverletzungen~~ wird die Verurteilung eines oder beider Teile in die Kosten dadurch nicht ausgeschlossen, daß einer oder beide für straffrei erklärt werden.

In § 81a Abs. 2, § 81c Abs. 5 Satz 1, § 100b Abs. 3 Satz 1, § 100d Abs. 1 Satz 1, § 100i Abs. 4 Satz 4, § 105 Abs. 1 Satz 1, Abs. 2 Satz 2, § 111 Abs. 2, § 111e Abs. 1 Satz 2, § 111f Abs. 1 Satz 1, Abs. 3 Satz 1, § 111l Abs. 2 Satz 2, Abs. 6 Satz 1, 2, § 131 Abs. 1, Abs. 2 Satz 1, Abs. 3 Satz 2, § 131c Abs. 1 Satz 1, 2, Abs. 2 Satz 1, 2, § 132 Abs. 2, § 163d Abs. 2 Satz 1, 2 und § 163f Abs. 3 Satz 1, 2 wird jeweils das Wort „Hilfsbeamten" durch das Wort „Ermittlungspersonen" ersetzt.

Bisherige Rechtslage	Neue Rechtslage

Jugendgerichtsgesetz

in der Neufassung vom 11. Dezember 1974 (BGBl. I S. 3427), zuletzt geändert durch Gesetz zur Einführung der nachträglichen Sicherungsverwahrung vom 23. Juli 2004 (BGBl. I S. 1838)

§ 49 JGG
Vereidigung von Zeugen und Sachverständigen

(1) Im Verfahren vor dem Jugendrichter werden Zeugen nur vereidigt, wenn es der Richter wegen der ausschlaggebenden Bedeutung der Aussage oder zur Herbeiführung einer wahren Aussage für notwendig hält. Von der Vereidigung von Sachverständigen kann der Jugendrichter in jedem Falle absehen.
(2) Sind in dem Verfahren auch Heranwachsende oder Erwachsene angeklagt, so ist Absatz 1 anzuwenden.

Gesetz über Ordnungswidrigkeiten

in der Neufassung vom 19. Februar 1987 (BGBl. I S. 602), zuletzt geändert durch Gesetz zur Modernisierung des Kostenrechts (Kostenrechtsmodernisierungsgesetz - KostRMoG) vom 5. Mai 2004 (BGBl. I S. 718)

§ 46 OWiG
Anwendung der Vorschriften über das Strafverfahren

(1) Für das Bußgeldverfahren gelten, soweit dieses Gesetz nichts anderes bestimmt, sinngemäß die Vorschriften der allgemeinen Gesetze über das Strafverfahren, namentlich der Strafprozeßordnung, des Gerichtsverfassungsgesetzes und des Jugendgerichtsgesetzes.
(2) Die Verfolgungsbehörde hat, soweit dieses Gesetz nichts anderes bestimmt, im Bußgeldverfahren dieselben Rechte und Pflichten wie die Staatsanwaltschaft bei der Verfolgung von Straftaten.
(3) Anstaltsunterbringung, Verhaftung und vorläufige Festnahme, Beschlagnahme von Postsendungen und Telegrammen sowie Auskunftsersuchen über Umstände, die dem Post- und Fernmeldegeheimnis unterliegen, sind unzulässig. § 160 Abs. 3 Satz 2 der Strafprozeßordnung über die Gerichtshilfe ist nicht anzuwenden. Ein Klageerzwingungsverfahren findet nicht statt. Die Vorschriften über die Beteiligung des Verletzten am Verfahren und über das länderübergreifende staatsanwaltschaftliche Verfahrensregister sind nicht anzuwenden; dies gilt nicht für § 406e der Strafprozeßordnung.
(4) § 81a Abs. 1 Satz 2 der Strafprozeßordnung ist mit der Einschränkung anzuwenden, daß nur die Entnahme von Blutproben und andere geringfügige Eingriffe zulässig sind. In einem Strafverfahren entnommene Blutproben und sonstige Körperzellen, deren Entnahme im Bußgeldverfahren nach Satz 1 zulässig gewesen wäre, dürfen verwendet werden. Die Verwendung von Blutproben und sonstigen Körperzellen zur Durchführung einer Untersuchung im Sinne des § 81e der Strafprozeßordnung ist unzulässig.
(5) Die Anordnung der Vorführung des Betroffenen und der Zeugen, die einer Ladung nicht nachkommen, bleibt dem Richter vorbehalten.

(6) Im Verfahren gegen Jugendliche und Heranwachsende kann von der Heranziehung der Jugendgerichtshilfe (§ 38 des Jugendgerichtsgesetzes) abgesehen werden, wenn ihre Mitwirkung für die sachgemäße Durchführung des Verfahrens entbehrlich ist.
(7) Im gerichtlichen Verfahren entscheiden beim Amtsgericht Abteilungen für Bußgeldsachen, beim Landgericht Kammern für Bußgeldsachen und beim Oberlandesgericht sowie beim Bundesgerichtshof Senate für Bußgeldsachen.

Jugendgerichtsgesetz

in der Fassung der Bundestagsdrucksache 15/3482 vom 30. Juni 2004

§ 49 JGG
(aufgehoben)

Gesetz über Ordnungswidrigkeiten

in der Fassung der Bundestagsdrucksache 15/3482 vom 30. Juni 2004

§ 46 OWiG
Anwendung der Vorschriften über das Strafverfahren

(1) Für das Bußgeldverfahren gelten, soweit dieses Gesetz nichts anderes bestimmt, sinngemäß die Vorschriften der allgemeinen Gesetze über das Strafverfahren, namentlich der Strafprozeßordnung, des Gerichtsverfassungsgesetzes und des Jugendgerichtsgesetzes.
(2) Die Verfolgungsbehörde hat, soweit dieses Gesetz nichts anderes bestimmt, im Bußgeldverfahren dieselben Rechte und Pflichten wie die Staatsanwaltschaft bei der Verfolgung von Straftaten.
(3) Anstaltsunterbringung, Verhaftung und vorläufige Festnahme, Beschlagnahme von Postsendungen und Telegrammen sowie Auskunftsersuchen über Umstände, die dem Post- und Fernmeldegeheimnis unterliegen, sind unzulässig. § 160 Abs. 3 Satz 2 der Strafprozeßordnung über die Gerichtshilfe ist nicht anzuwenden. Ein Klageerzwingungsverfahren findet nicht statt. Die Vorschriften über die Beteiligung des Verletzten am Verfahren und über das länderübergreifende staatsanwaltschaftliche Verfahrensregister sind nicht anzuwenden; dies gilt nicht für § 406e der Strafprozeßordnung.
(4) § 81a Abs. 1 Satz 2 der Strafprozeßordnung ist mit der Einschränkung anzuwenden, daß nur die Entnahme von Blutproben und andere geringfügige Eingriffe zulässig sind. In einem Strafverfahren entnommene Blutproben und sonstige Körperzellen, deren Entnahme im Bußgeldverfahren nach Satz 1 zulässig gewesen wäre, dürfen verwendet werden. Die Verwendung von Blutproben und sonstigen Körperzellen zur Durchführung einer Untersuchung im Sinne des § 81e der Strafprozeßordnung ist unzulässig.
(5) Die Anordnung der Vorführung des Betroffenen und der Zeugen, die einer Ladung nicht nachkommen, bleibt dem Richter vorbehalten. **Die Haft zur Erzwingung des Zeugnisses (§ 70 Abs. 2 der Strafprozessordnung) darf sechs Wochen nicht überschreiten.**
(6) Im Verfahren gegen Jugendliche und Heranwachsende kann von der Heranziehung der Jugendgerichtshilfe (§ 38 des Jugendgerichtsgesetzes) abgesehen werden, wenn ihre Mitwirkung für die sachgemäße Durchführung des Verfahrens entbehrlich ist.
(7) Im gerichtlichen Verfahren entscheiden beim Amtsgericht Abteilungen für Bußgeldsachen, beim Landgericht Kammern für Bußgeldsachen und beim Oberlandesgericht sowie beim Bundesgerichtshof Senate für Bußgeldsachen.

Bisherige Rechtslage	**Neue Rechtslage**

(8) Die Vorschriften zur Durchführung des § 191a Abs. 1 Satz 1 des Gerichtsverfassungsgesetzes im Bußgeldverfahren sind in der Rechtsverordnung nach § 191a Abs. 2 des Gerichtsverfassungsgesetzes zu bestimmen.

(8) Die Vorschriften zur Durchführung des § 191a Abs. 1 Satz 1 des Gerichtsverfassungsgesetzes im Bußgeldverfahren sind in der Rechtsverordnung nach § 191a Abs. 2 des Gerichtsverfassungsgesetzes zu bestimmen.

§ 48 OWiG
Zeugen

(1) Zeugen werden nur vereidigt, wenn es das Gericht wegen der ausschlaggebenden Bedeutung der Aussage oder zur Herbeiführung einer wahren Aussage für notwendig hält. Der Grund dafür, daß der Zeuge vereidigt oder nicht vereidigt wird, braucht im Protokoll nicht angegeben zu werden.
(2) Die Haft zur Erzwingung des Zeugnisses (§ 70 Abs. 2 der Strafprozeßordnung) darf sechs Wochen nicht übersteigen.

§ 48 OWiG
(aufgehoben)

§ 53 OWiG
Aufgaben der Polizei

(1) Die Behörden und Beamten des Polizeidienstes haben nach pflichtgemäßem Ermessen Ordnungswidrigkeiten zu erforschen und dabei alle unaufschiebbaren Anordnungen zu treffen, um die Verdunkelung der Sache zu verhüten. Sie haben bei der Erforschung von Ordnungswidrigkeiten, soweit dieses Gesetz nichts anderes bestimmt, dieselben Rechte und Pflichten wie bei der Verfolgung von Straftaten. Ihre Akten übersenden sie unverzüglich der Verwaltungsbehörde, in den Fällen des Zusammenhangs (§ 42) der Staatsanwaltschaft.
(2) Die Beamten des Polizeidienstes, die zu Hilfsbeamten der Staatsanwaltschaft bestellt sind (§ 152 des Gerichtsverfassungsgesetzes), können nach den für sie geltenden Vorschriften der Strafprozeßordnung Beschlagnahmen, Durchsuchungen, Untersuchungen und sonstige Maßnahmen anordnen.

§ 53 OWiG
Aufgaben der Polizei

(1) Die Behörden und Beamten des Polizeidienstes haben nach pflichtgemäßem Ermessen Ordnungswidrigkeiten zu erforschen und dabei alle unaufschiebbaren Anordnungen zu treffen, um die Verdunkelung der Sache zu verhüten. Sie haben bei der Erforschung von Ordnungswidrigkeiten, soweit dieses Gesetz nichts anderes bestimmt, dieselben Rechte und Pflichten wie bei der Verfolgung von Straftaten. Ihre Akten übersenden sie unverzüglich der Verwaltungsbehörde, in den Fällen des Zusammenhangs (§ 42) der Staatsanwaltschaft.
(2) Die Beamten des Polizeidienstes, die zu **Hilfsbeamten Ermittlungspersonen** der Staatsanwaltschaft bestellt sind (§ 152 des Gerichtsverfassungsgesetzes), können nach den für sie geltenden Vorschriften der Strafprozeßordnung Beschlagnahmen, Durchsuchungen, Untersuchungen und sonstige Maßnahmen anordnen.

§ 63 OWiG
Beteiligung der Verwaltungsbehörde

(1) Hat die Staatsanwaltschaft die Verfolgung der Ordnungswidrigkeit übernommen (§ 42), so haben die mit der Ermittlung von Ordnungswidrigkeiten betrauten Angehörigen der sonst zuständigen Verwaltungsbehörde dieselben Rechte und Pflichten wie die Beamten des Polizeidienstes im Bußgeldverfahren. Die sonst zuständige Verwaltungsbehörde kann Beschlagnahmen, Notveräußerungen, Durchsuchungen und Untersuchungen nach den für Hilfsbeamte der Staatsanwaltschaft geltenden Vorschriften der Strafprozeßordnung anordnen.
(2) Der sonst zuständigen Verwaltungsbehörde sind die Anklageschrift und der Antrag auf Erlaß eines Strafbefehls mitzuteilen, soweit sie sich auf eine Ordnungswidrigkeit beziehen.
(3) Erwägt die Staatsanwaltschaft in den Fällen des § 40 oder § 42 das Verfahren wegen der Ordnungswidrigkeit einzustellen, so hat sie die sonst zuständige Verwaltungsbehörde zu hören. Sie kann davon absehen, wenn für die Entschließung die besondere Sachkunde der Verwaltungsbehörde entbehrt werden kann.

§ 63 OWiG
Beteiligung der Verwaltungsbehörde

(1) Hat die Staatsanwaltschaft die Verfolgung der Ordnungswidrigkeit übernommen (§ 42), so haben die mit der Ermittlung von Ordnungswidrigkeiten betrauten Angehörigen der sonst zuständigen Verwaltungsbehörde dieselben Rechte und Pflichten wie die Beamten des Polizeidienstes im Bußgeldverfahren. Die sonst zuständige Verwaltungsbehörde kann Beschlagnahmen, Notveräußerungen, Durchsuchungen und Untersuchungen nach den für **Hilfsbeamte Ermittlungspersonen** der Staatsanwaltschaft geltenden Vorschriften der Strafprozeßordnung anordnen.
(2) Der sonst zuständigen Verwaltungsbehörde sind die Anklageschrift und der Antrag auf Erlaß eines Strafbefehls mitzuteilen, soweit sie sich auf eine Ordnungswidrigkeit beziehen.
(3) Erwägt die Staatsanwaltschaft in den Fällen des § 40 oder § 42 das Verfahren wegen der Ordnungswidrigkeit einzustellen, so hat sie die sonst zuständige Verwaltungsbehörde zu hören. Sie kann davon absehen, wenn für die Entschließung die besondere Sachkunde der Verwaltungsbehörde entbehrt werden kann.

§ 77a OWiG
Vereinfachte Art der Beweisaufnahme

(1) Die Vernehmung eines Zeugen, Sachverständigen oder Mitbetroffenen darf durch Verlesung von Niederschriften über eine frühere Vernehmung sowie von Urkunden, die eine von ihnen stammende schriftliche Äußerung enthalten, ersetzt werden.
(2) Erklärungen von Behörden und sonstigen Stellen über ihre dienstlichen Wahrnehmungen, Untersuchungen und Erkenntnisse sowie über diejenigen ihrer Angehörigen dürfen auch dann verlesen werden, wenn die Voraussetzungen des § 256 der Strafprozeßordnung nicht vorliegen.

§ 77a OWiG
Vereinfachte Art der Beweisaufnahme

(1) Die Vernehmung eines Zeugen, Sachverständigen oder Mitbetroffenen darf durch Verlesung von Niederschriften über eine frühere Vernehmung sowie von Urkunden, die eine von ihnen stammende schriftliche Äußerung enthalten, ersetzt werden.
(2) Erklärungen von Behörden und sonstigen Stellen über ihre dienstlichen Wahrnehmungen, Untersuchungen und Erkenntnisse sowie über diejenigen ihrer Angehörigen dürfen auch dann verlesen werden, wenn die Voraussetzungen des § 256 der Strafprozeßordnung nicht vorliegen.

(3) Das Gericht kann eine behördliche Erklärung (Absatz 2) auch fernmündlich einholen und deren wesentlichen Inhalt in der Hauptverhandlung bekanntgeben. Der Inhalt der bekanntgegebenen Erklärung ist auf Antrag in das Protokoll aufzunehmen.

(4) Das Verfahren nach den Absätzen 1 bis 3 bedarf der Zustimmung des Betroffenen, des Verteidigers und der Staatsanwaltschaft, soweit sie in der Hauptverhandlung anwesend sind. § 251 Abs. 1 Nr. 1 bis 3, Abs. 2 Satz 2, Abs. 3 und 4 sowie die §§ 252 und 253 der Strafprozeßordnung bleiben unberührt.

§ 78 OWiG
Weitere Verfahrensvereinfachungen

(1) Statt der Verlesung eines Schriftstücks kann das Gericht dessen wesentlichen Inhalt bekanntgeben; dies gilt jedoch nicht, soweit es auf den Wortlaut des Schriftstücks ankommt. Haben der Betroffene, der Verteidiger und der in der Hauptverhandlung anwesende Vertreter der Staatsanwaltschaft von dem Wortlaut des Schriftstücks Kenntnis genommen oder dazu Gelegenheit gehabt, so genügt es, die Feststellung hierüber in das Protokoll aufzunehmen. Soweit die Verlesung von Schriftstücken von der Zustimmung der Verfahrensbeteiligten abhängig ist, gilt dies auch für das Verfahren nach den Sätzen 1 und 2.

(2) § 273 Abs. 2 der Strafprozeßordnung ist nicht anzuwenden.

(3) Im Verfahren gegen Jugendliche gilt § 78 Abs. 3 des Jugendgerichtsgesetzes entsprechend.

(4) Wird gegen einen Jugendlichen oder Heranwachsenden eine Geldbuße festgesetzt, so kann der Jugendrichter zugleich eine Vollstreckungsanordnung nach § 98 Abs. 1 treffen.

(5) Der Richter beim Amtsgericht kann von der Zuziehung eines Urkundsbeamten der Geschäftsstelle in der Hauptverhandlung absehen. Der Beschluß ist unanfechtbar.

§ 79 OWiG
Rechtsbeschwerde

(1) Gegen das Urteil und den Beschluß nach § 72 ist Rechtsbeschwerde zulässig, wenn

1. gegen den Betroffenen eine Geldbuße von mehr als zweihundertfünfzig Euro festgesetzt worden ist,
2. eine Nebenfolge angeordnet worden ist, es sei denn, daß es sich um eine Nebenfolge vermögensrechtlicher Art handelt, deren Wert im Urteil oder im Beschluß nach § 72 auf nicht mehr als zweihundertfünfzig Euro festgesetzt worden ist,
3. der Betroffene wegen einer Ordnungswidrigkeit freigesprochen oder das Verfahren eingestellt oder von der Verhängung eines Fahrverbotes abgesehen worden ist und wegen der Tat im Bußgeldbescheid oder Strafbefehl eine Geldbuße von mehr als sechshundert Euro festgesetzt, ein Fahrverbot verhängt oder eine solche Geldbuße oder ein Fahrverbot von der Staatsanwaltschaft beantragt worden war,
4. der Einspruch durch Urteil als unzulässig verworfen worden ist oder
5. durch Beschluß nach § 72 entschieden worden ist, obwohl der Beschwerdeführer diesem Verfahren rechtzeitig widersprochen hatte.

Gegen das Urteil ist die Rechtsbeschwerde ferner zulässig, wenn sie zugelassen wird (§ 80).

(2) Hat das Urteil oder der Beschluß nach § 72 mehrere Taten zum Gegenstand und sind die Voraussetzungen des Absatzes 1 Satz 1 Nr. 1 bis 3 oder Satz 2 nur hinsichtlich einzelner Taten gegeben, so ist die Rechtsbeschwerde nur insoweit zulässig.

(3) Das Gericht kann eine behördliche Erklärung (Absatz 2) auch fernmündlich einholen und deren wesentlichen Inhalt in der Hauptverhandlung bekanntgeben. Der Inhalt der bekanntgegebenen Erklärung ist auf Antrag in das Protokoll aufzunehmen.

(4) Das Verfahren nach den Absätzen 1 bis 3 bedarf der Zustimmung des Betroffenen, des Verteidigers und der Staatsanwaltschaft, soweit sie in der Hauptverhandlung anwesend sind. § 251 Abs. 1 Nr. ~~1 bis~~ 2 und 3, Abs. 2 ~~Satz 2~~ Nr. 1 und 2, Abs. 3 und 4 sowie die §§ 252 und 253 der Strafprozeßordnung bleiben unberührt.

§ 78 OWiG
Weitere Verfahrensvereinfachungen

(1) Statt der Verlesung eines Schriftstücks kann das Gericht dessen wesentlichen Inhalt bekanntgeben; dies gilt jedoch nicht, soweit es auf den Wortlaut des Schriftstücks ankommt. Haben der Betroffene, der Verteidiger und der in der Hauptverhandlung anwesende Vertreter der Staatsanwaltschaft von dem Wortlaut des Schriftstücks Kenntnis genommen oder dazu Gelegenheit gehabt, so genügt es, die Feststellung hierüber in das Protokoll aufzunehmen. Soweit die Verlesung von Schriftstücken von der Zustimmung der Verfahrensbeteiligten abhängig ist, gilt dies auch für das Verfahren nach den Sätzen 1 und 2.

(2) § 273 Abs. 2 der Strafprozeßordnung ist nicht anzuwenden.

(3) Im Verfahren gegen Jugendliche gilt § 78 Abs. 3 des Jugendgerichtsgesetzes entsprechend.

(4) Wird gegen einen Jugendlichen oder Heranwachsenden eine Geldbuße festgesetzt, so kann der Jugendrichter zugleich eine Vollstreckungsanordnung nach § 98 Abs. 1 treffen.

(5) (aufgehoben)

§ 79 OWiG
Rechtsbeschwerde

(1) Gegen das Urteil und den Beschluß nach § 72 ist Rechtsbeschwerde zulässig, wenn

1. gegen den Betroffenen eine Geldbuße von mehr als zweihundertfünfzig Euro festgesetzt worden ist,
2. eine Nebenfolge angeordnet worden ist, es sei denn, daß es sich um eine Nebenfolge vermögensrechtlicher Art handelt, deren Wert im Urteil oder im Beschluß nach § 72 auf nicht mehr als zweihundertfünfzig Euro festgesetzt worden ist,
3. der Betroffene wegen einer Ordnungswidrigkeit freigesprochen oder das Verfahren eingestellt oder von der Verhängung eines Fahrverbotes abgesehen worden ist und wegen der Tat im Bußgeldbescheid oder Strafbefehl eine Geldbuße von mehr als sechshundert Euro festgesetzt, ein Fahrverbot verhängt oder eine solche Geldbuße oder ein Fahrverbot von der Staatsanwaltschaft beantragt worden war,
4. der Einspruch durch Urteil als unzulässig verworfen worden ist oder
5. durch Beschluß nach § 72 entschieden worden ist, obwohl der Beschwerdeführer diesem Verfahren rechtzeitig widersprochen hatte.

Gegen das Urteil ist die Rechtsbeschwerde ferner zulässig, wenn sie zugelassen wird (§ 80).

(2) Hat das Urteil oder der Beschluß nach § 72 mehrere Taten zum Gegenstand und sind die Voraussetzungen des Absatzes 1 Satz 1 Nr. 1 bis 3 oder Satz 2 nur hinsichtlich einzelner Taten gegeben, so ist die Rechtsbeschwerde nur insoweit zulässig.

(3) Für die Rechtsbeschwerde und das weitere Verfahren gelten, soweit dieses Gesetz nichts anderes bestimmt, die Vorschriften der Strafprozeßordnung und des Gerichtsverfassungsgesetzes über die Revision entsprechend. § 342 der Strafprozeßordnung gilt auch entsprechend für den Antrag auf Wiedereinsetzung in den vorigen Stand nach § 72 Abs. 2 Satz 2 Halbsatz 1.

(4) Die Frist für die Einlegung der Rechtsbeschwerde beginnt mit der Zustellung des Beschlusses nach § 72 oder des Urteils, wenn es in Abwesenheit des Beschwerdeführers verkündet ist.

(5) Das Beschwerdegericht entscheidet durch Beschluß. Richtet sich die Rechtsbeschwerde gegen ein Urteil, so kann das Beschwerdegericht auf Grund einer Hauptverhandlung durch Urteil entscheiden.

(6) Hebt das Beschwerdegericht die angefochtene Entscheidung auf, so kann es abweichend von § 354 Abs. 1 und 2 der Strafprozeßordnung in der Sache selbst entscheiden oder sie an das Amtsgericht, dessen Entscheidung aufgehoben wird, oder an ein anderes Amtsgericht desselben Landes zurückverweisen.

§ 80a OWiG
Besetzung der Bußgeldsenate der Oberlandesgerichte

(1) Die Bußgeldsenate der Oberlandesgerichte sind mit drei Richtern einschließlich des Vorsitzenden besetzt, soweit nichts anderes bestimmt ist.

(2) Die Bußgeldsenate der Oberlandesgerichte sind mit einem Richter besetzt
1. in Verfahren über Rechtsbeschwerden in den in § 79 Abs. 1 bezeichneten Fällen, wenn eine Geldbuße von nicht mehr als fünftausend Euro festgesetzt oder beantragt worden ist,
2. in Verfahren über die Zulassung der Rechtsbeschwerde.
Der Wert einer Nebenfolge vermögensrechtlicher Art steht dem Wert einer Geldbuße im Sinne des Satzes 1 Nr. 1 gleich und ist ihm gegebenenfalls hinzuzurechnen.

(3) In den in Absatz 2 Satz 1 Nr. 1 bezeichneten Fällen überträgt der Richter die Sache dem Bußgeldsenat in der Besetzung mit drei Richtern, wenn es geboten ist, das Urteil zur Fortbildung des Rechts oder zur Sicherung einer einheitlichen Rechtsprechung nachzuprüfen.

§ 83 OWiG
Verfahren bei Ordnungswidrigkeiten und Straftaten

(1) Hat das Verfahren Ordnungswidrigkeiten und Straftaten zum Gegenstand und werden einzelne Taten nur als Ordnungswidrigkeiten verfolgt, so gelten für das Verfahren wegen dieser Taten auch § 46 Abs. 3, 4 und 7, die §§ 47 bis 49, 55, 76 bis 78, 79 Abs. 1 bis 3 sowie § 80.

(2) Wird in den Fällen des Absatzes 1 gegen das Urteil, soweit es nur Ordnungswidrigkeiten betrifft, Rechtsbeschwerde und im übrigen Berufung eingelegt, so wird eine rechtzeitig und in der vorgeschriebenen Form eingelegte Rechtsbeschwerde, solange die Berufung nicht zurückgenommen oder als unzulässig verworfen ist, als Berufung behandelt. Die Beschwerdeanträge und deren Begründung sind gleichwohl in der vorgeschriebenen Form anzubringen und dem Gegner zuzustellen (§§ 344 bis 347 der Strafprozeßordnung); einer Zulassung nach § 79 Abs. 1 Satz 2 bedarf es jedoch nicht. Gegen das Berufungsurteil ist die Rechtsbeschwerde nach § 79 Abs. 1 und 2 sowie § 80 zulässig.

(3) Hebt das Beschwerdegericht das Urteil auf, soweit es nur Ordnungswidrigkeiten betrifft, so kann es in der Sache selbst entscheiden.

---

(3) Für die Rechtsbeschwerde und das weitere Verfahren gelten, soweit dieses Gesetz nichts anderes bestimmt, die Vorschriften der Strafprozeßordnung und des Gerichtsverfassungsgesetzes über die Revision entsprechend. § 342 der Strafprozeßordnung gilt auch entsprechend für den Antrag auf Wiedereinsetzung in den vorigen Stand nach § 72 Abs. 2 Satz 2 Halbsatz 1.

(4) Die Frist für die Einlegung der Rechtsbeschwerde beginnt mit der Zustellung des Beschlusses nach § 72 oder des Urteils, wenn es in Abwesenheit des Beschwerdeführers verkündet **und dieser dabei auch nicht nach § 73 Abs. 3 durch einen schriftlich bevollmächtigten Verteidiger vertreten worden** ist.

(5) Das Beschwerdegericht entscheidet durch Beschluß. Richtet sich die Rechtsbeschwerde gegen ein Urteil, so kann das Beschwerdegericht auf Grund einer Hauptverhandlung durch Urteil entscheiden.

(6) Hebt das Beschwerdegericht die angefochtene Entscheidung auf, so kann es abweichend von § 354 ~~Abs. 1 und 2~~ der Strafprozeßordnung in der Sache selbst entscheiden oder sie an das Amtsgericht, dessen Entscheidung aufgehoben wird, oder an ein anderes Amtsgericht desselben Landes zurückverweisen.

§ 80a OWiG
Besetzung der Bußgeldsenate der Oberlandesgerichte

(1) Die Bußgeldsenate der Oberlandesgerichte sind mit einem Richter besetzt, soweit nichts anderes bestimmt ist.

(2) Die Bußgeldsenate der Oberlandesgerichte sind mit drei Richtern einschließlich des Vorsitzenden besetzt in Verfahren über Rechtsbeschwerden in den in § 79 Abs. 1 Satz 1 bezeichneten Fällen, wenn eine Geldbuße von mehr als fünftausend Euro oder eine Nebenfolge vermögensrechtlicher Art im Wert von mehr als fünftausend Euro festgesetzt oder beantragt worden ist. Der Wert einer Geldbuße und der Wert einer vermögensrechtlichen Nebenfolge werden gegebenenfalls zusammengerechnet.

(3) In den in Absatz 1 bezeichneten Fällen überträgt der Richter die Sache dem Bußgeldsenat in der Besetzung mit drei Richtern, wenn es geboten ist, das Urteil oder den Beschluss nach § 72 zur Fortbildung des Rechts oder zur Sicherung einer einheitlichen Rechtsprechung nachzuprüfen. Dies gilt auch in Verfahren über eine zugelassene Rechtsbeschwerde, nicht aber in Verfahren über deren Zulassung.

§ 83 OWiG
Verfahren bei Ordnungswidrigkeiten und Straftaten

(1) Hat das Verfahren Ordnungswidrigkeiten und Straftaten zum Gegenstand und werden einzelne Taten nur als Ordnungswidrigkeiten verfolgt, so gelten für das Verfahren wegen dieser Taten auch § 46 Abs. 3, 4, **5 Satz 2** und Abs. 7, die §§ 47 ~~bis~~, 49, 55, 76 bis 78, 79 Abs. 1 bis 3 sowie § 80.

(2) Wird in den Fällen des Absatzes 1 gegen das Urteil, soweit es nur Ordnungswidrigkeiten betrifft, Rechtsbeschwerde und im übrigen Berufung eingelegt, so wird eine rechtzeitig und in der vorgeschriebenen Form eingelegte Rechtsbeschwerde, solange die Berufung nicht zurückgenommen oder als unzulässig verworfen ist, als Berufung behandelt. Die Beschwerdeanträge und deren Begründung sind gleichwohl in der vorgeschriebenen Form anzubringen und dem Gegner zuzustellen (§§ 344 bis 347 der Strafprozeßordnung); einer Zulassung nach § 79 Abs. 1 Satz 2 bedarf es jedoch nicht. Gegen das Berufungsurteil ist die Rechtsbeschwerde nach § 79 Abs. 1 und 2 sowie § 80 zulässig.

(3) Hebt das Beschwerdegericht das Urteil auf, soweit es nur Ordnungswidrigkeiten betrifft, so kann es in der Sache selbst entscheiden.

Bisherige Rechtslage	Neue Rechtslage

Verwaltungsgerichtsordnung

in der Neufassung vom 19. März 1991 (BGBl. I S. 686), zuletzt geändert durch Gesetz zur Steuerung und Begrenzung der Zuwanderung und zur Regelung des Aufenthalts und der Integration von Unionsbürgern und Ausländern (Zuwanderungsgesetz) vom 30. Juli 2004 (BGBl. I S. 1950)

§ 26 VwGO
Wahlausschuß

(1) Bei jedem Verwaltungsgericht wird ein Ausschuß zur Wahl der ehrenamtlichen Richter bestellt.

(2) Der Ausschuß besteht aus dem Präsidenten des Verwaltungsgerichts als Vorsitzendem, einem von der Landesregierung bestimmten Verwaltungsbeamten und sieben Vertrauensleuten als Beisitzern. Die Vertrauensleute, ferner sieben Vertreter werden aus den Einwohnern des Verwaltungsgerichtsbezirks vom Landtag oder von einem durch ihn bestimmten Landtagsausschuß oder nach Maßgabe eines Landesgesetzes gewählt. Sie müssen die Voraussetzungen zur Berufung als ehrenamtliche Richter erfüllen. Die Landesregierungen werden ermächtigt, durch Rechtsverordnung die Zuständigkeit für die Bestimmung des Verwaltungsbeamten abweichend von Satz 1 zu regeln. Sie können diese Ermächtigung auf oberste Landesbehörden übertragen.

(3) Der Ausschuß ist beschlußfähig, wenn wenigstens der Vorsitzende, der Verwaltungsbeamte und drei Vertrauensleute anwesend sind.

§ 60 VwGO
Wiedereinsetzung in den vorigen Stand

(1) Wenn jemand ohne Verschulden verhindert war, eine gesetzliche Frist einzuhalten, so ist ihm auf Antrag Wiedereinsetzung in den vorigen Stand zu gewähren.

(2) Der Antrag ist binnen zwei Wochen nach Wegfall des Hindernisses zu stellen. Die Tatsachen zur Begründung des Antrags sind bei der Antragstellung oder im Verfahren über den Antrag glaubhaft zu machen. Innerhalb der Antragsfrist ist die versäumte Rechtshandlung nachzuholen. Ist dies geschehen, so kann die Wiedereinsetzung auch ohne Antrag gewährt werden.

(3) Nach einem Jahr seit dem Ende der versäumten Frist ist der Antrag unzulässig, außer wenn der Antrag vor Ablauf der Jahresfrist infolge höherer Gewalt unmöglich war.

(4) Über den Wiedereinsetzungsantrag entscheidet das Gericht, das über die versäumte Rechtshandlung zu befinden hat.

(5) Die Wiedereinsetzung ist unanfechtbar.

§ 87a VwGO
Entscheidung des Vorsitzenden

(1) Der Vorsitzende entscheidet, wenn die Entscheidung im vorbereitenden Verfahren ergeht,
1. über die Aussetzung und das Ruhen des Verfahrens;
2. bei Zurücknahme der Klage, Verzicht auf den geltend gemachten Anspruch oder Anerkenntnis des Anspruchs;

Verwaltungsgerichtsordnung

in der Fassung der Bundestagsdrucksache 15/3482 vom 30. Juni 2004

§ 26 VwGO
Wahlausschuß

(1) Bei jedem Verwaltungsgericht wird ein Ausschuß zur Wahl der ehrenamtlichen Richter bestellt.

(2) Der Ausschuß besteht aus dem Präsidenten des Verwaltungsgerichts als Vorsitzendem, einem von der Landesregierung bestimmten Verwaltungsbeamten und sieben Vertrauensleuten als Beisitzern. Die Vertrauensleute, ferner sieben Vertreter werden aus den Einwohnern des Verwaltungsgerichtsbezirks vom Landtag oder von einem durch ihn bestimmten Landtagsausschuß oder nach Maßgabe eines Landesgesetzes gewählt. Sie müssen die Voraussetzungen zur Berufung als ehrenamtliche Richter erfüllen. Die Landesregierungen werden ermächtigt, durch Rechtsverordnung die Zuständigkeit für die Bestimmung des Verwaltungsbeamten abweichend von Satz 1 zu regeln. Sie können diese Ermächtigung auf oberste Landesbehörden übertragen. **In den Fällen des § 3 Abs. 2 richtet sich die Zuständigkeit für die Bestellung desVerwaltungsbeamten sowie des Landes für die Wahl der Vertrauensleute nach dem Sitz des Gerichts. Die Landesgesetzgebung kann in diesen Fällen vorsehen, dass jede beteiligte Landesregierung einen Verwaltungsbeamten in den Ausschuss entsendet und dass jedes beteiligte Land mindestens zwei Vertrauensleute bestellt.**

(3) Der Ausschuß ist beschlußfähig, wenn wenigstens der Vorsitzende, ~~der Verwaltungsbeamte~~ **ein Verwaltungsbeamter** und drei Vertrauensleute anwesend sind.

§ 60 VwGO
Wiedereinsetzung in den vorigen Stand

(1) Wenn jemand ohne Verschulden verhindert war, eine gesetzliche Frist einzuhalten, so ist ihm auf Antrag Wiedereinsetzung in den vorigen Stand zu gewähren.

(2) Der Antrag ist binnen zwei Wochen nach Wegfall des Hindernisses zu stellen; **bei Versäumung der Frist zur Begründung der Berufung, des Antrags auf Zulassung der Berufung, der Revision, der Nichtzulassungsbeschwerde oder der Beschwerde beträgt die Frist einen Monat.** Die Tatsachen zur Begründung des Antrags sind bei der Antragstellung oder im Verfahren über den Antrag glaubhaft zu machen. Innerhalb der Antragsfrist ist die versäumte Rechtshandlung nachzuholen. Ist dies geschehen, so kann die Wiedereinsetzung auch ohne Antrag gewährt werden.

(3) Nach einem Jahr seit dem Ende der versäumten Frist ist der Antrag unzulässig, außer wenn der Antrag vor Ablauf der Jahresfrist infolge höherer Gewalt unmöglich war.

(4) Über den Wiedereinsetzungsantrag entscheidet das Gericht, das über die versäumte Rechtshandlung zu befinden hat.

(5) Die Wiedereinsetzung ist unanfechtbar.

§ 87a VwGO
Entscheidung des Vorsitzenden

(1) Der Vorsitzende entscheidet, wenn die Entscheidung im vorbereitenden Verfahren ergeht,
1. über die Aussetzung und das Ruhen des Verfahrens;
2. bei Zurücknahme der Klage, Verzicht auf den geltend gemachten Anspruch oder Anerkenntnis des Anspruchs, **auch über einen Antrag auf Prozesskostenhilfe;**

Bisherige Rechtslage	**Neue Rechtslage**

3. bei Erledigung des Rechtsstreits in der Hauptsache;

4. über den Streitwert;
5. über Kosten.

(2) Im Einverständnis der Beteiligten kann der Vorsitzende auch sonst anstelle der Kammer oder des Senats entscheiden.
(3) Ist ein Berichterstatter bestellt, so entscheidet dieser anstelle des Vorsitzenden.

3. bei Erledigung des Rechtsstreits in der Hauptsache, **auch über einen Antrag auf Prozesskostenhilfe**;
4. über den Streitwert;
5. über Kosten;
6. **über die Beiladung.**
(2) Im Einverständnis der Beteiligten kann der Vorsitzende auch sonst anstelle der Kammer oder des Senats entscheiden.
(3) Ist ein Berichterstatter bestellt, so entscheidet dieser anstelle des Vorsitzenden.

§ 92 VwGO
Klagerücknahme

(1) Der Kläger kann bis zur Rechtskraft des Urteils seine Klage zurücknehmen. Die Zurücknahme nach Stellung der Anträge in der mündlichen Verhandlung setzt die Einwilligung des Beklagten und, wenn ein Vertreter des öffentlichen Interesses an der mündlichen Verhandlung teilgenommen hat, auch seine Einwilligung voraus.

§ 92 VwGO
Klagerücknahme

(1) Der Kläger kann bis zur Rechtskraft des Urteils seine Klage zurücknehmen. Die Zurücknahme nach Stellung der Anträge in der mündlichen Verhandlung setzt die Einwilligung des Beklagten und, wenn ein Vertreter des öffentlichen Interesses an der mündlichen Verhandlung teilgenommen hat, auch seine Einwilligung voraus. **Die Einwilligung gilt als erteilt, wenn der Klagerücknahme nicht innerhalb von zwei Wochen seit Zustellung des die Rücknahme enthaltenden Schriftsatzes widersprochen wird; das Gericht hat auf diese Folge hinzuweisen.**

(2) Die Klage gilt als zurückgenommen, wenn der Kläger das Verfahren trotz Aufforderung des Gerichts länger als drei Monate nicht betreibt. Absatz 1 Satz 2 gilt entsprechend. Der Kläger ist in der Aufforderung auf die sich aus Satz 1 und § 155 Abs. 2 ergebenden Rechtsfolgen hinzuweisen. Das Gericht stellt durch Beschluß fest, daß die Klage als zurückgenommen gilt.
(3) Ist die Klage zurückgenommen oder gilt sie als zurückgenommen, so stellt das Gericht das Verfahren durch Beschluß ein und spricht die sich nach diesem Gesetz ergebenden Rechtsfolgen der Zurücknahme aus. Der Beschluß ist unanfechtbar.

(2) Die Klage gilt als zurückgenommen, wenn der Kläger das Verfahren trotz Aufforderung des Gerichts länger als ~~drei~~ **zwei** Monate nicht betreibt. Absatz 1 Satz 2 **und 3** gilt entsprechend. Der Kläger ist in der Aufforderung auf die sich aus Satz 1 und § 155 Abs. 2 ergebenden Rechtsfolgen hinzuweisen. Das Gericht stellt durch Beschluß fest, daß die Klage als zurückgenommen gilt.
(3) Ist die Klage zurückgenommen oder gilt sie als zurückgenommen, so stellt das Gericht das Verfahren durch Beschluß ein und spricht die sich nach diesem Gesetz ergebenden Rechtsfolgen der Zurücknahme aus. Der Beschluß ist unanfechtbar.

§ 124a VwGO
Zulassung der Berufung

(1) Das Verwaltungsgericht lässt die Berufung in dem Urteil zu, wenn die Gründe des § 124 Abs. 2 Nr. 3 oder Nr. 4 vorliegen. Das Oberverwaltungsgericht ist an die Zulassung gebunden. Zu einer Nichtzulassung der Berufung ist das Verwaltungsgericht nicht befugt.
(2) Die Berufung ist, wenn sie von dem Verwaltungsgericht zugelassen worden ist, innerhalb eines Monats nach Zustellung des vollständigen Urteils bei dem Verwaltungsgericht einzulegen. Die Berufung muss das angefochtene Urteil bezeichnen.
(3) Die Berufung ist in den Fällen des Absatzes 2 innerhalb von zwei Monaten nach Zustellung des vollständigen Urteils zu begründen. Die Begründung ist, sofern sie nicht zugleich mit der Einlegung der Berufung erfolgt, bei dem Oberverwaltungsgericht einzureichen. Die Begründungsfrist kann auf einen vor ihrem Ablauf gestellten Antrag von dem Vorsitzenden des Senats verlängert werden. Die Begründung muss einen bestimmten Antrag enthalten sowie die im Einzelnen anzuführenden Gründe der Anfechtung (Berufungsgründe). Mangelt es an einem dieser Erfordernisse, so ist die Berufung unzulässig.

(4) Wird die Berufung nicht in dem Urteil des Verwaltungsgerichts zugelassen, so ist die Zulassung innerhalb eines Monats nach Zustellung des vollständigen Urteils zu beantragen. Der Antrag ist bei dem Verwaltungsgericht zu stellen. Er muss das angefochtene Urteil bezeichnen. Innerhalb von zwei Monaten nach Zustellung des vollständigen Urteils sind die Gründe darzulegen, aus denen die Berufung zuzulassen ist. Die Begründung ist bei dem Verwaltungsgericht einzureichen. Die Stellung des Antrags hemmt die Rechtskraft des Urteils.

§ 124a VwGO
Zulassung der Berufung

(1) Das Verwaltungsgericht lässt die Berufung in dem Urteil zu, wenn die Gründe des § 124 Abs. 2 Nr. 3 oder Nr. 4 vorliegen. Das Oberverwaltungsgericht ist an die Zulassung gebunden. Zu einer Nichtzulassung der Berufung ist das Verwaltungsgericht nicht befugt.
(2) Die Berufung ist, wenn sie von dem Verwaltungsgericht zugelassen worden ist, innerhalb eines Monats nach Zustellung des vollständigen Urteils bei dem Verwaltungsgericht einzulegen. Die Berufung muss das angefochtene Urteil bezeichnen.
(3) Die Berufung ist in den Fällen des Absatzes 2 innerhalb von zwei Monaten nach Zustellung des vollständigen Urteils zu begründen. Die Begründung ist, sofern sie nicht zugleich mit der Einlegung der Berufung erfolgt, bei dem Oberverwaltungsgericht einzureichen. Die Begründungsfrist kann auf einen vor ihrem Ablauf gestellten Antrag von dem Vorsitzenden des Senats verlängert werden. Die Begründung muss einen bestimmten Antrag enthalten sowie die im Einzelnen anzuführenden Gründe der Anfechtung (Berufungsgründe). Mangelt es an einem dieser Erfordernisse, so ist die Berufung unzulässig.

(4) Wird die Berufung nicht in dem Urteil des Verwaltungsgerichts zugelassen, so ist die Zulassung innerhalb eines Monats nach Zustellung des vollständigen Urteils zu beantragen. Der Antrag ist bei dem Verwaltungsgericht zu stellen. Er muss das angefochtene Urteil bezeichnen. Innerhalb von zwei Monaten nach Zustellung des vollständigen Urteils sind die Gründe darzulegen, aus denen die Berufung zuzulassen ist. Die Begründung ist, **soweit sie nicht bereits mit dem Antrag vorgelegt worden ist,** bei dem **Ober**verwaltungsgericht einzureichen. Die Stellung des Antrags hemmt die Rechtskraft des Urteils.

Bisherige Rechtslage	Neue Rechtslage

(5) Über den Antrag entscheidet das Oberverwaltungsgericht durch Beschluss. Die Berufung ist zuzulassen, wenn einer der Gründe des § 124 Abs. 2 dargelegt ist und vorliegt. Der Beschluss soll kurz begründet werden. Mit der Ablehnung des Antrags wird das Urteil rechtskräftig. Lässt das Oberverwaltungsgericht die Berufung zu, wird das Antragsverfahren als Berufungsverfahren fortgesetzt; der Einlegung einer Berufung bedarf es nicht.
(6) Die Berufung ist in den Fällen des Absatzes 5 innerhalb eines Monats nach Zustellung des Beschlusses über die Zulassung der Berufung zu begründen. Die Begründung ist bei dem Oberverwaltungsgericht einzureichen. Absatz 3 Satz 3 bis 5 gilt entsprechend.

(5) Über den Antrag entscheidet das Oberverwaltungsgericht durch Beschluss. Die Berufung ist zuzulassen, wenn einer der Gründe des § 124 Abs. 2 dargelegt ist und vorliegt. Der Beschluss soll kurz begründet werden. Mit der Ablehnung des Antrags wird das Urteil rechtskräftig. Lässt das Oberverwaltungsgericht die Berufung zu, wird das Antragsverfahren als Berufungsverfahren fortgesetzt; der Einlegung einer Berufung bedarf es nicht.
(6) Die Berufung ist in den Fällen des Absatzes 5 innerhalb eines Monats nach Zustellung des Beschlusses über die Zulassung der Berufung zu begründen. Die Begründung ist bei dem Oberverwaltungsgericht einzureichen. Absatz 3 Satz 3 bis 5 gilt entsprechend.

§ 161 VwGO
Kostenentscheidung; Erledigung; Untätigkeitsklage

(1) Das Gericht hat im Urteil oder, wenn das Verfahren in anderer Weise beendet worden ist, durch Beschluß über die Kosten zu entscheiden.
(2) Ist der Rechtsstreit in der Hauptsache erledigt, so entscheidet das Gericht außer in den Fällen des § 113 Abs. 1 Satz 4 nach billigem Ermessen über die Kosten des Verfahrens durch Beschluß; der bisherige Sach- und Streitstand ist zu berücksichtigen.

§ 161 VwGO
Kostenentscheidung; Erledigung; Untätigkeitsklage

(1) Das Gericht hat im Urteil oder, wenn das Verfahren in anderer Weise beendet worden ist, durch Beschluß über die Kosten zu entscheiden.
(2) Ist der Rechtsstreit in der Hauptsache erledigt, so entscheidet das Gericht außer in den Fällen des § 113 Abs. 1 Satz 4 nach billigem Ermessen über die Kosten des Verfahrens durch Beschluß; der bisherige Sach- und Streitstand ist zu berücksichtigen. **Der Rechtsstreit ist auch in der Hauptsache erledigt, wenn der Beklagte der Erledigungserklärung des Klägers nicht innerhalb von zwei Wochen seit Zustellung des die Erledigungserklärung enthaltenden Schriftsatzes widerspricht und er vom Gericht auf diese Folge hingewiesen worden ist.**

(3) In den Fällen des § 75 fallen die Kosten stets dem Beklagten zur Last, wenn der Kläger mit seiner Bescheidung vor Klageerhebung rechnen durfte.

(3) In den Fällen des § 75 fallen die Kosten stets dem Beklagten zur Last, wenn der Kläger mit seiner Bescheidung vor Klageerhebung rechnen durfte.

§ 162 VwGO
Erstattungsfähige Kosten

(1) Kosten sind die Gerichtskosten (Gebühren und Auslagen) und die zur zweckentsprechenden Rechtsverfolgung oder Rechtsverteidigung notwendigen Aufwendungen der Beteiligten einschließlich der Kosten des Vorverfahrens.
(2) Die Gebühren und Auslagen eines Rechtsanwalts oder eines Rechtsbeistands, in Steuersachen auch eines Steuerberaters, sind stets erstattungsfähig. Soweit ein Vorverfahren geschwebt hat, sind Gebühren und Auslagen erstattungsfähig, wenn das Gericht die Zuziehung eines Bevollmächtigten für das Vorverfahren für notwendig erklärt. Juristische Personen des öffentlichen Rechts und Behörden können an Stelle ihrer tatsächlichen notwendigen Aufwendungen für Post- und Telekommunikationsdienstleistungen den in Nummer 7002 der Anlage 1 zum Rechtsanwaltsvergütungsgesetz bestimmten Höchstsatz der Pauschale fordern.

§ 162 VwGO
Erstattungsfähige Kosten

(1) Kosten sind die Gerichtskosten (Gebühren und Auslagen) und die zur zweckentsprechenden Rechtsverfolgung oder Rechtsverteidigung notwendigen Aufwendungen der Beteiligten einschließlich der Kosten des Vorverfahrens.
(2) Die Gebühren und Auslagen eines Rechtsanwalts oder eines Rechtsbeistands, in ~~Steuersachen~~ **Abgabenangelegenheiten** auch eines Steuerberaters **oder Wirtschaftsprüfers**, sind stets erstattungsfähig. Soweit ein Vorverfahren geschwebt hat, sind Gebühren und Auslagen erstattungsfähig, wenn das Gericht die Zuziehung eines Bevollmächtigten für das Vorverfahren für notwendig erklärt. Juristische Personen des öffentlichen Rechts und Behörden können an Stelle ihrer tatsächlichen notwendigen Aufwendungen für Post- und Telekommunikationsdienstleistungen den in Nummer 7002 der Anlage 1 zum Rechtsanwaltsvergütungsgesetz bestimmten Höchstsatz der Pauschale fordern.

Finanzgerichtsordnung
in der Neufassung vom 28. März 2001 (BGBl. I S. 442, 2262; 2002 I S. 679), zuletzt geändert durch Gesetz zur Modernisierung des Kostenrechts (Kostenrechtsmodernisierungsgesetz - KostRMoG) vom 5. Mai 2004 (BGBl. I S. 718)

Finanzgerichtsordnung
in der Fassung der Bundestagsdrucksache 15/3482 vom 30. Juni 2004

§ 56 FGO
Wiedereinsetzung in den vorigen Stand

(1) Wenn jemand ohne Verschulden verhindert war, eine gesetzliche Frist einzuhalten, so ist ihm auf Antrag Wiedereinsetzung in den vorigen Stand zu gewähren.

§ 56 FGO
Wiedereinsetzung in den vorigen Stand

(1) Wenn jemand ohne Verschulden verhindert war, eine gesetzliche Frist einzuhalten, so ist ihm auf Antrag Wiedereinsetzung in den vorigen Stand zu gewähren.

Bisherige Rechtslage	**Neue Rechtslage**

(2) Der Antrag ist binnen zwei Wochen nach Wegfall des Hindernisses zu stellen. Die Tatsachen zur Begründung des Antrags sind bei der Antragstellung oder im Verfahren über den Antrag glaubhaft zu machen. Innerhalb der Antragsfrist ist die versäumte Rechtshandlung nachzuholen. Ist dies geschehen, so kann Wiedereinsetzung auch ohne Antrag gewährt werden.

(2) Der Antrag ist binnen zwei Wochen nach Wegfall des Hindernisses zu stellen; **bei Versäumung der Frist zur Begründung der Revision oder der Nichtzulassungsbeschwerde beträgt die Frist einen Monat.** Die Tatsachen zur Begründung des Antrags sind bei der Antragstellung oder im Verfahren über den Antrag glaubhaft zu machen. Innerhalb der Antragsfrist ist die versäumte Rechtshandlung nachzuholen. Ist dies geschehen, so kann Wiedereinsetzung auch ohne Antrag gewährt werden.

(3) Nach einem Jahr seit dem Ende der versäumten Frist kann Wiedereinsetzung nicht mehr beantragt oder ohne Antrag bewilligt werden, außer wenn der Antrag vor Ablauf der Jahresfrist infolge höherer Gewalt unmöglich war.

(3) Nach einem Jahr seit dem Ende der versäumten Frist kann Wiedereinsetzung nicht mehr beantragt oder ohne Antrag bewilligt werden, außer wenn der Antrag vor Ablauf der Jahresfrist infolge höherer Gewalt unmöglich war.

(4) Über den Antrag auf Wiedereinsetzung entscheidet das Gericht, das über die versäumte Rechtshandlung zu befinden hat.

(4) Über den Antrag auf Wiedereinsetzung entscheidet das Gericht, das über die versäumte Rechtshandlung zu befinden hat.

(5) Die Wiedereinsetzung ist unanfechtbar.

(5) Die Wiedereinsetzung ist unanfechtbar.

§ 72 FGO
Klagerücknahme

§ 72 FGO
Klagerücknahme

(1) Der Kläger kann seine Klage bis zur Rechtskraft des Urteils zurücknehmen. Nach Schluss der mündlichen Verhandlung, bei Verzicht auf die mündliche Verhandlung und nach Ergehen eines Gerichtsbescheides ist die Rücknahme nur mit Einwilligung des Beklagten möglich.

(1) Der Kläger kann seine Klage bis zur Rechtskraft des Urteils zurücknehmen. Nach Schluss der mündlichen Verhandlung, bei Verzicht auf die mündliche Verhandlung und nach Ergehen eines Gerichtsbescheides ist die Rücknahme nur mit Einwilligung des Beklagten möglich. **Die Einwilligung gilt als erteilt, wenn der Klagerücknahme nicht innerhalb von zwei Wochen seit Zustellung des die Rücknahme enthaltenden Schriftsatzes widersprochen wird; das Gericht hat auf diese Folge hinzuweisen.**

(1a) Soweit Besteuerungsgrundlagen für ein Verständigungs- oder ein Schiedsverfahren nach einem Vertrag im Sinne des § 2 der Abgabenordnung von Bedeutung sein können, kann die Klage hierauf begrenzt zurückgenommen werden. § 50 Abs. 1 a Satz 2 gilt entsprechend.

(1a) Soweit Besteuerungsgrundlagen für ein Verständigungs- oder ein Schiedsverfahren nach einem Vertrag im Sinne des § 2 der Abgabenordnung von Bedeutung sein können, kann die Klage hierauf begrenzt zurückgenommen werden. § 50 Abs. 1 a Satz 2 gilt entsprechend.

(2) Die Rücknahme hat bei Klagen, deren Erhebung an eine Frist gebunden ist, den Verlust der Klage zur Folge. Wird die Klage zurückgenommen, so stellt das Gericht das Verfahren durch Beschluss ein. Wird nachträglich die Unwirksamkeit der Klagerücknahme geltend gemacht, so gilt § 56 Abs. 3 sinngemäß.

(2) Die Rücknahme hat bei Klagen, deren Erhebung an eine Frist gebunden ist, den Verlust der Klage zur Folge. Wird die Klage zurückgenommen, so stellt das Gericht das Verfahren durch Beschluss ein. Wird nachträglich die Unwirksamkeit der Klagerücknahme geltend gemacht, so gilt § 56 Abs. 3 sinngemäß.

§ 79a FGO
Entscheidung durch den Vorsitzenden

§ 79a FGO
Entscheidung durch den Vorsitzenden

(1) Der Vorsitzende entscheidet, wenn die Entscheidung im vorbereitenden Verfahren ergeht,
1. über die Aussetzung und das Ruhen des Verfahrens;
2. bei Zurücknahme der Klage;
3. bei Erledigung des Rechtsstreits in der Hauptsache;
4. über den Streitwert;
5. über Kosten.

(1) Der Vorsitzende entscheidet, wenn die Entscheidung im vorbereitenden Verfahren ergeht,
1. über die Aussetzung und das Ruhen des Verfahrens;
2. bei Zurücknahme der Klage, **auch über einen Antrag auf Prozesskostenhilfe**
3. bei Erledigung des Rechtsstreits in der Hauptsache, **auch über einen Antrag auf Prozesskostenhilfe**;
4. über den Streitwert;
5. über Kosten;
6. über die Beiladung.

(2) Der Vorsitzende kann ohne mündliche Verhandlung durch Gerichtsbescheid (§ 90 a) entscheiden. Dagegen ist nur der Antrag auf mündliche Verhandlung innerhalb eines Monats nach Zustellung des Gerichtsbescheides gegeben.

(2) Der Vorsitzende kann ohne mündliche Verhandlung durch Gerichtsbescheid (§ 90 a) entscheiden. Dagegen ist nur der Antrag auf mündliche Verhandlung innerhalb eines Monats nach Zustellung des Gerichtsbescheides gegeben.

(3) Im Einverständnis der Beteiligten kann der Vorsitzende auch sonst anstelle des Senats entscheiden.

(3) Im Einverständnis der Beteiligten kann der Vorsitzende auch sonst anstelle des Senats entscheiden.

(4) Ist ein Berichterstatter bestellt, so entscheidet dieser anstelle des Vorsitzenden.

(4) Ist ein Berichterstatter bestellt, so entscheidet dieser anstelle des Vorsitzenden.

§ 138 FGO
Kostenentscheidung bei Erledigung des Rechtsstreits in der Hauptsache

§ 138 FGO
Kostenentscheidung bei Erledigung des Rechtsstreits in der Hauptsache

(1) Ist der Rechtsstreit in der Hauptsache erledigt, so entscheidet das Gericht nach billigem Ermessen über die Kosten des Verfahrens durch Beschluss; der bisherige Sach- und Streitstand ist zu berücksichtigen.

(1) Ist der Rechtsstreit in der Hauptsache erledigt, so entscheidet das Gericht nach billigem Ermessen über die Kosten des Verfahrens durch Beschluss; der bisherige Sach- und Streitstand ist zu berücksichtigen.

Bisherige Rechtslage	**Neue Rechtslage**

(2) Soweit ein Rechtsstreit dadurch erledigt wird, dass dem Antrag des Steuerpflichtigen durch Rücknahme oder Änderung des angefochtenen Verwaltungsakts stattgegeben oder dass im Fall der Untätigkeitsklage gemäß § 46 Abs. 1 Satz 3 Halbsatz 2 innerhalb der gesetzten Frist dem außergerichtlichen Rechtsbehelf stattgegeben oder der beantragte Verwaltungsakt erlassen wird, sind die Kosten der Behörde aufzuerlegen.

(2) Soweit ein Rechtsstreit dadurch erledigt wird, dass dem Antrag des Steuerpflichtigen durch Rücknahme oder Änderung des angefochtenen Verwaltungsakts stattgegeben oder dass im Fall der Untätigkeitsklage gemäß § 46 Abs. 1 Satz 3 Halbsatz 2 innerhalb der gesetzten Frist dem außergerichtlichen Rechtsbehelf stattgegeben oder der beantragte Verwaltungsakt erlassen wird, sind die Kosten der Behörde aufzuerlegen.
(3) Der Rechtsstreit ist auch in der Hauptsache erledigt, wenn der Beklagte der Erledigungserklärung des Klägers nicht innerhalb von zwei Wochen seit Zustellung des die Erledigungserklärung enthaltenden Schriftsatzes widerspricht und er vom Gericht auf diese Folge hingewiesen worden ist.

Sozialgerichtsgesetz
in der Neufassung vom 23. September 1975 (BGBl. I S. 2535), zuletzt geändert durch Gesetz zur optionalen Trägerschaft von Kommunen nach dem Zweiten Buch Sozialgesetzbuch (Kommunales Optionsgesetz) vom 30. Juli 2004 (BGBl. I S. 2014)

Sozialgerichtsgesetz
in der Fassung der Bundestagsdrucksache 15/3482 vom 30. Juni 2004

§ 61 SGG
Allgemeine Verfahrensvorschriften

(1) Für die Öffentlichkeit, Sitzungspolizei und Gerichtssprache gelten die §§ 169, 171b bis 191 des Gerichtsverfassungsgesetzes entsprechend.

(2) Für die Beratung und Abstimmung gelten die §§ 192 bis 198 des Gerichtsverfassungsgesetzes entsprechend.

§ 61 SGG
Allgemeine Verfahrensvorschriften

(1) Für die Öffentlichkeit, Sitzungspolizei und Gerichtssprache gelten die §§ 169, 171b bis ~~191~~ **191a** des Gerichtsverfassungsgesetzes entsprechend.

(2) Für die Beratung und Abstimmung gelten die §§ 192 bis ~~198~~ **197** des Gerichtsverfassungsgesetzes entsprechend.

§ 131 SGG
Sicherung des Rechtsschutzes eines obsiegenden Beteiligten

(1) Wird ein Verwaltungsakt oder ein Widerspruchsbescheid, der bereits vollzogen ist, aufgehoben, so kann das Gericht aussprechen, daß und in welcher Weise die Vollziehung des Verwaltungsakts rückgängig zu machen ist. Dies ist nur zulässig, wenn die Verwaltungsstelle rechtlich dazu in der Lage und diese Frage ohne weiteres in jeder Beziehung spruchreif ist. Hat sich der Verwaltungsakt vorher durch Zurücknahme oder anders erledigt, so spricht das Gericht auf Antrag durch Urteil aus, daß der Verwaltungsakt rechtswidrig ist, wenn der Kläger ein berechtigtes Interesse an dieser Feststellung hat.
(2) Hält das Gericht die Verurteilung zum Erlaß eines abgelehnten Verwaltungsakts für begründet und diese Frage in jeder Beziehung für spruchreif, so ist im Urteil die Verpflichtung auszusprechen, den Verwaltungsakt zu erlassen.
(3) Hält das Gericht die Unterlassung eines Verwaltungsakts für rechtswidrig, so ist im Urteil die Verpflichtung auszusprechen, den Kläger unter Beachtung der Rechtsauffassung des Gerichts zu bescheiden.
(4) Hält das Gericht eine Wahl im Sinne des § 57b oder eine Wahl zu den Selbstverwaltungsorganen der Kassenärztlichen Vereinigungen oder der Kassenärztlichen Bundesvereinigungen ganz oder teilweise oder eine Ergänzung der Selbstverwaltungsorgane für ungültig, so spricht es dies im Urteil aus und bestimmt Folgerungen, die sich aus der Ungültigkeit ergeben.

§ 131 SGG
Sicherung des Rechtsschutzes eines obsiegenden Beteiligten

(1) Wird ein Verwaltungsakt oder ein Widerspruchsbescheid, der bereits vollzogen ist, aufgehoben, so kann das Gericht aussprechen, daß und in welcher Weise die Vollziehung des Verwaltungsakts rückgängig zu machen ist. Dies ist nur zulässig, wenn die Verwaltungsstelle rechtlich dazu in der Lage und diese Frage ohne weiteres in jeder Beziehung spruchreif ist. Hat sich der Verwaltungsakt vorher durch Zurücknahme oder anders erledigt, so spricht das Gericht auf Antrag durch Urteil aus, daß der Verwaltungsakt rechtswidrig ist, wenn der Kläger ein berechtigtes Interesse an dieser Feststellung hat.
(2) Hält das Gericht die Verurteilung zum Erlaß eines abgelehnten Verwaltungsakts für begründet und diese Frage in jeder Beziehung für spruchreif, so ist im Urteil die Verpflichtung auszusprechen, den Verwaltungsakt zu erlassen.
(3) Hält das Gericht die Unterlassung eines Verwaltungsakts für rechtswidrig, so ist im Urteil die Verpflichtung auszusprechen, den Kläger unter Beachtung der Rechtsauffassung des Gerichts zu bescheiden.
(4) Hält das Gericht eine Wahl im Sinne des § 57b oder eine Wahl zu den Selbstverwaltungsorganen der Kassenärztlichen Vereinigungen oder der Kassenärztlichen Bundesvereinigungen ganz oder teilweise oder eine Ergänzung der Selbstverwaltungsorgane für ungültig, so spricht es dies im Urteil aus und bestimmt Folgerungen, die sich aus der Ungültigkeit ergeben.
(5) Hält das Gericht eine weitere Sachaufklärung für erforderlich, kann es, ohne in der Sache selbst zu entscheiden, den Verwaltungsakt und den Widerspruchsbescheid aufheben, soweit nach Art oder Umfang die noch erforderlichen Ermittlungen erheblich sind und die Aufhebung auch unter Berücksichtigung der Belange der Beteiligten sachdienlich ist. Auf Antrag kann das Gericht bis zum Erlass des neuen Verwaltungsakts eine einstweilige Regelung treffen, insbesondere bestimmen, dass Sicherheiten

Bisherige Rechtslage	**Neue Rechtslage**

geleistet werden oder ganz oder zum Teil bestehen bleiben und Leistungen zunächst nicht zurückgewährt werden müssen. Der Beschluss kann jederzeit geändert oder aufgehoben werden. Eine Entscheidung nach Satz 1 kann nur binnen sechs Monaten seit Eingang der Akten der Behörde bei Gericht ergehen.

§ 155 SGG
Vorbereitung der Verhandlung

(1) Der Vorsitzende kann seine Aufgaben nach den §§ 104, 106 bis 108 und 120 einem Berufsrichter des Senats übertragen.
(2) Der Vorsitzende entscheidet, wenn die Entscheidung im vorbereitenden Verfahren ergeht,
1. über die Aussetzung und das Ruhen des Verfahrens;
2. bei Zurücknahme der Klage oder der Berufung, Verzicht auf den geltend gemachten Anspruch oder Anerkenntnis des Anspruchs;
3. bei Erledigung des Rechtsstreits in der Hauptsache;
4. über den Streitwert;
5. über Kosten.
In dringenden Fällen entscheidet der Vorsitzende auch über den Antrag nach § 86 Abs. 1 oder 2.

(3) Im Einverständnis der Beteiligten kann der Vorsitzende auch sonst anstelle des Senats entscheiden.
(4) Ist ein Berichterstatter bestellt, so entscheidet dieser anstelle des Vorsitzenden.

§ 155 SGG
Vorbereitung der Verhandlung

(1) Der Vorsitzende kann seine Aufgaben nach den §§ 104, 106 bis 108 und 120 einem Berufsrichter des Senats übertragen.
(2) Der Vorsitzende entscheidet, wenn die Entscheidung im vorbereitenden Verfahren ergeht,
1. über die Aussetzung und das Ruhen des Verfahrens;
2. bei Zurücknahme der Klage oder der Berufung, Verzicht auf den geltend gemachten Anspruch oder Anerkenntnis des Anspruchs, **auch über einen Antrag auf Prozesskostenhilfe;**
3. bei Erledigung des Rechtsstreits in der Hauptsache, **auch über einen Antrag auf Prozesskostenhilfe;**
4. über den Streitwert;
5. über Kosten.
In dringenden Fällen entscheidet der Vorsitzende auch über den Antrag nach § 86 Abs. 1 oder 2.

(3) Im Einverständnis der Beteiligten kann der Vorsitzende auch sonst anstelle des Senats entscheiden.
(4) Ist ein Berichterstatter bestellt, so entscheidet dieser anstelle des Vorsitzenden.

Rechtspflegergesetz
vom 5. November 1969 (BGBl. I S. 2065), zuletzt geändert durch Gesetz zur Modernisierung des Kostenrechts (Kostenrechtsmodernisierungsgesetz – KostRMoG) vom 5. Mai 2004 (BGBl. I S. 718)

in der Fassung der Bundestagsdrucksache 15/3482 vom 30. Juni 2004

§ 4 RPflG
Umfang der Übertragung

(1) Der Rechtspfleger trifft alle Maßnahmen, die zur Erledigung der ihm übertragenen Geschäfte erforderlich sind.
(2) Der Rechtspfleger ist nicht befugt,
1. eine Beeidigung anzuordnen oder einen Eid abzunehmen,
2. Freiheitsentziehungen anzudrohen oder anzuordnen, sofern es sich nicht um Maßnahmen zur Vollstreckung
   a) einer Freiheitsstrafe nach § 457 der Strafprozeßordnung oder einer Ordnungshaft nach § 890 der Zivilprozeßordnung,
   b) einer Maßregel der Besserung und Sicherung nach § 463 der Strafprozeßordnung oder
   c) der Erzwingungshaft nach § 97 des Gesetzes über Ordnungswidrigkeiten handelt,
3. über Anträge zu entscheiden, die auf Änderung einer Entscheidung des Urkundsbeamten der Geschäftsstelle gerichtet sind.
(3) Hält der Rechtspfleger Maßnahmen für geboten, zu denen er nach Absatz 2 Nr. 1 und 2 nicht befugt ist, so legt er deswegen die Sache dem Richter zur Entscheidung vor.

§ 4 RPflG
Umfang der Übertragung

(1) Der Rechtspfleger trifft alle Maßnahmen, die zur Erledigung der ihm übertragenen Geschäfte erforderlich sind.
(2) Der Rechtspfleger ist nicht befugt,
1. eine Beeidigung anzuordnen oder einen Eid abzunehmen,
2. Freiheitsentziehungen anzudrohen oder anzuordnen, sofern es sich nicht um Maßnahmen zur Vollstreckung
   a) einer Freiheitsstrafe nach § 457 der Strafprozeßordnung oder einer Ordnungshaft nach § 890 der Zivilprozeßordnung,
   b) einer Maßregel der Besserung und Sicherung nach § 463 der Strafprozeßordnung oder
   c) der Erzwingungshaft nach § 97 des Gesetzes über Ordnungswidrigkeiten handelt,
3. **(aufgehoben)**

(3) Hält der Rechtspfleger Maßnahmen für geboten, zu denen er nach Absatz 2 Nr. 1 und 2 nicht befugt ist, so legt er deswegen die Sache dem Richter zur Entscheidung vor.

§ 16 RPflG
Nachlaß- und Teilungssachen

(1) Von den Angelegenheiten, die dem Nachlaßgericht, dem für Teilungssachen sowie dem nach den §§ 2258 a bis 2264, 2300 und 2300 a des Bürgerlichen Gesetzbuchs zuständigen Gericht übertragen sind, bleiben dem Richter vorbehalten
1. die Geschäfte des Nachlaßgerichts, die bei einer Nachlaßpflegschaft oder Nachlaßverwaltung erforderlich werden, soweit sie den nach § 14 dieses Gesetzes von der Übertragung ausgeschlossenen Geschäften in Vormund-

§ 16 RPflG
Nachlaß- und Teilungssachen

(1) Von den Angelegenheiten, die dem Nachlaßgericht, dem für Teilungssachen sowie dem nach den §§ 2258 a bis 2264, 2300 und 2300 a des Bürgerlichen Gesetzbuchs zuständigen Gericht übertragen sind, bleiben dem Richter vorbehalten
1. die Geschäfte des Nachlaßgerichts, die bei einer Nachlaßpflegschaft oder Nachlaßverwaltung erforderlich werden, soweit sie den nach § 14 dieses Gesetzes von der Übertragung ausgeschlossenen Geschäften in Vormund-

Bisherige Rechtslage	**Neue Rechtslage**

schaftssachen entsprechen;

2. die Ernennung von Testamentsvollstreckern (§ 2200 des Bürgerlichen Gesetzbuchs);

3. die Entscheidung über Anträge, eine vom Erblasser für die Verwaltung des Nachlasses durch letztwillige Verfügung getroffene Anordnung außer Kraft zu setzen (§ 2216 Abs. 2 Satz 2 des Bürgerlichen Gesetzbuchs);

4. die Entscheidung von Meinungsverschiedenheiten zwischen mehreren Testamentsvollstreckern (§ 2224 des Bürgerlichen Gesetzbuchs);

5. die Entlassung eines Testamentsvollstreckers aus wichtigem Grund (§ 2227 des Bürgerlichen Gesetzbuchs);

6. die Erteilung von Erbscheinen (§ 2353 des Bürgerlichen Gesetzbuchs) sowie Zeugnissen nach den §§ 36, 37 der Grundbuchordnung oder den §§ 42, 74 der Schiffsregisterordnung, sofern eine Verfügung von Todes wegen vorliegt, sowie von gegenständlich beschränkten Erbscheinen (§ 2369 des Bürgerlichen Gesetzbuchs), auch wenn eine Verfügung von Todes wegen nicht vorliegt, ferner die Erteilung von Testamentsvollstreckerzeugnissen (§ 2368 des Bürgerlichen Gesetzbuchs);

7. die Einziehung von Erbscheinen (§ 2361 des Bürgerlichen Gesetzbuchs) und von Zeugnissen nach den §§ 36, 37 der Grundbuchordnung und den §§ 42, 74 der Schiffsregisterordnung, wenn die Erbscheine oder Zeugnisse vom Richter erteilt oder wegen einer Verfügung von Todes wegen einzuziehen sind, ferner die Einziehung von Testamentsvollstreckerzeugnissen (§ 2368 des Bürgerlichen Gesetzbuchs) und von Zeugnissen über die Fortsetzung einer Gütergemeinschaft (§ 1507 des Bürgerlichen Gesetzbuchs);

8. bei der gerichtlichen Vermittlung der Erbauseinandersetzung (§§ 86 bis 98 des Gesetzes über die Angelegenheiten der freiwilligen Gerichtsbarkeit) die Genehmigungen (§ 97 Abs. 2 des Gesetzes über die Angelegenheiten der freiwilligen Gerichtsbarkeit), soweit die entsprechenden vormundschaftsgerichtlichen Genehmigungen dem Richter vorbehalten sind.

(2) Liegt eine Verfügung von Todes wegen vor, ist aber dennoch ein Erbschein oder ein Zeugnis nach den §§ 36, 37 der Grundbuchordnung oder den §§ 42, 74 der Schiffsregisterordnung auf Grund gesetzlicher Erbfolge zu erteilen, so kann der Richter die Erteilung des Erbscheins oder des Zeugnisses dem Rechtspfleger übertragen, wenn deutsches Erbrecht anzuwenden ist. Der Rechtspfleger ist an die ihm mitgeteilte Auffassung des Richters gebunden.

---

schaftssachen entsprechen;

2. die Ernennung von Testamentsvollstreckern (§ 2200 des Bürgerlichen Gesetzbuchs);

3. die Entscheidung über Anträge, eine vom Erblasser für die Verwaltung des Nachlasses durch letztwillige Verfügung getroffene Anordnung außer Kraft zu setzen (§ 2216 Abs. 2 Satz 2 des Bürgerlichen Gesetzbuchs);

4. die Entscheidung von Meinungsverschiedenheiten zwischen mehreren Testamentsvollstreckern (§ 2224 des Bürgerlichen Gesetzbuchs);

5. die Entlassung eines Testamentsvollstreckers aus wichtigem Grund (§ 2227 des Bürgerlichen Gesetzbuchs);

6. die Erteilung von Erbscheinen (§ 2353 des Bürgerlichen Gesetzbuchs) sowie Zeugnissen nach den §§ 36, 37 der Grundbuchordnung oder den §§ 42, 74 der Schiffsregisterordnung, sofern eine Verfügung von Todes wegen vorliegt, sowie von gegenständlich beschränkten Erbscheinen (§ 2369 des Bürgerlichen Gesetzbuchs), auch wenn eine Verfügung von Todes wegen nicht vorliegt, ferner die Erteilung von Testamentsvollstreckerzeugnissen (§ 2368 des Bürgerlichen Gesetzbuchs);

7. die Einziehung von Erbscheinen (§ 2361 des Bürgerlichen Gesetzbuchs) und von Zeugnissen nach den §§ 36, 37 der Grundbuchordnung und den §§ 42, 74 der Schiffsregisterordnung, wenn die Erbscheine oder Zeugnisse vom Richter erteilt oder wegen einer Verfügung von Todes wegen einzuziehen sind, ferner die Einziehung von Testamentsvollstreckerzeugnissen (§ 2368 des Bürgerlichen Gesetzbuchs) und von Zeugnissen über die Fortsetzung einer Gütergemeinschaft (§ 1507 des Bürgerlichen Gesetzbuchs);

8. (aufgehoben)

(2) Liegt eine Verfügung von Todes wegen vor, ist aber dennoch ein Erbschein oder ein Zeugnis nach den §§ 36, 37 der Grundbuchordnung oder den §§ 42, 74 der Schiffsregisterordnung auf Grund gesetzlicher Erbfolge zu erteilen, so kann der Richter die Erteilung des Erbscheins oder des Zeugnisses dem Rechtspfleger übertragen, wenn deutsches Erbrecht anzuwenden ist. Der Rechtspfleger ist an die ihm mitgeteilte Auffassung des Richters gebunden.

§ 19 RPflG
Aufhebung von Richtervorbehalten

(1) Die Landesregierungen werden ermächtigt, durch Rechtsverordnung die in den vorstehenden Vorschriften bestimmten Richtervorbehalte ganz oder teilweise aufzuheben, soweit sie folgende Angelegenheiten betreffen:

1. die Geschäfte nach § 16 Abs. 1 Nr. 1, soweit sie den nach § 14 Abs. 1 Nr. 4 dieses Gesetzes ausgeschlossenen Geschäften in Vormundschaftssachen entsprechen;

2. die Geschäfte nach § 16 Abs. 1 Nr. 2;

3. die Geschäfte nach § 16 Abs. 1 Nr. 5, soweit der Erblasser den Testamentsvollstrecker nicht selbst ernannt oder einen Dritten zu dessen Ernennung bestimmt hat;

4. die Geschäfte nach § 16 Abs. 1 Nr. 6 und 7;

5. die Geschäfte nach § 17 Nr. 1 und Nr. 2 Buchstabe b.

Die Landesregierungen können die Ermächtigung auf die Landesjustizverwaltungen übertragen.

(2) In der Verordnung nach Absatz 1 ist vorzusehen, dass der Rechtspfleger das Verfahren dem Richter zur weiteren Bearbeitung vorzulegen hat, soweit bei den Geschäften nach Absatz 1 Satz 1 Nr. 1 bis 4 gegen den Erlass der beantragten Entscheidung Einwände erhoben werden.

Bisherige Rechtslage	**Neue Rechtslage**

§ 24b RPflG
Amtshilfe

(1) Die Landesregierungen werden ermächtigt, durch Rechtsverordnung die Geschäfte der Amtshilfe dem Rechtspfleger zu übertragen.
(2) Die Landesregierungen können die Ermächtigung auf die Landesjustizverwaltungen übertragen.

§ 31 RPflG
Geschäfte der Staatsanwaltschaft im Strafverfahren und Vollstreckung in Straf- und Bußgeldsachen sowie von Ordnungs- und Zwangsmitteln

(1) Von den Geschäften der Staatsanwaltschaft im Strafverfahren werden dem Rechtspfleger übertragen:
1. die Geschäfte bei der Durchführung der Beschlagnahme (§ 111 f Abs. 2 der Strafprozeßordnung),
2. die Geschäfte bei der Durchführung der Beschlagnahme und Vollziehung des Arrestes sowie die Anordnung der Notveräußerung und die weiteren Anordnungen bei deren Durchführung (§ 111 f Abs. 1, 3, § 111 l der Strafprozeßordnung), soweit die entsprechenden Geschäfte im Zwangsvollstreckungs- und Arrestverfahren dem Rechtspfleger übertragen sind.
(2) Die der Vollstreckungsbehörde in Straf- und Bußgeldsachen obliegenden Geschäfte werden dem Rechtspfleger übertragen. Der Bundesminister der Justiz wird ermächtigt, durch Rechtsverordnung mit Zustimmung des Bundesrates einzelne Geschäfte wegen ihrer rechtlichen Schwierigkeit, wegen ihrer Bedeutung für den Betroffenen oder zur Sicherung einer einheitlichen Rechtsanwendung von der Übertragung auszunehmen oder ihre Vorlage an den Staatsanwalt anzuordnen.

§ 31 RPflG
Geschäfte der Staatsanwaltschaft im Strafverfahren und Vollstreckung in Straf- und Bußgeldsachen sowie von Ordnungs- und Zwangsmitteln

(1) Von den Geschäften der Staatsanwaltschaft im Strafverfahren werden dem Rechtspfleger übertragen:
1. die Geschäfte bei der Durchführung der Beschlagnahme (§ 111 f Abs. 2 der Strafprozeßordnung),
2. die Geschäfte bei der Durchführung der Beschlagnahme und Vollziehung des Arrestes sowie die Anordnung der Notveräußerung und die weiteren Anordnungen bei deren Durchführung (§ 111 f Abs. 1, 3, § 111 l der Strafprozeßordnung), soweit die entsprechenden Geschäfte im Zwangsvollstreckungs- und Arrestverfahren dem Rechtspfleger übertragen sind.
(2) Die der Vollstreckungsbehörde in Straf- und Bußgeldsachen obliegenden Geschäfte werden dem Rechtspfleger übertragen. **Ausgenommen sind Entscheidungen nach § 114 des Jugendgerichtsgesetzes. Satz 1 gilt entsprechend, soweit Ordnungs- und Zwangsmittel von der Staatsanwaltschaft vollstreckt werden.**

(2a) Der Rechtspfleger hat die ihm nach Absatz 2 Satz 1 übertragenen Sachen dem Staatsanwalt vorzulegen, wenn
1. er von einer ihm bekannten Stellungnahme des Staatsanwalts abweichen will oder
2. zwischen dem übertragenen Geschäft und einem vom Staatsanwalt wahrzunehmenden Geschäft ein so enger Zusammenhang besteht, dass eine getrennte Sachbearbeitung nicht sachdienlich ist, oder
3. ein Ordnungs- oder Zwangsmittel von dem Staatsanwalt verhängt ist und dieser sich die Vorlage ganz oder teilweise vorbehalten hat.
(2b) Der Rechtspfleger kann die ihm nach Absatz 2 Satz 1 übertragenen Geschäfte dem Staatsanwalt vorlegen, wenn
1. sich bei der Bearbeitung Bedenken gegen die Zulässigkeit der Vollstreckung ergeben oder
2. ein Urteil vollstreckt werden soll, das von einem Mitangeklagten mit der Revision angefochten ist.
(2c) Die vorgelegten Sachen bearbeitet der Staatsanwalt, solange er es für erforderlich hält. Er kann die Sachen dem Rechtspfleger zurückgeben. An eine dabei mitgeteilte Rechtsauffassung oder erteilte Weisungen ist der Rechtspfleger gebunden.

---

(3) Die gerichtliche Vollstreckung von Ordnungs- und Zwangsmitteln wird dem Rechtspfleger übertragen, soweit sich nicht der Richter im Einzelfall die Vollstreckung ganz oder teilweise vorbehält.
(4) Werden Ordnungs- und Zwangsmittel von der Staatsanwaltschaft vollstreckt, so gilt Absatz 2 entsprechend.
(5) Die Leitung der Vollstreckung im Jugendstrafverfahren bleibt dem Richter vorbehalten. Dem Rechtspfleger werden die Geschäfte der Vollstreckung übertragen, durch die eine richterliche Vollstreckungsanordnung oder eine die Leitung der Vollstreckung nicht betreffende allgemeine Verwaltungsvorschrift ausgeführt wird. Der Bundesminister der Justiz wird ermächtigt, durch Rechtsverordnung mit Zustimmung des Bundesrates auf dem Gebiet der Vollstreckung im Jugendstrafverfahren dem Rechtspfleger nichtrichterliche

(3) Die gerichtliche Vollstreckung von Ordnungs- und Zwangsmitteln wird dem Rechtspfleger übertragen, soweit sich nicht der Richter im Einzelfall die Vollstreckung ganz oder teilweise vorbehält.
(4) (aufgehoben)

(5) Die Leitung der Vollstreckung im Jugendstrafverfahren bleibt dem Richter vorbehalten. Dem Rechtspfleger werden die Geschäfte der Vollstreckung übertragen, durch die eine richterliche Vollstreckungsanordnung oder eine die Leitung der Vollstreckung nicht betreffende allgemeine Verwaltungsvorschrift ausgeführt wird. Der Bundesminister der Justiz wird ermächtigt, durch Rechtsverordnung mit Zustimmung des Bundesrates auf dem Gebiet der Vollstreckung im Jugendstrafverfahren dem Rechtspfleger nichtrichterliche Geschäfte

Bisherige Rechtslage	**Neue Rechtslage**

Geschäfte zu übertragen, soweit nicht die Leitung der Vollstreckung durch den Jugendrichter beeinträchtigt wird oder das Vollstreckungsgeschäft wegen seiner rechtlichen Schwierigkeit, wegen der Bedeutung für den Betroffenen, vor allem aus erzieherischen Gründen, oder zur Sicherung einer einheitlichen Rechtsanwendung dem Vollstreckungsleiter vorbehalten bleiben muß. Der Richter kann die Vorlage von übertragenen Vollstreckungsgeschäften anordnen.
(6) Über Einwendungen gegen Maßnahmen des Rechtspflegers entscheidet der Richter oder Staatsanwalt, an dessen Stelle der Rechtspfleger tätig geworden ist. Er kann dem Rechtspfleger Weisungen erteilen. Die Befugnisse des Behördenleiters aus den §§ 145, 146 des Gerichtsverfassungsgesetzes bleiben unberührt.

(7) Unberührt bleiben ferner bundes- und landesrechtliche Vorschriften, welche die Vollstreckung von Vermögensstrafen im Verwaltungszwangsverfahren regeln.

§ 36b RPflG
Übertragung von Rechtspflegeraufgaben auf den Urkundsbeamten der Geschäftsstelle

(1) Die Landesregierungen werden ermächtigt, durch Rechtsverordnung folgende nach diesem Gesetz vom Rechtspfleger wahrzunehmende Geschäfte ganz oder teilweise dem Urkundsbeamten der Geschäftsstelle zu übertragen:
1. die Geschäfte bei der Annahme von Testamenten und Erbverträgen zur amtlichen Verwahrung nach den §§ 2258 b und 2300 des Bürgerlichen Gesetzbuchs (§ 3 Nr. 2 Buchstabe c);
2. das Mahnverfahren im Sinne des Siebenten Buchs der Zivilprozessordnung einschließlich der Bestimmung der Einspruchsfrist nach § 700 Abs. 1 in Verbindung mit § 339 Abs. 2 der Zivilprozessordnung sowie der Abgabe an das für das streitige Verfahren als zuständig bezeichnete Gericht, auch soweit das Mahnverfahren maschinell bearbeitet wird (§ 20 Nr. 1);
3. die Erteilung einer weiteren vollstreckbaren Ausfertigung in den Fällen des § 733 der Zivilprozessordnung (§ 20 Nr. 12);
4. die Erteilung von weiteren vollstreckbaren Ausfertigungen gerichtlicher Urkunden nach § 797 Abs. 3 der Zivilprozessordnung (§ 20 Nr. 13);
5. die der Staatsanwaltschaft als Vollstreckungsbehörde in Straf- und Bußgeldsachen obliegenden Geschäfte bei der Vollstreckung von Geldstrafen und Geldbußen (§ 31 Abs. 2); hierzu gehört nicht die Vollstreckung von Ersatzfreiheitsstrafen.
Die Landesregierungen können die Ermächtigung auf die Landesjustizverwaltungen übertragen.
(2) Der Urkundsbeamte der Geschäftsstelle trifft alle Maßnahmen, die zur Erledigung der ihm übertragenen Geschäfte erforderlich sind. Die Vorschriften über die Vorlage einzelner Geschäfte durch den Rechtspfleger an den Richter oder Staatsanwalt (§§ 5, 28, 31 Abs. 2 Satz 2) gelten entsprechend.
(3) Bei der Wahrnehmung von Geschäften nach Absatz 1 Satz 1 Nr. 2 kann in den Fällen der §§ 694, 696 Abs. 1, § 700 Abs. 3 der Zivilprozessordnung eine Entscheidung des Prozessgerichts zur Änderung einer Entscheidung des Urkundsbeamten der Geschäftsstelle (§ 573 der Zivilprozessordnung) nicht nachgesucht werden. Bei der Wahrnehmung von Geschäften nach Absatz 1 Satz 1 Nr. 5 durch den Urkundsbeamten der Geschäftsstelle gilt § 31 Abs. 6 entsprechend.

---

zu übertragen, soweit nicht die Leitung der Vollstreckung durch den Jugendrichter beeinträchtigt wird oder das Vollstreckungsgeschäft wegen seiner rechtlichen Schwierigkeit, wegen der Bedeutung für den Betroffenen, vor allem aus erzieherischen Gründen, oder zur Sicherung einer einheitlichen Rechtsanwendung dem Vollstreckungsleiter vorbehalten bleiben muß. Der Richter kann die Vorlage von übertragenen Vollstreckungsgeschäften anordnen.
(6) Gegen die Maßnahmen des Rechtspflegers ist der Rechtsbehelf gegeben, der nach den allgemeinen verfahrensrechtlichen Vorschriften zulässig ist. Ist hiernach ein Rechtsbehelf nicht gegeben, entscheidet über Einwendungen der Richter oder Staatsanwalt, an dessen Stelle der Rechtspfleger tätig geworden ist. Er kann dem Rechtspfleger Weisungen erteilen. Die Befugnisse des Behördenleiters aus den §§ 145, 146 des Gerichtsverfassungsgesetzes bleiben unberührt.
(7) Unberührt bleiben ferner bundes- und landesrechtliche Vorschriften, welche die Vollstreckung von Vermögensstrafen im Verwaltungszwangsverfahren regeln.

§ 36b RPflG
Übertragung von Rechtspflegeraufgaben auf den Urkundsbeamten der Geschäftsstelle

(1) Die Landesregierungen werden ermächtigt, durch Rechtsverordnung folgende nach diesem Gesetz vom Rechtspfleger wahrzunehmende Geschäfte ganz oder teilweise dem Urkundsbeamten der Geschäftsstelle zu übertragen:
1. die Geschäfte bei der Annahme von Testamenten und Erbverträgen zur amtlichen Verwahrung nach den §§ 2258 b und 2300 des Bürgerlichen Gesetzbuchs (§ 3 Nr. 2 Buchstabe c);
2. das Mahnverfahren im Sinne des Siebenten Buchs der Zivilprozessordnung einschließlich der Bestimmung der Einspruchsfrist nach § 700 Abs. 1 in Verbindung mit § 339 Abs. 2 der Zivilprozessordnung sowie der Abgabe an das für das streitige Verfahren als zuständig bezeichnete Gericht, auch soweit das Mahnverfahren maschinell bearbeitet wird (§ 20 Nr. 1);
3. die Erteilung einer weiteren vollstreckbaren Ausfertigung in den Fällen des § 733 der Zivilprozessordnung (§ 20 Nr. 12);
4. die Erteilung von weiteren vollstreckbaren Ausfertigungen gerichtlicher Urkunden nach § 797 Abs. 3 der Zivilprozessordnung (§ 20 Nr. 13);
5. die der Staatsanwaltschaft als Vollstreckungsbehörde in Straf- und Bußgeldsachen obliegenden Geschäfte bei der Vollstreckung von Geldstrafen und Geldbußen (§ 31 Abs. 2); hierzu gehört nicht die Vollstreckung von Ersatzfreiheitsstrafen.
Die Landesregierungen können die Ermächtigung auf die Landesjustizverwaltungen übertragen.
(2) Der Urkundsbeamte der Geschäftsstelle trifft alle Maßnahmen, die zur Erledigung der ihm übertragenen Geschäfte erforderlich sind. Die Vorschriften über die Vorlage einzelner Geschäfte durch den Rechtspfleger an den Richter oder Staatsanwalt (§§ 5, 28, 31 Abs. **2a und 2b**) gelten entsprechend.
(3) Bei der Wahrnehmung von Geschäften nach Absatz 1 Satz 1 Nr. 2 kann in den Fällen der §§ 694, 696 Abs. 1, § 700 Abs. 3 der Zivilprozessordnung eine Entscheidung des Prozessgerichts zur Änderung einer Entscheidung des Urkundsbeamten der Geschäftsstelle (§ 573 der Zivilprozessordnung) nicht nachgesucht werden. ~~Bei der Wahrnehmung von Geschäften nach Absatz 1 Satz 1 Nr. 5 durch den Urkundsbeamten der Geschäftsstelle gilt § 31 Abs. 6 entsprechend.~~
(4) Bei der Wahrnehmung von Geschäften nach Absatz 1 Satz 1 Nr. 5 entscheidet über Einwendungen gegen Maßnahmen des Urkundsbeamten der Geschäftsstelle der Rechtspfleger, an dessen Stelle der Urkundsbeamte tätig geworden ist. Er kann dem Urkundsbeamten Weisungen erteilen. Die Befugnisse des Behördenleiters aus den §§ 145, 146 des Gerichtsverfassungsgesetzes bleiben unberührt.

Bisherige Rechtslage   **Neue Rechtslage**

Gesetz über die Zwangsversteigerung und Zwangsverwaltung

in der Neufassung vom 20. Mai 1898 (RGBl. I S. 369), zuletzt geändert durch Verordnung zur Ersetzung von Zinssätzen vom 5. April 2002 (BGBl. I S. 1250)

Gesetz über die Zwangsversteigerung und Zwangsverwaltung

in der Fassung der Bundestagsdrucksache 15/3482 vom 30. Juni 2004

§ 38 ZVG
Angabe des Eigentümers, des Grundbuchblatts und der Grundstücksgröße

Die Terminsbestimmung soll die Bezeichnung des zur Zeit der Eintragung des Versteigerungsvermerkes eingetragenen Eigentümers sowie die Angabe des Grundbuchblatts, der Größe und des Verkehrswerts des Grundstücks enthalten. Ist in einem früheren Versteigerungstermin der Zuschlag aus den Gründen des § 74a Abs. 1 oder des § 85a Abs. 1 versagt worden, so soll auch diese Tatsache in der Terminsbestimmung angegeben werden.

§ 38 ZVG
Angabe des Eigentümers, des Grundbuchblatts und der Grundstücksgröße

Die Terminsbestimmung soll ~~die Bezeichnung des zur Zeit der Eintragung des Versteigerungsvermerkes eingetragenen Eigentümers sowie~~ die Angabe des Grundbuchblatts, der Größe und des Verkehrswerts des Grundstücks enthalten. Ist in einem früheren Versteigerungstermin der Zuschlag aus den Gründen des § 74a Abs. 1 oder des § 85a Abs. 1 versagt worden, so soll auch diese Tatsache in der Terminsbestimmung angegeben werden.

§ 83 ZVG
Versagung des Zuschlags

Der Zuschlag ist zu versagen:
1. wenn die Vorschrift des § 43 Abs. 2 oder eine der Vorschriften über die Feststellung des geringsten Gebots oder der Versteigerungsbedingungen verletzt ist;
2. wenn bei der Versteigerung mehrerer Grundstücke das Einzelausgebot oder das Gesamtausgebot den Vorschriften des § 63 Abs. 1, Abs. 2 Satz 1, Abs. 5 zuwider unterblieben ist;
3. wenn in den Fällen des § 64 Abs. 2 Satz 1, Abs. 3 die Hypothek, Grundschuld oder Rentenschuld oder das Recht eines gleich- oder nachstehenden Beteiligten, der dem Gläubiger vorgeht, durch das Gesamtergebnis der Einzelausgebote nicht gedeckt werden;
4. wenn die nach der Aufforderung zur Abgabe von Geboten erfolgte Anmeldung oder Glaubhaftmachung eines Rechtes ohne Beachtung der Vorschrift des § 66 Abs. 2 zurückgewiesen ist;
5. wenn der Zwangsversteigerung oder der Fortsetzung des Verfahrens das Recht eines Beteiligten entgegensteht;
6. wenn die Zwangsversteigerung oder die Fortsetzung des Verfahrens aus einem sonstigen Grunde unzulässig ist;
7. wenn eine der Vorschriften des § 43 Abs. 1 oder des § 73 Abs. 1 verletzt ist.

§ 83 ZVG
Versagung des Zuschlags

Der Zuschlag ist zu versagen:
1. wenn die Vorschrift des § 43 Abs. 2 oder eine der Vorschriften über die Feststellung des geringsten Gebots oder der Versteigerungsbedingungen verletzt ist;
2. wenn bei der Versteigerung mehrerer Grundstücke das Einzelausgebot oder das Gesamtausgebot den Vorschriften des § 63 Abs. 1, Abs. 2 Satz 1, ~~Abs. 5~~ Abs. 4 zuwider unterblieben ist;
3. wenn in den Fällen des § 64 Abs. 2 Satz 1, Abs. 3 die Hypothek, Grundschuld oder Rentenschuld oder das Recht eines gleich- oder nachstehenden Beteiligten, der dem Gläubiger vorgeht, durch das Gesamtergebnis der Einzelausgebote nicht gedeckt werden;
4. wenn die nach der Aufforderung zur Abgabe von Geboten erfolgte Anmeldung oder Glaubhaftmachung eines Rechtes ohne Beachtung der Vorschrift des § 66 Abs. 2 zurückgewiesen ist;
5. wenn der Zwangsversteigerung oder der Fortsetzung des Verfahrens das Recht eines Beteiligten entgegensteht;
6. wenn die Zwangsversteigerung oder die Fortsetzung des Verfahrens aus einem sonstigen Grunde unzulässig ist;
7. wenn eine der Vorschriften des § 43 Abs. 1 oder des § 73 Abs. 1 verletzt ist.

§ 118 ZVG
Ausführung des Teilungsplans bei fehlender Berichtigung des Bargebots

(1) Soweit das Bargebot nicht berichtigt wird, ist der Teilungsplan dadurch auszuführen, daß die Forderung gegen den Ersteher auf die Berechtigten übertragen und im Falle des § 69 Abs. 2 gegen den für mithaftend erklärten Bürgen auf die Berechtigten mitübertragen wird; Übertragung und Mitübertragung erfolgen durch Anordnung des Gerichts.
(2) Die Übertragung wirkt wie die Befriedigung aus dem Grundstücke. Diese Wirkung tritt jedoch im Falle des Absatzes 1 Satz 1 nicht ein, wenn vor dem Ablaufe von drei Monaten der Berechtigte dem Gerichte gegenüber den Verzicht auf die Rechte aus der Übertragung erklärt oder die Zwangsversteigerung beantragt. Wird der Antrag auf Zwangsversteigerung zurückgenommen oder das Verfahren nach § 31 Abs. 2 aufgehoben, so gilt er als nicht gestellt. Im Falle des Verzichts soll das Gericht die Erklärung dem Ersteher sowie demjenigen mitteilen, auf welchen die Forderung infolge des Verzichts übergeht.

§ 118 ZVG
Ausführung des Teilungsplans bei fehlender Berichtigung des Bargebots

(1) Soweit das Bargebot nicht berichtigt wird, ist der Teilungsplan dadurch auszuführen, daß die Forderung gegen den Ersteher auf die Berechtigten übertragen und im Falle des § 69 Abs. 2 gegen den für mithaftend erklärten Bürgen auf die Berechtigten mitübertragen wird; Übertragung und Mitübertragung erfolgen durch Anordnung des Gerichts.
(2) Die Übertragung wirkt wie die Befriedigung aus dem Grundstücke. Diese Wirkung tritt jedoch im Falle des Absatzes 1 ~~Satz 1~~ nicht ein, wenn vor dem Ablaufe von drei Monaten der Berechtigte dem Gerichte gegenüber den Verzicht auf die Rechte aus der Übertragung erklärt oder die Zwangsversteigerung beantragt. Wird der Antrag auf Zwangsversteigerung zurückgenommen oder das Verfahren nach § 31 Abs. 2 aufgehoben, so gilt er als nicht gestellt. Im Falle des Verzichts soll das Gericht die Erklärung dem Ersteher sowie demjenigen mitteilen, auf welchen die Forderung infolge des Verzichts übergeht.

Bisherige Rechtslage	Neue Rechtslage

Straßenverkehrsgesetz

in der Neufassung vom 5. März 2003 (BGBl. I S. 310, 919), zuletzt geändert durch Gesetz zur Einordnung des Sozialhilferechts in das Sozialgesetzbuch vom 27. Dezember 2003 (BGBl. I S. 3022)

Straßenverkehrsgesetz

in der Fassung der Bundestagsdrucksache 15/3482 vom 30. Juni 2004

§ 29 StVG
Tilgung der Eintragungen

(1) Die im Register gespeicherten Eintragungen werden nach Ablauf der in Satz 2 bestimmten Fristen getilgt. Die Tilgungsfristen betragen
1. zwei Jahre
bei Entscheidungen wegen einer Ordnungswidrigkeit,
2. fünf Jahre
   a) bei Entscheidungen wegen Straftaten mit Ausnahme von Entscheidungen wegen Straftaten nach § 315 c Abs. 1 Nr. 1 Buchstabe a, den §§ 316 und 323 a des Strafgesetzbuchs und Entscheidungen, in denen die Entziehung der Fahrerlaubnis nach den §§ 69 und 69 b des Strafgesetzbuchs oder eine Sperre nach § 69 a Abs. 1 Satz 3 des Strafgesetzbuchs angeordnet worden ist,
   b) bei von der Fahrerlaubnisbehörde verhängten Verboten oder Beschränkungen, ein fahrerlaubnisfreies Fahrzeug zu führen,
   c) bei der Teilnahme an einem Aufbauseminar oder einer verkehrspsychologischen Beratung,
3. zehn Jahre
in allen übrigen Fällen.
Eintragungen über Maßnahmen der Fahrerlaubnisbehörde nach § 2 a Abs. 2 Satz 1 Nr. 1 und 2 und § 4 Abs. 3 Satz 1 Nr. 1 und 2 werden getilgt, wenn dem Betroffenen die Fahrerlaubnis entzogen wird. Sonst erfolgt eine Tilgung bei den Maßnahmen nach § 2 a ein Jahr nach Ablauf der Probezeit und bei Maßnahmen nach § 4 dann, wenn die letzte mit Punkten bewertete Eintragung wegen einer Straftat oder Ordnungswidrigkeit getilgt ist. Verkürzungen der Tilgungsfristen nach Absatz 1 können durch Rechtsverordnung gemäß § 30 c Abs. 1 Nr. 2 zugelassen werden, wenn die eingetragene Entscheidung auf körperlichen oder geistigen Mängeln oder fehlender Befähigung beruht.
(2) Die Tilgungsfristen gelten nicht, wenn die Erteilung einer Fahrerlaubnis oder die Erteilung des Rechts, von einer ausländischen Fahrerlaubnis wieder Gebrauch zu machen, für immer untersagt ist.
(3) Ohne Rücksicht auf den Lauf der Fristen nach Absatz 1 und das Tilgungsverbot nach Absatz 2 werden getilgt
1. Eintragungen über Entscheidungen, wenn ihre Tilgung im Bundeszentralregister angeordnet oder wenn die Entscheidung im Wiederaufnahmeverfahren oder nach den §§ 86, 102 Abs. 2 des Gesetzes über Ordnungswidrigkeiten rechtskräftig aufgehoben wird,
2. Eintragungen, die in das Bundeszentralregister nicht aufzunehmen sind, wenn ihre Tilgung durch die nach Landesrecht zuständige Behörde angeordnet wird, wobei die Anordnung nur ergehen darf, wenn dies zur Vermeidung ungerechtfertigter Härten erforderlich ist und öffentliche Interessen nicht gefährdet werden,
3. Eintragungen, bei denen die zugrunde liegende Entscheidung aufgehoben wird oder bei denen nach näherer Bestimmung durch Rechtsverordnung gemäß § 30 c Abs. 1 Nr. 2 eine Änderung der zugrunde liegenden Entscheidung Anlass gibt,
4. sämtliche Eintragungen, wenn eine amtliche Mitteilung über den Tod des Betroffenen eingeht.
(4) Die Tilgungsfrist (Absatz 1) und die Ablaufhemmung (Absatz 6) beginnen
1. bei strafgerichtlichen Verurteilungen mit dem Tag des ersten Urteils und bei Strafbefehlen mit dem Tag der Unterzeichnung durch den Richter, wobei dieser Tag auch dann maßgebend bleibt, wenn eine Gesamtstrafe oder eine einheitliche Jugendstrafe gebildet oder nach § 30 Abs. 1 des Jugendgerichtsgesetzes auf Jugendstrafe erkannt wird oder eine Entscheidung im Wiederaufnahmeverfahren ergeht, die eine registerpflichtige Verurteilung enthält,

§ 29 StVG
Tilgung der Eintragungen

(1) Die im Register gespeicherten Eintragungen werden nach Ablauf der in Satz 2 bestimmten Fristen getilgt. Die Tilgungsfristen betragen
1. zwei Jahre
bei Entscheidungen wegen einer Ordnungswidrigkeit,
2. fünf Jahre
   a) bei Entscheidungen wegen Straftaten mit Ausnahme von Entscheidungen wegen Straftaten nach § 315 c Abs. 1 Nr. 1 Buchstabe a, den §§ 316 und 323 a des Strafgesetzbuchs und Entscheidungen, in denen die Entziehung der Fahrerlaubnis nach den §§ 69 und 69 b des Strafgesetzbuchs oder eine Sperre nach § 69 a Abs. 1 Satz 3 des Strafgesetzbuchs angeordnet worden ist,
   b) bei von der Fahrerlaubnisbehörde verhängten Verboten oder Beschränkungen, ein fahrerlaubnisfreies Fahrzeug zu führen,
   c) bei der Teilnahme an einem Aufbauseminar oder einer verkehrspsychologischen Beratung,
3. zehn Jahre
in allen übrigen Fällen.
Eintragungen über Maßnahmen der Fahrerlaubnisbehörde nach § 2 a Abs. 2 Satz 1 Nr. 1 und 2 und § 4 Abs. 3 Satz 1 Nr. 1 und 2 werden getilgt, wenn dem Betroffenen die Fahrerlaubnis entzogen wird. Sonst erfolgt eine Tilgung bei den Maßnahmen nach § 2 a ein Jahr nach Ablauf der Probezeit und bei Maßnahmen nach § 4 dann, wenn die letzte mit Punkten bewertete Eintragung wegen einer Straftat oder Ordnungswidrigkeit getilgt ist. Verkürzungen der Tilgungsfristen nach Absatz 1 können durch Rechtsverordnung gemäß § 30 c Abs. 1 Nr. 2 zugelassen werden, wenn die eingetragene Entscheidung auf körperlichen oder geistigen Mängeln oder fehlender Befähigung beruht.
(2) Die Tilgungsfristen gelten nicht, wenn die Erteilung einer Fahrerlaubnis oder die Erteilung des Rechts, von einer ausländischen Fahrerlaubnis wieder Gebrauch zu machen, für immer untersagt ist.
(3) Ohne Rücksicht auf den Lauf der Fristen nach Absatz 1 und das Tilgungsverbot nach Absatz 2 werden getilgt
1. Eintragungen über Entscheidungen, wenn ihre Tilgung im Bundeszentralregister angeordnet oder wenn die Entscheidung im Wiederaufnahmeverfahren oder nach den §§ 86, 102 Abs. 2 des Gesetzes über Ordnungswidrigkeiten rechtskräftig aufgehoben wird,
2. Eintragungen, die in das Bundeszentralregister nicht aufzunehmen sind, wenn ihre Tilgung durch die nach Landesrecht zuständige Behörde angeordnet wird, wobei die Anordnung nur ergehen darf, wenn dies zur Vermeidung ungerechtfertigter Härten erforderlich ist und öffentliche Interessen nicht gefährdet werden,
3. Eintragungen, bei denen die zugrunde liegende Entscheidung aufgehoben wird oder bei denen nach näherer Bestimmung durch Rechtsverordnung gemäß § 30 c Abs. 1 Nr. 2 eine Änderung der zugrunde liegenden Entscheidung Anlass gibt,
4. sämtliche Eintragungen, wenn eine amtliche Mitteilung über den Tod des Betroffenen eingeht.
(4) Die Tilgungsfrist (Absatz 1) ~~und die Ablaufhemmung (Absatz 6)~~ beginnt
1. bei strafgerichtlichen Verurteilungen mit dem Tag des ersten Urteils und bei Strafbefehlen mit dem Tag der Unterzeichnung durch den Richter, wobei dieser Tag auch dann maßgebend bleibt, wenn eine Gesamtstrafe oder eine einheitliche Jugendstrafe gebildet oder nach § 30 Abs. 1 des Jugendgerichtsgesetzes auf Jugendstrafe erkannt wird oder eine Entscheidung im Wiederaufnahmeverfahren ergeht, die eine registerpflichtige Verurteilung enthält,

Bisherige Rechtslage

2. bei Entscheidungen der Gerichte nach den §§ 59, 60 des Strafgesetzbuchs und § 27 des Jugendgerichtsgesetzes mit dem Tag der Entscheidung,
3. bei gerichtlichen und verwaltungsbehördlichen Bußgeldentscheidungen sowie bei anderen Verwaltungsentscheidungen mit dem Tag der Rechtskraft oder Unanfechtbarkeit der beschwerenden Entscheidung,
4. bei Aufbauseminaren und verkehrspsychologischen Beratungen mit dem Tag der Ausstellung der Teilnahmebescheinigung.

(5) Bei der Versagung oder Entziehung der Fahrerlaubnis wegen mangelnder Eignung, der Anordnung einer Sperre nach § 69 a Abs. 1 Satz 3 des Strafgesetzbuchs oder bei einem Verzicht auf die Fahrerlaubnis beginnt die Tilgungsfrist erst mit der Erteilung oder Neuerteilung der Fahrerlaubnis, spätestens jedoch fünf Jahre nach der beschwerenden Entscheidung oder dem Tag des Zugangs der Verzichtserklärung bei der zuständigen Behörde. Bei von der Fahrerlaubnisbehörde verhängten Verboten oder Beschränkungen, ein fahrerlaubnisfreies Fahrzeug zu führen, beginnt die Tilgungsfrist fünf Jahre nach Ablauf oder Aufhebung des Verbots oder der Beschränkung.

(6) Sind im Register mehrere Entscheidungen nach § 28 Abs. 3 Nr. 1 bis 9 über eine Person eingetragen, so ist die Tilgung einer Eintragung vorbehaltlich der Regelungen in den Sätzen 2 bis 5 erst zulässig, wenn für alle betreffenden Eintragungen die Voraussetzungen der Tilgung vorliegen. Eintragungen von Entscheidungen wegen Ordnungswidrigkeiten hindern nur die Tilgung von Entscheidungen wegen anderer Ordnungswidrigkeiten. Die Eintragung einer Entscheidung wegen einer Ordnungswidrigkeit - mit Ausnahme von Entscheidungen wegen einer Ordnungswidrigkeit nach § 24 a - wird spätestens nach Ablauf von fünf Jahren getilgt. Die Tilgung einer Eintragung einer Entscheidung wegen einer Ordnungswidrigkeit unterbleibt in jedem Fall so lange, wie der Betroffene im Zentralen Fahrerlaubnisregister als Inhaber einer Fahrerlaubnis auf Probe gespeichert ist. Wird eine Eintragung getilgt, so sind auch die Eintragungen zu tilgen, deren Tilgung nur durch die betreffende Eintragung gehemmt war.

(7) Eine Eintragung wird nach Eintritt der Tilgungsreife zuzüglich einer Überliegefrist von drei Monaten gelöscht. Während dieser Zeit darf der Inhalt der Eintragung nicht übermittelt und über ihn keine Auskunft erteilt werden, es sei denn, der Betroffene begehrt eine Auskunft über den ihn betreffenden Inhalt.

(8) Ist eine Eintragung über eine gerichtliche Entscheidung im Verkehrszentralregister getilgt, so dürfen die Tat und die Entscheidung dem Betroffenen für die Zwecke des § 28 Abs. 2 nicht mehr vorgehalten und nicht zu seinem Nachteil verwertet werden. Unterliegen diese Eintragungen einer zehnjährigen Tilgungsfrist, dürfen sie nach Ablauf eines Zeitraums, der einer fünfjährigen Tilgungsfrist nach den Vorschriften dieses Paragraphen entspricht, nur noch für ein Verfahren übermittelt und verwertet werden, das die Erteilung oder Entziehung einer Fahrerlaubnis zum Gegenstand hat. Außerdem dürfen für die Prüfung der Berechtigung zum Führen von Kraftfahrzeugen Entscheidungen der Gerichte nach den §§ 69 bis 69 b des Strafgesetzbuchs übermittelt und verwertet werden.

Neue Rechtslage

2. bei Entscheidungen der Gerichte nach den §§ 59, 60 des Strafgesetzbuchs und § 27 des Jugendgerichtsgesetzes mit dem Tag der Entscheidung,
3. bei gerichtlichen und verwaltungsbehördlichen Bußgeldentscheidungen sowie bei anderen Verwaltungsentscheidungen mit dem Tag der Rechtskraft oder Unanfechtbarkeit der beschwerenden Entscheidung,
4. bei Aufbauseminaren und verkehrspsychologischen Beratungen mit dem Tag der Ausstellung der Teilnahmebescheinigung.

(5) Bei der Versagung oder Entziehung der Fahrerlaubnis wegen mangelnder Eignung, der Anordnung einer Sperre nach § 69 a Abs. 1 Satz 3 des Strafgesetzbuchs oder bei einem Verzicht auf die Fahrerlaubnis beginnt die Tilgungsfrist erst mit der Erteilung oder Neuerteilung der Fahrerlaubnis, spätestens jedoch fünf Jahre nach der beschwerenden Entscheidung oder dem Tag des Zugangs der Verzichtserklärung bei der zuständigen Behörde. Bei von der Fahrerlaubnisbehörde verhängten Verboten oder Beschränkungen, ein fahrerlaubnisfreies Fahrzeug zu führen, beginnt die Tilgungsfrist fünf Jahre nach Ablauf oder Aufhebung des Verbots oder der Beschränkung.

(6) Sind im Register mehrere Entscheidungen nach § 28 Abs. 3 Nr. 1 bis 9 über eine Person eingetragen, so ist die Tilgung einer Eintragung vorbehaltlich der Regelungen in den Sätzen 2 bis **5 6** erst zulässig, wenn für alle betreffenden Eintragungen die Voraussetzungen der Tilgung vorliegen. **Eine Ablaufhemmung tritt auch ein, wenn eine neue Tat vor dem Ablauf der Tilgungsfrist nach Absatz 1 begangen wird und bis zum Ablauf der Überliegefrist (Absatz 7) zu einer weiteren Eintragung führt.** Eintragungen von Entscheidungen wegen Ordnungswidrigkeiten hindern nur die Tilgung von Entscheidungen wegen anderer Ordnungswidrigkeiten. Die Eintragung einer Entscheidung wegen einer Ordnungswidrigkeit - mit Ausnahme von Entscheidungen wegen einer Ordnungswidrigkeit nach § 24 a - wird spätestens nach Ablauf von fünf Jahren getilgt. Die Tilgung einer Eintragung einer Entscheidung wegen einer Ordnungswidrigkeit unterbleibt in jedem Fall so lange, wie der Betroffene im Zentralen Fahrerlaubnisregister als Inhaber einer Fahrerlaubnis auf Probe gespeichert ist. Wird eine Eintragung getilgt, so sind auch die Eintragungen zu tilgen, deren Tilgung nur durch die betreffende Eintragung gehemmt war.

(7) Eine Eintragung wird nach Eintritt der Tilgungsreife zuzüglich einer Überliegefrist von ~~drei Monaten~~ **einem Jahr** gelöscht. Während dieser Zeit darf der Inhalt der Eintragung nicht übermittelt und über ihn keine Auskunft erteilt werden, es sei denn, der Betroffene begehrt eine Auskunft über den ihn betreffenden Inhalt.

(8) Ist eine Eintragung über eine gerichtliche Entscheidung im Verkehrszentralregister getilgt, so dürfen die Tat und die Entscheidung dem Betroffenen für die Zwecke des § 28 Abs. 2 nicht mehr vorgehalten und nicht zu seinem Nachteil verwertet werden. Unterliegen diese Eintragungen einer zehnjährigen Tilgungsfrist, dürfen sie nach Ablauf eines Zeitraums, der einer fünfjährigen Tilgungsfrist nach den Vorschriften dieses Paragraphen entspricht, nur noch für ein Verfahren übermittelt und verwertet werden, das die Erteilung oder Entziehung einer Fahrerlaubnis zum Gegenstand hat. Außerdem dürfen für die Prüfung der Berechtigung zum Führen von Kraftfahrzeugen Entscheidungen der Gerichte nach den §§ 69 bis 69b des Strafgesetzbuchs übermittelt und verwertet werden.

Bisherige Rechtslage	Neue Rechtslage

Gerichtsverfassungsgesetz

in der Neufassung vom 9. Mai 1975 (BGBl. I S. 1077), zuletzt geändert durch Gesetz zur Intensivierung der Bekämpfung der Schwarzarbeit und damit zusammenhängender Steuerhinterziehung vom 23. Juli 2004 (BGBl. I S. 1842)

§ 152 GVG
Hilfsbeamte der Staatsanwaltschaft

(1) Die Hilfsbeamten der Staatsanwaltschaft sind in dieser Eigenschaft verpflichtet, den Anordnungen der Staatsanwaltschaft ihres Bezirks und der dieser vorgesetzten Beamten Folge zu Leisten.
(2) Die Landesregierungen werden ermächtigt, durch Rechtsverordnung diejenigen Beamten- und Angestelltengruppen zu bezeichnen, auf die diese Vorschrift anzuwenden ist. Die Angestellten müssen im öffentlichen Dienst stehen, das 21. Lebensjahr vollendet haben und mindestens zwei Jahre in den bezeichneten Beamten- oder Angestelltengruppen tätig gewesen sein. Landesregierungen können die Ermächtigung durch Rechtsverordnung auf die Landesjustizverwaltungen übertragen.

Gesetz über die Angelegenheiten der freiwilligen Gerichtsbarkeit

in der Neufassung vom 20. Mai 1898 (RGBl. 1898, S. 369, 771), zuletzt geändert durch Gesetz zur Änderung der Vorschriften über die Anfechtung der Vaterschaft und das Umgangsrecht von Bezugspersonen des Kindes, zur Registrierung von Vorsorgeverfügungen und zur Einführung von Vordrucken für die Vergütung von Berufsbetreuern vom 23. April 2004 (BGBl. I S. 598)

§ 8 FGG
Anwendbare Vorschriften des Gerichtverfassungsgesetzes

Auf das gerichtliche Verfahren finden die Vorschriften des Gerichtsverfassungsgesetzes über die Gerichtssprache und die Verständigung mit dem Gericht, über die Sitzungspolizei und über die Beratung und Abstimmung entsprechende Anwendung, die Vorschriften über die Gerichtssprache und die Verständigung mit dem Gericht mit den sich aus dem § 9 ergebenden Abweichungen.

Strafgesetzbuch

in der Neufassung vom 13. November 1998 (BGBl. I S. 3322), zuletzt geändert durch Sechsunddreißigstes Strafrechtsänderungsgesetz – § 201a StGB – (36. StÄndG) vom 30. Juli 2004 (BGBl. I S. 2012)

§ 7 StGB
Geltung für Auslandstaten in anderen Fällen

(1) Das deutsche Strafrecht gilt für Taten, die im Ausland gegen einen Deutschen begangen werden, wenn die Tat am Tatort mit Strafe bedroht ist oder der Tatort keiner Strafgewalt unterliegt.

Gerichtsverfassungsgesetz

in der Fassung der Bundestagsdrucksache 15/3482 vom 30. Juni 2004

§ 152 GVG
Ermittlungspersonen der Staatsanwaltschaft

(1) Die ~~Hilfsbeamten~~ Ermittlungspersonen der Staatsanwaltschaft sind in dieser Eigenschaft verpflichtet, den Anordnungen der Staatsanwaltschaft ihres Bezirks und der dieser vorgesetzten Beamten Folge zu Leisten.
(2) Die Landesregierungen werden ermächtigt, durch Rechtsverordnung diejenigen Beamten- und Angestelltengruppen zu bezeichnen, auf die diese Vorschrift anzuwenden ist. Die Angestellten müssen im öffentlichen Dienst stehen, das 21. Lebensjahr vollendet haben und mindestens zwei Jahre in den bezeichneten Beamten- oder Angestelltengruppen tätig gewesen sein. Landesregierungen können die Ermächtigung durch Rechtsverordnung auf die Landesjustizverwaltungen übertragen.

Gesetz über die Angelegenheiten der freiwilligen Gerichtsbarkeit

in der Fassung der Bundestagsdrucksache 15/3482 vom 30. Juni 2004

§ 8 FGG
Anwendbare Vorschriften des Gerichtsverfassungsgesetzes

Auf das gerichtliche Verfahren finden die Vorschriften des Gerichtsverfassungsgesetzes über die Gerichtssprache ~~und die Verständigung mit dem Gericht~~, über die Sitzungspolizei und über die Beratung und Abstimmung entsprechende Anwendung, die Vorschriften über die Gerichtssprache ~~und die Verständigung mit dem Gericht~~ mit den sich aus dem § 9 ergebenden Abweichungen.

Strafgesetzbuch

in der Fassung der Bundestagsdrucksache 15/3482 vom 30. Juni 2004

§ 7 StGB
Geltung für Auslandstaten in anderen Fällen

(1) Das deutsche Strafrecht gilt für Taten, die im Ausland gegen einen Deutschen begangen werden, wenn die Tat am Tatort mit Strafe bedroht ist oder der Tatort keiner Strafgewalt unterliegt.

Bisherige Rechtslage	**Neue Rechtslage**
(2) Für andere Taten, die im Ausland begangen werden, gilt das deutsche Strafrecht, wenn die Tat am Tatort mit Strafe bedroht ist oder der Tatort keiner Strafgewalt unterliegt und wenn der Täter 1. zur Zeit der Tat Deutscher war oder es nach der Tat geworden ist oder 2. zur Zeit der Tat Ausländer war, im Inland betroffen und, obwohl das Auslieferungsgesetz seine Auslieferung nach der Art der Tat zuließe, nicht ausgeliefert wird, weil ein Auslieferungsersuchen nicht gestellt oder abgelehnt wird oder die Auslieferung nicht ausführbar ist.	(2) Für andere Taten, die im Ausland begangen werden, gilt das deutsche Strafrecht, wenn die Tat am Tatort mit Strafe bedroht ist oder der Tatort keiner Strafgewalt unterliegt und wenn der Täter 1. zur Zeit der Tat Deutscher war oder es nach der Tat geworden ist oder 2. zur Zeit der Tat Ausländer war, im Inland betroffen und, obwohl das Auslieferungsgesetz seine Auslieferung nach der Art der Tat zuließe, nicht ausgeliefert wird, weil ein Auslieferungsersuchen **innerhalb angemessener Frist** nicht gestellt oder abgelehnt wird oder die Auslieferung nicht ausführbar ist.

§ 77b StGB
Antragsfrist

(1) Eine Tat, die nur auf Antrag verfolgbar ist, wird nicht verfolgt, wenn der Antragsberechtigte es unterläßt, den Antrag bis zum Ablauf einer Frist von drei Monaten zu stellen. Fällt das Ende der Frist auf einen Sonntag, einen allgemeinen Feiertag oder einen Sonnabend, so endet die Frist mit Ablauf des nächsten Werktags. (2) Die Frist beginnt mit Ablauf des Tages, an dem der Berechtigte von der Tat und der Person des Täters Kenntnis erlangt. Hängt die Verfolgbarkeit der Tat auch von einer Entscheidung über die Nichtigkeit oder Auflösung einer Ehe ab, so beginnt die Frist nicht vor Ablauf des Tages, an dem der Berechtigte von der Rechtskraft der Entscheidung Kenntnis erlangt. Für den Antrag des gesetzlichen Vertreters und des Sorgeberechtigten kommt es auf dessen Kenntnis an. (3) Sind mehrere antragsberechtigt oder mehrere an der Tat beteiligt, so läuft die Frist für und gegen jeden gesondert. (4) Ist durch Tod des Verletzten das Antragsrecht auf Angehörige übergegangen, so endet die Frist frühestens drei Monate und spätestens sechs Monate nach dem Tod des Verletzten. (5) Der Lauf der Frist ruht, wenn ein Antrag auf Durchführung eines Sühneversuchs gemäß § 380 der Strafprozeßordnung bei der Vergleichsbehörde eingeht, bis zur Ausstellung der Bescheinigung nach § 380 Abs. 1 Satz 2 der Strafprozeßordnung.	(1) Eine Tat, die nur auf Antrag verfolgbar ist, wird nicht verfolgt, wenn der Antragsberechtigte es unterläßt, den Antrag bis zum Ablauf einer Frist von drei Monaten zu stellen. Fällt das Ende der Frist auf einen Sonntag, einen allgemeinen Feiertag oder einen Sonnabend, so endet die Frist mit Ablauf des nächsten Werktags. (2) Die Frist beginnt mit Ablauf des Tages, an dem der Berechtigte von der Tat und der Person des Täters Kenntnis erlangt. Hängt die Verfolgbarkeit der Tat auch von einer Entscheidung über die Nichtigkeit oder Auflösung einer Ehe ab, so beginnt die Frist nicht vor Ablauf des Tages, an dem der Berechtigte von der Rechtskraft der Entscheidung Kenntnis erlangt. Für den Antrag des gesetzlichen Vertreters und des Sorgeberechtigten kommt es auf dessen Kenntnis an. (3) Sind mehrere antragsberechtigt oder mehrere an der Tat beteiligt, so läuft die Frist für und gegen jeden gesondert. (4) Ist durch Tod des Verletzten das Antragsrecht auf Angehörige übergegangen, so endet die Frist frühestens drei Monate und spätestens sechs Monate nach dem Tod des Verletzten. (5) Der Lauf der Frist ruht, wenn ein Antrag auf Durchführung eines Sühneversuchs gemäß § 380 der Strafprozeßordnung bei der Vergleichsbehörde eingeht, bis zur Ausstellung der Bescheinigung nach § 380 Abs. 1 ~~Satz 2~~ **Satz 3** der Strafprozeßordnung.

§ 114 StGB
Widerstand gegen Personen, die Vollstreckungsbeamten gleichstehen

(1) Der Diensthandlung eines Amtsträgers im Sinne des § 113 stehen Vollstreckungshandlungen von Personen gleich, die die Rechte und Pflichten eines Polizeibeamten haben oder Hilfsbeamte der Staatsanwaltschaft sind, ohne Amtsträger zu sein. (2) § 113 gilt entsprechend zum Schutz von Personen, die zur Unterstützung bei der Diensthandlung zugezogen sind.	(1) Der Diensthandlung eines Amtsträgers im Sinne des § 113 stehen Vollstreckungshandlungen von Personen gleich, die die Rechte und Pflichten eines Polizeibeamten haben oder ~~Hilfsbeamte~~ **Ermittlungspersonen** der Staatsanwaltschaft sind, ohne Amtsträger zu sein. (2) § 113 gilt entsprechend zum Schutz von Personen, die zur Unterstützung bei der Diensthandlung zugezogen sind.

Handelsgesetzbuch

vom 18. Mai 1897 (RGBl. S. 219), zuletzt geändert durch Gesetz zur Harmonisierung des Haftungsrechts im Luftverkehr vom 6. April 2004 (BGBl. I S. 550)	in der Fassung der Bundestagsdrucksache 15/3482 vom 30. Juni 2004

§ 9a HGB
Automatisiertes Verfahren

(1) Die Einrichtung eines automatisierten Verfahrens, das die Übermittlung der Daten aus dem maschinell geführten Handelsregister durch Abruf ermöglicht, ist zulässig, wenn der Abruf von Daten auf die Eintragungen in das Handelsregister sowie die zum Handelsregister eingereichten aktuellen Gesellschafterlisten und jeweils gültigen Satzungen beschränkt ist und insoweit die nach § 9 Abs. 1 zulässige Einsicht nicht überschreitet.	(1) Die Einrichtung eines automatisierten Verfahrens, das die Übermittlung der Daten aus dem maschinell geführten Handelsregister durch Abruf ermöglicht, ist zulässig, ~~wenn der Abruf von Daten auf die Eintragungen in das Handelsregister sowie die zum Handelsregister eingereichten aktuellen Gesellschafterlisten und jeweils gültigen Satzungen beschränkt ist und insoweit die nach § 9 Abs. 1 zulässige Einsicht nicht überschreitet~~ **soweit die Einsicht des Handelsregisters sowie der zum Handelsregister eingereichten Schriftstücke nach § 9 Abs. 1 gestattet ist.**

Bisherige Rechtslage	**Neue Rechtslage**
(2) Der Nutzer ist darauf hinzuweisen, dass er die übermittelten Daten nur zu Informationszwecken verwenden darf. Die zuständige Stelle hat (z.B. durch Stichproben) zu prüfen, ob sich Anhaltspunkte dafür ergeben, dass die nach Satz 1 zulässige Einsicht überschritten oder übermittelte Daten missbraucht werden.	(2) Der Nutzer ist darauf hinzuweisen, dass er die übermittelten Daten nur zu Informationszwecken verwenden darf. Die zuständige Stelle hat (z.B. durch Stichproben) zu prüfen, ob sich Anhaltspunkte dafür ergeben, dass die nach Satz 1 zulässige Einsicht überschritten oder übermittelte Daten missbraucht werden.
(3) Die zuständige Stelle kann einen Nutzer, der die Funktionsfähigkeit der Abrufeinrichtung gefährdet, die nach Absatz 2 Satz 1 zulässige Einsicht überschreitet oder übermittelte Daten missbraucht, von der Teilnahme am automatisierten Abrufverfahren ausschließen; dasselbe gilt bei drohender Überschreitung oder drohendem Missbrauch.	(3) Die zuständige Stelle kann einen Nutzer, der die Funktionsfähigkeit der Abrufeinrichtung gefährdet, die nach Absatz 2 Satz 1 zulässige Einsicht überschreitet oder übermittelte Daten missbraucht, von der Teilnahme am automatisierten Abrufverfahren ausschließen; dasselbe gilt bei drohender Überschreitung oder drohendem Missbrauch.
(4) Zuständige Stelle ist die Landesjustizverwaltung. Örtlich zuständig ist die Behörde, in deren Bezirk das betreffende Gericht liegt. Die Zuständigkeit kann durch Rechtsverordnung der Landesregierung abweichend geregelt werden. Sie kann diese Ermächtigung durch Rechtsverordnung auf die Landesjustizverwaltung übertragen.	(4) Zuständige Stelle ist die Landesjustizverwaltung. Örtlich zuständig ist die Behörde, in deren Bezirk das betreffende Gericht liegt. Die Zuständigkeit kann durch Rechtsverordnung der Landesregierung abweichend geregelt werden. Sie kann diese Ermächtigung durch Rechtsverordnung auf die Landesjustizverwaltung übertragen.

§ 106 HGB
Anmeldung

(1) Die Gesellschaft ist bei dem Gericht, in dessen Bezirke sie ihren Sitz hat, zur Eintragung in das Handelsregister anzumelden.
(2) Die Anmeldung hat zu enthalten:
1. den Namen, Vornamen, Geburtsdatum und Wohnort jedes Gesellschafters;
2. die Firma der Gesellschaft und den Ort, wo sie ihren Sitz hat;
3. den Zeitpunkt, mit welchem die Gesellschaft begonnen hat;
4. die Vertretungsmacht der Gesellschafter.

§ 106 HGB
Anmeldung

(1) Die Gesellschaft ist bei dem Gericht, in dessen Bezirke sie ihren Sitz hat, zur Eintragung in das Handelsregister anzumelden.
(2) Die Anmeldung hat zu enthalten:
1. den Namen, Vornamen, Geburtsdatum und Wohnort jedes Gesellschafters;
2. die Firma der Gesellschaft und den Ort, wo sie ihren Sitz hat;
3. (aufgehoben)
4. die Vertretungsmacht der Gesellschafter.

Aktiengesetz
in der Neufassung vom 6. September 1965 (BGBl. I S. 1089), zuletzt geändert durch Zweites Gesetz zur Vereinfachung der Wahl der Arbeitnehmervertreter in den Aufsichtsrat vom 18. Mai 2004 (BGBl. I S. 974)

Aktiengesetz
in der Fassung der Bundestagsdrucksache 15/3482 vom 30. Juni 2004

§ 40 AktG

(1) In die Bekanntmachung der Eintragung sind außer deren Inhalt aufzunehmen
1. die Festsetzungen nach § 23 Abs. 3 und 4, §§ 24, 25 Satz 2, §§ 26 und 27 sowie Bestimmungen der Satzung über die Zusammensetzung des Vorstands;
2. der Ausgabebetrag der Aktien;
3. Name und Wohnort der Gründer:
4. Name, Beruf und Wohnort der Mitglieder des ersten Aufsichtsrats.
(2) Zugleich ist bekanntzumachen, daß die mit der Anmeldung eingereichten Schriftstücke, namentlich die Prüfungsberichte der Mitglieder des Vorstands und des Aufsichtsrats sowie der Gründungsprüfer, bei dem Gericht eingesehen werden können.

§ 40 AktG

(1) In die Bekanntmachung der Eintragung sind außer deren Inhalt aufzunehmen
1. die Festsetzungen nach § 23 Abs. 3 und 4, §§ 24, 25 Satz 2, §§ 26 und 27 ~~sowie Bestimmungen der Satzung über die Zusammensetzung des Vorstands~~;
2. der Ausgabebetrag der Aktien;
3. Name und Wohnort der Gründer:
4. Name, Beruf und Wohnort der Mitglieder des ersten Aufsichtsrats.
~~(2) Zugleich ist bekanntzumachen, daß die mit der Anmeldung eingereichten Schriftstücke, namentlich die Prüfungsberichte der Mitglieder des Vorstands und des Aufsichtsrats sowie der Gründungsprüfer, bei dem Gericht eingesehen werden können.~~

§ 196 AktG

In die Bekanntmachung der Eintragung des Beschlusses über die bedingte Kapitalerhöhung sind außer deren Inhalt die Feststellungen nach § 193 Abs. 2, die nach § 194 bei der Einbringung von Sacheinlagen vorgesehenen Festsetzungen und ein Hinweis auf den Bericht über die Prüfung von Sacheinlagen (§194 Abs. 4) aufzunehmen. Für die Festsetzungen nach § 194 genügt die Bezugnahme auf die beim Gericht eingereichten Urkunden.

§ 196 AktG

In die Bekanntmachung der Eintragung des Beschlusses über die bedingte Kapitalerhöhung sind außer deren Inhalt ~~die Feststellungen nach § 193 Abs. 2,~~ die nach § 194 bei der Einbringung von Sacheinlagen vorgesehenen Festsetzungen und ein Hinweis auf den Bericht über die Prüfung von Sacheinlagen (§194 Abs. 4) aufzunehmen. Für die Festsetzungen nach § 194 genügt die Bezugnahme auf die beim Gericht eingereichten Urkunden.

Bisherige Rechtslage	Neue Rechtslage

Gerichtskostengesetz
vom 5. Mai 2004 (BGBl. I S. 718)

Gerichtskostengesetz
in der Fassung der Bundestagsdrucksache 15/3482 vom 30. Juni .2004

Anlage 1 – Kostenverzeichnis

Anlage 1 – Kostenverzeichnis

Nr. 3600

-

Nr. 3600

Nr.	Gebühren-tatbestand	Gebühr oder Satz der jeweiligen Gebühr 3110 bis 3117, soweit nichts anderes vermerkt ist
3600	- Verfahren über die Beschwerde gegen einen Beschluss nach § 411 Abs. 1 Satz 3 StPO	0,25

Die bisherigen Nummern 3600 und 3601 werden zu Nummern 3601 und 3602.

Stichwortverzeichnis

A

Abhilfe bei Verletzung des Anspruchs auf
    rechtliches Gehör   35 ff.
Ablehnungsgesuch   17 f.
Abwesenheit des Angeklagten   8 **97 f.** 104
allgemeiner Gerichtsstand   16
Anerkenntnis   32
Anerkenntnisurteil   32
Anerkenntnisurteil ohne mündliche Verhand-
    lung   32 f.
Anordnung der Staatsanwaltschaft zur
    Durchsicht von Unterlagen   74 76
Anschließungsfrist   41 ff.
Anschlussberufung   24 f. **41 f.**
Anschlussberufung bei Verurteilung zu wieder-
    kehrenden Leistungen   42
Anschlussberufungsfrist   42
Anschlussrechtsbeschwerde   50
Anschlussrevision   49
Anschlussrevisionsbegründungsfrist   49
Anträge auf Vereidigung   62 **65**
Anwesenheitsrecht bei der Entsiegelung   78
Aufklärungsgebot   90
ausschlaggebende Bedeutung der Zeugen-
    aussage   68
Aussetzung der Hauptverhandlung   83 ff.
    86 ff. 118 122 f.
beauftragter Richter   70 f.

B

Befangenheitsablehnung   17 f.
Begründung der Rechtsbeschwerde-
    entscheidung 50 f.
Begründungszwang/Vereidigungszwang   67
    73
Berichtigung des Tatbestandes   34
im schriftlichen Verfahren   34
Berufungsbegründungsfrist   25 45
Berufungsfrist   41 97
Beschlagnahmeverbote   77 f.
beschleunigtes Verfahren   106
Beschleunigungsgebot   84 f.

Beschränkung des Einspruchs gegen den
    Strafbefehl   15 **113**
Beweisaufnahme   18 **22** 29 f. 34 f. 66 90
    108 **112**
Bußgeldsenate der Oberlandesgerichte,
    Besetzung   114 f.

C

Computer   76

D

Diktiergeräte   82
Durchentscheiden des Revisionsgerichts
    100 f.
Durchsicht von Papieren   7 **74 f.** 77
Durchsuchung   73 ff. 77 ff. 148
Durchsuchungsbeschluss   77

E

Eid   62 ff. 66 68 71 f. 126
Einverständnis zum Freibeweis   30 ff.
Einverständnis zur Erledigungserklärung
    31 f.
Einwilligungsfiktion   21 f.
Entscheidungsbefugnis des Rechtspflegers in
    Beschwerdesachen   13 **126**
Entsiegelung   78
Erkrankung eines Richters   12 86
Erledigung der Hauptsache   21 118 123
Ermittlungspersonen der Staatsanwaltschaft
    7 73 ff. 76 f. 111 **147 f.** 152 155
Ermittlungsrichter   68 f.
Ersatzzustellung   23
ersuchter Richter   69 ff.
Exterritoriale   16 f.

F

Fachhochschulen, Rechtslehrer an –
    als Verteidiger   **79 128 ff.**
Falschaussage   **32 64 f.**
Freibeweis   30 ff.
Frist zur Anschlussberufung   24 f. 41 ff.

G

Geheimnisschutz   75
Gehörsrüge   35 f.
Gerichtstafel   61
Gesamtstrafenbildung   102
Glaubhaftigkeit   65

H

Hauptverhandlungshaft   107
Hauptverhandlungsprotokoll   22 ff. 35
    79 f. **81 f.** 96
Hemmungsfristen der Tilgung im Verkehrs-
    zentralregister   15 144 146
Herbeiführung einer wahren Aussage   62 f.
Hilfsbeamte der Staatsanwaltschaft   75 77
Hochschullehrer als Verteidiger   79 128 ff.

K

Klagerücknahme   21 f. **26 f.** 118 f. **122 ff.**
kommissarische Vernehmung   69 f.
konfrontative Befragung   94 ff.
Kosten bei Klagerücknahme   21 ff.
Kostenerstattung   18 ff.

N

Nebenforderung im Versäumnisurteil   36 ff.
Nichtzulassungsbeschwerdebegründungsfrist
    24 f. 45 f.
Niederlegung, Ersatzzustellung durch –
    23 f.

P

Persönlichkeitsrecht   75 77 f.
Privatklageverfahren   65 98
Protokollaufnahme   22 f.
Prozessakten   44 f. 50
Prozessvergleich   28 f.

R

rechtliches Gehör   31 67 108
Rechtsbeschwerde   8 24 f. 50 ff. 58 100
    113 ff. 116
bei Arrest und einstweiliger Verfügung   51
Rechtsmittelbegründungsfrist   11 24 f. 45 f.
Rechtspflegergesetz   10 13 f. 126 129 f.
    131 f. 139 f.

R

Regelvereidigung   12 **62 ff.** 66 ff. 69 **80** 87
    97 109
Revisionsbegründung   45 49
Revisionsbegründungsfrist   45 f.
Richter im Ermittlungsverfahren   65
Richtervorbehalt in Vormundschaftssachen
    127
Richtervorbehalt, Aufhebung   128
Rückfestsetzung   19 f. 59 f.

S

Sachverständigengutachten aus einem
    anderen gerichtlichen Verfahren   11
    38 f.
Sachverständigenvergütung   39
Sachverständiger, Vereidigung   12 92
Schadenshöhe   12 90
Schiebetermine   12 83 85
schriftliche Urteilsgründe   98 101 f. 114
schriftlicher gerichtlicher Vergleich   28
Schuldinterlokut   64
Schuldnerverzeichnis   56
Steuerfahndung   75 f.
Strafbefehl   8 12 15 98 **104 f.** 107 f. 111
    113 144
Strengbeweis   11 30 ff.

T

Terminsbestimmung zur Zwangs-
    versteigerung   142
Tilgungsfristen des Verkehrszentralregisters
    144 146

U

übereinstimmende Erledigungserklärung
    21
Übergang in das Strafbefehlsverfahren   12
    104 f. 108
Übergangsvorschriften bei Berufungs-
    verwerfung   57 f.
Übergangsvorschriften zu JuMoG   60
Übergangsvorschriften zur ZPO-Reform   58
Überliegefristen des Verkehrszentralregisters
    144 ff.
Unmittelbarkeit der Beweisaufnahme   11
    30 f. 82 92
Unterbrechung der Hauptverhandlung
    83 ff. 86 f.

Unterbrechungsfrist 8 12 83-87
Urkundsbeamter der Geschäftsstelle 22 f.
Urteilsverkündung 8 33 97 f. 114

V

Vereidigung 7 12 62-73
Vereidigungsantrag 69 f.
Vergleichsfeststellungsbeschluss 28 f.
Vergleichsvorschlag 28
Verhältnismäßigkeitsgrundsatz 78
Verkehrszentralregister 144 ff.
Verlängerung der Revisionsbegründungsfrist 45 f.
Verlesen von Gutachten 94
Verlesen von Vermerken der Polizeibeamten 93
Verlesen von Vernehmungsprotokollen 91
Versäumnisurteil 21 33 ff. 36 f. 50 53 f. 55
ohne mündliche Verhandlung 37
Vertretungsmacht des Verteidigers 97
Verwertung von gerichtlichen Sachverständigengutachten 11 31 **38 f.**
Vollstreckungsmaßnahmen durch den Rechtspfleger 126

vorbereitender Einzelrichter 43 f.
vorläufige Vollstreckbarkeit von Berufungsurteilen 55 f.
Vorsitzender Richter der Kammer für Handelssachen 43 f.

W

Widerruf des Einverständnisses zum Freibeweis 31
Wiederaufnahme 64 f.
Wiedereinsetzung 11 24 f. 113 117 121 f.
Wiedereinsetzungsfrist 24 f. 97 113

Z

Zufallsfunde 78
Zulassungsberufung 40
Zurückverweisung des Revisionsgerichts 30 51 99 ff.
Zurückweisung der zugelassenen Revision 47
Zurückweisungsbeschluss 41 46 f. 48 f. 102
Zustellung, öffentliche 7 23 f.